董志龙◎编著

货币大战
没有硝烟的货币之战

当代世界出版社

图书在版编目（CIP）数据

货币大战／董志龙编著. —北京：当代世界出版社，2011.6
 ISBN 978－7－5090－0750－1

Ⅰ. ①货… Ⅱ. ①董… Ⅲ. ①货币政策—货币史—世界—通俗读物
Ⅳ. ①F821.0－49②F821.9－49

中国版本图书馆 CIP 数据核字（2011）第 112571 号

书　　名：	货币大战
出版发行：	当代世界出版社
地　　址：	北京市复兴路 4 号（100860）
网　　址：	http://www.worldpress.com.cn
编务电话：	（010）83907332
发行电话：	（010）83908410（传真）
	（010）83908408
	（010）83908409
经　　销：	新华书店
印　　刷：	北京中创彩色印刷有限公司
开　　本：	710 毫米×1000 毫米　1/16
印　　张：	21
字　　数：	350 千字
版　　次：	2011 年 10 月第 1 版
印　　次：	2011 年 10 月第 1 次
印　　数：	1～6000 册
书　　号：	ISBN 978－7－5090－0750－1
定　　价：	38.00 元

如发现印装质量问题，请与承印厂联系调换。
版权所有，翻印必究；未经许可，不得转载！

也许美元和人民币这一轮的征战会是人民币走向国际化、成为国际货币的一个契机。

——世界华人企业家协会主席　余顺标

金融业这种虚拟经济是市场经济高度发展的产物。随着经济全球化和金融自由化的发展,虚拟经济自身的特征使它成为一种独特的经济运行方式。

——宝利丰控股集团董事局主席　徐卫霖

前　言

不期而至的金融危机让世界金融体系陷入近于崩溃的边缘。尽管G20首尔金融峰会对充当国际货币的美元现行金融政策多有责难，然而，峰会的最大受益方仍旧是美元。并且，美元仍旧无法停止贬值的脚步，事实上的货币大战依然延续。这是一个不见硝烟的战场，也是一场残酷的金融搏奕。

谁是这场搏奕的主导者？美元贬值究竟是一场阴谋还是世界经济发展的必然选择？波云诡谲的政治风波与经济危机中，谁在翻云覆雨？欧元、美元、人民币三足能否鼎立？金融家、政治家之间究竟是同盟者还是对立的双方？错综复杂的货币之战中，人民币如何确定发展战略等一系列问题成为今日世界的焦点。

诚然，今日之世界已是一个经济全球化程度较为充分的世界。在金融资本推动下的产业与市场全球化过程中，全球的资本市场和金融体系已迅速融合为一个多种经济成分并存的"共同体"，利益相关，损益相联。这是任何一个加入世界贸易组织（WTO）的国家在加入之初即可以预见到的情形，也是一个合格的搏奕者必须面对的一种金融格局。

而在这样一个动态的、开放的、竞争的、交互的、利益错综复杂的国际金融大环境中搏奕，需要的是机制健全、实力雄厚、实体经济超强为支撑的国家资本市场，也需要一批具有全球视野和全球影响力的金融业航母。当然，资本的逐利本性决定了金融运行模式"不讲道德"的竞争性，而健康、安全的世界金融体系的运行则需要更多地注入和谐文化与和谐元素，这样才能促使世界经济发展减少金融危机的危害。

基于以上理由，《货币大战》深入发掘了充当国际货币的美元的发迹史；披露了鲜为人知的历史上围绕美元发生的重大事件甚至战争；阐释了今日世界的美元宿命；描述了欧元的历史与未来；预测了人民币的未来发展战略，语言通俗易懂，为读者揭示出导致货币大战的诸多因素，堪称近年来最具阅读与收藏价值的金融类著作。

  值此书即将出版之际,"欧盟中国经济文化委员会"促使本书以英、德、法、俄及阿拉伯文于欧州与北美地区同步出版发行,并对本书的出版给予了大力支持,特此鸣谢!

作者
2011 年元月

目录

第一章　不言而战的货币战争

> 导读：金融业是一个纯粹的逐利行业，当其存储货币的银行利率逼近零之时，也意味着金融业的冬天到了。2008年末，当美联储宣布联邦基金利率下调至0%～0.25%的历史低位之时，一场席卷世界的金融危机随即降临。而与金融危机结伴同行的货币之战也悄悄拉开了帷幕。

没有硝烟的"货币之战"	1
人民币升值之战	4
最激烈的欧美中货币争夺战	7
揭开美元贬值的阴谋	12
中美"货币之战"让中国成为最大债权国	15
美元反击战的惊人计划	20
金融核弹的东京之战	22
金融黑客横扫世界	25
最可怕的亚洲货币绞杀战	28
亚洲货币战争在全世界打响	33

第二章　世界首富的罗斯柴尔德家族

> 导读：金融是国家的经济命脉，在资本社会，谁控制了金融，也就意味着谁就有了左右国家政治的能力。不过，当今世界首富罗斯柴尔德家族奠基人，曾经的金融界巨擘老梅耶·罗斯柴尔德曾

留下一句名言:"只要我能控制一个国家的货币发行,我不在乎谁制定法律。"然而,此后的罗斯柴尔德家族的发迹史却表明,这只是一句空话。

世界上最宏大的金融家族 ··· 39
金融帝国的罗斯柴尔德家族 ·· 40
列昂内尔将金融市场推向辉煌 ·· 43
欧洲庞大的金融王国 ·· 44
罗斯柴尔德家族亲历的四次战争 ······································ 47
最伟大的反犹主义 ·· 49

第三章 国际银行业:一个庞大的金融王国

导读:经济与政治向来是一对形影不离的孪生兄弟,世界历史上许多重大政治事件的背后都有银行家的影子。而国际金融业也在炮火连天的战争中不断发展壮大,并形成了一个古老而庞大的游离于"政治"之外的独立王朝。

英格兰中央银行的诞生 ·· 50
银行家胜利打败拿破仑 ·· 52
英殖民政府与《独立宣言》的签署 ······································ 53
美国内战背后的欧洲金融强国 ·· 56
华尔街银行在硝烟战争中繁荣 ·· 59
繁荣的国际银行业 ·· 61

第四章 美国总统与国际银行家的百年大战

导读:政治与经济的分权独立如同一个患上精神分裂症的病人,免不了要生出许多事端。围绕货币发行权的明争暗斗让美国银行业充满了血腥之气。而射中数位美国前总统的邪恶子弹也让美国公民引以为荣的民主政治蒙受着晦暗的阴影。

刺杀林肯总统的图谋 ·· 64
北美殖民地第一场货币战争 ·· 65
货币战役最激烈的北美银行到美国第一银行 ···························· 68

1812 年战死第一银行 ·············· 71
杰克逊废除第二银行 ·············· 72
国际银行家炮制了"1857 年恐慌" ·············· 77
林肯创立了货币新政 ·············· 78
林肯的俄国同盟者 ·············· 80
刺杀林肯的真正凶手 ·············· 81
总统令 11110 号是肯尼迪的死亡证书 ·············· 82
里根遇刺而粉碎了金本位的最后希望 ·············· 84
罗斯福的"百日新政" ·············· 86

第五章　世界上最大的中央银行美联储

导读：资本运作是华尔街银行家们的看家本事，资本运作的历史几乎与美元的历史一样长久。然而，近代历史上华尔街的银行家们的胃口似乎越来越大，不但人为地制造出经济周期并吹大了资本泡沫，而且精心策划出劫掠财富的精密计划。

联邦储备系统的完善 ·············· 90
美联储幕后操纵黑客大揭密 ·············· 94
伍德罗·威尔逊当选总统的背后 ·············· 107
神秘的哲基尔岛上的阴谋 ·············· 109
《美联储法案》让银行家实现美梦 ·············· 111
美联储赚钱的系统流程 ·············· 114
华尔街轴心的华盛顿 ·············· 115
美元泡沫的工厂 ·············· 117
美联储的三大方略 ·············· 119
美联储主席艾伦·格林斯潘 ·············· 121

第六章　世界大战：金融巨头大发战争财

导读：只要有利益存在的地方，总会有银行家们的身影。对于银行家们来说，没有什么比战争更能令他们兴奋的了。因为战争能为他们带来的是数不清的投资机会，收获的是数不清的财富。透视第一、第二次世界大战，就会清楚地发现，资本是如何与血腥的战争联系在一起的。

美国联邦储备委员会策划了第一次世界大战 ················· 125
斯特朗操纵下的战时美联储 ····························· 130
国际银行家的密谋 ··································· 131
第二次世界大战的内幕大揭密 ··························· 133
战争让银行家成为巨富 ······························· 136

第七章　控制整个世界的究竟是谁？

导读：市场经济运行机制为国际银行家们创造了全球性发展的无障碍空间。世界成了银行家们的沃土，资本开始最大程度上展现出其本性，并按利益最大化这个不变的规则构造其发展格局。然而，其本性与发展理念却并非人类文明发展的必然选择，其造成的种种祸端恰如中国历史宫庭中曾经发生过的"太监"为祸！

美国外交关系协会 ··································· 143
彼尔德伯格的精英俱乐部 ······························ 144
国际货币基金组织与世界银行 ··························· 149
国际清算银行就是世界银行的总部 ······················· 154
奥巴马面临"美国制造"的争端 ·························· 156
美联储"印钞机"加快造钱 ···························· 160
警惕美国又一次大肆掠夺世界财富 ······················· 163
奥巴马保护美元霸主地位 ······························ 165

第八章　向黄金宣战

导读：集世界之黄金亦无法衡量世界之财富，所以货币与金本位脱钩只是历史性的时间问题。不过,对于国际金融大鳄来说,挣脱金本位羁绊的并非是货币,而是银行家们的野心。这让货币更轻易地偏离"让世界运转起来"的初衷,单一的逐利动机也很容易让金融业的发展与人类社会文明的发展方向对立起来。

黄金掀起第二次世界大战 ·················· 169
黄金总库瓦解后的极大影响 ················ 170
尼克松总统关闭黄金窗口 ·················· 171
整个世界都在抢购黄金 ···················· 173
金本位的黄金世界 ························ 174
黄金市场的大恐慌 ························ 178
罗斯柴尔德退出黄金定价 ·················· 181

第九章 从黄金美元到石油美元

导读:摆脱金本位的美元历经了一个时期的虚胖之后,再一次找到了足以令其坚挺的依附物——石油,欧配克决定在全球石油交易过程中以美元为惟一结算货币。于是,美元借助于石油的权重成就了其霸主的地位。而与黄金美元相比,石油美元显然更具有广泛的国际市场发展空间,不过,美元的这一发展历程却伴随着残酷的战争!

从黄金美元到石油美元的战争 ·············· 183
两伊战争中的美式援助阴谋 ················ 184
美元霸权与海湾战争 ······················ 186
"9·11事件"制造了进攻阿富汗的计划 ······ 188
中国处于欧元与美元争夺之中 ·············· 193
普京与美国利益集团石油之战 ·············· 194

第十章 次贷危机的金融战争

导读:对于华尔街那些精明过头的银行家们来说,"次贷"也许只是在华尔街严酷的金融业竞争中诞生的一个小小的创新型金融产品,正是这个产品成了后来点燃世界金融体系的那根小小的火柴。而燃起的熊熊大火，并没有照亮美元的前景，相反，却令美元的霸主地位产生了动摇，也令国家形象损失殆尽。

美国引发全球次贷危机 ……………………………………… 197
次贷危机中的美联储 ………………………………………… 201
次贷危机与中国经济的对策 ………………………………… 204
次贷危机敲响了中国楼市警钟 ……………………………… 207
次贷危机强烈搏击欧美亚股市 ……………………………… 212
次贷危机促进全球金融大混战 ……………………………… 216

第十一章　开展热钱战争保卫财富

导读：由连续运转已变得过热的美元印钞机难免会加工出大量失去投资"标的"的"热钱"。历次金融动荡所产生的"热钱效应"已令许多国家尝尽了苦头。而对于初次历经金融风暴的人民币来说，做一个合格的博弈者殊为不易，不过，坚实的实体经济及庞大的国家资本亦非轻易可以撼动。面对世界的关注，人民币必须面对的是迎接这场挑战，并无可回避地完美地证明自我！

西方世界转入热钱战争 ……………………………………… 222
国际热钱蔓延到中国 ………………………………………… 224
国际热钱中国攻略 …………………………………………… 228
股市热钱进出中动荡 ………………………………………… 231
海外热钱决不能抄底中国房地产 …………………………… 233
全球热钱豪赌而亚洲货币升值 ……………………………… 236
热钱何时撤离中国 …………………………………………… 240
各国如何应对热钱袭来 ……………………………………… 242
警惕国际热钱掌控中国粮食产业 …………………………… 245
防止国际热钱在中国套利 …………………………………… 248
中国掀起"热钱反击战" …………………………………… 250

第十二章　国际货币的危机

导读：金融危机让货币这层附着在实体经济身上的"皮肤"开

始松动,美元作为国际货币正陷入前所未有的信任危机,而国际货币体系也面临即将崩溃的危险境地。凯恩斯的金本位主义大有卷土重来之势。而危机留给世界的最有价值的社会学思索也许是:以经济发展为驱动核心的世界会在这次危机中转向以人性发展为驱动核心的发展模式吗?

全球金价飙升而危机更加恶化 ………………………………… 256
"金融铁幕"值得警惕 …………………………………………… 258
俄罗斯经济将倒退5年 …………………………………………… 260
危机四伏的英国信贷市场 ………………………………………… 262
惨淡的日本经济 …………………………………………………… 264
韩国面临"双生危机" ……………………………………………… 266
金融海啸搅乱拉美金融自主梦 …………………………………… 269
冰岛本国货币贬值要用欧元 ……………………………………… 271

第十三章 货币危机之中"贸易保护"的重伤

导读:资本泡沫与不对称的商品交易终于催生出"贸易保护"怪胎。发展中国家在以实物商品兑换了大量的美元纸钞之后,即遭遇"贸易保护"这道无情的屏障。事实上,"贸易保护"只是经济民族主义的一个幌子,也是有违世贸精神的一个产物,因此,也必然遭受到发展中国家的强烈反对。而对于许多发展中国家来说,应对货币危机学会在世界金融大潮中冲浪则显得十分重要。

东盟坚决反对贸易保护主义 ……………………………………… 275
警惕经济民族主义大回归 ………………………………………… 277
汇源交易被否决不属于贸易保护吗 ……………………………… 280
境外直接投资避开贸易保护 ……………………………………… 283
贸易保护侵蚀世界经济 …………………………………………… 288
中印贸易战争一触即发 …………………………………………… 292
澳矿业拖延了投资计划 …………………………………………… 295
新贸易保护主义损害中国经济 …………………………………… 299
中国反对贸易保护主义 …………………………………………… 303

第十四章　经济全球化的货币大战

　　导读：对于金融危机引发的通货膨胀，凯恩思说："通过连续的通货膨胀，政府可以秘密地、不为人知地剥夺人民的财富。"泛而言之，以美元为国际货币的通膨无疑于美元在劫掠世界。而美国历史上著名政治家、思想家、《美国独立宣言》的起草人托马斯·杰斐逊则说："我坚信银行机构对我们自由的威胁比敌人的军队更严重。"以此而言，人们不难理解为什么金融危机会暴发，以及金融集团间会发生令人龃龉的货币大战！

全球的经济状况 …………………………………………………… 306
欧盟的经济状况 …………………………………………………… 308
人民币VS美元 ……………………………………………………… 309
中国石油战略的金融策略 ………………………………………… 311
人民币在金融危机中的国际化机遇 ……………………………… 313
增加黄金储备应对美元贬值 ……………………………………… 316
货币战争之中国未来战略 ………………………………………… 318

第一章 不言而战的货币战争

> 导读：金融业是一个纯粹的逐利行业，当其存储货币的银行利率逼近零之时，也意味着金融业的冬天到了。2008年末，当美联储宣布联邦基金利率下调至0%~0.25%的历史低位之时，一场席卷世界的金融危机随即降临。而与金融危机结伴同行的货币之战也悄悄拉开了帷幕。

没有硝烟的"货币之战"

二战之后，逐渐完成了国际经济一体化，美国凭借自己强势的国力把美元推向了国际货币的霸主地位，甚至在1944年的布雷顿森林会议时，美国做出了很严肃的承诺：全世界所有人持有的美元无论什么时候都可以向美国财政部以35美元兑换一盎司的黄金。

然而在美元取得霸主地位以后，美国没有很好地履行它的承诺。2008年金价最高达到1000美元一盎司，美元大大地贬值了。直至2008年，引爆于美国次贷危机的国际金融危机，才让全世界人如梦初醒，被美国忽悠了，被美元涮了。冰岛濒临国家破产，俄罗斯经济倒退，政府开始出现财政赤字，英国和欧盟也慌不择路地降低基准利率至零利率。

世界各国首脑们开始再一次振臂呼吁建立国际货币的新秩序，罢黜美元的国际货币单一的霸主地位！于是，欧盟国家提议把欧元和美元共同打造国际货币的双轨道。国际金融危机的爆发牵引出了国际社会的另一场没有硝烟的战争——"货币战争"。

事实上，"货币之战"从来都没有停止过！

2009年是欧元诞生的十年华诞。自1999年1月1日以来，欧元已经

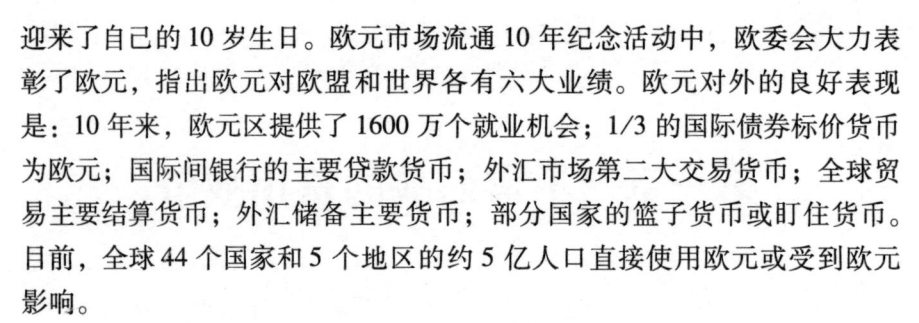

迎来了自己的10岁生日。欧元市场流通10年纪念活动中，欧委会大力表彰了欧元，指出欧元对欧盟和世界各有六大业绩。欧元对外的良好表现是：10年来，欧元区提供了1600万个就业机会；1/3的国际债券标价货币为欧元；国际间银行的主要贷款货币；外汇市场第二大交易货币；全球贸易主要结算货币；外汇储备主要货币；部分国家的篮子货币或盯住货币。目前，全球44个国家和5个地区的约5亿人口直接使用欧元或受到欧元影响。

因此可以说欧元在一定程度上阻击了美元在国际金融市场上的肆无忌惮，打击了美元继续维持霸主地位的野心。但是人们不会忘记，欧元的诞生过程是艰难的，它首先来自同是欧盟国家的英国的阻挠，以至于现在英镑仍游离在欧元区之外。这并不是英国不看好欧元，而是英国的"司马昭之心路人皆知"，英国为让英镑成为世界硬通货币的野心埋下了伏笔。

无论如何，欧元的成功给怀揣改变世界金融新秩序的世界各国带来了信心和曙光。在现今的国际金融危机的漩涡之中再一次动摇了美元的霸主地位。尤其是当美国新政府为了挽救自己，不顾世界各国的死活，严重违反国际贸易协定规则，树立起贸易保护壁垒，引起了国际社会的严厉谴责。

美国时间2008年12月16日，美国发出历史上最强大的一次"货币炮弹"：美联储将联邦基金利率下调至0%～0.25%，美元基准利率达到历史最低水平。评论家们形象地说，美国的印钞机要加班了。正如所料，2009年3月19日，美国又一次投下了历史上最强大的"货币导弹"，美联储突然宣布：在接下来的6个月内，将购买3000亿美元长期国债，与此同时，还将增加7500亿美元抵押贷款债券购买额度，以及1000亿美元机构债券购买额度。

3000亿美元天量！触及市场经济底线！史上最无耻的救市方式！美国股市立即冲高，国债收益率创22年以来最大单日跌幅，美元指数遭受24年来最大单日跌幅。

从传统意义上来讲，美国的国债就是"美元"，同样以国家信用作为依托，这种金边债券在绝大多数投资者眼里跟美元没有太大差别。但美联储主席伯南克改变了这一传统。美元变成了美联储的美元、国债变成了财政部的国债，用美联储的美元购买财政部的国债，伯南克正开始一项教科书都没有的开创性的救市方式。根据美国《联邦储备法》，经济危机时期，美联储拥有无限发行货币、向任何人发放贷款的权力，无需国会批准。此前，美联储的放贷项目已使其资产规模从 9000 亿美元增加到 1.8 万亿美元。这次刺激经济的"大手笔"更是史无前例，舆论普遍用"大胆"、"争议"等词来形容美联储的这一"重大决策"，认为在"零利率"时期，美联储本质上是在通过"印钞票"来增加信贷供给量。伯南克对此也不置可否，表示在即将失去降息空间时，只能充分发挥"印钞机"的功能，向市场注入流动性以刺激经济复苏。分析人士认为，在当前"零利率"时期，美联储已正式采取通过购买债券向市场注入流动性的"非传统干预方式"，这也从侧面反映出了美国经济深度衰退的严重性。

美联储这一货币导弹的投放对于中国而言，2 万亿美元外储已经成为待宰的羔羊，将再次蒙受重大损失。

中国政府迫于无奈，也一改往日的谨慎态度。2009 年 3 月 23 日中国人民银行行长周小川在人民银行网站上公开发文《关于改革国际货币体系的思考》。文章中鲜明提出了这次金融危机的爆发并在全球范围内迅速蔓延，反映出当前国际货币体系的内在缺陷和系统性风险。

对于储备货币发行国来说，国内货币政策目标与各国对储备货币的要求经常产生矛盾。货币当局既不能忽视本国货币的国际职能而单纯考虑国内目标，又无法同时兼顾国内外的不同目标。

既可能因抑制本国通胀的需要而无法充分满足全球经济不断增长的需求，也可能因过分刺激国内需求而导致全球流动性泛滥。理论上特里芬难题仍然存在，即储备货币发行国无法在为世界供给流动性的同时确保币值的稳定。

鉴于此，周小川提出创造一种与主权国家脱钩并能保持币值长期稳定的国际储备货币，从而避免主权信用货币作为储备货币的内在缺陷，这是国际货币体系改革的理想目标。超主权储备货币不仅克服了主权信用货币的内在风险，而且为调节全球流动性提供了可能。由一个全球性机构管理的国际储备货币将使全球流动性的创造和调控成为可能，当一国主权货币不再做为全球贸易的尺度和参照基准时，该国汇率政策对失衡的调节效果会大大增强。这些能极大地降低未来危机发生的风险、增强危机处理的能力。

周小川作为代表着中国政府金融机构的发言人，提出的这个观点还是比较含蓄的，他并没有提出中国民间的"华元"假设。然而人们仍闻到了"国际货币战争"浓烈的火药味。尽管周小川也指出了重建具有稳定的定值基准并为各国所接受的新储备货币，可能是个长期内才能实现的目标。建立凯恩斯设想的国际货币单位更是人类的大胆设想，并需要各国政治家拿出超凡的远见和勇气。而在短期内，国际社会特别是国际货币基金组织至少应当承认并正视现行体制所造成的风险，对其不断监测、评估并及时预警。这可以说是给美国和美元下了一道"宣战牌"。

凭借中国目前的国际经济地位，中国的宣战表明，国际"货币之战"刚刚开始。

人民币升值之战

改革开放以来，中国的经济一直保持良好快速地发展。中国经济实力的增长已经威胁到了美国的利益和它的"世界第一"的权威。美国要想继续做世界的霸主，就不会允许他国分羹。在中国这样的发展形势下，美国一直以各种借口对中国的经济进行干扰。

自"广场协议"后，美国又将矛头指向中国，逼迫人民币升值。被称为"欧元之父"的美国哥伦比亚大学教授罗伯特·蒙代尔2003年11月在北京举行的中国城市发展国际论坛上说，美国迫使人民币升值不符合WTO规则。他指出，如果人民币升值，中国经济将会降低4%～5%，外资对中国的直接投资也会减少，通货紧缩、财政赤字、不良贷款等都会加重。一旦人民币升值，中国政府就不得不向国际货币基金组织求助，这样中国就会丧失国际社会的信任。

美联储主席格林斯潘认为，人民币升值对美国没有什么好处，更不能解决美国的双赤字问题。据统计，2004年美国的贸易逆差已经超过6000亿美元，已经占到GDP的5.5%。

针对人民币升值能否解决美国的贸易逆差问题，国务院发展研究中心金融研究所副所长巴曙松说："经济学常识告诉我们，没有任何一个国家可以任由其贸易逆差无限度的扩大，即使美国这样拥有美元的储备货币地位、较高的劳动生产率、较为年轻的人口结构等，目前的这一贸易逆差格局也是难以持续的。"

他认为，在贸易逆差较大的情况下，美国只有两种选择，一是继续实行紧缩性的宏观经济政策，包括减少财政赤字、提高利率以压缩消费，从而扭转国内储蓄持续低于国内投资的格局。但这种选择要经历一个经济和政治上的调整的痛苦，并且可能还会遭遇不小的政治阻力。

在这种形势下，美国只好采取第二个选择，即推动美元的贬值。他认为，如果完全期望通过美元贬值来化解美国的经常账户逆差问题，美元至少要再贬值30%~40%。这同样不是美国所希望看到的。事实上，美元的急剧贬值会引起美国通货膨胀、利率水平急剧提高，因此，美国希望其他国家的货币升值以缓解美元的贬值压力。从客观上说，这是美国积极促使人民币升值的根本原因之一。

与此同时，巴曙松也认为，美国迫使人民币升值并不能真正缓解贸易逆差问题。他说，以中国的现有规模，人民币汇率即使大幅度升值，对于美国的贸易状况的改善的影响也是十分有限的。美国的贸易逆差超过了6000亿美元，中国的顺差只有400亿美元，即使通过人民币升值全部消除中国对于美国的顺差，也并不能扭转美国的贸易格局，更何况中国与美国的贸易结构存在巨大差异，双方的贸易更大程度上是互补的，中国出口的大量廉价劳动密集型商品也极大提高了美国人的生活福利。

虽然人民币升值并不能扭转美国贸易逆差问题，但美国政府还是再三强迫中国做出决定。2005年4月上旬，美国参议院通过了一份提案，要求中国政府在6个月内允许人民币升值，否则，会对中国出口美国的商品征收惩罚性关税。

美国认为，中国政府人为地把人民币汇率跟美元直接挂钩，使得中国出口商品在价格上得到了15%~40%的优势，也就是平均27.5%的优势。以此为依据，该项名为《舒默修正案》的提案规定，如果中国在6个月内不采取行动调高人民币兑换美元的汇率，美国将对进口的中国产品征收27.5%的关税。

另一方面，美众议院又附和参议院，提出了《中国货币法案》。该法案指出，外国政府低估中国货币，构成违禁出口补贴，属"操纵汇率"。

美国参众两院认为，中国的汇率政策人为地提高美国对华出口产品的价格，降低中国对美出口产品的价格，从而扩大了美国对华贸易的逆差，增加了美国的失业率，对美国经济造成了损失。在这些议员看来，只要人民币对美元升值了，中美之间的贸易问题甚至美国国内所面临的各类经济矛盾，就会得到圆满解决。

事实上，这些年来，稳定的人民币汇率对美国金融市场起到了积极作用。2004年中国的外汇储备较2003年增长了51.3%，外汇储备总额超过了6000亿美元。而在中国的外汇储备资产中，基本上都是美元资产，尤其是持有大量的美国政府债券。

而一旦人民币升值，大量的投机资本流出，中国外汇储备减少，这样，无疑会减少对美国政府债券的需求，美国政府债券市场利率就会下降，这无疑会对美国金融市场造成冲击。并且，中国为了维持人民币汇率的稳定而持有大量的美元资产，为美国提供了巨额的铸币税。美元的储备货币铸币税意味着美国不需要付出任何劳动，就可以无偿地占用中国的资源和产品。

与此相反，如果实行更加灵活的汇率制度，中国对美元储备的需求会减少，美元再也难以享受到如此之大的铸币税的好处。

与此同时，人民币汇率的稳定促成了全球新的国际分工的形成，所谓"中国是世界制造中心"的说法，无不是人民币汇率稳定的结果。而新的国际分工的形成，正是美国成功地实现产业转移的前提。

与美国参众两院持相反观点的美国财长斯诺表示："推动这项法案是一个严重错误，它会产生适得其反的效果，扰乱中国的金融体制，可能会导致又一场东南亚金融风暴。"

中国经济专家认为，美国政府积极地推动人民币汇率制度的"改革"或者要求人民币"升值"，原因是他们清楚地看到中国国内的经济金融体系还存在着问题，国有企业、国有银行治理结构还很不完善，银行体系不良资产的顽疾还难以解决，企业、银行和其他各类金融机构还没有成熟的风险管理技术，因此，一旦中国按照他们的意愿改革了汇率制度，汇率水平在经历短暂的升值之后，可能会急转直下，将中国经济金融体系拖入危机的泥潭。

专家指出，不管怎样，美国是不希望中国过于积极地活跃在国际经济、政治舞台上。美国参众两院人民币汇率动案的神经里，还是政治经济霸权主义在作祟。

人民币汇率制度的改革是中国经济市场化改革的必要组成部分，不过，它是一个渐进的过程。例如，东欧和苏联在经济市场化改革的过程中，按照"华盛顿共识"对汇率制度进行了大爆炸式的市场化改革，结果这些国家的货币和整个金融体系全部崩溃了。

金融自由化改革的始作俑者、斯坦福大学的著名教授麦金农先生，在他早期的金融自由化改革中，事实上也主张对包括汇率制度在内的金融体系进行一揽子的全面自由化改革，然而，在经历各种金融危机和金融风暴之后，麦先生又对他过去的理论进行了重新审视，主张在对汇率制度的改革时必须谨慎。

这些年来，在有关人民币汇率问题方面，他同具有欧元之父之称的诺贝尔经济学奖获得者——蒙代尔教授一致认为，人民币汇率升值是一个"灾难"。并且汇率制度的改革本身需要很多条件，至少，总的来讲，经济发展规模、对外开放的程度以及国内经济自由化程度，是决定汇率制度选择的主要因素。

许多年来，中国一直在致力于建立社会主义市场经济体制，为建立以市场供求为基础的、有管理的浮动汇率制，做出了许多努力，直接的如企业结汇期限放宽、实行美元做市商制度、允许外国机构发行人民币债券以及外汇交叉买卖等；国有企业的改革、国有商业银行的改革以及货币调控机制的改革，都无一不是在间接地为汇率制度的改革创造条件。

2005年3月中旬，温家宝总理在答记者问时已经明确地表示，中国可能会选择一个适当的时机"出其不意"地改革人民币汇率机制。

3月29日，周小川行长在回答记者提问时说："中国未来汇率改革的主要任务是完善人民币汇率形成机制，不是简单地调整人民币汇率水平。"

4月3日，央行副行长吴晓灵再一次重申，无论理论还是实践都很难确定合理的汇率水平，下一步汇率改革重在机制而不是水平。

这些都明确地向外界表明，中国在汇率问题的争论方面，已经开始正视问题的实质：即更加自由、开放和更加市场化的汇率机制。

总而言之，中国现在需要的不是人民币是不是需要升值和能否立即实行灵活的汇率制度，而是需要加快改革，建立健全国内的经济、金融体系。

最激烈的欧美中货币争夺战

2007年，人民币一边是对美元"升升不息"，一边却是对欧元贬值。再加上美元本身的"跌跌不休"，三大货币之间的关系出现了微妙的变化。11月27日，欧元区的三大重量级人物访华，更使欧元汇率成为备受关注的话题。要不是因为欧元已成为全球最强劲的货币，中国人大概看不到欧洲经济这三大巨头同时出动。这三大巨头分别是欧洲央行行长特里谢，欧元区轮值主席容克，欧盟财长阿尔穆尼亚。他们为人民币而来。

如此盛大的场面似曾相识。差不多一年前，美国政府也曾派出由财长鲍尔森领队，美联储主席伯南克与商务部部长古铁雷兹同行的空前阵容访问北京，也是为人民币。

而当美国人一次次无功而返的"汇率之行"，让美元与人民币的故事几乎变成一部冗长乏味的肥皂剧之后，"（欧洲人）这次的访问将是一个分水岭，"让·皮萨尼·弗里（JeanPisani-Feny）说，"直到最近，人民币看起来都只是美国和中国之间的问题。在中美汇率的争斗中，欧洲过去一直惊人地沉默着……这次的访问意味着，欧洲现在要加入全球货币格局的对话中了。"

当两方对峙变成三方博弈，这场围绕人民币的漫长游戏开始升级为一场更为复杂的战局：美元已别无选择地将"国际货币"的地位拱手相让，而生机勃勃且急速强大的中国不为所动，坚守着人民币的弱势，欧元于是极不情愿地被推上美元让渡出的空缺，但欧洲虚弱的经济增长根本无力承受强势货币之重。

美元、欧元、人民币这三大币的战争，事实上是一场彼此推卸作为国际货币主角的战争。

随着美元价值不断下跌，全球经济掀起了"汇率战争"。自尊心极强的美国要求中国将人民币升值，以此针锋相对。欧洲一边和美国一起向中国施加压力，要求人民币升值，一边向美国进行攻击，要求其阻止过分的美元价值下跌状况。现在的形势就是，世界各国为了自己的生存而争相降低本国货币价值。因此有人担心说，随着保护主义在世界范围内不断扩散，世界经济可能会一同陷入停滞局面。

面对近期来势汹汹的美国方面的压力，中国有着自己化解短期压力的"太极"招式。一直以来美国就与中国在人民币汇率上一直纠缠不休，中国政府一直在人民币战略上采取一种迂回升值的战略——尽量避免"休克式疗法"，而采取渐进式改革的策略，同时在与美国在汇率上的谈判中尽可能为人民币汇率改革争取更多的时间。

2007年7月21日的升值就是面对当时美国方面咄咄逼人的压力以及国际方面的双重压力采取的一种以一次性重估人民币汇率让人民币小幅升值从而达到缓和人民币升值的压力，为汇改争取了更多的时间！时至今日，人民币汇改的步伐并没有因2007年7月的升值而放缓，反而改革的步伐在逐渐加快，一系列的相关政策法规细则逐步出台，在不断地完善人民

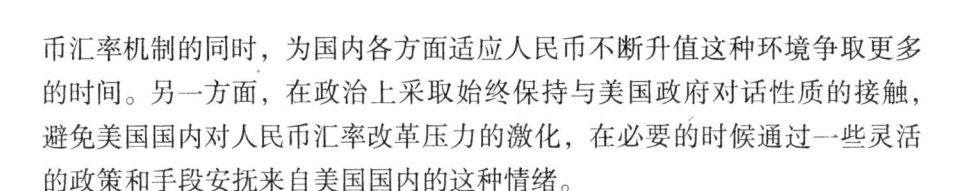

币汇率机制的同时，为国内各方面适应人民币不断升值这种环境争取更多的时间。另一方面，在政治上采取始终保持与美国政府对话性质的接触，避免美国国内对人民币汇率改革压力的激化，在必要的时候通过一些灵活的政策和手段安抚来自美国国内的这种情绪。

无论是将中国列为"汇率操纵国"，还是通过立法征收高额关税，对中国的贸易进而实施制裁措施，都会引发中美贸易战，这不仅损害中国经济，也会给美国经济带来很大风险，并非明智之举，美国政府不会不清楚其中的厉害关系。

目前中国的汇率制度是趋向更富弹性之前的过渡阶段，议案即使通过，这些缓冲也可以给汇率制度改革提供更多的时间。按照中国政府推进关税汇率市场化改革的速度，也可能在真正实施之前完成汇率市场化改革。

中美双边贸易活动几十年间一直在快速扩展的过程可表明：双方都从中获得了远比没有或减少双边贸易更大的收益。这一收益不是来自对方的恩赐，产生的问题也不是来自对方的阴谋，而是来自为了自身获利进行的贸易过程。这就决定了：面对争执，各自都从存在的收益大于代价的贸易需要出发，双方总会做出依靠谈判去协调和解决争执的选择。

在当前非平衡的中美贸易中，有双方统计口径不同引起的误判，有中国内地储蓄率过高，内需不足引起的经常性项目收支顺差的原因，有美国国内储蓄率过低，政府财政赤字过高而形成的经常性项目收支逆差的机制。还有凡在中国产品有竞争力的领域里，主导因素是中国的劳动力便宜，如果过多地升值人民币，就会使中国出口行业失去成本优势，故中方难以让人民币大幅地升值；而由于内地金融体系比较脆弱，货币当局和企业缺乏应付汇率大幅波动的经验，中方目前又不能完全开放资本项目，不能放弃带有行政管制特点的汇率政策，做到与主要发达国家一样，完全由市场决定人民币的汇率。这里面包含着技术认定、观念、经济制度转轨、利益的获得与冲突等多方面的问题。

所以，中美之间的汇率之争将会持续下去，问题不会得到很快解决。但是，这并不意味着双方会展开贸易战，损坏多年发展起来的共赢局面。中美需要通过谈判来寻找利益协调的新均衡点。在持续的争执和不断通过谈判协调和解决争执的过程中，中美之间的贸易关系将会继续地发展。

次级贷款危机已经将其影响最终传递到人民币问题上来，但这还仅是压力的一个方面，美联储在危机爆发之后接连三次降息，降息幅度为100

个点，又从货币政策角度给予人民币更大的压力。而中国央行则在年内已经 5 次加息 135 个点，中美利差就在一年之内迅速减少 235 个点，货币政策上的反差如此剧烈，人民币升值压力就更加突出。这样事实上美国从危机扩散与货币政策两个角度对人民币实施两面夹击。

尽管目前世界通胀预期仍然走高，但美联储连续降息的影响不容忽视，下一步很可能世界通胀预期会扭转，这又是对通胀不断走高的中国的一道枷锁。或许此后通胀之争才是中国所面临的最严峻的问题，一旦欧美通胀预期改变，中国如何控制通胀走高并妥善处理人民币汇率，实际上已经陷入欧美国家的多重封锁之中，由此带来的内外失衡局面更将是欧美不断施加压力的合适借口。

在欧美主导的 G8 以及 G20、IMF 等国际势力的多重封锁之下，中国要寻求突围的路径，除了"支持强势美元"或别无选择。支持强势美元不仅是稳定中国经济形势和人民币升值预期的务实有效路径，而且其最大意义在于，支持强势美元能够从化解次级贷款危机这一源头出发，寻找切入国际金融市场的有效途径，从道义上讲也是可取的。

目前中美已经就互相开放金融市场达成了协议，下一步是在中国逐步开放市场的过程中，实现稳定接轨和避免剧烈波动，支持强势美元无论如何都是一个重要参考标杆，美元仍然在中国外汇储备中占绝大比重，并且仍然处于世界基础货币地位，实现美元在中国金融市场的稳定十分重要，如果美元进入中国市场之后仍然剧烈波动，必然催生中国金融市场的动荡，因此，支持强势美元自然是情理之中的了。

随着欧盟加入施压阵营，人民币汇率再度面临着外部重重压力。但是，人民币加速升值不太可能解决贸易失衡问题；人民币汇率改革，依然是沿着主动、可控和渐进之路，在完善外汇市场的过程中不断加大汇率弹性，这才是最适合中国国情的升值方式。

汇改以来人民币对美元已经累计升值 11.6%，与此同时人民币对欧元却贬值了 8% 以上。究其原因，在于美元最近一段时间大幅度对欧元贬值。这使得人民币相比其他主要非美元货币反而贬值。

在美元持续贬值的情况下，欧元汇率不断走高并对欧盟经济体产生影响。法国财长拉加德近来一直要求欧洲央行阻止欧元继续升值，并呼吁保尔森"响亮而清晰"地表示他仍然支持强势美元。意大利总理普罗迪也对欧元升值感到担忧，并指责美国的汇率政策只顾自己的"国内利益"。但另一方面，由于美国国内面临次贷危机和经济增速下降的风险，未来美元趋势性贬值趋势似难阻挡。专家指出，在这种情况下，就需要寻找新的泄洪出口，候选货币主要来自目前经济基本面比较繁荣的经济体，其中人民币成了他们的首选目标。

应该看到人民币对欧元持续贬值背后的深层原因。这就是尽管人民币对美元在逐渐升值，但欧元对美元升得更多，究其原因在于全球国际收支失衡，这是从中心国美国开始出现的，它出现了贸易大量逆差和美元的急剧贬值，所以才引发到其他国家货币出现相应调整。虽然人民币也要继续升值，但寄希望于通过人民币升值来解决欧元升值的问题不现实。而且，在美元贬值的另一端，其他货币中升值幅度最小的是日元，日元一直是全球最便宜的货币，把矛盾焦点集中在人民币汇率上不会起到太大作用。而且，如果人民币升值幅度太大的话，对欧洲可能也会有不利影响，将通过出口价格走高助推欧元区通胀压力。

目前全球金融格局正处于微妙时期。美元地位下行、欧元非常态地大幅度升值也使得欧元区开始担心产品竞争力下降。

欧盟不是第一个希望通过施压人民币汇率来解决中欧贸易不平衡问题。在过去几年，美国国内要求人民币大幅升值以缓解中美贸易不平衡的呼声也此起彼伏。

与此同时，美联储主席伯南克对此有过清晰地表示，人民币升值不太可能解决贸易失衡。他说，人民币加速升值固然重要，但却不太可能解决贸易失衡问题。中国与美国目前都面临着根本性的储蓄和投资失衡问题，在任何削减双边贸易逆差的方案中，都需要解决这个问题。他警告称，不要简单地把注意力限制在一个重要问题上。

中国的人民币汇率问题不只是一个对外价格问题，已经被复杂化了。发达国家通过汇率问题，督促中国加快开放金融市场进程。在汇率问题上，中国一直采取主动、渐进、可控的三性原则，这是考虑到中国对世界的影响，是负责任的做法。汇率改革牵扯整个金融市场，目前中国还达不到完全开放汇率的能力，否则一旦金融市场动荡产生，不仅对中国，而且对整个世界经济的负面冲击都是非常剧烈的。

虽然人民币再次面临外部压力，然而，中国和欧洲的分歧不在于人民币是升值还是不升值，而在于什么是最适合中国的升值方式。人民币更快升值可以缓解通货膨胀压力，使得货币政策更具有灵活性，但是现在问题在于选择什么样的升值方式。如果选择小幅升值，会进一步强化市场预期；如果选择一次性大幅升值，很可能必须要采取像 2005 年汇改时那样出

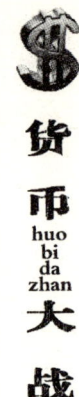

其不意的手段，这对企业是会有影响的，打乱其整个投资和出口计划。所以，现在中国通过一方面完善外汇市场建设，另一方面要扩大汇率波动，特别是汇率双向波动，这种波动也会随着金融机构和企业承受能力的增强而扩大，在这一过程中逐渐实现人民币逐步升值，这是更适合中国国情的改革方式。

揭开美元贬值的阴谋

美元持续贬值的影响已经波及到世界各个国家。世界各国对美元贬值大部分持反对态度，中国国内对美元贬值的议论也是一浪高过一浪。

2004年11月26日，亚太经济时报以《美元贬值背后有阴谋，美国人是在变相抢中国人钱》为标题报道说，美国正导演着一场美元阴谋，通过动用外交和市场手段，暗中推动美元贬值，以解决其国内外一系列难以协调的问题。这场阴谋惊扰着全球经济，而中国受到的冲击层面上至国家金融与政治，中至地方企业，下至百姓生活。

一时间，美国任由美元贬值的行为遭到人们的谴责，很多观点认为，这是美国在解决其双赤字问题上所采取的谋略，美国有意无意地使中国经济陷入两难境地。

在美国的阴谋下，中国人掉入了陷阱，纷纷在春节前购买贺岁金条。2004年11月22日上午，第一批鸡年贺岁金条在广州市东山百货大楼和东百花地湾同时售卖，当日全部卖完，而即将运抵广州的第二批、第三批货中的大部分也已经被预订。而在中国的其他大城市如北京、南京等地也都上演着类似的一幕。

据悉，在2002年时，贺岁金条价格为110元/克左右，2003年上升到120元/克左右，而在2004年迅速上升至153元/克。

贺岁金条价格的上涨，使个人炒金者获得了巨大的利润。据贺岁金条在广东的唯一特许经销商——广东粤宝黄金投资有限公司总经理甄伟钢介绍，由于金价不断攀升，个人炒金者近两个月的获利约有10%左右的幅度。

炒金者获得丰厚的利润，而那些踊跃购买金条的市民却蒙在鼓里，他们不知道自己在以高昂的代价购买一场美元阴谋下诞生的昂贵金条。

据金融分析师透露，美元贬值后，金价迅速上升，2004年，金价已突破440美元这一数十年来的压力位，刷新了近16年来新高。

在中国，金价涨势迅猛，这与我国外汇储备创历史新高密不可分。根据央行2004年发布的第三季度《中国货币政策执行报告》显示，9月末我国外汇储备余额已超过5000亿美元，美元贬值后，中国只有不断买入黄金来减少因美元贬值造成的损失。但是随着美元的不断贬值，国际黄金价格在不断飙升，但中国又不得不在国际黄金市场不断买入黄金，由此中国为购入黄金而损失了巨大的利益。

美元贬值不仅使中国的外汇储备受损，也对中国的企业民生产生深远的影响。广州市台资企业协会会长吴振昌在广州番禺设立了创信鞋业有限公司，这个厂的产品有60%出口到美国，作为长期依赖美国市场的出口商，吴振昌一直在外汇市场上做相关的远期外汇保值。

吴振昌说，由于国际贸易一般以美元结算，如果美元持续贬值，他们的主要原料进口国韩国、日本等就会面临着强大的升值压力。那么该厂进口原料的成本就会增加。而如果人民币在美元贬值的情况下升值，他们主要竞争对手例如越南、泰国以及印尼的货币没有升值，这对他们来说是"双面夹击"，一方面成本增加，而另一方面竞争实力在削弱。

显而易见，美元贬值对中国造成了深远的影响。中山大学金融学博士麦豪指出，美元贬值，美国的阴谋分国家策略和金融体系两个层面。从国家策略的层面上讲，美国一边高举"强势美元"的旗帜，一边放纵美元的贬值，在暗中促使美元的下滑。而从金融体系的层面上，美国有意让市场的目光集中到其双赤字问题上，并让大家知道美国要通过美元的贬值来解决其双赤字问题，利用市场的力量造成美元下滑的趋势。

2004年11月19日，格林斯潘的讲话更加明确地证明了美国放任美元贬值的国家策略。他说："外国投资人对美元资产的需求在某个时间必将减少；美国不应该对目前经常项目赤字失去警惕；如果外国投资者最终决定降低持有太多美元资产的风险，那么他们就可能出售美国资产，或者要求更高的回报。"

从格林斯潘的评论可以看出，弱势美元对减少赤字是必要的，而且美国经济的强劲增长及利率升势将消除美元崩盘的风险。格林斯潘甚至很明确地表示，相对于减少投资和消费，美元下跌对于缓和美国经常项目赤字等全球性失衡问题是个非常明智的手段。

据《亚太经济时报》报道，美国在促使美元贬值之初，一直是反复强调其"强势"美元政策,而在所有人都不相信其口头上的"强势"论调时,美国又把关注的焦点吸引到其"双赤"问题上。

摩根士丹利亚太区首席经济学家谢国忠认为,美国推低美元的主要目的并非解决"双赤"问题,而是通过牺牲其他国家的经济增长来推动美国经济的持续、强劲增长。

谢国忠指出,2004年,美国经济再次加速,增长率达到了4.5%。实际上,欧洲和日本经济复苏也已经陷入停滞。中等收入经济体,比如韩国,即使从根源上来讲,经济增长的步伐也已经放慢。很多新兴市场经济国家的经济增长也已经减速。全球经济周期进入了减速阶段,尽管美国经济增长势头强劲。

他认为,在IT技术经济泡沫破裂以后,美国为了避免经济衰退而减税和维持超低的利率,美国一直在鼓励过度消费。这是美国经常项目账户赤字如此巨大的主要原因。谢国忠指出,解决赤字问题的正确方法应该主要是提高美国的利率和税收,以减少消费和增加储蓄。但是,这样会造成美国经济衰退,因此,为了保持国内经济持续增长的势头,美国政府采取美元贬值的方法,通过牺牲其他国家、尤其是亚洲国家的利益为代价。

"这就像入侵伊拉克,没得商量!"谢国忠这样描述韩国人对美元贬值政策的抱怨。他透露说,美元贬值后,韩国的国内需求已经停滞。家庭部门的债务高企对任何的消费复苏都构成了强大的障碍。中小企业部门也受累于沉重的债务负担和疲软的销售,这限制了任何的外汇储备复苏。韩国的出口正在减少,这主要是因为动态随机存取内存DRAM价格下跌和中国的进口减少所致。

谢国忠认为,如果韩元持续升值,正如很多市场参与者所期望的那样,韩国经济将会陷入萧条。他指出,对于美元贬值政策的实现,世界上的其他国家和地区也对今天的一切负有责任。当美国人持续消费狂欢的时候,世界上其他的人乐于给美国的消费繁荣提供供给,甚至用它们过剩的美元来资助美国的消费狂欢。

对于亚洲而言,美国的这种做法将会推动亚洲经济进入通货膨胀。低经济增长和强势货币的三重陷阱。亚洲经济体的制造业将会负担沉重。强势货币将会引起去工业化后果,这将导致资本过剩,并使得强势货币更加强劲。

谢国忠向亚洲国家发出警告,当美国继续推进其经济政策的时候,如果亚洲保持被动接受的状态,世界经济将会进入一种新的均衡状态:亚洲经济体将成为一群僵尸，特征是低增长、通货膨胀居高不下，经常项目账户盈余以资助美国的去工业化进程。

他认为，亚洲各经济体应合作一起对抗美国，并采取三个步骤：第一是亚洲国家和地区，除卖掉美国国债外，亦应减少持有美元外汇存底的时间；第二是亚洲各经济体的央行应准备将政府债券证券化，以稀释当地货币值，来阻止热钱推高亚洲货币；第三则是亚洲各经济体应组织起来共同和美国谈判，以探讨如何修正全球经济不平衡。

以第一个步骤为例，他认为亚洲国家和地区的中央银行如果利用热钱和贸易盈余提供的美元购买美国国债，就能够人为地造成美国的债券收益率过低，这将会通过抵押再贷款刺激美国住宅市场和消费繁荣。一旦亚洲各中央银行能够把它们的美元储备投放到短期资金市场，美元货币将会回到美联储，因为货币市场是以短期利率为目标的。所以，通过亚洲各中央银行压制热钱使美元流回美国，会促使美国的货币供给保持中性，其贬值政策也就难以兑现。

对于美元贬值，人民币是否升值的问题，谢国忠再三强调说人民币不能升值。他认为，对中国来说，提高利率可放慢投资的成长速度，也会减少投机，他质疑"提高利率将会吸引更多资金"的观点，认为当中国显示出要继续经济软着陆的宏观调控信心时，热钱将会自讨没趣地离开。因此，人民币的价值将会由供需的真实均衡来决定，而不是由投机和政治压力决定。

中美"货币之战"让中国成为最大债权国

钱是比核导弹更厉害的武器！美国曾经利用美元打遍世界并屡屡获胜。

这样的例子举不胜举：20世纪初叶，美元打败英镑成就世界货币霸主；20世纪中叶利用美元颠覆共产主义国家，还利用美元打垮国际石油输出国；80年代到90年代，当日本的经济势力出现超过美国的苗头时，美国利用美元的世界货币霸主地位强迫日元升值20%，击垮了日本经济增长的强势劲头；20世纪90年代后期，美国攻打伊拉克消耗了大量美元资产，然而美国却让他们的战争经费由亚洲国家买单，人们肯定对1997年的亚洲金融危机记忆犹新,正是美国利用美元再一次偷袭亚洲国家,把韩国、泰国甚至香港席卷一空;而出现在2008年的金融危机,很着实地让美国经济出现了空前的危机,这也正是美国展开又一轮美元战争的借口和开始。而这一轮美国和美元的战争对手毫无疑问就是中国和人民币。其战争理由与当年美日经济战争如出一辙。

简短分析一下当年美日之间那场经济战的成因、结果,也许会对当下的美中经济之战有所借鉴和理解。

这场开始于1985年的美日经济之战,当时的背景是日本GDP开始超过美国GDP的一半!这也是迄今为止唯一一次其他国家与美国的经济差距缩小到一半的程度。

具有极强民族主义的日本人开始欢呼:只要超过美国的GDP,日本就可以恢复"正常国家"了!世界各国也都在兴奋地期待着日本GDP超过美国GDP的那个"历史性时刻"!日本企业更加疯狂,美国经济的象征——洛克菲勒广场被日本人买下了!美国的精神象征——好莱坞被日本人买了!美国开始坐不住了,眼看着世界第一的经济地位就快保不住了。美国人民的荣耀感在急剧下滑,民间开始蔓延仇日情绪。

1985年,美国游说七国集团其他成员国,强迫日本签署了以"行政手段"迫使日元升值的广场协议。其中心思想就是日本央行不得"过度"干预外汇市场。日本当时手头有充足的美元外汇储备,如果日本央行干预,日元升不了值。从"广场协议"签署开始,美国要求日元升值。根据协议推高日元,日元兑美元的汇率从协议前的1美元兑240日元上升到1986年5月时的1美元兑160日元。美国里根政府认为日元升值仍不到位,继续推高日元。到了克林顿政府时期,美国政府对以汽车摩擦为核心的日美经济关系采取比较严厉的态度。当时克林顿政府的财政部长贝茨明确表示,为了纠正日美贸易的不均衡,需要有20%左右的日元升值。根据美国政府的诱导目标,到了1995年4月,日元的汇率急升至1美元兑79日元,创下历史最高纪录。

这一轮长达10年的美元和日元的不公平战争,结果是美国大获全胜,成功地击退了日本的经济进攻!洛克菲勒广场重新回到了美国人手中,通用汽车在这个广场的一卖一买中净赚4亿美元!美国的日资企业在艰难度日中大规模亏本退出美国市场,日本和美国的GDP之比重新拉开了距离,而且越来越大!美国消除了日本经济的威胁,保住了美国经济的世界第一地位之后,日元现在又重新回到了1:140的位置上,美元的坚挺依然和

30年前一样！美元暂时性的贬值，并没有损害到美元的国际地位。这场美日的经济战争，以美国完胜而告终！

美国似乎对发动货币战争屡试不爽玩上瘾了。1998年，同样的手法在东南亚四小龙、四小虎身上又来了一次，这就是亚洲金融风暴！其结果当然是这些高速发展起来的经济成果被美国抢掠一空！

美国正在把新一轮货币战争的矛头指向中国。中国的GDP总量已经成为美国、日本、欧盟之后的第四大经济体；中国有大概2万亿美元的外汇储备，其中接近一半是购买的美国国债，中国已经成为美国的最大债权国。"中国制造"已经成为美国普通家庭的生活必备用品，中国制造业大量向美国输入造成了美国制造工人的大量失业。中国经济的发展正对美国造成潜在的巨大威胁。另一方面，在金融危机下，美国的经济衰退明显，美国财富将受到大幅度的损失。作为操纵着世界货币"美元"的国家，美国已经习惯于通过货币战争从别的国家掠夺财富来弥补本国的经济损失。

美国已经于前几年开始强迫中国许下诺言有计划地让人民币升值，同时美国依旧游说欧盟和日本给中国施压，并造出舆论。说中国在操纵人民币。而事实上中国政府也正在按部就班地一一实现自己的承诺，一度让人民币升值到6.8：1兑换美元。

从经济基本理论上讲，人民币升值，可以起到限制出口的作用，中国人可以买到更多的更便宜的由人民币升值所带来的大量的进口商品。开始于两年前的人民币升值正是为了降低出口，才不得已作出的人民币升值承诺。但是事实是，自从人民币迫于美国在政治和经济上的压力升值以来，却出现了相反的情况：中国的出口额不但没有下降，反而节节上升，市场的消费价格水准不但没有下降，反而持续上涨，正在朝着全面通胀的方向进展。进口商品价格没有下降，反而随着物价的普遍上涨在不断上升！

世界的经济出现了完全逆着经济本身的规律而反方向地前进着。种种异常的经济迹象发生，让人们突然明白了一场由美国主导的以美元为武器的全球货币战争直冲中国而来。

中国的物价和通胀加速上升，将达到一个新的水准，直到承受不住为止。一旦中国的市场承受不住物价和通胀的压力时，就是美元升值之日。美元升值之日，就是热钱出逃之日，就是人民币贬值之时，金融风暴到来之日。这是一场史无前例的惨烈的战争——人民币正在面对全世界的美元日夜作战！

根据国际经济出现的种种针对中国而来的经济事件可知，在美国得到了中国人民币升值的确切保证后，美国政府就开始了肆无忌惮放纵美元贬值的行为。与此同时，国际石油价格也开始了猛烈的上升。其实当时世界上石油供大于求十分明显。那么，为什么油价不降反涨呢？这是因为由于这场由美国迫使人民币升值和放任美元贬值所挑起的战争，使得全世界持有美元的国家和公司以及个人都在千方百计掠夺中国的经济财富所造成的。与此同时，随着人民币的升值，中国的股市出现了异常的牛市，中国房地产价格凸显了惊人的涨势。而随后的中国股市的直线回落和中国房地产市场泡沫的彰显都在说明一个问题，那就是因为人民币被迫升值，国际热钱就大量地涌入，从中制造中国股市和房市的双重泡沫，然后迅速撤离来赚取成倍的利润。

因为中国的资本机制不成熟，中国金融机构对国际投机资本的运作方式不了解，没有半点的经验，所以时至今天，在这场史无前例的针对中国的战争中，我们还是云里雾里，没有相应的针对这场战争的有效措施。

中国是一个外汇管制的国家，大量热钱赚取到的这么多的人民币，怎么能够随便地就变成美元逃出呢？这难不倒热钱投机家们。一方面，美国和西方国家政府最直接的办法，就是施压中国彻底开放金融市场，实现人民币自由兑换。另一方面，以保值升值为目的投入到房市外其他途径的热钱，就会用通过汇率差价和在股市上赚到的钱，购买中国国内的能源物资直接出口，或是购买中国的原材物料，加工成制成品出口，重新变成美元。

这样，这8000亿美元，经过了美元——人民币——股市或房市——能源物资或是出口制成品——美元的一个轮回，又回到了热钱投入者的手中。其利润简直可以以几何级数计算。这只是一个周转期，如果两年内这部分热钱周转了3次，在股市上赚了2~3倍，然后再购买中国的物资直接出口或是原材物料加工成制成品出口，那么他们赚到的就是天文数字。这也说明了为什么人民币升值了，中国的外贸出口额不降反增，中国通胀的压力却不断地增大。虽然中国屡次地控制通胀，通胀不但没有控制住，反倒更加厉害的原因了。

在这场中美货币战争中，美国及其他西方国家开辟了两个战场：一条国际美元投机资本直接进入中国，另一条国际美元投机资本推高国际石油价格。

石油即是战略物资也是民用物资。推高石油价格，必然带动各个国家也就是全世界的物价上涨，最终导致其进口价格必然要伴随着上涨。既使美元贬值，其进口的价格按照各个国家物价上涨的幅度随之得到调整，就会在很大程度上抵消因美元贬值给进口带来的高出贬值前的部分。因此相对应的，进入中国的各个国家、公司的热钱，就会相应地提高从中国进口到本国的物资或制成品的价格。在这部分从中国进口物资或是制成品中的价格中，就包含了热钱的超额利润。由于石油价格的大幅上涨，使得人民币升值的目的成了空中画饼。我们不但没有限制了出口，反而使得出口额蹦着上蹿，国内物价上涨，通货膨胀。我们的进口价格不但没有享受到人民币升值所带来的价格下降，反而因国际石油价格的上涨所引发的全世界物价的上涨，反倒比人民币升值前上升了许多。

尽管世界上石油产量远大于需求量，在推高国际石油价格，几乎不用美元。美国只需要喊几个政治口号，做出某种举动，而不实际行动，就可以把国际石油价格推高到天上去。

这场战争的直接操纵杠杆，就是人民币升值和美元贬值这两根杠杆。美元贬值的杠杆起主导作用，人民币升值的杠杆起到推波助澜的辅助作用，但是处于被绑架和被挟持的地位。人民币这个杠杆，会无条件地服从美元贬值这个杠杆。只要稍有不顺从，美元贬值这个杠杆就会敲打人民币升值这个杠杆。只要人民币升值这个杠杆，稍微有所不从，美元贬值这个杠杆，就会伸出政治和经济这两栖利剑，直接刺杀人民币升值的咽喉。

中国虽然在这场由美国发起的全世界的美元对中国财富的疯狂掠夺战争中损失巨大，但是中国毕竟已经不是30年前的中国，现在的国际形势也不是30年前的国际形势。中国在国际上有了更多的话语权。更关键的是世界离不开中国。已经觉醒和强大起来的中国人民，不会屈服于任何外来的任何形式的侵略。

我们要充分认识和利用中国在国际上的话语权的改变和不是中国离不开美国，而是美国、世界离不开中国这一国际地位转变的事实。中国可以对向中国发动了这场战争的美国挥舞起我们的政治和经济拳头。保卫人民币是一场圣战，每一个中国人为这场圣战都应该贡献自己的力量。

中国已经学会了沉着冷静地应对国际社会对中国的那种带有不良目的的吹捧。在这次金融危机凸显之初，西方国家又开始拿出他们的惯用伎俩，大造舆论，企图诱惑捧杀中国。说什么"世界要重视新兴国家的地位，中国是新兴国家的代表"，"只有中国才能拯救世界"，"现在是中国在发号施令"，"全球金融中心逐渐向亚洲转移"，甚至说社会主义金融比西方资本主义金融更安全，等等。中国已经不再为这些甜言蜜语打动而是采取一定的行动,在公开场合冷静地发表自己的态度:"中国做好自己的事就是对世界最大的贡献。"

可以预见,中美之间的货币战争损失最大的肯定是中国。但是,中国的沉着应战将会给美国和西方国家预期的目的打上大大的问号。也许美元和人民币这一轮的征战会是人民币走向国际化、成为国际货币的一个契机。

美元反击战的惊人计划

1973年10月6日爆发的第四次中东战争是有预谋的。同年5月在彼尔德伯格举行的俱乐部年会上,84位国际银行家、跨国公司巨头和被选中的政客,会商怎样应付令人痛心的失去黄金支撑的美元颓势。戴维·洛克菲勒带来了心腹谋士布热津斯基,大家商讨的结论是必须重振美元,争夺已失控的金融战场的主导权。

国际银行家提出了一个惊人的计划,让国际油价暴涨400%!

一是:因为世界石油交易普遍使用美元结算,石油价格暴涨4倍,将直接导致世界各国对美元的需求激增,抵消美元失去黄金支撑后各国对美元抛售所产生的副作用。二是,因为前几年"经济刺客"突出的工作,击中了拉美和东南亚的许多国家的过度贷款,一旦石油价格猛涨,美国顺势大幅提高利率,这些经济落后而资源丰富的国家将成为美国的资源。

这个计划阴谋就是"栽赃嫁祸"。挑动埃及和叙利亚进攻以色列,美国再公开支持以色列来激怒阿拉伯人,最后导致阿拉伯国家盛怒之下对西方实行石油禁运,石油价格必将一路狂飙,而全世界的怒气全部都发愤到阿拉伯国家。国际银行家们一面坐山观虎斗,一面清点着石油美元回流的钞票,不仅一举挽回美元的颓势,而且重新夺回金融战场主动权。

纵观历史上国际银行家的历次谋划,都能发现他们始终遵循着"最优算法",每一次重大战略行动都会同时达成三项以上的主要目的。

国际银行家布热津斯基和基辛格齐心全力,整个事件发展完全掌控在他们手中。布热津斯基出谋划策,基辛格作为尼克松政府的情报"沙皇"直接参与执行。威廉·恩格在《世纪战争》一书中尖锐地指出:

基辛格持续地压制流向美国的(中东地区)情报,包括美国情报部门截获的阿拉伯官员对战争准备的确认。华盛顿在战争期间的表现和战后基辛格著名的"穿梭外交"都精确地执行了彼尔德伯格5月会议的路线。阿拉伯的石油生产国成为全世界泄愤的替罪羊。

在基辛格的诱惑和威逼下，沙特首个与美国达成合作的欧佩克国家，它用石油美元购买美国债券，从而实现"石油美元回流"。然后基辛格过关斩将，到1975年，欧佩克的部长们同意只用美元进行石油结算。促使世界货币快迅进入了"石油本位"的时代。

石油价格暴涨导致了石油贸易结算对美元需求的暴涨，最终使美元在国际上重新获得霸主权。

1949～1970年，世界石油价格一直稳定在1.9美元一桶。1970～1973年，油价逐步上升到3美元每桶。1973年10月16日战争爆发后不久，欧佩克将油价调高70%到5.11美元每桶。1974年1月1日，油价又上涨了一倍，到11.65美元。从1973年彼尔德伯格会议之前到1974年11月，石油价格猛涨了近4倍。

1974年，不明真相的尼克松总统试图让美国财政部向欧佩克施压，让油价回落，而政府一名知道内情的官员在备忘录中写道："银行家对这个建议置之不理，而强调用'石油美元回流'的策略对付高油价，却是一个致命的决定。"

随之而来的高油价时代，使西方各国出现了高达两位数的通货膨胀，人民储蓄被大幅洗劫，更为不幸的是发展中国家也惨遭此劫。

石油价格400%的暴涨对于以石油为主要能源的国家经济造成了重大冲击。大多数缺乏石油资源的经济体，猛然碰到了出乎意料和难以支付的400%的进口能源成本，还导致农业使用的从石油而来的化肥等的成本飙升。

1973年，印度的贸易处在一个良好的经济发展状态。到1974年，印度的外汇储备为6.29亿美元，却要支付两倍于此的进口石油费用，即12.41亿美元。可是到1974年，苏丹、巴基斯坦、菲律宾、泰国、非洲和拉丁美洲，一个又一个国家面临着贸易赤字。据国际货币基金组织统计，1974年发展中国家的贸易赤字达到了350亿美元，这在当时绝对算得上是一个天文。不足为奇这个赤字总和恰好相当于1973年的4倍，真与石油价格上涨成比例。

70年代初期强势的工业生产和贸易，被1974～1975年世界范围内的工业与贸易萎缩所取代，是二战结束以来最严重的。

20 世纪 70 年代，很多正在实施工业化的发展中国家已经陷入对世界银行低息贷款的严重依赖，石油价格猛涨使得这些国家的大量资金被高油价所吞噬。发展中国家面临着要么停止工业化进程，从而无法偿还世界银行过量的贷款；要么就得向世界银行借更多的钱来购买石油和偿还巨额债务的本息。

在与国际货币基金组织联手设套的国际银行家早已以待，国际货币基金组织开出一系列苛刻的援助条件，再次逼迫着这些发展中的国家喝下著名的"国际货币基金组织四服良药"：国家核心资产私有化、资本市场自由化、基本生活要素市场化和自由贸易国际化，许多国家参与后非死即伤，个别抵抗力强的国家也落得满目疮痍。

发展中国家挣扎着到处借美元进口昂贵的石油的同时，一个又一个的国家坠入陷阱。

金融核弹的东京之战

当英国在一战中将国际放贷者的最高地位拱手让与美国的同时，失去的是大英帝国的全球霸主地位。国际银行家对这一事件当然记忆深刻，东亚国家的经济在二战以后的迅速崛起，给伦敦华尔街的银行家们敲响了警钟，所有可能阻挠和破坏由他们主导的世界政府和世界统一货币的任何一个潜在竞争对手，都必须严加防范。

作为亚洲最先起飞的经济体，日本不论是经济增长的质量、工业产品的出口竞争力，还是财富积累的速度和规模，都迅速达到让国际银行家惊恐的程度。用美国前财政部长萨莫斯的话说就是："一个以日本为顶峰的亚洲经济区造成了绝大多数美国人的恐惧，他们认为日本对美国所构成的威胁甚至超过了前苏联。"

战后日本以模仿西方产品设计起家，然后迅速降低生产成本，最后反过来占领欧美市场。日本在 20 世纪 60 年代已经开始在汽车工业中大规模使用工业机器人，将人工失误率降到零。70 年代的石油危机使得美国生产的 8 缸耗油轿车快速就被日本物美价廉的省油车打败。美国在低技术含量的汽车工业中，渐渐失了抵抗日本车进攻的能力。80 年代以来，日本的电子工业突飞猛进，索尼、日立、东芝等一大批电子企业从模仿到创新，掌握了所有集成电路和计算机芯片的制造技术，在工业机器人和廉价劳动力的形势下，重创了美国的电子和计算机硬件行业，日本甚至达到了美国制造的导弹必须使用日本芯片的程度。让所有的美国人相信，东芝、日立收购美国的 IBM 和英特尔只是时间问题，而美国的产业工人则担心日本的机器人会最终抢走自己的工作而失业。

美英在 80 年代初实施的高利率政策虽然挽救了美元，但是痛宰了非洲和拉丁美洲的众多发展中国家，其高利率更加严重杀伤了美国的工业实力，造成了日本产品 80 年代大举进占侵入了美国市场。

当日本举国上下沉浸在欢欣的时候，一场对日本金融的绞杀战已在国际银行家的谋划之中。

1985 年 9 月，美英日德法五国财长在纽约广场宾馆签署了"广场协议"，目的就是让美元对其他主要货币"有控制地"贬值，日本银行在美国财政部长贝克的高压下，被迫同意日元升值。在"广场协议"签订的几个月后，日元对美元就由 250 日元兑换 1 美元，升值到 149 日元兑换 1 美元。

1987 年 10 月，纽约股市崩盘。美国财政部长贝克向日本首相中曾根施加压力，让日本银行继续下调利率，迫使美国股市看起来比日本股市具有吸引力，以便东京市场的资金流向美国。贝克威胁说："如果民主党上台，将在美日贸易赤字问题上严厉对付日本。"并且贝克保证共和党继续执政，老布什定会很大地促进美日亲善。结果日元利率跌到仅有 2.5%，日本银行系统开始出现流动性泛滥，大量廉价资本涌向股市和房地产，东京的股票年增长率高达 40%，房地产甚至超过 90%，一个庞大的金融泡沫开始了。

在短时间内，货币兑换发生剧烈的变化，将日本的出口生产商打得元气大伤。为了弥补由日元升值所造成的出口下降的亏空，企业纷纷从银行低息借贷炒股票，日本银行的隔夜拆借市场迅速成为世界上规模最大的中心。到 1988 年，世界前十名规模最大的银行被日本包揽。此时，东京股票市场三年之内涨了 300%，房地产更达到顶峰，东京一个地区的房地产总值以美元计算，超过了当时美国全国的房地产总值。日本的金融系统已经到了岌岌可危的地步。

如果没有外部极具破坏性的震荡，日本经济也许可能以和缓的紧缩逐渐实现目标，然而日本遭到国际银行家不宣而战的金融绞杀。

鉴于日本金融实力非常强大，在传统的常规金融战场上国际银行家并无必胜的把握，要想给日本金融系统致命的一击，就必须动用美国刚研制出来的金融核弹：股票指数期货。

1982年，美国芝加哥商业交易所最早研制股票指数期货。本来是用来抢夺纽约证券交易所生意的工具，当人们在芝加哥买卖对纽约股票指数时，不必再向纽约股票交易商支付佣金。股票指数只不过是一组上市公司的清单经过加权计算得出的数据，而股票指数期货就是赌这个清单上的公司的未来股票价格走势，买卖双方都不拥有，也不打算拥有这些股票本身。

股票市场大规模做空股指期货势必致使股票市场崩盘，这一点在1987年10月的纽约股市暴跌中得到证实。

80年代日本的经济腾飞，使日本人在一定程度上产生了一种目空一切的优越感。当日本股票价格高到没有一位理智的西方评论家能够理解的程度时，日本人仍然坚信自己是最强国的。一名当时在日本的美国投资专家说道："在这里有一种日本股市不可能下跌的信念，在1987、1988，甚至1989年时仍是如此。他们认为有一种非常特别的东西存在于他们的（股票）市场中，存在于整个日本民族之中，这种特殊的东西能够使日本违背所有存在于世界各地的规律。"

东京的股票市场上，保险公司是最重要的投资者。当国际银行家们派出的摩根士丹利和所罗门兄弟公司等一批投资银行作为主要突击力量驻住日本时，他们手握大量现金四处寻找潜在的目标，他们的公文包里塞满了"股指认沽期权"。日本的保险公司认为，这些美国人用大量现金去买根本不可能发生的日本股市暴跌的可能，结果日本保险业很快地接受了美国人。双方赌的就是日经指数的走向，如果指数下跌，美国人赚钱，日本人赔钱，如果指数上升，美国人赚大钱。

日本无法统计到底有多少这样的金融衍生合同在股市暴跌之前成交，这种毫无被人察觉的"金融病毒"，在一个几乎没有监管的、秘密的、类似柜台交易的地下市场上，在一片繁荣的日本迅速蔓延着。

1989年12月29日，日本股市达到了前所未有历史巅峰，日经指数冲到了38915点，大批的股指沽空期权终于开始发威。日经指数顿挫。1990年1月12日，美国人使出了杀手铜，美国交易所突然出现"日经指数认沽权证"这一新的金融产品，高盛公司从日本保险业手中买到的股指期权被转卖给丹麦王国，丹麦王国将其卖给权证的购买者，并承诺在日经指数走低时支付收益给"日经指数认沽权证"的拥有者。丹麦王国在这里只是让高盛公司借用一下它的信誉，对高盛手中的日经指数期权销售起着超级加强的作用。该权证立刻在美国热卖，大量美国投资银行纷纷效仿，日本股市再也支持不住，"日经指数认沽权证"上市热销不到一个月就全面崩溃了。

股票市场的崩溃首先波及到日本的银行业和保险业，最后是制造业。日本的制造业从前可以在股票市场上以比美国竞争对手至少便宜50%的成本筹集资金，然而这一切都随着股票市场的低迷而成为明日黄花。

自1990年起，日本经济陷入了长达十几年的衰退，日本股市暴跌了70%，房地产连续14年下跌。在《金融战败》一书中，作者吉川元忠认为就财富损失的比例来说，日本1990年金融战败的后果几乎和二战中战败的后果相当。

威廉·恩格在评价日本在金融上的溃败时是这样说的：

世界上没有一个国家比日本更加忠实和积极地支持里根时代的财政赤字和巨额花销的政策了。甚至连德国都不曾那样对华盛顿的要求无条件地满足过。而在日本人眼里，东京忠诚和慷慨地购买美国国债、房地产和其他资产，最后换来的报偿竟是世界历史上最具破坏性的金融灾难。

金融黑客横扫世界

世界各地的新闻媒体都把索罗斯描述成天马行空的"独行侠"或"特立独行"的金融天才，关于他的各种传说更是为他平添了几分神秘色彩，格鲁曼曾开玩笑地认为这个正反读起来都一样的姓（SOROS）就是与众不同。

索罗斯果真独来独往，只凭他一人的"金融黑客天才"就能单挑英格兰银行，力撼德国马克，横扫亚洲金融市场。

索罗斯横扫世界金融市场的量子基金注册在加勒比海的荷兰属地安地列斯群岛的避税天堂克拉考，可以隐匿该基金的主要投资者和资金调度踪迹，也是国际上最主要的贩毒洗钱中心。

美国证券法规定对冲基金的"复杂投资人"不得超过99名美国公民，索罗斯煞费苦心地确保这99名超级富豪中没有一个是美国人。在离岸对冲基金中，索罗斯甚至不在董事会成员之列，只是以"投资顾问"的名义参与基金的运作。除此之外，他还选择了以他在纽约设立的索罗斯基金管理公司的名义担当这个顾问职务。若是美国政府要求他提供该基金运作的详细情况，他便可以声称自己只是一名投资顾问以推卸责任。

索罗斯的量子基金可不一般。他的董事会包括：

董事理查德·凯兹。凯兹是伦敦罗斯柴尔德银行的董事和罗斯柴尔德家族意大利米兰银行的总裁。

董事尼斯·陶布。陶布是伦敦银团以 lamesPlaceCapital 的合伙人，它的主要运作者也是罗斯柴尔德家族。

董事威廉·里斯—莫格。《伦敦时报》的专栏评论家，也是罗斯柴尔德家族控制下的 St. JamesPlaceCapital 的合伙人。

董事艾德加·皮西托。瑞士私人银行中最有争议的人物，被称为"日内瓦最聪明的银行家"。皮西托的铁哥们包括纽约共和银行的拥有者沙夫拉，这个沙夫拉已经被美国执法部门确认与莫斯科银行犯罪集团有关，并被瑞士官方认定涉及土耳其和哥伦比亚的毒品洗钱活动。

索罗斯的"圈子"还包括瑞士的著名投机商马克·里奇和特尔·艾维，以色列情报部门的军火商沙尔·艾森堡。

索罗斯与罗斯柴尔德圈子的秘密关系使得他成为世界上最强大、最秘密的金融集团的马前卒。罗斯柴尔德家族不仅曾经是英国伦敦金融城的霸主，以色列的创建者，国际情报网络的开山鼻祖，华尔街五家最大银行的后台，世界黄金价格的制订者，现在仍然主掌着伦敦——华尔街轴心的运作。没有人知道他们究竟拥有多少财富，当罗斯柴尔德和其他国际银行家把世界首富耀眼的聚光灯打到比尔·盖茨和股神巴菲特身上时，他们自己高出"首富们"几个数量级的财富正藏匿在瑞士或加勒比海的离岸账户上伺机而动。

索罗斯与美国的精英圈子关系也相当密切，他在美国著名的军火合同商凯雷投资集团中投入了 1 亿美元的私人资金，该集团中有美国前总统老布什、美国前财政部长詹姆斯·贝克等重量级人物。早在 80 年代，索罗斯就与一些美国政界人物，比如前国务卿布热津斯基、马德琳·奥尔布赖特等人一起创办了国家民主捐助基金，这一组织实际上是由中央情报局与私人资本合资建立的。

在国际银行家们的谋划之下，从 90 年代起索罗斯便在世界金融市场上掀起了一次次风暴。他的每一次重要行动都体现出国际银行家们的战略意图，其核心就是促使世界各国经济"有控制地解体"，以最终完成在伦敦

——华尔街轴心控制之下的"世界政府"和"世界货币"的战役。

80年代初,国际银行家基本上实现了拉丁美洲和非洲发展中国家经济的"有控制地解体",80年代中后期,又成功地遏制了日本金融势力的扩张。在稳稳控制住亚洲的局面以后,欧洲又再次成为国际银行家重点关注的地区,搞垮东欧和苏联就成为他们下一个主攻方向。

可是索罗斯摇身一变成为了著名"慈善家",在东欧和前苏联地区大量成立各种基金会。这些基金会都是模仿他在纽约成立的"开放社会协会"的模式,倡导极端非理性的个人自由的理念。例如他资助的中欧大学,面对生活在社会主义体制之下的年轻人推销主权国家的概念是邪恶的和反"个人主义"的,经济自由主义是万灵丹,对社会现象的理性分析都是"专制主义"的。这个学校的主题演讲通常是诸如"个人与政府"之类的内容,这些教育深受到美国外交协会的高度好评。

美国著名评论家吉列斯·埃玛瑞精确地描述了索罗斯们和他们所"慷慨"资助的国际组织的真实意图:

在合法性和人道主义的面纱背后,人们总是可以发现同样一帮亿万富豪的"慈善家"和他们所资助的各种组织,如索罗斯的开放社会协会、福特基金会、美国和平协会、国家民主捐助基金、人权观察、国际大赦组织、世界危机组织等。在这些人中间,索罗斯最为引人注目,他就像一个巨人将触角伸向了整个东欧、东南欧、高加索地区和前苏联各共和国。在这些组织的配合下,(索罗斯)不但可以塑造,而且可以制造新闻、公共议程和公众观点,以控制世界和资源,推动美国制造的完美的世界统一的理想。

在东欧社会主义国家解体的过程中,索罗斯起到了举足轻重的作用。在波兰,索罗斯基金对团结工会夺取国家政权居功至伟,影响着新波兰的头三位总统。

索罗斯与美联储前主席保罗·沃尔克、花旗银行副总裁安诺·鲁丁、哈佛教授杰弗里·萨克斯,一起炮制了让东欧和前苏联一剂毙命的"震荡疗法"。索罗斯总结这一疗法的构思是:

我考虑到必须展现出政治体制变化会导致经济改善。波兰就是一个可以尝试的地方。我准备了一系列广泛的经济改革措施,它包括三个组成部分:看紧货币、调整结构和债务重组。我觉得三个目标同时完成要好于单独实施。我主张一种宏观经济的债务与股份置换。

调整产业结构好比对宏观经济秩序进行全面手术,同时又要紧缩货币供应,等于动大手术却拒绝给病人输血,最后的结局当然是经济彻底解体,生产严重衰退,人民生活水平直线下降,工业企业成片倒闭,大量工人失业,社会动荡加剧。此时,正是国际银行家以"债转股"在吐血大甩卖时轻松收购这些国家的核心资产。

波兰、匈牙利、俄罗斯、乌克兰,一个接一个惨遭洗劫,导致这些国家的经济20年未能恢复元气。与非洲和拉丁美洲国家弱小到无力反抗的情况截然不同的是,前苏联和东欧国家拥有着强大到让美国难以安睡的军事力量,在军事实力仍然强大的状态下遭到有组织的疯狂抢劫,这是人类历史上是第一次。

最可怕的亚洲货币绞杀战

20世纪90年代初,伦敦——华尔街轴心在东面战线上,击败了日本经济,在西面战线上,打垮了东欧和苏联的经济,德法的欧洲统一货币的梦想也因索罗斯的搅局而暂时搁浅,拉美和非洲早已是囊中之物。唯有东南亚地区的"亚洲经济模式"让他不舒服。

"亚洲经济模式"是政府主导经济发展大政方针,国家集中资源重点突破关键性领域,以出口为导向,人民高储蓄为主要特色的发展模式,从70年代开始,在东南亚地区迅速流行蔓延开来,其运行的结果是:各国经济空前繁荣,人民生活水平大幅度提高,平均教育水平稳步提升,绝对贫困人数急剧下降。这种完全背离了"华盛顿共识"所极力推销的"自由市场经济"的替代模式,正日益吸引着其他发展中国家的眼球,严重阻挠了国际银行家制订的"有控制地解体"这一基本战略方针。

发动一场亚洲货币绞杀战最主要的战略目的是:敲碎"亚洲发展模式"这个招牌,让亚洲货币对美元发生严重贬值,既压低了美国的进口价格以便于操控通货膨胀率,又可以将亚洲国家的核心资产贱价抛售给欧美公司,加快"有控制地解体"的执行进度。还有一个不可忽视的目的,那就是刺激亚洲国家对美元的需求。对遭受过金融风暴的亚洲国家而言,美元储备在关键时刻是何等"宝贵",惨痛的教训会让它们永远不敢动抛弃美元储备的邪念。

1994年12月,格鲁曼的大作《亚洲奇迹的迷思》一文发表在《外交事务》上，文章预言亚洲经济势必会撞上高墙。文章指出：亚洲国家对生产率提高的投资普遍不足，仅靠扩大规模终会有其极限等观点，固然都有道理，但问题是亚洲国家的起点普遍很低，发展的关键在因地制宜，因时制宜，因势利导，扬长避短。这些问题也是这些国家在快速上升势头中呈现的自然现象，可以在发展过程中良性地得以解决。

可是，国际银行家的目标首先锁定在泰国身上。

《时代》杂志曾采访过一名曾直接导致泰铢狂贬的金融黑客，他的描述残酷而又真实："我们就像狼群站在高高的山脊之上，俯视着一群康鹿。泰国的经济看起来与其说是一头亚洲的小老虎，不如说更像一只受伤的猎物。我们选择病弱的（进行猎杀），是为了保持鹿群整体上更加健康。"

1994年以来，在人民币和日元贬值的上下挤压之下，泰国出口的疲软已逐渐显现出来，而与美元挂钩的泰铢又被强势美元拖到了极为空虚的位置，危机已经成形。在出口下降的同时，大量外来的热钱持续涌入，不断推高房地产和股票市场价格。另一方面，泰国的外汇储备虽然有380亿美元之多，但其外债总额更高达1060亿美元，从1996年起，泰国净流出的资金相当于其GDP的8%。为对付通货膨胀，泰国银行只好提高利率，这一措施，更使深陷债务的泰国的处境雪上加霜。

泰国只有一条路可以走了，那就是主动迅速地让泰铢贬值。国际银行家们估算，其损失主要在于美元债务变得更加昂贵，外汇储备会减少100亿美元左右，但这种损失会随着国际金融市场对其果断应对的肯定而得到迅速恢复。然而金融黑客们断定泰国政府必会誓死保卫泰铢，绝不会束手就擒。

后来的发展情况果然如此。与当年对付日本的情况不同，日本有着极其雄厚的金融实力和外汇存底，直接打击日本货币如同以卵击石，因此国际银行家采用新的金融衍生工具武器，采取了时间上的"远距离"和空间上的"超视距"打击，金融黑客在对付泰国和其他东南亚国家的战役中，主要打击方向是货币本身，通过本币远期合约和股指期货形成钳形攻势，在半年的时间内横扫东南亚地区和韩国。

泰国与金融黑客战役中失利，又错误地主动投入到国际货币基金组织的圈套。对"国际组织"的盲目信任，将国家的安危轻易交给外人来裁决，使泰国再次遭受重创。

巨额外债是发展中国家陷入危机的主要原因。治国与治家其实是同样的道理，高负债必然导致经济健康状态的脆弱，在外界金融环境完全不能预知的情况下，得以生存只能凭侥幸。在现实世界中，国际银行家操纵着国际地缘政治的走势，可以轻易使原来看起来很可靠的金融环境突然逆转，大幅度地加重发展中国家债务的负担，金融黑客再乘势发动猛攻，获利的概率很大。

丝毫没有风险意识，特别是对可能遭到巨大而无形的伦敦——华尔街势力的不宣而战毫无心理准备，这是泰国金融战败的第二个重要原因。

对敌人的主攻方向判断的完全错误，导致了先败于金融黑客，后惨遭国际货币基金组织宰割，相当于失败了两次——东南亚国家普遍重走了泰国的金融战败的老路。

当索罗斯们在花旗银行、高盛公司等一大批声名显赫的银行集团的策应之下开始绞杀行动，受伤倒地的国家就交给国际货币基金组织进行拍卖，拍卖台下挤满了欧美公司。

若是将收购的一家公司进行分拆包装再卖给其他公司的投资银行家能够赚到几亿美元的话，分拆和拍卖一个主权国家的核心资产至少能赚十倍，甚至百倍的金钱。

当亚洲国家试图建立"亚洲基金"来紧急救助陷入困境的区内国家时，却遭到西方国家的强烈反对。美国副国务卿塔尔博特说："我们认为解决这类问题的适当机构，是跨区域性及国际性的组织，而不是新成立的区域性组织，因为这个问题本身影响深远，超越亚太区域的疆界。"美国财长萨默斯在纽约对日本协会致词时坚称："这种在危机时刻依赖区域援助的金融区域化观念……存在着真正的风险。"

国际货币基金组织第一副主席费希尔警告，区域基金不可能像国际货币基金组织那样，严格要求有关国家做出整体经济改革以换取援助。他说："我们不认为设立一个提出不同条件的庞大基金或是长期机构，对此会有帮助。"

日本曾是"亚洲基金"的积极倡导者，然而不得不屈从伦敦——华尔街的压力之下，日本财政部长三家博表示："国际货币基金组织一贯在国际金融机构中发挥维护全球金融稳定的核心作用。亚洲国家建议组织的这个基金，将作为国际货币基金组织的一个辅助机构。"由东京设计的新概念将是一个没有资金的基金。根据东京的新概念，那将是一个营救性机构，能以很快的速度，有计划地预先调动资金，援助那些受到国际投机者狙击的货币。当设立亚洲基金的建议在香港举行的世界银行和国际货币基金组织年会上提出时，马上引起美国和西方国家的警惕，他们担心这将破坏国际货币基金组织的工作。

以后，日本首相桥本龙太郎只表示，"我们不至于自大到认为我们有能力充当复苏亚太区（经济）的火车头，"他说，"尽管日本在援助一些受创的亚洲国家方面有所贡献，并将继续这么做，但把亚洲拉出经济泥沼并非它该扮演的角色。"

新加坡副总理李显龙在谈到亚洲基金时认为，若为取代国际货币基金的作用而成立亚洲基金将有"道德风险"。

亚洲国家建立自我的基金以便在危难之中相互扶持，却遭到伦敦——华尔街轴心的坚决反对，而日本作为区域内最大的经济体，却完全受制于人，缺乏领导亚洲经济走出困境的起码魄力和胆识。最让人困惑的是新加坡的观点，让自己和邻居拥有在惨遭劫掠的情况下相互帮助的起码权力，何以能产生"道德风险"？

马来西亚总理马哈蒂尔是把危机的实质看得比较透彻的亚洲领导人，他说："我们并不知道他们的钱是从哪里来，也不知道到底是谁在进行交易，更不知道他们的背后还有谁。我们不知道他们在赚取金钱后是否支付税务；同时，这些税务又付给谁。我们同样不知道是谁在他们的背后。"其实，任何货币市场、期货或证券交易，都必须在正当的体制下进行。"因此，我们必须管制货币交易，使之透明化。"马哈蒂尔随即遭到西方舆论界的全面围剿。马哈蒂尔尖刻的问题也许不太适合在外交场合发表，但他的的确确代表了所有亚洲人心声。

美国冷战时期的坚定伙伴韩国被金融风暴扫倒之后，向美国伸出求援之手，没想到遭到美国的拒绝。国际银行家认为，与韩国的亲密关系已经成为冷战遗留的残骸。美国政府对此事进行了激烈的辩论，国务卿奥尔布赖特和国家安全顾问的意见是应该援助，代表华尔街的财政部则坚决反对，甚至指斥奥尔布赖特不懂经济学。最终，克林顿听从了财政部的意见。

财政部长鲁宾认为，这个危机正是踢开韩国经济大门的千载难逢的好机会，他严令国际货币基金组织对韩国施加比传统的苛刻条件更加严厉的措施来对待这个乞援的昔日盟友。国际货币基金组织在美国财政部的压力之下，对"援助"韩国的条件层层加码，包括韩国必须马上以对美国有利的条件解决与美国之间的所有贸易纠纷，韩国人愤怒地指责国际货币基金组织总在为美国提出种种不合理的条件。

世界银行的首席经济学家斯蒂格利茨认为，韩国陷入金融危机，源于美国财政部当初竭尽所能地逼迫韩国进行全面和快速的金融资本市场开放。作为克林顿首席经济顾问的斯蒂格利茨坚决反对这种鲁莽行为，他认为这种开放无助于美国的安全利益，而有利于华尔街的银行家。

韩国政府被迫接受了美国的诸多苛刻条件，允许美国在韩国建立银行分支机构，外国公司可以拥有上市公司的股份从26%上升到50%，外国个人可拥有公司的股份从7%上升到50%，韩国企业必须使用国际会计原则，金融机构必须接受国际会计事务所的审计，韩国中央银行必须独立运作，完成资本项目下的货币自由兑换，进口许可证程序透明化，公司结构监督，劳工市场改革等。美国银行家对韩国企业早已垂涎三尺，只待韩国签署协议，就准备蜂拥而入将韩国撕得粉碎。

然而，国际银行家都明白韩国人强烈的民族意识，有这种意识支撑的国家无法被外来势力所统治。陷于孤立无援境地的韩国人民纷纷向国家捐献自己的黄金和白银，在耗尽全部外汇储备的情况下，黄金和白银这两种金钱的最后支付手段，却成为外国债权人乐于接受的偿债方式。令国际银行家大吃一惊的是，韩国竟然没有出现他们设想中的大规模公司和银行的倒闭，西方公司几乎没能收购到任何大型韩国企业。当韩国挺过最难熬的1998年春天，韩国的出口盈余快速回升，已经彻底看透华尔街意图的韩国政府，毅然地抛弃了国际货币基金组织。所有准备申请破产的大型企业案件一律冻结，政府果断出面从银行系统中冲销了700亿~1500亿美元的坏账，当政府接手这些坏账时，银行的控制权又重新回到了政府手中，从而将国际货币基金组织排除在银行系统重建之外。

国际银行家和美国财政部不但套利落空，而且促使韩国人清醒地认识到政府主导经济的绝对必要性。微软并吞韩国最大软件公司的图谋落空了，八家韩国地方软件公司最后取得了胜利；福特收购韩国KIA汽车公司的计划夭折了，本地公司打破了福特的好梦；外国银行接管两家大型地方银行的行动被中止，韩国政府暂时把两家银行管理起来。

在政府的全力主导下，韩国的经济强劲回升。可是，韩国竟居然被国际货币基金组织当做挽救成功的典范到处宣扬。

2003年，泰国提前偿清了120亿美元债务，终于从国际货币基金组织赎身，泰国总理他信站在巨大的国旗面前发誓：泰国将"永远不再做（国际资本）受伤的猎物"，绝不会再乞求国际货币基金组织的"援助"。泰国政府甚至私下鼓励泰国企业拒绝偿还国际银行家的债务，以报复1997年外国银行的疯狂掠夺。2006年9月，泰国发动军事政变，他信下台了。

亚洲货币战争在全世界打响

2008年6月11日，越南央行一次性将本币贬值2%。虽然人们质疑越南这一轮的货币危机，将演化成第二次东南亚金融危机，但现实说明，从新德里到曼谷，越南周边的国家领导层正面临与越南总理阮晋勇同样的难题。一场新的货币战争在亚洲国家全面打响。

越南央行：该出手时就出手

2008年6月6日，越南央行发布通告，加强控制外汇市场，通告规定外汇自由市场只能买进外汇，不得把外汇卖给个人。当月10日，越南央行再次宣布，从11日开始把基准利率上调到14%，同时把越南盾兑美元的官方外汇指导汇率下调2%。

然而，6月12日，越南央行设定的官方汇率是16458盾比1美元，较11日只走强3盾，远高于黑市与海外远期外汇市场上越南盾的汇率水准。因为越南投资者纷纷购买美元来规避高企的通货膨胀，从而加重了黑市上的越南盾贬值。分析师表示，黑市上的美元兑越南盾汇率在18000盾左右徘徊，而远期外汇市场显示，未来一年内越南盾预期贬值将近30%。

一些分析人士认为，越南政府已经出手调控，虽然有些晚了。谁是越南这次货币危机的始作俑者呢？"越南通胀率的急剧上升有其国内总需求方面的因素。"但中国社会科学院的有关专家认为，更为关键的是外部因素。"在短短半年的时间里，越南的通胀率急剧增长，主要是因为受到国际粮食价格上涨所带来的冲击。"根据中国社科院统计，在越南的物价消费指数CPI中，食品占了43%的比重。2008年，国际粮价的飞速飙升直接影响了越南的粮价。

这位专家同样指出，这次越南货币危机，表面上看似乎是由于国际油价与粮价高涨和外资的煽风点火，事实上，固定汇率制与美元反弹才是更深层次的因素。他说："东南亚新兴的几个国家和地区，基本上都是固定汇率制，这是他们共有的一块硬伤。越南的汇率制度一直是实际上的盯住美元。如何增加汇率的灵活性来缓冲外部冲击，应该是东南亚新兴国家和地区需要仔细考虑的长久问题。如果越南此前不是盯住美元的固定汇率制度，或许现在也不会如此困难。"

印度政府：三管齐下治通胀

印度因为不堪承受高油价给政府带来的亏损，而不得已稍微提高油价。此前，独立经济学家谢国忠表示："印度可能会出现越南的金融和经济动荡现象。"印度、越南都与1992年的中国有一点相似：高通胀和双逆差。

印度总理辛格面对高通胀很头疼，因为通胀得不到很好的控制，国内民众很恼火。这会直接影响这一届政府的政绩与执政党的支持率以及未来的选举行情。不过，辛格已经尽了全力。印度政府已连续祭出三把利剑：财政、货币以及行政手段三管齐下。

在2008年5月，为了抑制通胀，印度银行的存款准备金率又上调了25个基点，涨到8.25%。印度央行表示，很有可能会再次上调准备金率。

此外，印度政府也充分利用税收手段与行政手段来干预市场。据悉，印度已将粮食出口的关税做了适当提升。为抑制国内物价，印度对钢材进口关税由5%下调到零。与此同时，铁合金、焦炭、锌以及脱脂牛奶、新闻用纸的进口关税也由5%下降到3%。印度财政部长奇丹巴拉姆表示："一旦印度钢铁行业再宣告涨价，政府将有可能采取更为严厉的管制措施。"

外交学院的学者欧明刚表示，面对这么高的全球性通胀，每个国家对抗通胀都很困难。他说："更好的调控手段应该是财政手段，印度尤其该通过退税和转移支付的方式来缓解通胀的压力。存款准备金率和利率也应该在适当的时候使用。"

而在外交学院樊莹教授看来，印度有着比较完善有序的金融体系与银行制度，其抵御金融风险的意识与能力很强。尽管现在的通胀问题比较严重，可从短期来看，出现大的金融危机的可能性不大。

泰国当局：抛售美元是关键

一位长驻泰国的中国记者分析，泰国所面临的情况与越南大不一样，自1997年东南亚金融危机以来，泰国的经济发展一直比较缓慢，因此不会出现越南那样的货币危机，然而问题仍旧比较严峻。

在之前的两年时间里，泰铢兑美元的大幅升值一度超过了20%，可是2008年中期的高通胀、政治动荡及股市大跌，让泰铢再次快速贬值。泰铢汇率在6月9日一度贬到了33.41铢兑1美元，创下了近5个月来的新低。而泰国商业部所公布的5月份生产者价格指数年同比上涨了15.6%，涨幅为最近10年来的最高。其中建材价格指数上涨了26.5%，创下了历史新高。

根据泰国央行调查,泰铢急速贬值是源于外国投机者的炒作,因为现在已经有大量外资开始撤离泰国,而泰铢价格已经下跌到了反映经济基本面的合理价格之下。

2008年6月11日,泰国央行代表指出,由于该行认为泰铢下跌的速度过快,央行已经注意到非本地人士对泰铢进行的投机,并已采取了有关措施来确保泰铢的稳定,比如抛售美元干预汇市以减缓泰铢汇率的波动,从而支撑泰铢。

这种政策的施行是常规动作,但确是必然的选择。樊莹表示:"抛售美元缓解本币汇率波动幅度,是一个比较传统的货币手段,是各国央行干预汇率的一种常用手段,央行会直接或间接地入市,通过自身的买卖行为,影响市场的外汇供求平衡,更为重要的是扭转市场的信心,从而给弱势货币强有力的支持。"

与此同时,马来西亚、印度尼西亚等国家的物价同样水涨船高。他们的通胀率、逆差额度和货币贬值幅度,放到历史上看,不亚于任何一次危机之前的征兆。

种种迹象表明,亚洲货币战争已经开始全面打响。

越南危机会不会大范围传染

上海财经大学现代金融研究中心副主任奚君羊表示,从数据上来看,在越南的确出现了金融危机的各种征兆。例如,股市在不到一年的时间内从1100多点跌到了不到400点;而越南盾兑美元的贬值幅度高达40%;越南胡志明市的楼市也跌了50%左右。然而,所有这些与1997年金融风暴相比,还是好得多。他说:"可以说,越南经济确实遇到了空前的困难,并出现了金融危机的某些前兆,但目前将这些征兆称为'金融危机'有些夸大。"

外交学院国际金融中心主任欧明刚认为,越南经济近几年增长都超过7%。在治理通胀方面,越南也有自己的经验,其通胀率时常高于10%,甚至在1989年达到了3位数,当时颇为有效的利率政策最近又一次被越南政府所使用。他表示,越南的经济水平本身就不高,在基数比较小的情况下,大幅增长之后平均水平仍旧比较低。此外,越南处在东盟自由贸易区、大湄公河次区域以及北部湾经济带3个经济区的交接点上,经济战略地位显著,而越南政局稳定,全国都专注于经济的发展。作为东亚最有活力的新兴经济体的越南,对外资的吸引力不会减退。

欧明刚说："这次越南盾的贬值对以出口为目标的，在越南投资的企业有利，在国际和中国制造产业转移的大背景下，到越南投资的部分企业是为利用该国诸多优势发展自身的出口贸易，越南盾贬值将增强这些企业产品在国际上的竞争力，有利于销售的扩大。相对而言，对于以当地市场为目标的企业受到的冲击会比较大。但据了解，相当一部分企业也在通过适时适度变动价格来弥补高通胀带来的损失。"

中国人民大学财政金融学院教授赵锡军认为，亚洲发生第二次金融危机的可能性不大。1997年，亚洲许多国家国内的CPI居高不下，各国国内利率比较高，国际投机资本盛行才造成了金融危机的发生。今天的越南确实和亚洲金融危机发生时许多国家的情况有很多相似之处，可与当年相比，亚洲作为一个整体的金融环境不一样了，所以此次危机不会蔓延至整个亚洲，只是个别国家发生危机的可能性比较大。

中山大学金融系主任陆军也表示亚洲不可能发生大规模金融危机。他说："1997年亚洲的金融环境与现在差异很大。那时候，泰国、越南、马来西亚、新加坡和韩国等多个亚洲国家和地区都遭遇了国际游资的冲击，这些地区的金融环境比较脆弱。但是现在，只有越南、泰国和印度出现了不同程度的金融问题，还没有形成片状危机。"

中国能否独善其身

进入2008年以来，通货膨胀严重、股票市场步入熊市、越南盾走势疲软、一大批国际资本外逃……越南的金融领域出现了一系列不稳定的现象。紧接着，泰铢出现连续狂跌，虽然泰国央行出手，可仍旧难让泰铢摆脱困境。这不禁令人们担忧，在这种背景下，中国能否独善其身呢？

刘煌辉表示："越南的金融危机不能单纯理解为他国的个体问题。应该从越南的情况来分析，泰国经济多年来都处于高增长，尤其是2007年加入世界贸易组织后，更是全面融入全球化的改革开放。在2007年次贷危机爆发后，由于大量资本的流入，越南盾的大幅度升值，这些热钱的涌入推高了投资，同时也推高了资产价格与通胀率。"

刘煌辉认为，应该同时看到，所发生的经济风暴尽管发生在经济比较落后的越南，但它发生的前提环境与条件对别的先进市场来说是同样存在的。大量的资金流入、资产价格泡沫以及高粮价……基本上每个亚洲先进国家都存在这种情况。若说这是"传染病"的话，那么越南的存在就是一个"传染源"，如果处理不当，别的国家就会受到牵连。

刘煌辉指出，中国的问题也很多，例如通货膨胀、外汇的大量涌入、人民币持续升值，此外还存在很多经济不稳定的因素。我们的开放程度已经很高了，我们必须高度警惕相邻各国的金融危机。这不会只是一个孤立的现象，一旦我们刚刚所说的那些现象都变成现实，则周边全都会燃起熊熊大火，我们还能够独善其身吗？近几年，随着人民币升值预期的持续高涨，不断有外来热钱进入国内，这也是一件好事，流进并非主要的，我们最为关心的是流出。目前就存在许多资本或许大出的问题，因此政府必须高度警惕。

欧明刚认为，鉴于越南对汇率的控制，所以越南盾面临严重货币冲击的可能性仍然有限。第二，就算越南的通胀进一步恶化，因为中国拥有雄厚的财力与强大的国际收支地位，因此受到的传染效应会很小。越南出现经济危机最关键的因素就是通胀预期的高涨、宽松的货币供给与内需的强劲增长。一些高通胀且经济基本面较脆弱的国家，极有可能成为下一个受害者，比如菲律宾。不过，中国与越南在经济结构上存在显著差异，中国还有充足的财政盈余与政策空间去应对或许会面临的经济下滑。

在2007年下半年，中国实施的宏观调控就很及时。如今，中国的货币增速已经放缓，通胀预期没有失控，CPI也在短期内回落。此外，中国经常账户为顺差，并有大量的外汇储备，因此不用担心汇率的大幅贬值。另一方面，2008年非贸易项下与FDI（外商直接投资）项下的外汇流入也大幅上升。

奚君羊明确表示，越南的危机并不会危及中国。首先，通过参考1997年的亚洲经济危机，中国高度关注资本流入的控制，尤其是对投机性资本流入资产市场的控制；对资产价格的膨胀进行了提前调整，在泡沫形成的过程中将其刺破，并没有给大量涌入的资本以可乘之机，从而令资产价格的风险大大下降。

其次，中国推出大力度的综合政策组合，将通胀水平控制在一个可以承受的水平上。而且中国在几年前就开始了汇率改革，汇率与经济体制的弹性大为提高，经济的调整能力也大为加强。

最后，中国经济在各种不确定因素与突发性事件的冲击下，依然保持了稳定增长的态势。而面对美元走势的改变也许会带来的资本流向的改变，只要我们能进一步控制资本的大规模流出，就能够在比1997年更大的开放环境当中顺利渡过危机。

赵锡军表示，对于中国来说，发生金融危机的可能性不大，最主要的原因就是现在中国的国内环境比较好。中国的人民币控制比较封闭，外汇的流入与流出都有比较严格的控制。更为重要的是，中国有强大的外汇储备做后盾，这在很大程度上能够帮助中国规避金融风险。但是需要注意的是，越来越多的国际投机资本进入中国是一个值得警惕的信号。

从另外一个层面看来，越南的经济危机也有其正面效应。以前，越南房价被炒得太高，如今房价回归到了正常水准，让普通居民可以得到一定的实惠。对中国而言也一样，金融危机与经济危机可以帮中国经济强制性地恢复平衡。

面对危机，寻找"中国策略"

刘煌辉称，在美元贬值态势的转变还没有完全稳定之前，中国就要做到两个防范——既要防止热钱继续流入，又要随时防范资本大量流出。而在美元走向趋势明朗之后，就要防止热钱以中国高通胀、房地产与其他资产价格泡沫等情况为理由，引导人民币贬值预期，从而推动资本大规模流出。

在亚洲金融危机时，华尔街通过种种途径不断发出信号，以夸大亚洲经济危机的严重性，促进资本迅速流向美国，从而加剧了亚洲经济危机的影响，最终推动了美国新经济的发展。此外还要关注周边国家的危机，若周边国家出现了严重的危机，我们应该马上制订和宣布外汇管理的应急机制。为了防范大规模的资本流出，不应排除在必要时启动资本管制的应急措施，其中包括征收外汇兑换的"托宾税"以及延长资金境内停留的时间等较为严格的资本管制措施，来避免资本大规模流出。要知道，应急机制并不是倒退，这是一种必要的应急管理方式。

奚君羊指出，我们应当在以下几个方面提高警惕：人为压低汇率太长时间就会给宏观经济带来巨大的风险；允许国内通胀迅速攀升以纠正实际汇率被低估的局面，或许会严重破坏宏观经济的稳定发展；在货币面临结构性的升值压力之际，允许名义汇率升值是更理想的政策选择。不过，若升值压力持续存在，中国人民银行需要密切关注与控制国内信贷增长来阻止流动性过剩现象愈演愈烈。

第二章　世界首富的罗斯柴尔德家族

导读：金融是国家的经济命脉，在资本社会，谁控制了金融，也就意味着谁就有了左右国家政治的能力。不过，当今世界首富罗斯柴尔德家族奠基人，曾经的金融界巨擘老梅耶·罗斯柴尔德曾留下一句名言："只要我能控制一个国家的货币发行，我不在乎谁制定法律。"然而，此后的罗斯柴尔德家族的发迹史却表明，这只是一句空话。

世界上最宏大的金融家族

罗斯柴尔德家族在全球金融界拥有的地位已经不可动摇。这一有着250年悠久历史的古老家族历经洗礼，最后终于成长为一只羽翼丰满的猎鹰。

身为犹太人，罗斯柴尔德家族成员保护着本家族的经营秘诀。他们拥有欧洲最具实力的投资银行和投资管理公司，垄断了南非的矿业开采，并涉足石油和有色金属冶炼，其间接投资的公司，则不计其数。

为家族打下江山的罗斯柴尔德膝下共有五子，都继承了他的事业。父亲去世后，他们各奔东西，建立家族银行。长子阿姆谢尔来到法兰克福，充当家族的联系人，这里成了财团扩张的源头；内森与詹姆士分别去了伦敦和巴黎；萨洛蒙则远赴维也纳，与当时权重一时的首相梅特涅私交甚笃；卡尔则倚仗波旁王朝的势力控制了几乎整个意大利。这个家族建立的金融帝国影响了整个欧洲，乃至整个世界历史的发展。每当有战争，他们便向各国政府提供军事贷款，战后又为战败国提供赔款。他们在各地开办银行，从事证券交易和保险业务，投资工商业、铁路和通讯业，后又发展到钢铁、煤炭、石油等行业，其影响渗透到欧美及殖民地经济生活的各个角落。

然而今天当许多人都知道了花旗银行之时，罗斯柴尔德家族仍极少为人所知。

这似乎是一件十分蹊跷的事情，试问一个拥有强大势力的家族怎么可能不为人所知呢？但当我们了解到欧洲几乎所有主流传媒都在罗斯柴尔德家族的控制之下时，我们也就明白了其中的隐秘。就算那些对罗斯柴尔德家族怀有浓厚兴趣，喜欢研究历史和金融史的人，也常常只不过是窥豹一斑。在一些世人的眼里，他们唯一能够有所把握的是：罗斯柴尔德家族！是它，建立了世界上第一个国际金融集团的犹太家族，并且一度统治整个欧洲的金融界。

至于这个家族成员所拥有的财产，我们都不得而知。有人猜测，罗斯柴尔德家族已经积累了价值60亿美元的财富；又有人说，60亿，这还是19世纪50年代的统计，今天的罗氏家族资产应该超过了50万亿美元，在世界首富比尔·盖茨之上；还有人说，这个犹太家族的势力在二战期间被大大削弱了，当年叱咤欧洲大陆的风光早已不再了。

由于罗斯柴尔德家族内部严密的规定，家族的资产状况从未对外公布，尽管民间众说纷坛，而其真实状况也许永远都是一个谜。我们唯一可以确信的是，作为国际金融业的先行者，他们曾经创造的犹太财富神话在历史上真实存在过，而且至今还闪耀着光芒。

金融帝国的罗斯柴尔德家族

梅耶的成就为罗斯柴尔德家族的发展奠定了坚实的基础。阿姆斯洛·罗斯柴尔德是梅耶的大儿子。他头脑灵活，像他父亲一样对经商情有独钟，并且也具有很高的天赋。

老梅耶·罗斯柴尔德与大儿子阿姆斯洛坐镇老家法兰克福，其他几个儿子分布在伦敦、巴黎、维也纳和那不勒斯的金融和商业帝国。

梅耶的第二个儿子所罗门，同样具有很高的经商才能。他不辱家族使命，常年穿梭于欧洲各大城市之间，担任家族各个银行之间的协调人角色。他在几个兄弟中具有过人的外交才能，说话措辞考究，巧于恭维。一位和所罗门打过交道的银行家曾评论道："没有人离开他时不是神清气爽的。"正是因为这个原因，弟兄们公推他到维也纳开拓欧洲心脏地区的银行业务，但始终不得其门而入。

1818年的亚深会议是讨论拿破仑战败后欧洲未来的一次重要会议，来自英、俄、奥、普、法等国代表决定了法国的战争赔款和同盟国撤军等问题。所罗门和他的弟弟卡尔都参加了这次会议。正是在这次会议上，经梅特涅的左右手金斯引荐，所罗门结识了梅特涅，并很快地与梅特涅成为无话不谈的密友。一方面所罗门巧妙而得当的赞美让梅特涅极为受用；另一方面，梅特涅也很想借重罗斯柴尔德家族的雄厚财势。两人一拍即合，所罗门和金斯更是铁得不分彼此。

在梅特涅和金斯的极力推荐下，加之罗斯柴尔德与威廉王子和丹麦王室密切的商业关系，哈布斯堡高大的围墙终于被所罗门越过了。王室开始固定和频繁地向所罗门的银行贷款和融资，所罗门很快就成了"圈里人"。1822年，哈布斯堡王室授予罗斯柴尔德四兄弟（内森除外）男爵封号。

到1848年，所罗门已成为奥地利金融和经济的主宰者。

五兄弟中最顶尖的高手要属三兄弟内森，他的势力范围在英国。1815年6月18日，拿破仑和联军在比利时的滑铁卢进行决战，这场战役的结果，在当时还无人能做出准确的预测。谁如果事先知道了这个结果，谁就能用他的情报大赚一笔。因为谁要是知道英国国王依然有支付能力，那么，英国国债的行情就会猛涨。更为重要的是，当时英国国债的价格已经被压得很低。原因是投机家们普遍估计，英国国家银行有可能面临破产的危险。

我们知道，罗斯柴尔德家族有一个传奇般的通信网络，在靠近英吉利海峡的战场北部早已安置了一名叫罗斯华斯的可靠代理。当法国战势已定时，罗斯华斯就立即带着胜负的消息从荷兰的鹿特丹港乘坐快船，渡过多弗尔海峡到达英国，并在威灵顿自己的信使到达前的24小时将消息传递给了内森。内森接到消息后只扫了一眼标题，就立刻登上马车赶往伦敦。他得到的消息，比英国政府还早了几个小时。紧接着，内森迅速返回股票市场。

不无有趣的是，这位年轻的银行家在伦敦交易所中有自己固定的席位。在以前的股票买卖中，他经常依着一根柱子，人们就把这根柱子叫做"罗斯柴尔德之柱"，而内森的脸色就是当时股市交易的晴雨表。当他来到股票市场，坐到了那根古老的柱子前他惯常的席位时，所有的眼睛都盯住他。

这真是一个特殊的日子！前一天的滑铁卢战役的最终结果，不仅影响着英法两国的命运，还决定着两国股市价格的涨跌——如果英国获胜，英国的国债将会暴涨；如果法国获胜，拿破仑再次回到欧洲大陆，英国的国债必定下跌。人们都在焦急地等着这场战役最终结果的消息，谁的消息灵通，谁就可以先于别人做出行动——买或者卖，从而获得暴利。

人们关注着内森的脸色和他的一举一动。此时的内森神情肃穆，一动不动地站在那里，看上去神情沮丧。然后他的交易员们突然开始抛售债券。其他紧张的投资者看到罗斯柴尔德卖出，只会意味着一件事，那就是拿破仑一定赢了。内森的举动立刻传遍了整个伦敦交易所，人们都在窃窃私语："内森抛了，英国人肯定战败了，我们也开始抛吧！"于是，人们都在跟风内森，拼命抛售手里的英国债券，甚至已经顾不上考虑抛售价格的高低了。这种恐慌性的大抛盘，致使英国债券价格进一步暴跌。

然而，直到英国债券价格跌到谷底时，内森悄悄给自己的几个代理人使了一个眼色，代理人马上又纷纷买进已经跌入谷底的债券，跟风抛售的人们此刻全部傻了眼，不知道究竟发生了什么事。就在这时，传来了英军大获全胜的捷报，英国的国债价格也开始直线上涨。内森就在这几个小时之内，获利几百万英镑。而在当时，10万英镑就可以修筑一条铁路了。

老四卡尔在罗斯柴尔德五兄弟中相对平庸，但在意大利却展现了超出其他兄弟预期的能力。卡尔不仅资助了梅特涅派往意大利镇压革命的军队，而且以出色的政治手腕迫使意大利当地政府承担了占领军的费用。他还帮朋友麦迪奇策划并夺回了那不勒斯财政大臣的要职。后来，卡尔还成为意大利宫廷的财政支柱，其影响力遍及整个意大利半岛。

老罗斯柴尔德的第五个儿子詹姆斯在拿破仑执政时期，主要来往于伦敦和巴黎之间，建立家族运输网络来走私英国货。在帮助威灵顿运送黄金和英国国债收购战之后，詹姆斯在法国名声大噪。他建立了罗斯柴尔德的巴黎银行，并暗地里资助西班牙革命。

1818年11月5日，一向稳他计值的法国公债突然开始颇不寻常地跌价。很快，政府的其他债券也开始受到影响。情况越来越糟，交易所里流言四起，有人说拿破仑可能再次上台，还有人担心爆发新的战争。

由于有英国的前车之鉴，有人开始怀疑罗斯柴尔德家族在操纵公债市场。实际情况正是如此。从1818年的10月开始，罗斯柴尔德家族开始以其雄厚的财力做后盾，在欧洲各大城市悄悄吃进法国债券，而法国债券也渐渐升值。然后，从11月5日开始，他们突然在欧洲各地同时放量抛售法国债券，造成恐慌。

眼看着自己的债券价格像自由落体一般滑向深渊，路易十八觉得自己的王冠也随之而去了。此时，宫廷里罗斯柴尔德家族的代理人向国王进言，为什么不让罗斯柴尔德银行试试呢？路易十八马上召见詹姆斯兄弟。爱丽舍宫的氛围为之一变，被冷落许久的詹姆斯兄弟处处被笑脸和尊敬包围着。

果然，詹姆斯兄弟一出手就制止了债券的崩溃，他们成了法国上下瞩目的中心，在法国军事战败之后，是他们从经济危机中拯救了法国。赞美和鲜花令詹姆斯兄弟陶醉不已，连他们的衣服款式也成了流行的时装样式。他们的银行成了人们竞相求贷的地方。由此，罗斯柴尔德家族完全控制了法国金融。

自从拿破仑在德国撤军之后，德国由过去的三百多个松散的封建小国合并成三十多个较大的国家，并成立了德意志联邦。留守法兰克福的罗斯柴尔德家老大阿姆斯洛被任命为德意志的首届财政部长，1822年被奥地利皇帝加封为男爵。法兰克福的罗斯柴尔德银行成为德国金融的中心。

C·G·雷可夫斯基在他的书中说："有迹象表明五兄弟被派往欧洲金融帝国的五个重镇对这些国家积累起巨额的财富有着某些秘密的作用，他们就像是这些帝国的财政大臣一样。但准确地说，罗斯柴尔德家族不是财政大臣，而是真正的首领。"

列昂内尔将金融市场推向辉煌

列昂内尔，这是一个与苏伊士运河一起被后人记忆的名字。他是内森的儿子，为家族续写了更加辉煌的历史。尽管罗斯柴尔德家族拥有巨大的财富，并跻身欧美上流社会，但他们始终坚持犹太人的传统——把维护犹太人的利益看得比做生意和赚钱更重要。

罗氏家庭大多数人坚持族内通婚，家族下属的公司企业部按犹太教安息日的规矩，在星期六估算盘点，不做任何生意。

列昂内尔1858年成为英国下议院议员。他不愿以基督教徒的方式，而要求犹太教方式用手按《希伯来圣经》，头上戴犹太帽子举行宣誓。上议院的贵族开始表示反对，但后来同意了，这在以基督教为国教的英国实在是不同寻常的，是长期受歧视的犹太人的一个胜利。27年后，列昂内尔的儿子内森尼尔成为英国第一位犹裔贵族和上院议员，他同样也是用他父亲的犹太方式宣誓的。

罗氏家庭还积极参加犹太人的各种活动，向犹太社团捐助了多笔慈善金。这个家族与犹太复国主义运动也有不解之缘。曾在20世纪初向巴勒斯坦的早期犹太移民提供了约600万美元的资金，帮助移民们购买土地和生产设备，定居生存。家族成员还曾担任过英国犹太复国主义主席，与犹太复国主义领导人魏兹曼一起，于第一次世界大战期间在英国积极活动，终于使英国政府发表了著名的《贝尔福宣言》，最后导致了以色列国的建立。

列昂内尔说过这样一句话，大概可以反映和代表这个家族所有成员的思想："我有两大荣誉。第一，我是罗斯柴尔德家族的一员；第二，我是一个犹太人。"

欧洲庞大的金融王国

当罗斯柴尔德家族在欧洲建立起一个庞大的金融王国时，一位普鲁士驻英国的外交官曾这样形容道："罗斯柴尔德对欧洲的金融事务有很大的影响力。他们能够左右外汇交易价格。当内森发怒时，英格兰银行都在颤抖。"

有一次，内森拿着他哥哥阿姆斯洛从法兰克福罗斯柴尔德银行开的支票到英格兰银行要求兑换现金，银行以只兑换本银行支票为由加以拒绝。内森勃然大怒，第二天一早，就领着自己的9名银行职员，带着大批英格兰银行的支票要求兑现黄金，当天就使英格兰银行的黄金储备明显下降。第二天，内森带来更多的支票，一名银行高级主管紧张地问他还要兑换几天，内森冷冷地回答："英格兰银行拒绝接受我的支票，我干嘛要它的？"英格兰银行立即召开紧急会议，然后宣布，英格兰银行今后将兑换所有罗斯柴尔德银行的支票。

罗斯柴尔德兄弟之所以能够如此呼风唤雨，一个重要原因就是他们善于通过设在欧洲各国的分支机构获取政治、经济情报，互相沟通。这样，他们往往能迅速了解各地的政治经济动向，采取行动，出奇制胜。

1814年拿破仑与欧洲联军对抗时，战局变化无常，英国的证券交易因此很不景气。后来，战事发生逆转，拿破仑兵败滑铁卢。罗斯柴尔德家族第一时间从布鲁塞尔得到了这个消息，于是内森趁伦敦债券价格尚未上涨之际，大批吃进，结果大赚了一笔。罗氏家族因此被称为"无所不知的罗斯柴尔德"。

1815年之后，当代人所认为的英国金融体制逐渐推广开来。正如我们所看到的，这种体制的主要特征是设立了专门的税收机构、议会和公众共同监督预算，发行议会担保的长期国债，以及设立中央银行局部垄断纸币发行。金本位和自由报以后来作为可供该体制选择的附属品出现。而资本自由流动伊始即是该体制的一部分。因为只有通过伦敦债券市场，欧洲大陆的财政体制才得以在战后稳定下来。

1818~1832年间，共有26项政府间贷款项目在伦敦执行，票面金额达5580万英镑。1818年普鲁士贷款是第一批中的一项，能很好地说明英国是如何将本国资金连通其机构模式一起出口他国的。从英普双方谈判伊始，内森·罗斯柴尔德就要求每一笔贷款都要有普鲁士领土内的抵押物担保，并且该抵押物须由其所在领土内代表性团体担保。当普鲁士对此提出异议时，罗斯柴尔德随即详细解释了之所以这么做的理由：

"为了促使英国投资家在合理条件下将其资金投入对外国政府的贷款，最重要的是相关贷款计划尽可能纳入英国当前公共服务目的的借贷体系之中，同时借款政府不应只虚表诚意，而应让债权国有一定安全感——如果缺少了这种安全感，是不可能从英国国内为外国证券筹到巨额贷款的。英国居民新近在法国基金的投资有所增加，这是因为他们普遍相信，由于法国目前已建立了担保，而公共债权人是不可能和履行执行权方面无可约束的君主签订任何合同的。"

简言之，英国出现了君主立宪制，在信贷风险方面，这比君权体制要好得多。

不可否认，罗斯柴尔德在对普贷款中准备接受的东西要比议会制约少得多：合同最终签署时，只是说"为了保障债券人的利益"，在皇家领土上，应当有专门的抵押物，并且"根据1809年11月6日，征得各省级团体同意，由普鲁士国王N. M.和皇室王子们通过的《房屋法》。

作为世界最大市场的主角，罗斯柴尔德是宇宙财富之主的原型。1818年5月，他向普鲁士财政部长发出一封信。这封信将他对自己手中的权力——财权的把握与运用表现得淋漓尽致。"那些阴谋家（普鲁士宫廷罗斯柴尔德贷款项目的反对者）对 N. M. 罗斯柴尔德无计可施，因为他有钱、有势、有权，他们只得望洋兴叹。而普鲁士国王应当兴高采烈，并感谢罗斯柴尔德给他送来这么多钱，提高了普鲁士的信用。"难怪在 19 世纪，政治家往来信件以及报道、小说和诗歌中，到处充斥着罗斯柴尔德家族及其对手权力对比的内容，而且一律以卡尔式风格出现。拜伦（1823 年）在《唐璜》第七篇中问道："是谁维系着世界的平衡？"

是谁主宰议会？不论它是保皇党还是自由派？
是谁逼反了西班牙衣不蔽体的爱国者？
是谁让旧欧洲的种种报刊鬼哭狼嚎？
是谁使新旧世界痛苦或欢乐？
是谁让政客们油腔滑调？
是胆大妄为的拿破仑的鬼魂吗？
不，是犹太人罗斯柴尔德，还有基督徒巴林！
是他们，还有真正大方的拉菲特，
才是欧洲的真主子。
每笔贷款不仅是投机手段，
而且也可以安邦定国，或推翻王位。

蒂斯雷利的《康宁丝比》里的西顿长者在 1815 年就已经预见到，"25 年的战争令欧洲精疲力竭，如今这个大陆必须凭借资金才能维系和平。他的睿智精明给他带来应有的回报。欧洲的确需要资金，西顿亦准备好向欧洲提供贷款。法国想要一些，奥地利要得更多，普鲁士则是一点儿，俄国却得几百万。西顿都可以满足他们。"这样，他理所当然地成为"世界货币市场的主宰者"，从而实际上也控制了其他一切东西。

罗斯柴尔德家族之所以拥有那么大的权力，关键在于他们建立起了真正的跨国合作关系。他们在伦敦拥有多处"房产"，他们的财源地包括法兰克福、维也纳、那不勒斯和巴黎。内森不但被视为时代的传奇人物，事实上，也堪称五大"金融沙皇"（这个词是梅特涅的秘书弗里德里希·根茨创造的）之首。例如，巴尔扎克的怒新吉恩很明显就是根据内森的兄弟詹姆斯刻画出来的。"银行界的路易十四"，"金融大鳄"，"向部长们出售代理人，向土耳其人出售希腊人"。总之，他象征着"我们生存的金钱时代"。19 世纪 20 年代，年轻的海涅写道，詹姆斯和他的兄弟们俨然是后维也纳反动秩序的支撑。

如果没有罗斯柴尔德家族的支持，大多数国家面临的财政困难会被颠覆分子所利用。他们企图误导民众从而搅乱局势，不管当时是秩序井然，还是混乱不堪。资金短缺通常会导致革命爆发，而罗斯柴尔德家族通过填补各国财政赤字，可能对维系欧洲的和平起到了一定的作用。

另外，通过与在一个世纪以前就已经建立的蒙蒂费罗家族、科恩家族及戈德史密斯家族等银行业家族联姻，罗斯柴尔德家族迅速增强了其金融控制力。这种控制力随着1844年皮尔银行特许法案的通过得到进一步增强。

无论罗斯柴尔德家族及其金融同盟是否以这种方式直接控制了英格兰银行（欧洲主要国家中的第一家私人拥有，也是最富有的中央银行），但有一件事是确定的，那就是在19世纪中期，罗斯柴尔德家族毫无疑问是世界上最富有的家族。他们控制了新政府的债券市场，并将触角伸向全球的其他银行和感兴趣的行业。同时，罗斯柴尔德家族也控制了一群较小的家族，如温伯格家族和斯其夫家族，他们将自己巨额的财富同罗斯柴尔德家族联合起来。

事实上，19世纪在此后就被称为"罗斯柴尔德家族时代"。一名作家伊格内修斯·鲍尔估计罗斯柴尔德家族的私人财产在1913年就超过了20亿美元。请记住，那时的美元购买力是现在的10倍以上。尽管拥有这些惊人的财富，罗斯柴尔德家族却逐渐养成了低调的习惯。虽然他们控制了数十家的银行、工业、商业、采矿及旅游集团，但只有极少数是以罗斯柴尔德的名字持有的。到19世纪末期，一名专家估计罗斯柴尔德家族控制了整个世界一半的财富。

无论其财富有多少，我们都可以合理地推断他们在世界财富中占有的比重至此后已经大幅增加了。但进入20世纪后，罗斯柴尔德家族谨慎地认识到他们的权利在衰退，即使他们的财富及其金融联盟进一步增强了。因而他们对银行、负债的公司、媒体、政党及国家的控制都通过代理、提名人以及联盟董事会来进行，以此来使他们自身的角色模糊。

罗斯柴尔德家族亲历的四次战争

罗斯柴尔德家族经历过四次较大规模的战争。

第一时期：西欧金融财团在历史中第一次崭露头角是在法国大革命前

后。法国大革命时逃到英国的法国贵族中，包括印刷发行法郎纸币和法国国债的主要负责人和设计者。为了对革命政府和督政府报复，也为了解决西方经济上的窘迫，他们开始大量印刷虚假法郎纸币和法国国债到法国套购物资，这一经济过程持续了大约15年，给法国经济和社会秩序以沉重的打击。拿破仑上台后，为了反向打击英国，也雇佣了大量剪刀手伪造假英镑纸币、先令银币，并且成功地迫使英国放弃了金本位数年之久。这一系列前所未有的金融行为产生了巨额利润和前所未有的混乱。从中也就催生出第一代金融门阀罗斯柴尔德家族、洛克菲勒家族、杜邦家族和梅隆家族。迫于战争和国内混乱而严重依赖于国债发行的英国，也就把自己的金融主导权拱手送给了通过制造流通虚假有价证券而积蓄巨量财富的罗斯柴尔德家族。洛克菲勒家族、杜邦家族和梅隆家族则把大部分财富转移到新生国家美国，选择在那个新大陆的国家继续发展。

第二时期：不断巩固旧大陆金融支配性控制权的罗斯柴尔德家族不甘心有独立于他们之外的西方国度存在。于是他们通过扶植摩根财团发展壮大来牵制影响美国，并且力图全面控制美国。当时的洛克菲勒家族，杜邦家族和梅隆家族没有实力对抗过分强大的罗斯柴尔德家族，于是采用了妥协的方法。花旗、摩根——美国第一、第二国民银行当时都处于罗斯柴尔德家族的间接控制下，罗斯柴尔德家族达到了他的第一次顶峰。但是，由于过分抽调资金控制新大陆，导致了罗斯柴尔德家族在旧大陆的控制力急速下降。俾斯麦首相抓住了这个天赐良机，通过普法战争赔款组建了德意志银行，并且通过工业化和一系列眼花缭乱的并购，迅速组建了新的容克财团——德意志4大银行团。欧洲崛起了新的金融集团。

第三时期：资本主义的原有生产过剩和需求不足导致了一战的爆发。洛克菲勒家族、杜邦家族、摩根家族和梅隆家族抓住罗斯柴尔德家族的影响力由于战争而下降的机会，在美国发起了反攻，力图摆脱受到控制的命运。这个企图在一战结束的时候似乎是成功了，因为美国摆脱了长期债务。但是随着战后罗斯柴尔德家族的反攻，美国4大家族发现自己的力量还是无法对抗罗斯柴尔德家族。容克财团在大战中损失惨重，德意志4大银行组成的德意志财团也屈服于罗斯柴尔德家族的意志。罗斯柴尔德家族达到了自己的第二次顶峰，也是最高峰——控制全球金融命脉。

第四时期：当发现完全无法和罗斯柴尔德家族在金融领域对抗后，德意志财团和美国财团想到了新的主意，那就是毁灭罗斯柴尔德家族的本体——犹太人。通过支持希特勒和二战，罗斯柴尔德家族几乎到了崩溃的边缘。大量家族成员被杀害，资产被侵吞，超过2/3的旗下金融机构完全不存在了。美国财团利用这一有利时机反过来吞并罗斯柴尔德家族在美国、澳洲和加拿大的近乎全部资产，从而建立了花旗财团、摩根财团、美洲三大财团的现代格局。容克财团在战争中也失去了绝大多数成员，成功地转化成新的寡头势力，并且利用瑞士5大银行转移战争中掠夺的财富逃过了二战失败的损失，在战后成为欧洲第一大金融寡头财团。罗斯柴尔德家族在欧洲大陆和北美澳洲的全部金融机构和资产全军覆没，只能靠在英国和瑞士幸存的少量金融机构艰难恢复。

最伟大的反犹主义

1820年，内森宣布不同任何一个拒绝给犹太人公民权的德国城市做生意。1850年，当卡尔借钱给罗马教皇时，向教廷提出要求拆除罗马的犹太隔都。19世纪伦敦的罗斯柴尔德银行宣布不向俄国沙皇贷款，因为沙皇政府迫害和虐待俄国犹太人。

老梅耶在去世之前，立下了严格的遗嘱，内容包括：家族银行中的重要职位必须由家族内部人员担任；家族通婚只能在表亲之间进行，防止财富外流（后来放宽到可以与其他犹太银行家族通婚）；绝对不准对外公布财产情况；在财产继承上，绝对不准律师介入。

无疑，老梅耶的遗嘱是要防止任何形式的财富稀释和外流。但是，经过惨烈的二战，作为犹太人家族，罗斯柴尔德家族在纳粹统治下受到的打击非常惨重。虽然英国总部基本没有损失，但欧洲大陆的家族势力已经被大大削弱了。

罗斯柴尔德银行目前的主要业务是帮助大企业收购兼并其他的企业，对其资产结构进行重组。这些并购重组业务主要在欧洲，但在香港他们也设有亚洲办事处。罗斯柴尔德家族银行2006年的税后收入是6.3亿英镑。这样的规模，在目前全世界的投资银行中只能排在10名之外。

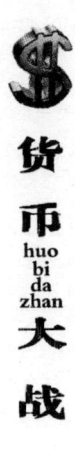

第三章　国际银行业：一个庞大的金融王国

> 导读：经济与政治向来是一对形影不离的孪生兄弟，世界历史上许多重大政治事件的背后都有银行家的影子。而国际金融业也在炮火连天的战争中不断发展壮大，并形成了一个古老而庞大的游离于"政治"之外的独立王朝。

¥ 英格兰中央银行的诞生

在 17 世纪前十年的后期，英格兰陷入金融灾难中。50 年间与法国或多或少的不断地战争，以及偶尔与荷兰的战争也消耗了英国的力量。

1642 年英国爆发资产阶级革命，尽管对货币的控制不是导致革命的唯一原因，但是货币政策也扮演了主要的角色。在放贷者们的支持下，奥利弗·克伦威尔推翻了查尔斯国王，解散了议会，处死了国王。放贷者们同时也获得了巩固他们金融力量的权力。在接下来的 50 年里，这些放贷者们将大不列颠带入了一系列代价高昂的战争里。他们占据了伦敦中心城市数万平方英里的土地，建立金融城。这个半自治的地区仍然是当今世界上两个最显赫的金融中心之一，另一个是华尔街。金融城不在伦敦警察的管辖范围内，而是自己拥有 2000 人的私人武装。

在英格兰，与斯图尔特国王发生了冲突的放贷者们与荷兰的改革者们联合了起来。1609 年在荷兰，放贷者们已经在阿姆斯特丹建立了央行。他们资助荷兰的威廉在 1688 年推翻了斯图尔特王朝。

实际上，这也说明了真正的权力并不在英格兰君主的手中，他们不过是那些统治金融城放贷者的庇护者，被那些银行大家族所管制，从而维护金融城中那些放货者的利益。

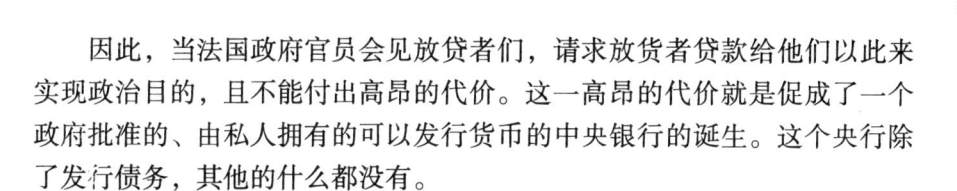

因此，当法国政府官员会见放贷者们，请求放货者贷款给他们以此来实现政治目的，且不能付出高昂的代价。这一高昂的代价就是促成了一个政府批准的、由私人拥有的可以发行货币的中央银行的诞生。这个央行除了发行债务，其他的什么都没有。

英格兰银行成立于1694年，是世界上第一家私人拥有的、在发达国家的中央银行。尽管之前有一些储蓄银行，如出现在威尼斯（1361年）、阿姆斯特丹（1609年）和瑞典（1661年）。在英国，尽管它有一个欺人耳目的名字——英格兰银行，这样一般人会认为它是政府部门的一部分，实际上并非如此。和其他私人公司一样，英格兰银行是以发行股票起家的。

这些发起者的名字从来不会披露。理论上，他们应该筹集价值125万英镑的金币来买入银行股票，但是，英格兰银行只收到了约75000英镑。

尽管如此，英格兰银行在1694年还是如期地开始经营了，他们开始进行贷款，这些贷款量是他们所拥有存款的数倍，这些债券都是附有利息的。

作为交换，英国政治家们能够从新银行中获得他们所需的任何数量的贷款。这些债务是以英国人民的税收作为保障的。所以，对英格兰银行的合法化就相当于对这些为私人获利的国家货币的假冒品进行合法化。不幸的是，几乎每个国家都有一个私人控制的央行，当地的放贷者们都以英格兰银行为基本模板。

这些中央银行的力量使他们很快地控制了一国的经济，而这些银行家们很快也成为占据统治地位的超级富豪阶层。这就像黑手党控制了军队，专制的危险是极端的。这时，我们需要一个中央货币机构——一个由政府所有和控制的机构，而不是由为了私人利润的银行家来控制。

对英格兰银行背后放贷者的提及，产生了王位背后权势的解释。

在1844年，本杰明·迪斯莱利对这个权力进行了暗示。他写道："这个世界被一些非凡的要人统治着，这些人是供那些不在这幕后的人来想象的。"

1933年11月21日，富兰克林·D·罗斯福在写给他的心腹的一封信里写到："正如你我所知道的，事情的真实情况是，自从安德鲁·杰克逊以来，来自金融方面的力量已经控制了政府。"

政府发行债券来筹集所需资金，然后只有通过征税来偿还。但是，只有大约10%的债券是用央行发行的货币来购买的。政府使用的这些货币，一旦储存起来，私人银行就会用这些新的存款来创造出是这些存款的数十倍的贷款。这就使其有多余的货币来购买其他90%的新债券，而不用吸干资本市场以及推动利率上升。

通过借入货币，如出售新的债券，政府能够控制通货膨胀。

流通中的货币越多，那么货币价值也就越少。政治家们能够得到想要的任何数目的货币，而人民却要为通货膨胀买单，这使得人们的储蓄——固定工资和收入的购买力下降。一千个人当中也不会有一个能够说出事情的真相，因为它隐藏在欺人耳目的经济系统里。当我们完全能感受到通胀的效果时，已经为时太晚了。

随着英格兰银行的成立，这个国家很快被淹没在货币中，全国的价格上涨了1倍，许多巨额贷款可以随意发放。

到1698年，仅仅四年后，政府债务已经从当初的125万英镑增长到1600万英镑。自然地，税收增加了，然后又一次货币上涨，以此来支付债务。

在将英国的货币发行权紧紧抓住后，英国的经济开始像一个疯狂的过山车，正经历着繁荣和衰退。

银行家胜利打败拿破仑

1800年在巴黎，法兰西银行以和英格兰银行同样的方式成立，但是拿破仑认为法国不应该借款，他也从未信任过法兰西银行，甚至当他将亲戚安排进银行董事会时也是如此。他认为当一个国家不向银行家借款时，那些不受政府领导的银行家才能被控制——借别人的钱就要受制于人，而金钱是没有祖国的，跟金融家更谈不上所谓爱国精神和道德规范的，金融家唯一的目的就是赚钱。

1800年，托马斯·杰弗逊艰难地击败了约翰·亚当斯当选为美国第三任总统。1803年，他和拿破仑达成了一个协议：美国将会给拿破仑价值三百万的黄金来换取密西西比河以西的广大土地。

有了这三百万，拿破仑迅速组织了一支军队向欧洲进发，并征服了所到之地。英格兰及英格兰银行迅速起身反对拿破仑，他们向拿破仑所征服的每个国家提供经费，赚取战争带来的巨大利益。普鲁士和奥地利，最终连俄国也一起因阻击拿破仑而陷入了巨额债务。

四年后，当拿破仑的大军在俄国作战时，罗斯柴尔德家族在伦敦的代表，30岁的内森·罗斯柴尔德实施了一个大胆的计划。他将战争急需的黄金通过法国走私到了在西班牙反抗拿破仑的威灵顿公爵那里，稍候内森在伦敦举办了一场宴会以庆祝他有史以来最成功的一笔交易。

威灵顿和其他人的联合攻击最终迫使拿破仑退位，而路易十八加冕为国王。拿破仑被流放到了厄尔巴岛，由于被罗斯柴尔德给予金融帮助的英格兰打败，美国也放松了对其"中央银行"的限制。

1813年，拿破仑又逃出了厄尔巴岛，并且回到巴黎。法国派遣军队去抓捕他，但他本人的感召力使得这些士兵重新聚集在了他们的老首领周围，并拥护拿破仑再次成为他们的皇帝。拿破仑像个英雄一样返回了巴黎，法国国王路易斯仓皇出走，拿破仑不费一枪一弹重新成为了法国的君主。

但1815年3月，拿破仑组织的军队在不到九十天时就被英国的威灵顿公爵在滑铁卢击败。在此期间，他向巴黎的奥福德银行借了五百万英镑以重整军备。至此以后，由私人控制的中央银行向战争双方融资就不再少见了。为什么一家中央银行会向战争中的敌对双方融资呢？因为战争是最大的债务创造者，双方将为获得胜利不计代价！

最终的失败者是那些所有的借款仅仅带来虚幻的胜利希望的国家，而最终的胜利者则是所付出的正好足够取得胜利的国家。此外，这些借款往往附带有胜利者将为战败者偿款的保证，只有银行家才是战争中稳操胜券的人。

滑铁卢是巴黎东北部约两百公里外的一处战场，如今是比利时的领土。拿破仑在此遭遇了他最后的一次失败，但直到1815年那个沉闷的夏天，在成千上万个法国和英国士兵战死沙场后，这场战争才决出胜负。

1815年6月18日，七万四千人的法国军队迎战六万七千人由英国和其他欧洲国家组成的军队，结果看上去难以预料。事实上，如果拿破仑提前几小时进攻的话，他很有可能打赢那场战争。但无论哪一方赢，在伦敦，内森·罗斯柴尔德都能利用这次机会控制英国股票市场。

英殖民政府与《独立宣言》的签署

从经济和文化的角度来看，北美殖民地不是被英国人所建就是英国人从荷兰人或法国人手里夺得的，其居民也以逃避宗教和政治迫害、来到美洲寻找机会的英国移民为主。从詹姆斯敦建立到美国独立前的一个半世纪多一点的时间里，北美殖民地的人口从210人增加到220万余人。整个殖民过程中，虽然差不多所有的西欧国家都有人移居北美，但大多数是英国人。殖民地经济也基本上是欧洲经济的另一版本。

尽管各个殖民地体现英国主权的形式不同，但由于大体相同的经济、文化背景，且经过一百多年的发展，也逐步形成了大体相似的政治体制构架。弗吉尼亚殖民地政府的发展大概可以作为这一发展过程的代表。弗吉尼亚初民在 1607 年到达詹姆斯河口后，就在一个七人委员会的指导下建筑了一个要塞和城镇，准备了社会生活的一般条件。当初，由于工具缺乏，环境恶劣，正需要一位强有力的领导，不久就将一切管理权力集中到由殖民公司挑选的一位总督手里。后来，公司里的一批自由主义者相信自治更有利于殖民地的繁荣和发展，就迫使公司采纳了让殖民者在一定程度上管理自己事务的政府计划。这样，1619 年建立了一个由人们选出的代表组成的议会，另外有一个参事会与总督共同行使行政职能，并由参事会和总督充当殖民地的高等法院。这几乎就是北美殖民地政府的雏形，各个殖民地的政府大体上也都经过了这样的发展过程。

在每个殖民地内部，都有一个代表英国国王的总督，他体现了英国对殖民地的主权，各殖民地先后都建立了议会，由总督和议会共同治理。议会有权制定法律、法令，但不得与英国的法律相抵触。北美殖民地政府的特征：一方面，立法、行政和司法权力的划分不明确；另一方面，殖民地议会下议院的地位和权力很弱。不过，它也掌握了一项重要权力，即财政权。议会控制政府财政，这在英国的议会政治史上是一个重要发展，移民自然就把议会主权的观念带到了北美殖民地。起初，英国政府指示各殖民地的总督胁迫议会通过永久性的征税法案，不必逐年进行拨款。对此，殖民地议会普遍进行抵制并取得了胜利，尤其是殖民地议会一直坚持审议批准总督的薪俸，这样，殖民地议会就可以逐年地详细规定征税项目和数额，限定支出用途，并能撤销政府的任何预算，以此制约总督和其他行政官员。

英国与法国之间长达七年的战争以英国胜利告终。根据英法两国 1763 年签定的《巴黎条约》，法国人离开加拿大，北美大陆密西西比河以东的地区全部由英国人控制。然而，具有讽刺意味的是，尽管英国人赢得了战争，夺得了加拿大，取得了在北美的优势地位，但最终却失去了北美。

"从巴黎条约签定次日起，殖民地与英国之间的紧张气氛逐渐升级。" 导致这种紧张气氛的根本原因是：七年战争后，英国政府面临由于战争造成的财政困难，便企图把财政负担转嫁到殖民地人民的身上。1763 年上台的英国格伦维尔政府以加紧对殖民地的控制和管理为目的，推行了一套所谓帝国整顿计划，筹划建立更加高度集中的军政统治。一方面，把英国的常备军派到北美殖民地，并要求殖民地提供给养；另一方面，则是向殖民地增加了直接税。然而，这时的殖民地已经不再是那些移居海外的英国人居住的地方了，而是美国社会成员居住的地方。宗主国和这些殖民地之间过去存在的一切政治、经济和社会关系都逐渐过时。

1763～1776年，北美殖民地与英国之间的关系一直处于激烈的动荡之中。尤其是围绕英国国会通过的1764年的糖税法、1765年印花税法、1767年的"汤森条例"、1773和1774年的五项"不可容忍的法令"，结果爆发了三个回合大规模的、广泛的反英斗争。

英国政府针对殖民地的上述法令，真实目的是要敛取钱财，显示英国国会对殖民地的权力。殖民地的人们则质疑英国国会是否有权管理殖民地的事务。他们发挥了启蒙时代的代议制理论，认为人民选举的代表组成的议会，是要保护人民的权利，其中最珍贵的就是财产权。征税就意味着剥夺财产。但英国国会没有殖民地人民选举的代表，却要向美洲人征税，这就意味着未经殖民地人民本人或他们的代表同意而夺走他们的财产。

这样，围绕征税问题，发生了两种代议制理论的尖锐对立。英国的代议制理论认为，英国的国会下议院议员是代表整个国家，而不是代表选举他的那个选区的。无论国民是否在事实上选举过一位国会议员，只要国会中有一些议员的利益与这些国民的利益相近，就可以说这些国民在国会里有了自己的代表，这就是所谓的"有效代表制"。而在北美殖民地，议会是在殖民过程中由各个殖民点（城镇）选出的代表组成的，代表名额一般是公平分配的。因此，人们普遍相信，议会议员首先是他那个地区的人民选到议会里的"代理人"，而不是代表某种更广泛利益的独自思考的"政治家"。总之，人民是现实地选举了代表，代表也是现实地代表当地选民的观点。这就是所谓的"现实代表制"。针对英国国会的那些显示权力的做法，殖民地人民与英国国会针锋相对，提出了"无代表不纳税"的口号。

然而，英国政府的愚蠢行为似乎不可逆转，所采取的压制政策甚至不断升级，无可挽回地导致了殖民地与英国的矛盾日益尖锐和激化。最终的结果是，1775年爆发革命，战争开始。1776年7月4日，来自各殖民地的代表一致通过了由杰斐逊起草的《独立宣言》。《独立宣言》的序言明确指出，当时北美各殖民地面临的问题就是"一个民族必须解除使其与另一个民族联在一起的政治纽带"，在世界各国中取得"独立和平等的地位"；"这些联合的殖民地从此成为并名正言顺地成为自由而独立的国家，他们解除对英国国王的一切效忠，这些国家与那个大不列颠国家的一切政治关系亦从此理所当然地完全废止"。

美国内战背后的欧洲金融强国

与18世纪70年代的美国独立战争相比，美国历史上发生在本土的最大规模战争，是爆发于1861年4月的南北战争。今天，关于南北战争起源的争论大多围绕战争的道义问题，即废除奴隶制的正当性。恰如希特尼所说："如果没有奴隶制，就不会有战争。"

事实上，在19世纪中叶的美国，关于奴隶制的争论是经济利益第一，道德问题第二。当时的南方经济支柱就是棉花种植产业和奴隶制，如果废除奴隶制，农场主就不得不按白人劳动力的市场价格支付工资给原来的奴隶，那么整个产业就会陷入亏损，社会经济结构势必崩溃。

其实，奴隶制的确是导致美国内战的一个重要因素，但不是最初的原因。林肯知道南方的经济依赖于奴隶制，所以他根本不想废除奴隶制。他在就职前的一个月说过这样的话："无论是直接的还是间接的，我没有干预存在于这个国家的奴隶制的目的。我相信我没有法律权利这样做，也没意愿这么做。"

甚至在福特·萨姆特地区打响之后，林肯仍然坚持说这场战争不是针对奴隶制的。"我最重要的目的就是挽救这个国家，而不是挽救或者废除奴隶制。如果我解救任何努力就能挽救国家，那我肯定会那么做。"

那南北战争为什么会发生呢？很多原因在作怪。北方工业家利用保护性关税防止南方各州购买欧洲的便宜货；欧洲停止从南方进口棉花作为报复；南方各州遇到了财政问题，当他们出口棉花带来的收入减少的时候，他们就不得不为生活必需品支付更多的钱财；南方的激愤在堆积。

但是还有其他原因。货币变革者们仍然因为美国摆脱他们的束缚早了25年而耿耿于怀。从那时起，美国靠不住的经济对于世界上其他地方来说是一个反面教材，尽管间断出现的储备银行使得经济有所恢复，国家有所变强。

中央银行家们发现一个机会，通过战争分割南北，一次来分裂这个富裕的新兴国家。这只是一种野蛮的阴谋。

比斯马克说："在战争爆发前很久，欧洲的金融力量就决定把美国分割成平等的两个联邦。这些银行家们恐怕美国得到经济和金融的独立，南北不分割，而是一并发展。这样会使得欧洲的资本霸权在世界范围内受挫。"

与罗斯柴尔德家族有着极深渊源的俾斯麦说得很透彻："毫无疑问，把美国分成南北两个实力较弱的联邦，是内战爆发前早就由欧洲的金融强权定好的。"这也充分地印证了一点：推动美国南北战争的幕后黑手正是伦敦、巴黎和法兰克福轴心的银行家们。

为了挑起美国内战，国际银行家们进行了长期而周详的策划。

在美国独立战争之后，英国的纺织工业和美国南方的奴隶主阶层逐渐建立起密切的商业联系，欧洲的金融家们瞧准了这一机会，乘势秘密发展起一个将来可以挑起南北冲突的人脉网络。在当时的南方，到处都是英国金融家的各类代理人，他们和当地的政治势力共同策划脱离联邦的阴谋并炮制各种新闻和舆论。他们巧妙地利用南北双方在奴隶制问题上的经济利益冲突，不断地强化、突出和引爆这一原本并非热门的话题，并最终成功地把奴隶制问题催化成南北双方水火不容的尖锐矛盾。

国际银行家们做了充分准备，他们在策动战争的过程中，惯用打法是两面下注。无论谁胜谁负，巨额的战争开支所导致的政府巨额债务都是银行家们最丰盛的美餐。

1859年秋，法国著名银行家所罗门·罗斯柴尔德（詹姆斯·罗斯柴尔德之子）以旅游者的身份从巴黎来到美国，他是所有计划的总协调人。他在美国南北奔走，广泛接触当地政界、金融界要人，不断地把收集到的情报反馈给坐镇英国伦敦的堂兄纳萨尼尔·罗斯柴尔德。所罗门在与当地人士的会谈中，公开表示将在金融方面大力支持南方，并表示将尽全力帮助独立的南方取得欧洲大国的承认。

国际银行家在北方的代理人，是号称纽约第五大道之王的犹太银行家奥古斯特·贝尔蒙特。他是法兰克福罗斯柴尔德家族银行的代理人，也是该家族的姻亲。他在1837年被派往纽约，由于大手笔吃进政府债券，很快便成为纽约金融界的领袖级人物，并被总统任命为金融顾问。奥古斯特代表英国和法兰克福的罗斯柴尔德银行表态，愿意从金融上支持北方的林肯。

在战争爆发初期，南方的军事进攻节节胜利，英法等欧洲列强又虎视眈眈，林肯陷入了极大的困境中。银行家们算准了此时的林肯政府国库空虚，不进行巨额融资战争将难以维持。自1812年与英国的战争结束以来，美国的国库收入连年赤字，到林肯主政时，美国政府预算的赤字都是以债券形式卖给银行，再由银行转卖到英国的罗斯柴尔德银行和巴林银行，美国政府需要支付高额利息，多年积累下来的债务已使政府举步维艰。

银行家们向林肯总统提出了一揽子融资计划并开出了条件，当听到银行家们开出的利息要求高达24%~36%的时候，目瞪口呆的林肯总统立即指着门让银行家们离开。这是一个彻底陷美国政府于破产境地的狠招，林肯深知美国人民将永远无法偿还这笔天文数字般的债务。

战争离不开大量的金钱，林肯同时又认识到向国际银行家借钱那无异于自杀行为。

就在林肯冥思苦想解决方案而不得之时，他在芝加哥的老友迪克·泰勒给他出了一个主意：进行货币改革，发行政府的货币。这种由政府发行的货币也就是后来的林肯绿币。

听到这个消息后，代表英国银行家的《伦敦时报》立即发表声明：如果源于美国的这种令人厌恶的新的财政政策（指涉林肯绿币）得以永久化，那么政府就可以没有成本地发行自己的货币。它将能够偿还所有的债务并且不再欠债，它将获得所有必要的货币来发展商业，它将变成世界上前所未有的繁荣国家，世界上的优秀人才和所有的财富将涌向北美。这个国家必须被摧毁，否则它将摧毁世界上每一个君主制国家。

关于林肯的货币改革，德国首相俾斯麦曾先知一般地预言道："他（林肯）从国会那里得到授权，通过向人民出售国债来进行借债，这样政府和国家就从外国金融家的圈套中跳了出来。当他们（国际金融家）明白过来美国将逃出他们的掌握时，林肯将遭遇极大的生命威胁。"

林肯在解放了黑奴、统一了南方以后，立即宣布南方在战争中所负的债务一笔勾销。在战争中一直为南方提供巨额金融支持的国际银行家们损失惨重。为了报复林肯，更是为了颠覆林肯的货币新政，他们纠集了对林肯总统不满的各种势力，严密策划了刺杀行动。

1865年4月14日晚，美国公民约翰·维尔克斯·布思偷偷溜进亚伯拉罕·林肯总统在福特剧院的包厢，给了林肯总统致命的一枪。而在当时，许多人都还认为这只是一个偶然的事件。

林肯在遇刺后的第二天凌晨死亡。紧接着，在国际金融势力的操纵下，国会宣布了废除林肯新币政策的命令，并冻结林肯新币不超过4亿美元的发行上限。

从表面上看，美国的南北战争是两种制度之间的肉搏，但从根本上看，则是国际金融势力与美国政府激烈争夺美国国家货币发行权和货币政策的利益之争。在南北战争前后的一百多年时间里，双方在美国中央银行系统建立的这个金融制高点上进行反复的殊死搏斗，前后共有7位美国总统因此被刺杀，多位国会议员丧命。

1913年，美国联邦储备银行系统的成立，标志着国际银行家取得了决定性胜利。

华尔街银行在硝烟战争中繁荣

虽然联邦政府非常果断地采用绿钞应对各项开支，还要求民众将这种货币当做法定货币流通，但是政府本身却不允许人们用绿钞来交税。税金只能用黄金支付，国际贸易继续严格遵照金本位制。

当然这意味着人们需要想出一种办法将绿钞兑换成金子。联邦政府要求绿钞按面值与黄金进行兑换，这个要求与经济现状不符，法令无人理会。纽约证券交易所委员会不久就开始进行黄金交易。但是用绿钞来衡量的黄金价格通常与联邦军队的运气成反比，交易所委员据此认为黄金的交易行为不够"爱国"，在下一年就停止了黄金交易。

在百老汇大街两侧卖股票的经纪人组建了一个"吉尔平新闻工作室"（尽管不大清楚吉尔平是谁）作为交易所进行黄金交易。任何人只要愿意支付25美元的年费就可以参加这个地方的交易活动。一些大商人在生意往来中需要黄金或者想要防止绿钞价格的波动，就会加入到吉尔平工作室，另外还有几百名投机商也想要从一场为国家的存在而战的战争起伏中大赚一笔。这些投机商为了在黄金投机上获利，经常无情地把赌注压在北方军失利的一边，所以人们都很鄙视他们，称他们为"李将军在华尔街的左路军"。亚伯拉罕·林肯甚至公开诅咒"所有这些罪恶的脑袋都应该被砍掉"。

投机商对于别人的评价毫不在乎，有好多的钱等着他们凭运气或远见去挣呢。为了确保自己的预测是正确的，他们用尽了各种手段。投机商们经常在北方军和南方军中同时安插为自己刺探消息的代理人，所以他们常常比华盛顿方面消息灵通，华尔街就是先于林肯总统知道葛底斯堡战役的结果的。

1864年6月17日国会颁布法令，规定在经纪人办公室以外的任何地方买卖黄金都属非法。这条法令除了关闭吉尔平工作室并将交易者驱赶到大街上之外，产生的一个主要影响就是拉大了黄金和绿钞之间的差价（葛底斯堡战役之前287美元的绿钞兑换100美元的黄金，这时的差价达到了最高点）。这个法令在两周后就被撤销，吉尔平工作室重新开门营业。

那年秋天华尔街中的几个人，包括当时非常年轻的J·P·摩根和利维·PW莫顿（后来当选为纽约州州长以及本杰明色哈里森政府的副总统）

创建了纽约黄金交易所。交易大厅的尽头是一个巨大的钟形标度盘，上面只有一个指针，用来显示黄金的当前价格。虽然黄金交易所比先前杂乱无序、充满投机的吉尔平工作室（它在交易所营业之后就关门了）进步了很多，但对于那些心脏或神经比较脆弱的人来说，这个地方依然令他们望而却步。

华尔街在内战期间的繁荣程度超出人们的预计，尽管内战爆发引起了恐慌，而且每一场战役突然爆发后都会如此，但很快华尔街的交易量——证券交易量大幅提高。当国家债务上升了1/40的时候，债券的交易也活跃起来。另外，政府的大部分支出将流向铸铁厂、枪炮厂、铁路电报公司以及纺织和制鞋商那边去，而这些公司产生的利润将流入华尔街，与此同时，它们也要从华尔街获得急需的资本。

不久以后，华尔街出现了有史以来最大规模的一次商业扩张。华尔街迅速发展成为了世界第二大证券市场，仅次于伦敦证券市场。在接下来的几年中，华尔街的财富不断增加。1864年，年仅27岁的J、P·摩根税后收入为53287美元，这是一个熟练技工一年收入的5倍。交易所的经纪人忙起来根本顾不上吃饭，所以设立了一个午餐台专门给他们提供快餐，这比他们回家吃饭要节约不少时间。可见，快餐可能是美国内战遗留下来的重要产物。

1863年纽约证券交易委员会更名为纽约证券交易所，这个名字一直沿用至今。交易所继续沿用每日两次坐在自己席位上进行拍卖的方式。由于没有足够的空间，各种新的交易就被迫挪到大街上进行，于是华尔街建立了新的交易所来进行这些交易活动，但同时街头股票交易也发展迅猛。

受1857年大崩溃影响而倒闭的矿业交易所在1870年重新开业了，而且很快就开始大量交易，诸如乌拉古尔奇黄金开采及加工公司之类的股票。石油交易所也于1865年成立。当时，为开发宾夕法尼亚州油田而成立的公司如雨后春笋般冒出来，石油交易所就是用来进行这些公司股票的交易。这些新成立的交易所中，最重要的一家交易所——煤洞交易所起初在一间很不起眼的地下室开始营业。但是它的交易额很快就超过了纽约证券交易所，并在1864年重组为公开经纪人交易所。它抛弃了原先证券交易所惯用的那种坐在自己席位上的拍卖方式，而采取了连续竞价的拍卖方式。经纪人可以在大厅指定的交易柱（这来源于百老汇街的路边交易市场的交易方式，在那里交易商们聚集在不同的街灯灯柱下进行股票交易）位置同时进行各种证券的交易。

1865年，华尔街年交易额已超过60亿。很多经纪人一天的佣金收入就有800~10000美元。全民都加入到这个行业之中，办公室挤满了人……纽约达到空前的繁荣。百老汇停满了车，时尚女装经销商、服装生产商和珠宝商都赚得盆满钵满。周末的第五大道和平日的中央公园都会举行各种盛大精彩的露天表演，从来都没有如此丰盛的晚宴、隆重的招待会和华丽的舞会。城市的大道被各种奢华的物品装点。

内战之后，美国经济突飞猛进，货币和银行管理体系的发展已跟不上经济发展的步伐。尽管美国这些年已经成为世界头号经济强国，而且经济实力足以与整个欧洲比肩而坐，但美国仍然没有中央银行，因此就不存在国家货币供应体系。虽然繁荣的经济与杰斐逊设想的自耕衣经济完全不同，但是托马斯·杰斐逊对银行的仇恨之情久散不去。

最初，州立特许银行被剥夺银行券发行权的时候差一点就全军覆没，此时它们却东山再起。内战末期州立特许银行的数量不超过200家，1900年这类银行已达到4405家，其中大部分规模小、财力弱。新的国家银行体系在东北部运转良好。东北部的经济实力在全国处于领先地位，流动资金也最为充足。南部和西部的许多地方资源缺乏，达不到国家特许状的要求。密西西比州以及佛罗里达州之间压根儿就没有国家银行。更糟糕的是，国家银行不允许抵押房地产来借款，房地产是这些地区唯一"丰富"的资产。

那时国家银行都不允许设立分行，也不能跨州经营，所以·时数量剧增，到19世纪之交增加到3731家。国家银行要比州立银行大得多，财力也雄厚得多，但是国家银行常常要依赖当地的经济发展。大规模和多样化是美国经济的一大特点，然而国内其他行业都必须与之打交道的银行业却不具备这一特点，事实证明这将是一个几乎致命的不足。

繁荣的国际银行业

行将退休的主席大卫·洛克菲勒是近几十年洛克菲勒家族的关键人物。洛克菲勒家族在纽约波肯提克山庄有万处住宅，在传言中被称为"如果上帝有那么多钱的话，建造的宫殿也不过如此"。

在欧洲，一个类似的联盟导致两个主要的银行业王朝出现，即沃伯格家族和罗斯柴尔德家族。但不同的是，摩根家族和洛克菲勒家族曾是相对激烈的竞争对手，直到著名的北方证券战斗才使得竞争停止，而沃伯格家族则一直附属于罗斯柴尔德家族，从来没有对他们进行过严重的挑战。

罗斯柴尔德家族和洛克菲勒家族最初是一种债务人—债权人的关系，由罗斯柴尔德家族提供资金，供J·D·洛克菲勒垄断美国炼油企业和大部分石油生产。

随后，双方的关系进入了竞争与合作并存的时代，但和其他银行间的竞争一样，他们最后也接受了权利共享的一种关系。

该权力的中心是不容易确定的，它在很大程度上是通过连锁董事职务、离岸账户、代理人控股、私人基金会、信托及其他方式。而这些方式是被精心地隐藏的，但顶级的国际银行家在经济和政治力量上都被赋予了决定性的权力。

大多数评论家认为罗斯柴尔德家族绝对是占主导地位的合作伙伴。举例来说，J·理查森·迪尔沃斯，曾是库恩·勒布公司的合伙人，1950年被罗斯柴尔德家族挖来掌管洛克菲勒家族的财政，他在多达200个私人基金会中掌管着洛克菲勒家族后人的投资。

然而，乔治城的历史学家卡罗尔·奎格利将这种执行关系描述为一种封建的关系，即类似于一种封建国王和贵族，包括公爵、伯爵、男爵等之间的关系。他们互相支持，同时也保护着自己的独立性。如果将其在不违背基本的等级关系的前提下进行发展，就会导致战争的出现。

这种"封建关系"的国际银行业富豪数量很少，包括或曾经包括沙宣家族（印度和远东）、拉扎德·弗雷里斯·房斯、曼德逊（荷兰）、以色列·莫斯·塞弗（意大利）、库恩·勒市（美国）、高得曼·撒切丝（美国）、莱曼·布罗斯（美国）、施罗德（德国）、汉市罗斯（斯堪的纳维亚）、贝斯曼家族、拉丹博格家族、厄兰格家族、斯泰恩家族、塞利格曼家族、斯切夫家族、斯贝耶家族、阿布家族、米拉鲍得家族、玛丽特家族以及许多其他成员。

在大多数国家里，如今的统治集团，都相当于本地的大亨，而屈从于地位较高的银行业公爵、伯爵等。

这种形式也直接影响到了县市一级，占统治地位的本地银行家通常都是小贵族，通过下属的银行和商业关系与他们的银行"大亨"紧密联系。

就像乔治城的历史学家卡罗尔·奎格利所指出的，如果可以详细查看银行业大亨的资产卷宗，我们可以发现整个世界的建筑、工厂、农业、交通系统和矿产资源的房地契抵押。考虑到这点，奎格利写道："他们的秘诀就是他们已经从政府、君主国和共和国抢占了用债务创造金钱的权力，就像是在勒索钱财，无论是本金还是利息。"

不幸的是，不同于仁慈的统治者，这些国际银行业富豪采取马尔萨斯主义的立场，即世界充斥着农奴，导致人口过剩，他们认真地纠正这些所谓"威胁"和"不平衡"，而不考虑因此给人们带来的苦难。

回到1902年，据称罗斯福总统曾试图用谢尔曼反托拉斯法追逐摩根和他的朋友们，以打破他们在工业上的垄断。然而事实上，罗斯福很少干涉由银行家和他们的代理人所发展的美国工业的垄断。

例如，据称罗斯福打破了标准石油公司的垄断，可其实根本不是那么回事。它只是被分成了七个公司，并仍然全部由获得了克利夫兰国家城市银行投资的洛克菲勒家族控制。公众意识到了这一点，要多亏政治漫画家托马斯·纳斯特，他把这些银行家称做是"金钱信托"。

到1907年，即泰迪·罗斯福二次选举后一年，摩根决定是再次建立中央银行的时候了。于是他和他的同伙利用其合并财务的强大能量，使股票市场大幅下跌。

数以千计的小银行负债累累，一些摩根的主要竞争对手倒下了。由于比例制银行业务保存技术，一些银行只有不到1%的储备。

短短几天之内，在全国各地都发生了银行挤兑。

他的计划成功了。不久，公众对货币总体又恢复了信心，不再把钱存在银行里。但在此期间，许多小银行倒闭，银行业的权力进一步落到了几家大银行手里。到1908年，这次恐慌已经过去，摩根因此被普林斯顿大学的校长誉为英雄。

自从1863年国家银行法通过建立一个卡特尔式的国家银行后，它已经能够调节一系列的兴盛和衰落。国家银行建立的目的不光是要拿人民的财产开刀，也为后来宣称分散的银行体系是不稳定的、需要建立一个中央银行来进行集中控制做了铺垫，而中央银行以前已被杰克逊废除了。

到底是私有还是国有这个严峻的经济问题被小心地回避了，就如同比例制银行业务骗局引发的兴盛和衰落一样。

第四章 美国总统与国际银行家的百年大战

导读：政治与经济的分权独立如同一个患上精神分裂症的病人，免不了要生出许多事端。围绕货币发行权的明争暗斗让美国银行业充满了血腥之气。而射中数位美国前总统的邪恶子弹也让美国公民引以为荣的民主政治蒙受着晦暗的阴影。

刺杀林肯总统的图谋

1865年4月14日，在枪林弹雨中度过四年残酷内战的林肯总统，终于迎来了南军将领罗伯特·李将军向北方格兰特将军投降的胜利消息，总统心情十分高兴，兴致勃勃地来到华盛顿的福特剧院看表演。晚上10点15分，凶手潜入没有守卫的总统包厢，在距离林肯不到两英尺的后方，用一把大口径手枪向总统的头部开枪，林肯中弹后鲜血淋漓地倒向前方。凌晨，林肯总统永别人间。

凶手叫布斯，是一个颇有名气的演员。他在刺杀林肯之后仓皇出逃，凶手在逃亡途中被击毙。在凶手的马车里，发现了很多用密码写成的信件和一些犹大·本杰明的私人物品，这个犹大是当时南方政府的战争部长和后来的国务卿，也是南方金融方面的实权要领，因为他和欧洲的大银行家们交往甚密。后来他逃到了英国。刺杀林肯事件被广泛认为是一个大的阴谋。参与阴谋的可能有林肯的内阁成员、纽约和费城的银行家、南方的政府高官、纽约的报纸出版商和北方的激进分子。

当时许多人认为，布斯没有被杀死，而是被放走了，后来埋葬的尸体是他同谋的。而战争部长埃德温·斯坦顿掩盖了事实真相。听起来，这又是一个荒谬的阴谋。然而，当战争部长的大量秘密文件到20世纪30年代中期被解密后，历史学家惊讶地发现，真相凶手竟和民间传说一致。

第一位深入研究这些惊人史料的是历史学家奥托·爱森斯默，他发表的《为什么林肯被刺杀？》震动了当时的史学界。后来，西奥多·罗斯科出版了影响更为广泛的研究结果，他说：

19世纪大量有关刺杀林肯事件的历史研究，对福特剧院的悲剧描述更像是在演示一部大型歌剧……只有极少数人将其作为一个谋杀事件来看待：林肯死于一个鲁莽的罪犯手中……罪犯得到了经典的法律惩罚；阴谋论被扼杀了；美德最终获得了胜利，林肯也"属于过去"了。

然而，刺杀事件的解释既不能使人满意又难以令人信服。

凶手的孙女伊左拉在她的回忆录《这个疯狂的行动》中写到，她发现"金色圆圈骑士"的秘密记录被政府收藏在一个文件库里，并被战争部长埃德温·斯坦顿列为机密材料。林肯遇刺后，所有人都不允许接触这些文件。鉴于伊左拉与布斯的血缘关系和她作为专业作家的身份，她最终成为第一个获准查阅这些材料的学者。她在书中写道：

这些神秘的旧文件包，被隐藏在存放"阴谋审判"的遗迹和展览的房间角落的一个保险箱里。假如不是五年前，我偶然跪在（那个房间的）地上翻阅资料时看到了保险箱的一侧，我将永远不会发现它们（秘密文件）。

这里（的文件）与我祖父有关。我知道他曾是一个秘密组织的成员，这个组织就是由比克利建立的"金色圆圈骑士"。

我有一张他（祖父）的照片，是和他们一起照的，他们全都穿着全套的制服，这张照片是从我祖母的《圣经》中发现的……我还记得祖母曾说过她的丈夫（布斯）是"别人的工具"。

"金色圆圈骑士"和纽约的金融势力到底有怎样的关系？林肯政府内部到底有多少人卷入了刺杀林肯的阴谋？对林肯遇刺的研究为何长期系统性地偏离正确方向？林肯的遇刺和一百年后的肯尼迪遇刺颇为相似，同样都是大规模的组织协调，全方位的证据封杀，系统性的调查误导，真相始终隐藏在历史之迷。

北美殖民地第一场货币战争

18世纪中期，大英帝国在全世界的权力已经达到了顶峰。自其私人拥有的中央银行——英格兰银行诞生以来，它与欧洲其他国家进行了四场战争。这些战争耗资巨大。为了给这些战争筹资，英国议会向英格兰银行举借了巨额债务，而不是发行自己的免债货币。

政府的债务在18世纪中期时达到了一亿四千万英镑，这在当时来说简直是个天文数字。结果，英国政府开始增加其在美国殖民地的税收以偿还银行的利息。

然而美国又是另一回事。私人中央银行还未在美国站稳脚跟，虽然在1694年以后英格兰银行就将其触角伸到了美国殖民地。

1690年，马萨诸塞湾殖民地首次在美国发行了自己的纸币。接着南卡罗来纳以及其他殖民地纷纷效仿。18世纪中期，革命前夕的美国依旧相对贫穷。用于货物贸易的贵金属货币极其溃乏，所以，早期的殖民者越来越多地被迫试着发行自己的纸币。这些尝试中有些是成功的，烟草就曾在一些殖民地成功地作为货币被使用。

1729年，每个殖民地的总督都被要求缩减殖民地货币的发行量，然而这并没有取得显著成效。1742年，英国纸币回收条例要求必须使用黄金来偿还贷款、支付赋税。这导致了殖民地经济的衰退———抵押的财产被富人们只花其实际价值的1/10的钱就占有了。

本杰明·富兰克林是殖民地印制自己货币的坚定支持者。1757年，富兰克林被派往伦敦争取殖民地发行纸币的权利。而后他在那里呆了18年，几乎直到美国独立战争前夕。在这期间，更多的美国殖民地不理会英国议会的禁令，开始印发自己的纸币。

这些努力无疑是成功的，被称为殖民地货币的纸币被寄予了厚望。它为交易提供了可靠的保证，另外还有助于培养殖民地之间团结的气氛。要清楚，大多数殖民地货币都只不过是为公共利益印制的没有债务基础的纸币，它们的价值并没有以黄金或白银作为支撑。

英格兰银行的官员问富兰克林如何看殖民地新一轮的繁荣，富兰克林毫不犹豫地答到："这并不复杂，我们在殖民地发行自己的货币，名为殖民地货币，并且按照贸易和工业所需的正确比例发行货币，以便使产品能够在生产者和消费者间便利地周转。通过为我们自己创造货币这种方式，我们能控制其购买力，而且我们不需向任何人支付利息。"

这对于富兰克林而言只不过是常识而已，然而你可以想象它在英格兰银行引起的反响。美国人创造了一种秘密的货币，这个怪物必须马上重新封印到瓶子里。

结果，议会很快通过了1764年货币法案。这项法案要求所有的殖民地官员禁止发行自己的货币，并且要求他们以后用黄金或白银来支付税赋。也就是说，它迫使殖民地采取金银本位制，这导致了第一次美国银行战争。这场战争自美国发布独立宣言时开始，直到1783年签署《巴黎合约》结束，最终以银行家的失败而告终。

对那些认为金本位制是解决美国货币问题答案的人，看看在 1784 年货币法案通过后美国发生了些什么。富兰克林在他的自传中写到："在一年之内，情况发生了截然不同的变化。繁荣的时代结束了，取而代之的是衰退。殖民地的大街上挤满了失业者。"

富兰克林认为这是美国独立战争爆发的根本原因，他写到："殖民地的人们宁愿支付对茶叶或是其他货物的税收，也不愿英国人拿走他们的货币，这带来了失业和不满。"

1774 年，英国议会通过的印花税法案要求对每一笔商业支付都必须以黄金缴纳印花税，这又一次给殖民地纸币带来了威胁。不到两周后，马萨诸塞安全委员会通过了发行更多殖民地货币的决议，并承认其他的殖民地货币。

在 1775 年 6 月 10 日和 22 日，殖民地议会决心以"殖民地联合"的名义发行上百万的纸币。它一点也不理会英格兰银行和议会的脸色，反对接受对殖民地人民不公平的货币体系。

历史学家亚历山大写到："因此，被历史学家所忽略或歧视，认为是不起眼的金融政策工具的信用货币（即纸币）实际上是独立的标志，更进一步说，他们本身就是独立。"

1775 年 4 月 19 日，在被英国的税赋压榨了金银货币的马萨诸塞的莱克星顿打响独立战争的第一枪。大陆政府毫无选择，只能通过发行自己的纸币来为战争融资。

在独立战争开始时，美国（殖民地）的货币发行量维持在 1200 万美元，到战争结束时已经达到了近乎疯狂的 5000 万美元。其中，部分是由于英国大量制造伪钞。结果这种纸币事实上变得一钱不值，一双鞋子就要花 5000 美元。乔治·华盛顿叹息说："一马车的纸币很难买回一马车的货物。"

早些时候的殖民地货币运行良好是因为只印制了刚好足够用于贸易交换的量，并且几乎没有伪钞出现。如今，那些支持金本位制的人用独立战争时期的这段历史来论证法币的罪恶。然而要清楚，这种货币在二十年前的和平时期运转良好，所以才被英国议会宣布为非法。而在独立战争时，英国故意通过在英国境内大量伪造纸币并把它们运送到美国殖民地来破坏它。

货币战役最激烈的北美银行到美国第一银行

在美国独立战争就要结束时,北美大陆的革命者当时面临着较为严重的财政困境。大陆委员会在费城的独立厅进行了紧急会晤之后,于1781年准许当时的财务负责人罗伯特·莫里斯开办了一家私有的中央银行,以帮助北美走出财政困境。这个新的银行就叫做"北美银行",它是按照英格兰银行的模式来建立的,是北美大陆上银行家的初次尝试。

由于处于战时阶段,这家名为"北美银行"的银行被北美大陆委员会允许实行部分准备金制,即提供贷款,然后收取利息。看得出来,这是一种特许。如果我们这样做,我们就会因诈骗的重罪而被起诉。在那时只有少数人明白这些,因为这些当然会尽可能地向公众和政客们隐瞒,而且,银行被赋予了发行银行券的垄断权。

银行的规章要求私人投资者提供40万的财产为最初资本。但是当莫里斯不能提供这些钱时,他厚着脸皮,运用他的政治影响力拥有了法国借给美国的储存于银行里的黄金。很快危险的事情就发生了。幸好在1785年,由于美元的价值不断地下降,银行规章没有更新,才有效地结束了银行的威胁。

成功阻止银行的领袖是一位来自宾夕法尼亚州的爱国人士——威廉·芬利。他这样解释这个问题:"银行没有原则,只有贪婪。他们的目的只有占有国家所有的财富、权利和势力。财阀统治一旦建立,就会腐蚀立法来使法律以他们喜欢的方式建立,而且腐蚀公正的政府,以使其偏向富人。"

但是操纵北美银行的亚历山大·汉密尔顿、罗伯特·莫里斯及其主席托马斯·韦林并没有认输。短短六年后,财政部部长汉密尔顿及他的导师莫里斯使新的国会通过了建立新的私有中央银行的建议。

这个银行被称做美国第一银行,托马斯·韦林再次当选其主席。除了银行的名字外,一切都没变。

1787年殖民地的领袖们齐聚费城来起草一个代替联邦条款的宪法。托马斯·杰弗逊自然反对建立私有的中央银行。他看到了英格兰银行所带来的种种问题,他不想重蹈覆辙。正如杰弗逊所说:"如果美国人民允许私有的银行来控制他们的货币发行权，通过通货膨胀和通货紧缩，那些银行和与银行联系紧密的公司将会夺走人民所有的财产，直到他们的孩子在他们父辈所在政府的大陆上醒来后无家可归。"

在有关将来的货币体系的争论中，另外一位创立者——莫里斯州长向制定宪法起草案的委员会施压。莫里斯对于银行家们十分了解。

莫里斯州长和他以前的上司罗伯特·莫里斯和亚历山大·汉密尔顿都是在革命的晚期向大陆委员会提出北美银行原始计划的人。1782年7月2日，他写给詹姆斯·麦迪逊的一封信中透露了银行家的实际进展情况：富人将会努力建立他们的统治和对其他人的奴役。他们总是这样做。如果我们不把他们控制在适当的范围内，他们将会拥有在别处一样的效果。

虽然莫里斯州长背叛了银行家们，但是汉密尔顿、罗伯特巴莫里斯、托马斯·韦林和那些欧洲银行家们都没有放弃。

他们说服大部分宪法大会的代表不去授予国会发行纸币的权利。大部分的代表仍对革命时疯狂的通货膨胀心有余悸。

许多人相信第十修正案，因为它将宪法没有赋予联邦政府的权力为政府保留了下来。宪法并没有赋予政府发行纸币的权力，所以政府如果这样做的话就违反了宪法。宪法在这点上保持沉默，但是宪法却专门禁止各个州发行银行存款票据（纸币）。

大部分宪法制定者用宪法的这种缄默来防止新的联邦政府拥有创造货币的权力。确实，8月16日的会刊是这样说的。

但是汉密尔顿和他的银行家朋友们把这种缄默看美国将政府排除出货币创造以独自垄断的一个机会，所以银行家及反银行的代表们带着相反的目的都支持将政府的货币制造权从宪法中独立出来。

当然，纸币本身并不是主要问题，部分准备借款才是更大的问题，因为它使任何由纸币过度发行所引起的通货膨胀放大了数倍。但是这点并没有被很多人所理解。

在他们看来禁止纸币是一个很好的结果。禁止所有的纸币会严格地限制部分准备银行制度，因为支票使用的限度很小，而且也可以禁止。

就像已经发生的那样，联邦及州政府被广泛地认为不能创造纸币，而私有银行并不这样。争论的焦点是这个没有被明确禁止的权利应该属于人民。

相反的论点是银行法人是一个州的工具或代理人，州政府将他们组织了起来，因此，应向州政府一样被禁止发行银行存款券。银行家们并不在乎这些话，他们继续发行基于部分存款准备金制的纸制银行券。而且这些论点在美国最高法院宣布联邦政府可以授权银行（如美国第一银行）发行纸币后就失去了力量。

最后，只有州被禁止发行纸币，联邦政府、私有银行及市政当局都具有发行纸币的权利。

另外一个经常使人误解的错误是认为联邦政府有发行硬币和规定其价值的权力。实际上货币的价值与其质量或材质毫无关系，与之相关的是数量，亦即货币的发行量。发行数量的多少决定了其价值的大小，但国会从来没有通过关于发行货币总量方面的法案。

对总货币发行量的法律规定，能够算出每一美元的价值。对货币供给增长率的约束能够决定其未来的价值。国会也从来没有做过这样的约束，尽管国会有权这么做。这样，只有联储和美国10000家以上的银行创造着货币供给量。

在1790年，也就是宪法被签署不过三年，北美大陆上的银行家们又开始活动了。财政部第一任部长亚历山大·汉密尔顿向国会提出了一份新的私有中央银行的法案。碰巧的是这正是梅耶·罗斯柴尔德在法兰克福作出声明的一年，该声明是："如果让我控制货币的发行，那么我就不在乎这个国家的法律是由谁来制定。"

事实上亚历山大·汉密尔顿只是国际银行家手中的工具。他筹划建立另一家私有的中央银行——美国银行。他试图说服华盛顿签署了这个法案，虽然遭到华盛顿和杰弗逊及麦迪逊极力地反对。为了说服华盛顿，汉密尔顿在国会发展了隐藏的力量。

有趣的是，汉密尔顿在1782年从法律学校毕业后的第一份工作就是担任莫里斯的助手。莫里斯当时是北美银行的主席。而在那年前，汉密尔顿曾给莫里斯写过一封信："一个国家的贷款如果没有超过限度的话对我们来说就是一种祝福。"

经过一年的紧张辩论之后，1791年，国会通过了汉密尔顿的银行法案，并给其20年的授权。新的银行取名为"美国第一银行"。又一次美国银行战争由此拉开序幕。

美国第一银行的总部设在费城。银行被授予了基于部分准备金制度的发行货币及放贷的权利。而它80%的股份由私人拥有。另外的20%由政府持有，但是这样做的原因并不是给政府决策的权利，而是为另外80%的股东提供原始资本。

正像北美银行和更早的英格兰银行一样，股东们不必付齐他们所占的股份。美国政府付了200万的现金，然后银行就通过魔术般的部分准备金制度开始向其授权的投资者放贷，这样他们就能凑齐剩余的800万资本，然后开始他们无风险的投资。

就像英格兰银行一样，故意用美国银行作为其名称是为了掩盖它被私人控制的事实，并且，投资者的名字也是从来不会被公布出来的。

这个银行是被作为稳定银行及消除通胀的方法来提交给国会的。但是发生了什么呢？在头五年中，美国政府向美国银行借了8200万，在这期间，价格上升了72%。

从深层次来看，罗斯柴尔德长期以来拥有改变美国金融法的强大影响力。法律记录说明他们是古老的美国银行的力量。

杰弗逊作为新州长，只能悲伤地看着政府向银行借钱，却无法阻止。亚当斯总统谴责私有银行券的发行是对公众的欺骗。他的观点被当时持保守意见的人所支持。

很多美国人今天有着同样的想法。他们看上去很无助，因为联邦政府借了纳税人的钱却什么都没留下；从私有银行和富人那里借钱却给了他们发行货币的权利。

事实上美国第一银行虽然是私有银行，但它已不是在这个国家建立私有银行的第一次尝试。在头两次尝试——英格兰银行和北美银行中，政府向私有银行提供业务运行的资金，然后银行家们又互相向对方借款去买下银行剩余股份。

1812年战死第一银行

1811年，一份要求续签美国银行营业执照的法案被递交到了国会。争论变得白热化，宾夕法尼亚州和维吉尼亚州的立法机关都通过了要求国会终止续签的决议。

当天的新闻媒体公开攻击银行，称它是一个大诈骗犯、贪婪的秃鹰、阴险的毒蛇。美国的新闻媒体又一次显示了其独立性！一名叫P·B·波特的议员在国会中抨击银行时警告说："一旦国会续签了美国银行的营业执照，将在国家的心脏放置一条毒蛇，终有一天它会严重损害这个国家的自由体制。"由于对美国银行得到续签的前景并不看好，有些作者认为内森·罗斯柴尔德警告过了美国，如果银行的执照不能得到续签，美国将会卷入到一场灾难性的战争中。

但这还没有完。局势逐渐明朗，续签法案在众议院中以一票之差被否决，在参议院中也没有过关。当时是美国第四任总统詹姆士·麦迪逊主政白宫。麦迪逊是银行的坚定反对者，他的副总统乔治·克林顿打破了参议院中的均势，将美国的第二家私人拥有的中央银行送上了历史的绞刑架。最终，持续了二十年的第三次美国银行战争以银行家的失败而告终。

在五个月内，正如罗斯柴尔德所断言的那样，英格兰进攻了美国，1812年战争开始了。但是由于英国与拿破仑的战争仍在僵持中，1812年开始的战争在1814年便结束了。值得注意的是，在这场战争中，财政部发行了一些无息的政府纸币作为战争筹集资金。但直到美国内战前再未发行过。

虽然银行家暂时处于下风，但他们远未被击垮。仅仅过了两年，他们就建立了更大更强有力的第四私人中央银行。

杰克逊废除第二银行

1816年，仅仅在滑铁卢战争结束，罗斯柴尔德家族联盟控制了英格兰银行一年后，美国国会通过了一项法案，允许成立另一家私人拥有的中央银行——第四次美国银行战争开始了。

这家银行被称为美国第二银行，美国政府拥有银行20%的股份。当然，联邦政府的股份由财政部首先出资，并放到了银行的保险箱里。然后，通过神奇的部分准备金贷款，这部分资金转变成了对私人投资者的贷款，随后又被用来购买第一二银行剩余的80%的股份。

和以前一样，主要的持股人都是秘而不宣的。但据说最大的单个持有者的股份高达所有股权的1/3左右——来自一个国外股东。一位观察家这样描述：显然，毫不夸张地说，第二银行与其说是美国的银行，倒不如说它的根更深地扎在英国。

到1816年，一些作家断言罗斯柴尔德家族及其通过联姻缔结起来的联盟在控制了英格兰银行后，也开始投资于新的美国私人中央银行。同时，随着拿破仑的战败，他们也开始掌控法国银行。

在美国第二银行操控货币将近十年后，美国民众的忍耐再次达到极限。银行的反对者们提名一位著名的田纳西州参议员安德鲁·杰克逊——新奥尔良战争的英雄竞选总统。

杰克逊把自己的家称为修道院，但早已学会了怎样用金钱来控制政治的银行家们，从一开始就没有人给杰克逊任何机会。然而让银行家们意外和惊慌的是，杰克逊在1828年竞赢得大选，入主白宫。

杰克逊决心一有机会就废掉银行，并立即着手开始筹备。但第二银行

20 年的营业执照到 1836 年才到期，也就是他第二个任期的最后一年，如果他能够活得那么久的话。在他的第一个任期内，杰克逊将许多银行的代理人清除出了政府机关。他解雇了联邦政府 11000 名雇员中的 2000 人。

1832 年，随着他第二次当选临近，银行家们先发制人并希望杰克逊不会从中作梗。他们要求国会提前四年通过银行营业执照的续签法案。国会通过了这一法案并将它递交给总统签署。但杰克逊毫不理会，他毫不犹豫地否决了该法案。而这一否决通知书也是美国最重要的档案之一。它清楚地表明了美国政府对其公民的责任。

安德鲁·杰克逊说："不止是只有美国的公民才享受到美国政府的慷慨，超过 800 万美国银行的股份是外国人持有的。这使得人们很容易相信我们的国家和制度中的那些巨大的缺陷是由于权利都集中在一群不负责任的人手里所造成的。一家在本质上与我们的国家没有多大联系的银行真的对我们的自由和独立不会造成任何危险吗？它控制我们的货币发行，接受公民储蓄并且让我们的国民必须依赖它，这将比面对一大全副武装的军队还要危险可怕。"

遗憾的是富人和有权势的人常常使政府的法律向他们自己的私利倾斜。如果政府对每个公民都给予平等的保护，就像上天对大地遍洒甘露一样，无论地域贫富，这绝对是一项巨大的功德。然而那份法案却严重背离了这些公正的原则，许多富人不满足于均权和均富，而是要求总统通过国会的法案使他们变得更加富有。如果由于在迂腐的立法体系中利益评判的偏颇，使得政府不能立即做它该做的事情，至少政府可以与新的垄断和特权作斗争，以阻止政府在牺牲大多数人利益的情况下来换取少数人的利益。这也有利于国家司法制度和政治经济体系的一个折中的渐进式改革进程。

杰克逊说："我现在履行了我对这个国家的职责，如果能得到我的国民的支持，我将非常得感激和高兴。如果不能，我也会找到让我继续寻找和平和美好的动力。我们所面临的困难以及我们的制度所面临的威胁都不应该使我们沮丧惊慌，让我们紧紧地依靠在仁慈的上帝周围以获得解脱和安慰，我坚信他以无上的智慧庇佑着我们的国民。有他的恩惠，还有我的国民们对这个国家的热爱，我们的自由和制度一定会胜利。"

杰克逊还宣称："如果国会有权发行纸币，这项权利应当只能由国会自己持有，而不应该被移交给其他任何个人或公司。"

1832 年 7 月，国会没能驳回杰克逊的否决。现在，杰克逊必须竞选连任，他将这些问题直接交给人民去决定。在美国历史上，首次有候选人在街道上开展竞选活动。在此之前的总统候选人都是呆在家里，看起来就像他们已经是总统了一样。杰克逊的竞选口号是：有银行就没有杰克逊，有杰克逊就没有银行！

难以置信的是（除非是那些了解是谁在向大学和研究基金捐款的人），一些现代的历史学家完全忽略了这场杰克逊和银行之间的战争。而如果不了解这件事情，他的总统任期将变得毫无意义。

共和党推选参议员亨利·克莱作为杰克逊的竞选对手，尽管银行家们在克莱的竞选活动中投入了300多万美元——这在当时是一个天文数字，但杰克逊仍然在1832年再次当选美国总统。

虽然杰克逊在总统竞选中取得了胜利，但他心里也知道战争才刚刚开始。这位刚连任的总统说："腐败的毒瘤才仅仅被划破，却仍未被根除。"

杰克逊命令他的新财政部长路易斯·麦克雷将政府的存款从美国第二银行里转移出来，存到各州银行中。但麦克雷拒绝这样做，于是杰克逊解雇了他，并任命威廉·J·道恩为新的财政部长。道恩也拒绝执行总统的要求，杰克逊再次解雇了道恩，随后任命罗杰·B·特尼就任这一职位。特尼很乐意地遵循了杰克逊的要求，从1833年10月1日开始取出政府存在美国第二银行的资金。杰克逊说："我终于将它锁住了，我已经准备好将它连根拔起。"但是，银行在这场战斗中还远未被打倒。

对于杰克逊来说，他对"有钱贵族"的核心和灵魂——第二银行及其总裁尼古拉斯·比德尔仍然心存恐惧。比德尔和杰克逊完全不是一路人。前者出身高贵，受过高等教育，四处游历，深谙财政之道。学法律出身的比德尔在欧洲待了三年，那段日子，他给詹姆斯·门罗当秘书。当时门罗担任美国驻英国的大使。比德尔和一个富有的继承人简·克雷格结婚后，离开法律界成为费城一家文学杂志的编辑。很快他就在费城北边特拉华河岸边的安达卢西亚建造了一幢国内一流的房子，直到今天整个家族还居住在那里。

1819年门罗总统任命比德尔担任第二银行的董事会董事，1823年比德尔成为该银行的总裁。第二银行在第一任总裁威廉·琼斯时期并不顺利。琼斯曾参与第二银行股票的投机活动，并暗中进行一些其他的暗箱操作。后来在国会的一次调查之后琼斯就辞职不干了。兰登·切夫斯接任总裁，收拾琼斯留下的烂摊子。不幸的是，这次调整引发了1819年的大恐慌，接着商业活动还出现了短期的疲软。

当杰克逊终于入主白宫后，对银行尤其是那些实力雄厚的大银行的厌恶之情马上就反映在他作为总统向国会递交的首份报告中。当时距离第二银行的特许状到期还有整整七年的时间，他就在这份报告中早早地提出要停止续发特许状的目标。1832年，当杰克逊再次参加总统竞选的时候，他要毁掉第二银行的意图已经非常明显。

比德尔奋力保护第二银行。许多国会议员和银行都有着良好的关系（他们中的很多人都是优惠贷款的受益人，当时这不属于腐败，而是很平常的事情）。比德尔向他们施压要求在国会1832年夏天休会之前通过法令给第二银行续签15年的特许状。他希望杰克逊不要把这件事牵扯到自己的竞选活动中去。

尼古拉斯·比德尔试图运用他的影响力使国会驳回对道恩的任命。比德尔威胁说如果美国银行的营业执照不能再次得到续签，将会带来一场席卷全国的经济衰退。他宣战说："这位杰出的总统如果认为他剥下了印第安人的头皮，并把圣经束之高阁，下一步他就能拿银行下手了，那他就犯了不可弥补的错误。"

后来，比德尔承认银行将紧缩银根以迫使国会恢复中央银行，他的话对于一个中央银行家来说是难以置信的坦率："只有大众的苦难才能迫使国会让步……我们唯一的保险做法就是稳步地控制货币供应，我毫不怀疑这一路线最终会使得资金被重新存到中央银行，并使它的营业执照得到续签。"

比德尔想利用银行拥有的货币收缩能力引致一场大范围的衰退直到美国屈服。不幸的是，虽然银行家们不会再犯像比德尔那样的错误，但这种情况在美国历史上仍然一次又一次地发生。也许，在今天它同样可能。

尼古拉斯·比德尔展开了他的威胁，银行通过回收旧的贷款并拒绝发放新的贷款急剧地收缩了货币供应，紧接着引发了金融恐慌，并带来了经济的萧条。毫无疑问，比德尔将这场危机归咎于杰克逊总统，说这是由于联邦资金从中央银行撤走而造成的。最终，他的阴谋得逞了。工资和物价双双下跌，失业率随着企业的破产而剧增，整个国家很快陷入骚动。

各大报纸在社论中大肆批评杰克逊。然而，杰克逊仍然是总统。银行家们威胁不再向国会议员们支付工资，由于一些重要政客的支持，这在当时是可以直接合法实现的。仅仅在一个月内，国会就召开了所谓的"恐慌会议"。

在杰克逊将资金从中央银行取出6个月后，参议院以26票对10票通过了对他的谴责决议。这是历史上首次有总统被国会谴责。但这更激起了杰克逊的愤怒，他猛烈地抨击银行："你们是一群毒蛇，我一定会将你们驱赶出去，以上帝的名义起誓，我一定会将你们驱赶出去。"

此时美国的命运处在悬崖边上。如果国会征集了足够的票数推翻杰克逊的否决案，银行将被授予另外20年或者更长时间的对美国货币的垄断控制。

是时候巩固它已经拥有的巨大权利了！比德尔开始谋划新的阴谋。

然而一件不可思议的事情发生了。第二美国中央银行总部所在地宾夕法尼亚州的州长站出来支持总统并强烈地谴责银行。此外，比德尔公开吹嘘银行要摧毁经济的话被曝光，形势迅速得到扭转。

1834 年 4 月，众议院以 134 票对 82 票驳回了续签银行营业执照的法案。紧接着国会以更具压倒性的比率投票通过建立一个专门委员会的提议，以此专门委员会调查这场危机是否是银行一手策划的。

当调查委员会手持传票来到费城银行的门口要求查看账目时，比德尔拒绝交出账目。他也不允许检查他和一些国会议员们关于他们的私人贷款和利益的信件。比德尔同样傲慢地拒绝在委员会回到华盛顿以前作证。

1835 年 1 月 8 日，在就职 11 年以后，杰克逊还清了最后一部分国债。而这是允许银行通过发行货币而不是简单地发行国库券来购买政府债券的必要条件。他是美国历史上唯一一个还清了国债的总统。

几周之后，1835 年 1 月 30 日，一名叫理查德·劳伦斯的暗杀者试图刺杀杰克逊总统，但两支手枪都走火了，劳伦斯后来以精神病的理由被判决无罪。在获释以后，他在朋友面前放言，是欧洲某个有势力的人交给他这个任务并承诺在他被抓后保释他。

尽管第二银行对贷款的收回导致经济的发展在 1834 年出现短暂的回落，但在 19 世纪 30 年代早期，南方棉花价格高涨，北方制造业飞速发展，运输体系不断完善，这三方面推动着国内生产总值不断攀升，各地均呈现繁荣景象。国内银行的数量从 1829 年的 329 家增长到 1837 年的 788 家。繁荣为投机分子提供了机会。华尔街的股票交易额涨幅之高使得"华尔街"一词成为美国金融领域的代名词。

西部的投机活动最为猖獗，那里关注的焦点是土地而不是证券。那些无意定居的人一边从联邦政府手中购置大片土地，一边从当地银行借到更大数额的银行券支付给联邦政府。联邦政府的土地销售是由其下设的土地管理局负责，1832 年土地销售总额已达 250 万美元，1836 年达到 2500 万美元，同年初夏的一个月内销售总额就有 500 万美元。美国俚语中的"做土地管理局的生意"（todoaland—officebusinere）就源于这股联邦政府土地购买热潮。事情发展的态势吓坏了杰克逊，他可能从未意识到自己的政策已在多大程度上助长了他最为痛恨的东西：投机和纸币。

其实杰克逊对形势一清二楚，他后来写道："公共土地的所有证只不过是银行信用的凭据。""银行向投机者兜售银行券，收票人支付之后，银行马上收回票据再次卖出，在这个过程中银行券不过是最有价值的公共土地转移到投机者手中的凭据。实际上，每一轮投机活动的结束都意味着新一轮的开始。"

杰克逊决心用自己典型的方式处理这件事。1836年他向内阁建议：想要购买土地的人只能以金币或银币——即铸币的形式向土地管理局缴纳土地款，那些真正有意在当地定居，一次性买下320英亩土地，并能在同年12月15日之前用钞票付清土地款的买家例外。内阁的许多成员都已经深深地卷入这场投机活动当中，所以总统的提议遭到了坚决抵制，很多与投机活动有着千丝万缕联系的国会议员当然也不会同意。

杰克逊只好等到国会休会后的7月11日，将所谓的《铸币流通令》作为一个行政命令签署生效。这个法令的出台在遏制西部土地的投机活动的同时，也带动了当地硬币需求量的增长。东部银行金银储量逐渐耗尽，银行开始动用以前的储备。很快，许多西部银行就捉襟见肘了。由于有杰克逊财政方案的另一组成部分，"宠儿银行"的情况更是糟糕。

国债全部偿清后，联邦政府有了大量财政盈余（1834～1836年间政府收益增长了150%，一部分原因是不断升温的土地销售），如何利用这笔收益成为亟待解决的问题。杰克逊总统说服国会从1837年1月1日起把这些盈余分给各州使用。政府存款纷纷撤走，"宠儿银行"开始收回贷款。

1836年，第四美国银行在营业执照到期后终止了中央银行的功能。比德尔随后被逮捕并被指控犯有欺诈罪。他在审问后被宣判无罪，但此后不久就死了，此时他还背负着数宗民事诉讼。第四次美国银行战争以银行家的第四次失败而告终。

在结束第二任总统任期后，杰克逊到位于纳什维尔的一家修道院修养，但他仍然因其杀死银行的决心而被人们所熟知。事实上，他的工作完成得如此出色，以至于银行家们花了整整一个世纪（随着1935年联邦银行法案的通过）才恢复元气并达到相同的规模。在杰克逊后来的日子里，当被问到他最大的成就是什么时，这个战争英雄回答说："我杀死了银行！"

杰克逊还警告美国未来的后代们："如果美国人民被银行以这样或那样的存在形式所蒙蔽，那么它无所顾忌地控制政府并带来无尽的苦难就是美国人民面临的可以预见的命运。"

国际银行家炮制了"1857年恐慌"

1836年美国第二银行的关闭而导致国际银行家突然攻略，猛抽美国流通的金属货币，造成了美国连续五年的严重经济危机。尽管在1841年，国际银行家的代理人曾两次试图恢复私有中央银行体系，但以失败告终，双方陷入僵局，美国的货币紧缩状态直到1848年才慢慢得到缓解。

经济好转的原因不是国际银行家大发慈悲，而是在于1848年，美国加州发现了巨大的金矿——旧金山。

从1848年开始，持续九年美国的黄金供应量空前增长，仅加州就生产出价值5亿美元的金币。1851年澳大利亚也发现了大量金矿，世界范围内的黄金供应量由1851年的1.44亿先令猛增至1861年的3.76亿先令。而美国国内的金属货币流量从1840年的8300万美元猛增，至1860年的2.53亿美元。

美国和澳大利亚的黄金大发现打破了欧洲金融家绝对控制黄金供应量，而被扼住货币供应量的美国政府也得到了放松。大量优质货币的供应极大地增强了市场信心，银行又开始大规模扩张信贷，美国许多重要的工业、矿山、交通、机械等国家财富最重要的基础都是在黄金岁月里建立。

国际银行家金融遏制难以奏效，制定了新的对策。即金融上控制，政治上分化。

早在危机结束之前，就已经开始低廉地吸纳美国的优质资产，到1853年美国经济飙升，外国资本，尤其是英国资本已经拥有了美国联邦国债的46%，各州债券的58%，美国铁路债券的26%，从而促使美国经济的飞跃，中央银行制度一旦实施，美国经济就和欧洲其他国家一样被银行家们所控制。

国际银行家再次施展他们的技招，首先使劲发放信贷，让人民和其他行业拼命创造财富，突然猛杀信贷，使大量企业和人民破产，银行家们就成功套利。造成了"1857年恐慌"，出乎他们意料之外，此时的美国今非昔比，"1857年恐慌"并没有重创美国经济，仅一年经济回升。

国际银行家们看到美国的实力强大、金融发展难以操控时，挑动内战、分裂美国就成了国际银行家的主要日程。

林肯创立了货币新政

林肯心里想没有钱就难以战争，而向国际银行家借钱就是自投罗网。林肯苦思冥想解决方案。此时，芝加哥的老友迪克·泰勒给他出了一个主意——政府自己发行货币！

于是，林肯想方设法"让国会通过一个法案，授权财政部印发具有完全法律效力的货币，支付士兵工资，然后去赢得你的战争。"林肯询问美国人民是否接受这种新货币？迪克说："所有人无法选择这个问题，只要你使新货币具有完全的法律效力，政府赋予它们完全的支持，它们将会和真正的钱一样通用，因为宪法授予国会发行和设定货币价值的权力。"

听取这个建议后，马上让迪克筹划此事。而打破了政府必须向私人银行借钱并付高额利息的惯例。这种新货币使用绿色的图案以区别于其他的银行货币，史称"绿币"。这种新货币的特别之处在于它完全没有金银等货币金属做抵押，并在20年里提供5%的利息。

内战期间，新绿货币的发行，政府在战争初期严重缺乏货币的状况，极大和高效地调动了美国北方的各种资源，最后战胜南方奠定了坚实的经济基础。与此同时，由于这种低成本的货币依法成为北方银行的储备货币，北方的银行信贷得以大幅扩张，军事工业、铁路建设、农业生产和商业贸易都得到了空前的金融支持。

1848年以来的黄金大发现，使美国的金融逐渐摆脱了完全被欧洲银行家控制的极为不利的局面，也正是由于有大量的优质货币作为基础，林肯的新币才能够深入人心，为赢得南北战争的胜利奠定经济基础。感到意外，并且林肯发行的新币并没有造成类似独立战争时期的严重通货膨胀，从1861年内战爆发到1865年战争结束，整个北方的物价指数只温和地从100增长到216。考虑到战争的规模和破坏程度的严重，以及与世界上其他同等规模的战争相比，新货币创建了奇迹。相反，南方也采用了纸币流通方式，物价指数在同期从1000增长到2776。

在整个南北战争期间，林肯政府一共发行了4.5亿美元的新货币。新货币机制应用得很好，林肯总统非常认真地考虑要把无债的新货币的发行长期化和法制化。却刺痛了国际金融寡头的根本利益。若是所有政府都不用向银行借钱，而政府自己发行货币，银行家对货币发行的垄断将荡然无存，银行岂不是要关闭了吗？

代表英国银行家的《伦敦时报》立即发表声明：

一旦源于美国的这种令人厌恶的新财政政策（林肯绿币）得以永久化，政府就可以没有成本地发行自己的货币。它将能够偿还所有的债务并且不再欠债，它将获得所有必要的货币来发展商业，它将变成世界上前所未有的繁荣国家，世界上的优秀人才和所有的财富将涌向北美。这个国家必须被摧毁，否则它将摧毁世界上每一个君主制国家。

英国政府和纽约银行协会愤怒地表示要实施报复。1861年12月，他们宣布停止向林肯政府支付金属货币。纽约的一些银行还阻止了黄金储蓄者提取黄金，并宣布撤销用黄金购买政府债券的承诺。美国各地银行纷表示支持，他们跑到华盛顿向林肯总统提出，建议仍然采取过去的方法，把高利息的债券卖给欧洲银行家们；把美国政府的黄金存到私人银行作为信贷发放的储备，让银行家大发财；美国政府向工业部门和人民征税去支持战争。

林肯总统新货币拒绝了银行家们这个不合理要求。他的新货币政策深得民心，美国人民踊跃购买了全部债券，并根据法律把它们当做现金使用。

银行家们发现国会发行林肯新币的法案中并没有提到国债利息的支付是否使用黄金，便和国会议员达成了妥协，允许用林肯新币购买国债，但利息部分要用金币支付。这是阴谋的第一步，先把美国国内的林肯新币和黄金的价值挂钩，而作为当时拥有世界储备货币的英镑系统的欧洲银行家们，拥有黄金多于美国的黄金货币。美国银行家和国会的妥协，使国际金融势力利用对美国黄金进出口总量的控制，间接达到了操纵美国货币价值的效果。

林肯的俄国同盟者

1861年美国内战爆发前后，欧洲的君主们向美洲大量派兵准备分裂美国最危险的时刻，林肯马上想到了欧洲君主们的宿敌——俄国。林肯派出特使向沙皇亚历山大二世求救。当沙皇收到林肯的求救信后，他并没有即刻打开，而是在手上掂了掂，说："在我打开这封信或知道它的内容之前，我将事先同意它所提出的任何要求。"

沙皇准备军事介入美国内战有以下的原因：一是经济上的担忧，在亚历山大二世时期，横扫欧洲的国际金融势力已经叩响了克里姆林宫的大门。银行家们强烈要求比照欧洲"先进"金融国家的经验，成立私有的中央银行，沙皇早已看透了其中的秘密，毅然拒绝了这个要求。当看到岌岌可危的另一个反对国际金融势力的林肯陷入危险境地，亚历山大二世若不出手相助，恐怕下一个就轮到他自己；二是在美国南北战争爆发之前的1861年3月，亚历山大二世宣布了解放农奴的法律，在废除奴隶制方面，双方有些同仇敌忾。三是俄国刚在1856年结束的克里米亚战争中败于英法，亚历山大二世雪耻报仇之心未泯。

未经宣战，俄国的舰队在里维斯基将军的率领下，在1863年9月开进了纽约港。波波夫将军所统领的俄国太平洋舰队在10月12日到达旧金山。

造成了英国和法国犹豫不决，最后给林肯扭转局面赢得了有效地时间。

内战结束以后，为了支付俄国舰队总计720万美元的费用，美国政府化尽了脑汁。由于宪法没有授权总统支付外国政府的战争费用，当时的总统约翰逊与俄国达成了以购买俄国阿拉斯加的土地来支付战争费用的协议。这件事在历史上称为"西华德的蠢事"，西华德是当时的美国国务卿，人们强烈攻击他不应该花720万美元去买一文不值的荒凉野地。

因为同样的原因，亚历山大二世在1867年被行刺，但凶手没有成功。1881年3月1日，亚历山大二世最终还是被凶手杀死。

刺杀林肯的真正凶手

刺杀林肯总统的真凶，德国的铁血首相俾斯麦曾尖锋地指出：

林肯从国会那里得到授权，通过向人民出售国债来进行借债，这样政府和国家就从外国金融家的圈套中跳了出来。当他们国际金融家明白过来美国将逃出他们的掌握时，林肯的死期就不远了。

林肯在解放黑奴而统一了南方后，立刻宣布南方在战争中所负的债务全部一笔勾销。在战争中一直为南方提供巨额金融支持的国际银行家们损失惨重。为了报复林肯，更是为了颠覆林肯的货币新政，银行家们纠集了对林肯总统不满的各种势力，严密策划了刺杀行动。

林肯遇刺后，在国际金融势力的操纵下，国会宣布废除林肯的新币政策，冻结林肯新币的发行上限为不超过4亿美元。

1972年，美国财政部经过认真计算，林肯发行的4.5亿美元的新币，因为林肯发行美国政府自己的货币，一共为美国政府节省了40亿美元的利息。

美国的南北战争，从本质上看，是国际金融势力及其代理人与美国政府激烈争夺美国国家货币发行权和货币政策的利益大战。在南北战争前后的一百多年中，双方在美国中央银行系统的建立金融制高点上进行了殊死搏斗，前后共有七位美国总统被刺杀，多位国会议员丧命。直至1913年，美国联邦储备银行系统的成立，最后标志着国际银行家取得了决定性胜利。

总统令 11110 号是肯尼迪的死亡证书

对美国人而言，1963 年 11 月 22 日是一个不寻常的日子，肯尼迪总统在得克萨斯州的达拉斯市遇刺身亡。噩耗传来，整个美国都陷入了震惊和悲伤之中。

几十年以后，人们在说起这一时刻时，很多人都能清晰地记得当时自己在干什么。究竟是谁、为什么刺杀肯尼迪至今仍众说纷纭。美国官方的沃伦委员会的最终结论是一个名叫奥斯瓦德的凶手单独作案，然而此案的疑点实在太多，几十年来社会上流传着各种阴谋论。

最显著的疑点是凶手被警方抓获不到两天，就在众目睽睽之下被另一名犹太杀手近距离枪杀，上百万人在电视机旁看到了谋杀全过程，而该凶手的动机居然是"要向全世界的人展示犹太人的胆量"。

另一个巨大的疑点是到底几个人参与了谋杀肯尼迪。沃伦委员会的结论是奥斯瓦德在 5.6 秒的时间里连发三枪，其中一发子弹打飞，一发击中肯尼迪的颈部，另外一发致命的子弹命中肯尼迪头部。几乎没有人相信奥斯瓦德能在如此短的时间里精准射击三次，更离谱的是打中肯尼迪颈部的子弹是先击中了肯尼迪后，再射中坐在肯尼迪前方的得州州长的，而这样的概率几乎不可能，因此人们称之为一发"神奇的子弹"。更多的专家相信，不止一人从不同的方向朝肯尼迪开枪，而且不止三发子弹。

据后来护卫肯尼迪车驾的一名巡警回忆："当肯尼迪在机场忙着和欢迎的人群握手时，约翰逊（副总统）的秘密特勤走过来给我们做安全工作指示。最让我大吃一惊的是他们说总统在德利广场（刺杀现场）的行车路线临时做了修改。一旦保持原来的路线，杀手可能完全没有机会下手。他们还给我们下了一个闻所未闻的命令，通常情况下，我们四个摩托护警应该紧靠总统座车的四周，但是他们这次让我们全部退到车后，任何情况下不得超过总统座车的后轮。他们说这是为了让大家有一个'没有遮拦的视野'……我的另一位朋友（保护副总统约翰逊）看见他（约翰逊）在第一发子弹飞出前 30 或 40 秒时，开始在车里弯下身来，甚至在车队拐上休斯敦大街之前就这样做。或者他在车里的地毯上找什么东西，但是他看起来就好像预感到会有子弹飞过来一样。"

当第一夫人杰奎琳随着丈夫的遗体乘空军一号到达华盛顿机场时，她依旧穿着溅满肯尼迪鲜血的大衣，她坚持这样做就是为了"让他们看看自己犯下的罪恶"。此时的凶手奥斯瓦德仍被警方看押,杰奎琳所说的"他们"又是谁?杰奎琳在自己的遗嘱中说道,在她死后50周年(2044年5月19日),如果她最小的孩子已经去世,她授权肯尼迪图书馆公开一份500页的关于肯尼迪的文件。让她没有想到的是,她最小的儿子在1999年的一次飞机失事中丧了命。

肯尼迪的弟弟罗伯特,著名的民权运动推动者,在1968年当选民主党总统候选人之后,几乎可以肯定最终当选总统,然而就在他欢庆胜利的时候,又是在大庭广众之下被乱枪打死。

在肯尼迪被刺杀后的短短三年中,18名关键证人相继死亡,其中6人被枪杀,3人死于车祸,2人自杀,1人被割喉,1人被拧断了脖子,5人"自然"死亡。英国的一名数学家在1967年2月的《伦敦星期日时报》中声称:"这种巧合的概率为10万万亿分之一。1963~1993年,115名相关证人在各种离奇的事件中自杀或被谋杀。"

沃伦委员会让人生疑的还有封存所有文件、档案和证据长达75年,直到2039年才解密,这些文件涉及QA、FBI、总统特警保镖、NSA(国家安全局)、国务院、海军陆战队等机构。此外,FBI和其他政府机构还涉嫌销毁证据。

2003年,肯尼迪遇刺40周年,美国ABC广播公司做了一次调查,70%的美国人认为刺杀肯尼迪是一个更大规模的阴谋。

如此大规模的协调和组织,如此明显的证据和证人的封杀,都在说明肯尼迪遇刺事件其实已经不是一次秘密谋杀,而更像是公开处决,意在警告今后的美国总统们要搞明白谁才是这个国家的真正主宰。

然而问题是,肯尼迪家族也是国际银行家集团的"圈里人",其父约瑟夫·肯尼迪就是在1929年股票崩盘时大发其财,后来被罗斯福总统任命为首届美国证券交易委员会(SEC)主席,早在20世纪40年代就跻身亿万富豪的行列了。如果没有这样显赫的家境,肯尼迪也不可能成为美国历史上第一位信仰天主教的总统。那么肯尼迪何以得罪了整个统治精英阶层,以至于落得杀身之祸呢?

不可否认,肯尼迪是一位富有雄心和才干的人物,年纪轻轻的他一坐上总统的宝座,就碰上了古巴导弹危机这样的重大挑战,他的表现坚定沉稳,可圈可点,面对和苏联可能爆发核战争的巨大危险而毫不畏惧,最终逼退了赫鲁晓夫。肯尼迪还意气风发地推动了美国航天计划,最终使人类的足迹第一次踏上了月球,尽管他没能亲眼看到这一伟大的时刻,但他的神奇的感召力却伴随着整个计划。在推动民权运动方面,肯尼迪兄弟更是功勋卓著。1962年当第一名黑人大学生试图到密西西比大学注册时,引发

第四章 美国总统与国际银行家的百年大战 | 83

了当地白人的强烈反对，全美国的目光都聚焦在了民权运动的这个焦点上。肯尼迪毅然下令出动400名联邦执法人员和3000名国民警卫队队员护送这名黑人学生上学，此举震惊了美国社会，肯尼迪顿时深得人民爱戴。在他的号召下，美国青年踊跃参加和平队，志愿奔赴第三世界国家去帮助发展当地的教育、卫生和农业。

肯尼迪在主政的短短三年中，能有如此耀眼的政绩，的确堪称一代豪杰。这样雄才大略的抱负，如此果断坚毅的心志，再加上美国人民的热爱和世界各国的敬仰，肯尼迪岂是愿做"傀儡"的人物?!

当肯尼迪越来越强烈地想按照自己良好的意愿来运作这个国家时，他就必然与他背后的强大而无形的统治精英集团产生尖锐的冲突。当冲突的焦点涉及国际银行家最核心、最敏感的问题——货币发行权的时候，肯尼迪也许并不知道自己的大限已经到了。

1963年6月4日，肯尼迪签署了一份鲜为人知的11110号总统令，下令美国财政部"以财政部所拥有的任何形式的白银，包括银锭、银币和标准白银美元银币作为支撑，发行'白银券'"，并立刻进入货币流通。

肯尼迪的意图十分明显：从私有的中央银行——美联储手中夺回货币发行权！如果该计划最终得以实施，美国政府将逐步摆脱必须从美联储"借钱"并支付高昂利息的荒谬境地，并且以白银为支撑的货币不是"透支未来"的债务货币，而是基于人们已有劳动成果的"诚实货币"。"白银券"的流通将逐渐降低美联储发行的"美元"的流通度，很可能最终迫使美联储银行破产。

一旦失去控制货币发行的权力，国际银行家对美国这个最大的财富创造国将失去大部分影响力，这是关乎生死存亡的关键所在。

要搞清楚11110号总统令的由来和意义，我们必须从白银美元在美国的几起几落说起。

里根遇刺而粉碎了金本位的最后希望

虽然在世界范围内，金本位已经被全面废除，除了瑞士等极少数国家，黄金与纸币已经全然没有任何联系，但是最让国际银行家寝食难安的还是黄金的价格在整个70年代的持续上涨，防止金本位复辟乃国际银行家最高优先级的工作。

1975年1月1日，为了向世人展现黄金不过是一种普通金属，增加人们对纯纸币美元的信心，美国政府决定解除对美国人民实行了长达40年的黄金持有禁令。其他国家对黄金则采取重税的办法来减少人民对黄金的需求，有的甚至征收高达50%的黄金增值税。美国人在黄金消失了40年后，已经对黄金非常生疏了，再加上购买的烦琐与不便，黄金解禁并没有产生预想的紧张局面，国际银行家终于长吁了一口气。当后来的美联储主席保罗·沃尔克看到前中央银行家约翰·埃克斯特手中玩弄的金币时，不禁好奇地问道："约翰，你的金币是从哪里买的？"

欧内斯特·威尔克在《为什么要黄金》一书中，道出了国际银行家打压黄金的实质：

从1975年开始，美国在国际货币基金组织的主要成员国的配合下开始了"打压"世界黄金市场的征途。打压黄金价格的意图在于使主要国家的人民信服纸币比黄金更好成功（控制黄金价格）的操作，将确保超量发行纸币的过程能够无限延续下去。

经济学家们也异口同声地认为在失去政府官方的购买需求之后，黄金会被证明是一种几乎没有价值的东西。有些人甚至认为25美元一盎司才是黄金的"内在价值"。

1975年8月，为了进一步消除黄金的影响力，美国和西方工业国决定各国的黄金储备量不再增加，而国际货币基金组织的黄金需要抛售5000万盎司来压低金价。但是黄金价格依旧坚挺，并在1979年9月冲到了430美元一盎司，此时的金价比起1971年布雷顿体系解体时的价格已经上涨了十几倍。

美国财政部于1975年1月开始第一次拍卖黄金，后来从30万盎司的拍卖量增加到75万盎司，依旧难以抵挡黄金的买盘。只有当财政部1978年11月宣布空前的150万盎司的拍卖量时，市场价格才有少许回落。到1979年10月16日，美国财政部终于撑不住了，宣布将定期拍卖改为"意外"拍卖。

400美元一盎司的黄金价格被普遍认为合理地反映了美元从1933年以来严重超量发行的事实，应该是稳定而可持续的价位。

然而1979年11月爆发的"伊朗人质危机"改变了黄金的长期价格走向。美联储在危机爆发后迅速宣布冻结伊朗在美国的黄金储备，这一举动让世界各国的中央银行从心底冒出一丝寒意：如果伊朗的黄金可以被冻结，大家存在美国的黄金也都不安全。于是各国纷纷购买黄金并直接运回本国储存。伊朗更是惊恐万状地在国际市场上狂买黄金，伊拉克也不甘寂寞，加入了超级买家的行列，在几个星期之内金价就跳上了850美元一盎司的云端。

第四章　美国总统与国际银行家的百年大战

目睹了这一切沧桑巨变的里根总统，开始确信只有恢复金本位才能挽救美国经济。1981年1月，里根上任伊始就要求国会成立"黄金委员会"研究恢复金本位的可行性。此举直接触犯了国际银行家的禁区，1981年3月30日，人主白宫仅69天的里根就被一名叫辛克利的追星族一枪打中，子弹距心脏仅1毫米。据说此人这样做是为了吸引著名影星朱迪·福斯特的注意。当然，和绝大多数刺杀美国总统的凶手一样，此人被认为神经有问题。

这一枪不仅使里根总统"清醒"过来，也彻底打碎了恢复金本位的最后希望。1982年3月，17人组成的"黄金委员会"以15比2票的差距，否决了恢复金本位的思路，里根总统赶紧"从善如流"。

从此以后，再也没有哪位美国总统敢动恢复金本位的念头了。

罗斯福的"百日新政"

1932年7月，富兰克林·罗斯福在民主党全国大会上接受总统候选人提名时说，如果他竞选成功，要为美国人民施行新政。1933年3月4日，罗斯福就任美国第32任总统，他在就职演说中宣布："我们唯一要害怕的东西就是害怕本身。""只要国家仍处在危急存亡的关头……我就将要求授予我应付危机的那种唯一的最后手段——广泛的行政权，使我可以向紧急状态宣战，就像真正有外敌入侵时一样，把那种大权授予我。"他还强调，"我国的宪法是简明而实际的，因此只要调整重点，合埋安排，就可以适应各种特殊需要而不致损及它的基本形态。"

在罗斯福及其阁员和智囊团的策划下，从1933年3月9日到6月16日先后通过了70多个新政立法，史称"百日新政"。1933～1934年为新政第一阶段，1935～1939年为新政第二阶段。在实行新政的几年里，政府和国会先后颁发了700多个法令，涉及整顿财政金融、调节工业生产、节制农业发展、实行社会救济、举办公共工程、改善民众困境等各个方面。

罗斯福新政在美国现代历史上是一个进步现象，起着积极、肯定的作用。实施新政缓和了经济危机的严重恶果和由此激化了的阶级矛盾，部分地改善了劳动人民的生活困境，使国民经济免于彻底崩溃，恢复了社会生产力。美国的工业生产指数以1929年为125计算，1932年只有58，1936年则回升到121。工人失业人数比1932年减少了50%。国民总收入1929年危机前是1044亿美元，1933年为740亿美元，1937年恢复到1090亿美元。

通过《社会救济条例》、《经济法规》、《劳资关系法案》、《社会保障法案》、《公平劳动标准法》等新政措施，使劳动人民的严重困境有所减轻，工人阶级和工会比以前有了更多的自由。工会会员人数由1932年的320万人增加到1940年的900万人。《华格纳法》、《公平劳动标准法》和《社会保障法》被称为关于雇工的新政改革的三根支柱。

1933~1937年，政府拨款120亿美元进行水利建设、造林、修路等公共工程，吸收了几百万失业大军。

由于民间护林保土工作队的努力，在几年间共开辟了740多万英亩国有林区，近20万英亩的国有公园，还兴建了大量游览设施。有人认为在新政的第二阶段，由于保障了失业者和老年人的生活，企图消灭贫民窟并改善居民条件，得益者主要是劳工和小农。这些措施得到了广大人民的支持。

新政的实施无疑是一种改良而不是革命，它是为了巩固垄断资产阶级的统治而在生产关系和上层建筑领域实行的一种调整措施。在经济上，它以国家干预经济的调节职能来调整垄断资产阶级之间的相互关系，同时调整垄断资产阶级和中小资产阶级及工人农民之间的相互关系。它既对垄断资本的某些方面进行扶植或抑制，又对劳动人民作出部分让步，以换取劳动人民对现政府的支持，从而保证垄断资本的根本利益。

在政治上，新政以缓和内部矛盾的某些措施来克服政治危机，防止法西斯主义泛滥和无产阶级革命的蔓延。新政措施并不是要触犯私有财产制度，推翻资本主义搞社会主义。日本《世界大百科事典》说："新政的复兴和改革两者都带来了某种程度的效果。然而归根结底仍是属于垄断资本体制的范围。"《美国百科全书》说："新政是讲究随机应变和实用主义的。它是和大商业农场主和大的企业合作的，而不是与之对抗的。"

问题并不在于新政是否改良，而在于如何评价新政的改良措施。马克思主义者并不一味地反对改良，而是要具体分析改良措施的历史条件及其所起的作用。斯大林在谈到新政时说过它能"限制旧的社会制度的个别坏的方面，限制旧的社会制度的个别极端的表现"，"稍微抑制一下个别最不受抑制的资本主义利润的代表者。稍微加强一下国民经济的调节原则。所有的一切都是好的。"列宁在谈到资产阶级的改良措施时也说过："不能满足于资产阶级进步的'微小的势力'，决不等于完全否定局部的改良。"

由于新政的实施缓和了阶级矛盾，在这种情况下，不少群众对资产阶级滋长了不切实际的幻想。然而，这种思潮的泛滥是美共负责人白劳德、苏联头子格林、社会党领袖托玛斯鼓吹错误路线的恶果。他们说新政"一视同仁地既为资本家造福也为产业工人造福",它的实行出现了"有计划无危机的资产阶级新纪元","是走向社会主义决定性的一步"。

事实证明,1929~1933年严重经济危机的恶果得到了迅速的缓和,它不是由于胡佛无为而治、听任周期性危机自身长期萧条和缓慢复苏的结果,而是由于罗斯福新政采取国家干预的积极改良措施得到广大群众的拥护。

新政的实施避免了美国走上法西斯道路,为美国参加反法西斯阵营并取得世界反法西斯战争的胜利打下了坚实的基础。新政面临的最大危机是大萧条和法西斯威胁。由于新政对大垄断资产阶级有所抑制,对劳动人民有所让步,才使法西斯主义在美国没有得逞。与此相呼应,在对外关系上,罗斯福政府和苏联建交,与拉丁美洲国家改善关系,实行"睦邻"政策,对法西斯侵略和战争政策不予公开支持并逐步奉行抵制政策,所有这些都意味着对法西斯主义的否定。面对严重的世界性经济和政治危机,德、日、意选择了强化法西斯专政,对外侵略扩张的道路,而美国选择了罗斯福新政的改良主义道路。

由于新政使美国迅速恢复了经济实力,在二战中,仅1940年7月1日~1945年7月31日五年间,美国就生产了8.6万多辆坦克,29.7万架飞机,7.1万艘舰艇,1.6万辆装甲车,2430万辆卡车和4500万吨商船。1941年3月~1946年9月,通过租借法案,美国援助盟国的总数为506亿美元。

罗斯福的新政和垄断资产阶级的凯恩斯主义相吻合,它承认经济危机的存在,但认为这是由于社会对消费品和生产资料的需求不足而不是资本主义矛盾发展的必然结果。它主张国家直接干预经济生活、调节生产、增加投资、刺激消费、保证充分就业,就可以防止危机的发展。

凯恩斯理论产生于30年代,大危机以后更趋系统化和成熟,1936年出版的《就业、利息与货币通论》就是明显的标志。罗斯福本人及其智囊团研究过凯恩斯理论,许多新政拥护者是凯恩斯主义者。可以认为罗斯福新政实际上是凯恩斯理论在世界历史上头一次大规模创造性的成功实验,新政又丰富并促进了凯恩斯理论的成熟。

战后美国先后爆发了八次经济危机。历届美国政府运用凯恩斯主义的经济理论仿效罗斯福新政采取了不同重点和形式的国家干预经济、调节生产、缓和某些方面矛盾的反危机措施。这些措施包括尼克松的新经济政策、以至卡特的反通货膨胀计划都没有根本改变新政的格局,而是基本上沿着新政开辟的道路发展的。战后西方资本主义各国也纷纷采取类似"新政"的措施来度过几次经济危机和发展自己的经济。

这些都说明了罗斯福新政的实行标志着美国垄断资本维护自身统治的政策趋于成熟。新政开创的"福利国家"到现在仍不失为垄断资本调节劳资矛盾、巩固资本统治的重要手段。这些表明，新政在美国国家垄断资本主义发展中有着重要的历史地位。当然任何资本主义学说和理论都不是包治百病的灵丹妙药，凯恩斯主义无法克服70年代中期以来出现的"滞胀"难题。

美国是一个有着资产阶级民主传统的国家。美国民主传统的最初萌芽可以追溯到英属北美殖民地初期，1619年弗吉尼亚22名议员代表组成的殖民地议会制定了自己的法律，1620年普立茅斯"五月花公约"规定按多数人的意志进行管理。

罗斯福新政措施正是沿着这条线索发展起来的。新政的不少措施可以追溯其历史源流。有的论著认为新政可以追溯到杰斐逊、林肯的民主，布赖恩、西·罗斯福的进步运动和威尔逊的新自由。威尔逊的新自由和西·罗斯福的新国家主义给新政以重要的影响。西·罗斯福把行政权看做是公共福利的管理者，实行一种政府干预社会经济的政策。所以说罗斯福新政的改革是西·罗斯福政策的扩展。他们都是代表资产阶级民主派的利益，扩大中下层群众的某些民主权利和经济利益，有条件地限制大资产阶级或垄断资产阶级的某些利益。

罗斯福新政以后，杜鲁门的公平施政、肯尼迪和约翰逊的民权政治以至卡特的人权运动都在不同程度上和罗斯福新政的某些主张一脉相承。罗斯福新政从根本上也是维护垄断资产阶级的统治的。据各大工业公司的结算，1932年赤字达34亿美元，1933年新政头一年就扭亏为盈得益10亿美元。斯大林在谈到新政实质时说："美国人希望不改变经济基础，而在私人资本主义活动的基础上摆脱危机。他们力求把现存的经济制度所招致的破坏和损失减少到最低限度。"

罗斯福是一个资本主义制度的卫道士。他自己也明确表示他力图拯救的是资本主义而不是消灭资本主义。他说："从来在美国没有另外一个人比我对资本主义制度的私人企业、私有财产和私人利润有着更坚强的信仰……当这个私人利润和自由企业的制度面临到毁灭边缘的时候，是这个政府挽救了它。"福斯特也评论说，罗斯福"是资本主义的一个坚定的代表人"，"他只是努力去掉一些资本主义最坏的弊病藉以挽救资本主义。他对于任何可能削弱垄断资本家的经济与政治力量的事情是断然反对的"。

第五章 世界上最大的中央银行美联储

导读：资本运作是华尔街银行家们的看家本事，资本运作的历史几乎与美元的历史一样长久。然而，近代历史上华尔街的银行家们的胃口似乎越来越大，不但人为地制造出经济周期并吹大了资本泡沫，而且精心策划出劫掠财富的精密计划。

联邦储备系统的完善

20世纪初，美国在经济领域里出现了历史上前所未有的繁荣景象。在1897～1907年之间，流通领域中的货币数量从15亿美元增加到27亿美元，而银行存款从16亿美元上涨到43亿美元。银行和保险公司的资产总额从1897年的91亿美元增长到10年后的210亿美元。

可是繁荣景象的背后隐藏着一个很可怕的问题。世界实行的是金本位制，各国经济的增长速度可以与世界各国货币的黄金供给速度持平。黄金的生产在19世纪80年代陷入滞胀阶段，1893年开采出的黄金量价值1.57亿美元，但5年后产值就增加到2.87亿美元，20世纪头几年，黄金产值就超过了4亿美元。但自此就停滞不前，而世界经济却持续快速增长。

到了1907年，货币市场供不应求。北方太平洋铁路公司的老板詹姆斯·赫尔发出警告说，如果对资金的需求超过可承受的程度，将会出现"商业瘫痪"。

3月份，股票市场出现短暂的崩盘。英法两国银行力争保住自己的地位并阻止国内货币的外流，所以黄金开始流出美国。自安德鲁·杰克逊当政以来就没有中央银行，政府对国内货币的控制力当然是微乎其微。

10月23日星期三这一天，林肯信托公司在短短的几小时的时间里就遭遇1400万美元的挤兑。其他银行也被逼到关门停业的边缘。

联邦政府面对这一局面也是束手无策。在这种形势下，联邦财政部长乔治·科特柳他唯一能做的事情：告知摩根，联邦政府会不惜一切的代价阻止恐慌的蔓延，说到底就是要再次依靠银行家摩根的力量寻求解决全国财政危机的途径。

摩根很清楚症结所在。10月24日星期四，他告诉记者，如果人们把钱留在银行，一点问题都没有，摩根意识到，危难之中的信托公司还是有偿付能力的。"我们应从这家公司入手来解决问题。"摩根决定。随即，他让科特柳往国有银行注资35007万美元，接着让这些银行把钱借给美国信托公司。当储户取钱不再会碰钉子的时候，他们自然不会再想把钱取出来。美国信托公司得救了。

20年代风靡金融市场的当属"投资信托公司"，也就是我们今天熟知的共同基金，虽然当时已在英国十分普及，但在美国却较为罕见。投资信托公司本身就可以为为数众多的小投资者提供不同种类合理可行的证券组合以及专业管理，令投资者受益颇多。但是，令华尔街如获至宝的却是投资信托业务具备的神奇的财务杠杆作用。换句话说，一个信托公司用于购买股票的部分款项如果依靠借款来筹集，显然可以使自己利润膨胀的速度加快。由于当时从未有人会预料到市场价格的大幅回落，因此恐怕留意到杠杆作用的其他负面影响的人也就更少了。在金字塔式的杠杆融资信托公司中，财务杠杆的作用表现更为明显。如果你建立了一个杠杆融资信托公司，利用借入资金购买其他杠杆信托公司的股票，那么财务杠杆的作用程度可以达到无限大（例如，一个信托投资公司市值100万美元，其中50%靠借款筹集，另外50%则依靠发行股本，它有实力购买同一类型、同等规模的另外两家杠杆融资信托公司的全部股本，而这两家信托公司则可以收购另外四家类似的信托公司的全部股本，依此类推）。

在彼克瑞的调查报告中，华尔街的内幕操纵手段被昭示于天下——两党参议院的小组委员会曾对信托公司的经营进行了彻查，由费尔南多·彼克瑞主持，他是一位激进的进步党党员，生于西西里岛，曾担任纽约地区的律师。当时金融行业所有的重量级人物都依次在委员会面前接受质询，表情极其窘迫。至今为止仍然极富盛名的波士顿公司、里·辛吉森公司，被发现出售了有"瑞典火柴大王"之称的伊瓦·克鲁伊格旗下的公司发行的价值2.5亿美元的股票，这两家公司都是不折不扣的投资信托公司。而这些股票几乎是废纸一堆，当克鲁伊格在1932年于巴黎自杀后，有内幕消息揭露说，里·辛吉森公司从未检查过克鲁伊格的账目，也从未追究那些声称的抵押品是否存在。高盛贸易有限公司（GoldmansachsTndingCorpra-non）创立于1928年上半年，它以票面价值售出10亿美元的股票。随后它与另一家信托公司合并，其股价翻了一番，市值是合并之后公司资产真实价值的两倍以上。由于高盛贸易有限公司当初曾购买了本公司价值6亿美元的股票，当股价炒至高位时，它便立刻将股票抛售兑现。在1929年的年中，高盛又创立了两家杠杆信托公司，新发行的股票价值2.5亿美元，而这两家公司股票中相当大的一部分是由高盛贸易有限公司自己购得。最终当市场崩溃的硝烟散去之后，高盛贸易有限公司的股票的价格竟由当初的100美元跌至1.75美元。

中西部地区臭名昭著的尹绍尔电气设施公司金字塔式的股票持有方式最初就是由尹绍尔的一家关系企业，同时也是一家信托公司炮制而成的。事实上尹绍尔并不应该遭受舆论如此强烈的抨击，他的电气设施证券在大萧条时期的表现远远比其他证券更为出色。他的衰落是由摩根银行发动的卖空浪潮的袭击而造成的，这是摩根银行在与芝加哥的黑尔塞·斯图尔特公司对中西部电气设施融资权的争夺中实施的一个策略。尹绍尔设计金字塔式股票持有方式的初衷，不过是在面对得到了纽约金融界资金支持的业务入侵者时，希望能够借此捍卫自己的股票控制权。以往搜集到的证据表明，尹绍尔从未料想到随之而来的竟是股票价格的狂涨。在危机的高潮期，他逃到了欧洲，但最终仍然返回美国接受审判，他旋即得到了公平的判决，被宣告无罪释放。他又回到了欧洲，最后在贫困中死于伦敦的地铁站。电气设施融资权之争造成的危害就是向公众暗示银行家们几乎完全不用承担任何责任。

当时，形势依然很危急。纽约证券交易所总裁周四告诉摩根交易所将要关闭，因为无处可以获得活期借款。摩根坚决反对交易所停业，他在5分钟内从各个银行家那里筹集了2700万美元来维持交易所的运转。那天晚上，他宣布说任何利用这次恐慌买空的人将会得到"适当的照顾"。没有几个人敢仔细探究这句话的确切意思。

在摩根和其他纽约银行家的联手努力下，1907年的危机并没有引发像1873年危机和1893年危机之后那么严重的经济衰退。但通过这件事，大家都清楚地意识到美国再也不能没有自己的中央银行了。将来如果发生经济灾难，只要有摩根这样一个有才能银行家就可以扭转不利的局面，但很难说到时会不会有这样的人。所以，联邦政府授权已经年逾七十的摩根筹划建立新的中央银行。

摩根接到联邦政府的命令以后，于1910年11月22日夜，在佐治亚州的哲基尔岛邀请了多位美国最重要的银行家，商量中央银行事宜。

佐治亚州的哲基尔岛是一群美国超级富豪拥有的冬季度假胜地。以摩根为首的大腕们成立了一个哲基尔岛打猎俱乐部，当时地球上1/6的财富就在这个俱乐部会员的手中。此时，该俱乐部得到通知，有人要使用俱乐部场所大约两个星期，所有会员不能在这段时间内使用会所。会所的所有服务人员全部从大陆调来，对所有到达会所的客人一律只称呼名字，而绝对不能使用姓氏。会所周围50英里的范围内被确保不会出现任何记者。

当会所一切准备妥当之后，客人们陆续出现在会所中。参加这个绝密会议的有：

尼尔森·奥尔德里奇，参议员，国家货币委员会主席，尼尔森·洛克菲勒的外祖父派亚特·安德鲁，联邦财政部部长助理弗兰克·范德利普，纽约国家城市银行总裁亨利·戴维森，摩根的高级合伙人查尔斯·诺顿，纽约第一国家银行总裁本杰明·斯特朗，摩根的左膀右臂保罗·沃伯格，库恩雷波公司的高级合伙人，美联储的总设计师，第一任美联储董事这些重要人物来到这个离城市偏远的小岛，打猎对他们来说毫无雅致，他们的主要任务是起草一份重要的文件：《联邦储备法案》。

会议开始后，大家踊跃发言，问题层出不穷。银行运作方面的高手，精通几乎所有的银行运作细节的保罗·沃伯格耐心地进行解答。保罗自然成为了文件的主要起草者和解释者。

尼尔森·奥尔德里奇是所有人中唯一的外行，那么他主要负责使文件内容符合政治要求。其他人则代表不同的银行集团的利益，他们围绕着保罗提出的方案进行了长达九天的激烈争论，最后大家终于达成了共识。

其中有多个难题一直困扰着诸位银行家，但是，最终还是依靠银行家们的智慧一一攻破了。主要难题有如下：

1. 关于银行的名称问题

大家认为，中央银行这个名称树大招风，自杰斐逊总统以来，中央银行的名称始终与英国的国际银行家阴谋联系过密，所以保罗建议用联邦储备系统的名称来代替中央银行的这个称位。但是，它具有中央银行所具有的一切职能。与第一银行和美国中央银行所不同的是，美联储的股份构成中，原来20%的政府股份被拿掉了，它将使中央银行彻彻底底的私有化。

2. 关于谁控制美联储的问题

在谁控制美联储的问题上，大家争论了多日，后来保罗巧妙地提出：

"国会控制美联储,政府在董事会中拥有代表,但是董事会的多数成员由银行协会直接或间接控制。"

3. 关于如何隐瞒纽约银行家主导美联储的问题

如果这个问题处理不好,法案在议会将很难获得通过。因为,19世纪以来,美国中西部广大中小商人、农场主饱受银行危机的浩劫,对东部银行家深恶痛绝,这些地区的议员不可能支持纽约银行家占主导的中央银行。保罗为此设计了一套由12家美联储地区银行构成整个系统的天才解决方案。在银行圈子之外,很少有人明白,在美国货币和信贷发放高度集中于纽约地区这一基本前提下,提议建立各地区联储银行,只不过是给人造成中央银行的业务并没有集中在纽约的假象罢了。

4. 关于如何产生12家美联储地区银行的管理人员问题

尼尔森·奥尔德里奇指出中西部的议员普遍对纽约银行家有敌意,为了避免失控现象,所有地区银行的董事应该由总统任命,而不要由国会插手。但是,这一做法却违反了《宪法》的规定。《宪法》第一章第八节明确规定由国会负责发行管理货币,将国会排除在外,意味着美联储从一开始就违背了《宪法》。后来这一点果然成为了很多议员攻击美联储的靶子。

后来,保罗把最后的版本改为"董事会成员由总统任命",但是董事会的真正功能由联邦咨询委员会所控制,联邦咨询委员会与董事会定期开会"讨论"工作。联邦咨询委员会成员将由12家联邦储备银行的董事决定,这一点被有意地向公众隐瞒了。

在经过了这一番深思熟虑的安排以后,该法案最终定型:总统任命,国会审核,独立人士任董事,银行家做顾问,真是天衣无缝的设计!不愧都为银行界的高手。

美联储幕后操纵黑客大揭密

美国华尔街的6位响当当的人物是建立美联储的真正幕后操纵黑手。经过他们的不懈努力和欧洲银行家们的鼎立相助,最终,在美国的本土翻版了欧洲的英格兰银行——美国联邦储备委员会(简称美联储)。

脱颖而出的摩根

脱颖而出的摩根是美国经济发展史上一个重要的人物。摩根从一个无名小辈，经过艰辛的努力、奋斗，在对手如林的金融业中站稳脚跟，并一一击败对手，终于发展成为纽约市华尔街的第一号人物，荣登美国经济霸主的宝座。

在摩根生活的时代，许多评论家都认为他的权力比总统还要大。因为从摩根公司走出去的167名董事，控制着整个摩根体系，贯彻着摩根发出的"华尔街指令"，确立着可以推翻白宫的霸业。

摩根对美国经济的发展有着不可磨灭的贡献。他为美国基础工业帮助筹款，并为它重编一个令人印象深刻的花名册——其中包括铁路、钢铁、电话、电力、金融、保险。他的努力常与爱迪生、卡耐基、汤姆森以及其他美国建设者们的努力交织在一起。这些人在19世纪末对美国工商企业的成长和扩展所发生的影响无处不在。

从摩根的祖父约瑟夫到他的父亲J·摩根。摩根家族经商都很成功。也许正是因为这种特殊的家庭氛围与商业熏陶，摩根从年轻时就敢想敢干，很富有商业冒险和投机精神。

有一次，摩根旅行来到新奥尔良，当他信步走过了充满巴黎浪漫气息的法国街，来到嘈杂的码头时，突然有一位陌生白人从后面拍了拍他的肩，问道："先生，想买咖啡吗？"那人自我介绍说是往来于巴西和美国之间的咖啡货船船长，受委托到巴西运回了一船咖啡，谁知美国的买主破了产，只好自己推销。为尽快出手，他愿意半价出售。这位船长大概看出摩根穿戴考究，一副有钱人的派头，于是找他谈生意。摩根看了货，又仔细考虑了之后，决定买下咖啡。当他带着咖啡样品到新奥尔良所有与他父亲有联系的客户那儿推销时，人们都劝他要谨慎行事。价钱虽然让人心动，但舱内咖啡是否与样品一致则很难说。然而摩根觉得，这位船长是个可信的人，他也相信自己的判断能力。于是，他毅然决然地买下了咖啡。当然，付款是请父亲帮的忙，老摩根也毫不犹豫地支持了儿子的行动。摩根赢了，事实证明他的判断没有错。就在他买下这批货不久，巴西咖啡因受寒减产，咖啡价格一下猛涨了2~3倍，摩根因此大赚了一笔！为此，老摩根对他也大加赞许。

摩根在德国哥廷根大学受完高等教育以后，其父老摩根为他在华尔街纽约证券交易所对面的一幢建筑里，挂起了一个新招牌——摩根商行。老父亲充分相信自己儿子的经商能力，认定他一定会青出于蓝而胜于蓝的。这时已经是1862年，美国的南北战争已经爆发，林肯总统颁布了"第一号命令"，实行了全军总动员，并下令陆海军展开全面攻击。一天，克查姆——一位华尔街投资经纪人的儿子，摩根新结识的朋友，来与摩根闲聊。"我父亲在华盛顿打听到，最近一段北军的伤亡惨重"这消息马上触动了摩根那敏感的神经。"如果有人大量买进黄金，汇到伦敦去，会使金价狂涨的！"摩根沉着地说道。克查姆听了这话，对摩根佩服得五体投地，自己怎么就没想到呢？两人于是精心策划起来。最后，商量出了这么一个计划，先秘密地买下 400～500 万美元的黄金，到手之后，将其中一半汇往伦敦，另一半留下。然后有意地把往伦敦汇黄金的事泄露出去。这时，估计许多人都应该知道北军新近战败的消息了，金价必涨无疑，这时再把手里的一半黄金抛售出去。两人说干就干，而事情也一如他们所料，黄金价格眼见得飞涨，不但纽约的金价上涨，连伦敦的金价也被带动得节节上扬，摩根与克查姆可谓大获全胜，发足了财。《纽约时报》对此次金价上涨做了调查，得出结论说："没有任何正当理由来解释此次金价暴涨，这次涨价根本与军需品、粮食、棉花等的输出和输入无关。这一事件的实际操纵者，是纽约的一名青年投机家——摩根。"摩根头脑灵活，干起投机生意来游刃有余，并且总能想到别人从没想到过的招。

第一次投机黄金买卖胜利后，摩根深深体会到了信息的重要性，先得到信息就意味着胜利。为此，摩根千方百计地弄到了一位原陆军部电报局的接线员——史密斯来摩根商行做电报工作。这位史密斯的好友文尼尔上校是北军统帅格兰特将军的电报秘书，通过这种关系，摩根就能比其他任何人都抢先一步获得准确的前线最新军事情报。

不久，电报就显示出了它的威力。1862 年 10 月的一天，摩根收到了父亲 J·摩根从伦敦发来的电报："南军用来突破北军海上封锁线的炮舰，都是英国的造船厂承造的，合众国为此再三向英国政府提出抗议，然而英国方面充耳不闻，毫不理会。为此，林肯总统和国务卿斯瓦特正通过美国驻英大使亚当斯，向英国政府提出最后通牒，要求停止为南军造船。你要特别注意华尔街的动向！"摩根马上通过史密斯向华盛顿查询，得知林肯总统这次是下定了决心，态度强硬，甚至不惜与英国断交。

不久，老摩根又来了电报："英国政府已答应了美国政府的要求，停止承造南军的炮舰，但必须有个先决条件，即 8 天之内美国政府必须准备价值近 100 万英镑的赔偿费，作为对各造船厂停工的补偿。"很快，新的电报又到了："亚当斯大使穿梭于伦敦金融界，到处游说，希望能得到帮助，然而失败了，事已如此，美国的皮鲍狄公司被委托在 24 小时内准备好价值 100 万英镑的黄金，这一消息属于绝密，你可以见机行动。"摩根毫不犹豫，立刻大量购进黄金。

第二天，由于皮鲍狄公司大量吃进黄金，金价飞涨，摩根趁此机会卖出黄金，就此又大赚一笔。南北战争前，一般的中小企业仍是规模极小的家庭式工场，他们所需的周转资金，只要向本州的商业银行或猫银行（地下银行）借款就绰绰有余了，但这样的场面并没有维持多久，到了1880年，资本的需求剧增，企业所需的资本越来越多了，很快，以往为小商品生产者提供资金的商业银行就显得对新形势力不从心了，而投资银行则正好顺应了潮流，可以提供更大量、更灵活的资本，投资银行家们愈来愈受人们的青睐。而这时的企业界，也开始产生各种联盟与托拉斯。

无论如何，想在激烈竞争中求得生存，同时又想增加利润，就必须组成更强有力的企业联合。当时美国产业界最重要的运输手段就是铁路，铁路也未能逃脱企业联合的命运。在逐渐形成庞大企业联合的同时，也必须投下资本以延长铁路线或增加机器设备，等等，因此，公司债券的发行量必须随之增加。而所需金额是如此庞大，以致铁路企业不得不依靠投资银行。正是由于看透了这一点并抓住了时机，摩根运用自己的投资银行系统对铁路进行渗透，终于成功了。所以"摩根化体制"实在是顺应时代潮流的产物。

摩根并不满足于铁路业上的成就，他很快就把目光投向了新的目标——钢铁业，为此，他创办了联邦钢铁公司，几经拼搏之后，联邦钢铁在企业界奠定了自己的地位。这时，在美国钢铁企业的排行榜中，坐第一把交椅的仍是钢铁大王卡耐基，摩根排在第二，第三是那个在五大湖周围一直到南方大肆购买铁矿山并插手制铁业的洛克菲勒。摩根与卡耐基两人一向交恶，这大约是由于"一山不容二虎"吧。当摩根急欲全面控制钢铁业时，更觉得横在路中的卡耐基是个讨厌的庞然大物。但摩根知道此事不能性急，想要吃掉卡耐基必须等待机会的出现。

1899年，机会来了，摩根得到了一条消息：卡耐基似乎有将与钢铁及焦炭有关的全部制铁企业股票卖给莫尔帮的企图。芝加哥投机家威廉·莫尔，生长在一个投机者的家庭中，父母都是银行家。他从小耳濡目染，长大又专攻法律，更使其精于投机之道，在华尔街上，他是新一辈中的佼佼者，他与其弟和伙伴们在华尔街被称为莫尔帮。卡耐基怎么又突然想隐退了呢？这也是事出有因。这段时期，他接二连三地遭受失去亲人的打击，先是他亲密合作的弟弟汤姆和最敬爱的母亲相继撒手西去；时隔不久，在布拉德克的工厂里，由于发生熔炉爆炸事故，他失去了最可信赖的助手琼斯厂长。这些接踵而来的沉重打击，使卡耐基陷入了痛苦的思考之中：自己从一个织布工的儿子，一个穷光蛋，发展到今天这个地位，拥有这么多财富，究竟是为了什么？为什么现在我富有了，上帝却偏偏在这时让我承受亲人朋友离我而去的痛苦呢？难道是聚敛这些财富给我带来的罪孽吗？最后，他得出了一个结论："富人如果不能运用他所聚敛的财富来为社会谋福利，那么就是死去时也是死不安稳的。"出于种种考虑，卡耐基决定放弃事业。但莫尔并未成功地吃掉卡耐基奠定的庞大帝业。

以后又有消息传到摩根耳朵里，莫尔与卡耐基的谈判没有结果，卡耐基认为，莫尔根本没有足够的财力来接纳和吸收卡耐基那庞大的钢铁帝国。之后，摩根又得知卡耐基想把事业卖给洛克菲勒。虽然摩根心里暗自着急：为什么不卖给我？！但摩根知道，事情总会有瓜熟蒂落的时候，他坚信，只有自己有足够的能力、精力和财力来接管卡耐基的事业。果然，洛克菲勒此时正忙得团团转呢，首先他正忙于控制世界的石油生产与买卖；其次又刚刚有一项投资俄亥俄新矿山的计划失败，最后还被骤然而起的反托拉斯的风潮首先选中，首当其冲地成了被责难的对象，可谓被搞得焦头烂额，自顾不暇，哪里还有心思来考虑卡耐基的那份事业？漫长而耐心的等待得到了回报，摩根的机会来了。

卡耐基以前的总裁叫佛里克，这两人都对摩根没有什么好感，因此摩根做工作都无从做起，而刚好现在卡耐基与佛里克之间发生了严重的矛盾，佛里克辞了职，许瓦布被任命为新总裁。事有凑巧，摩根的女儿路易丝的丈夫是许瓦布的知交。也有人说，卡耐基任命许瓦布正是由于知道这层关系，因为他也觉得，除了摩根再无第二人有能力购买他的事业了。

总之，事情就朝着摩根希望的方向发展。一次许瓦布应邀到纽约大学俱乐部演讲时，"凑巧"与摩根邻座。一番交谈，两人都觉得甚为投合。

大学俱乐部晚宴一结束，摩根就迫不及待地将许瓦布邀请到坐落在华尔街的办公室里，与许瓦布一直恳谈到深夜，几天之后，许瓦布再次受邀请，到摩根的办公室。卡耐基从斯吉伯堡回来后，在纽约的圣安德鲁尔俱乐部与许瓦布打了一场球，两人走进卡耐基别墅的书斋，卡耐基在一张纸上潦草地写下了："一元五角。"他指示许瓦布，若摩根肯出时价的10倍，他就卖。根据摩根的资料，这次交易"以4亿美元以上达成协议"。令人咋舌的庞大数字！

1901年4月1日，正好是愚人节那天，U·S·钢铁正式宣告成立，举行了盛大的新闻发布会，宣布了新公司的资金是8.5亿美元。摩根的愿望实现了。这么一个钢铁大联合，可以说是美利坚合众国历史上不多的盛事，摩根就是这次盛事的主角。买下了卡耐基的事业成立了U·S·钢铁，这样一来，摩根就非得购买洛克菲勒的五大湖矿不可了，否则就会出现原料不足的危机。刚刚战胜钢铁大王，摩根又不得不转身再战，对付石油大王洛克菲勒。

洛克菲勒拥有的铁矿山中，数检瑟比矿山最吸引人。它是全美最大的铁矿山，储藏量5000万吨，原来是当地叫检利特的五兄弟开发的，矿石品质优良，居全美之冠，所以摩根一下子就相中了这个矿山，决心要从洛克菲勒那里买过来。一大早，摩根就来到西区54街拜访洛克菲勒。名震世界的两大巨头，互相之间以前只见过一面，但一句话也未曾说过。这次，摩根被请进客厅后，他甚至没有寒暄，开门见山地说："我想购买拉瑟比矿山和五大湖的矿石输送船。""哦？检瑟比矿山我已经交给我儿子管理了，一会儿我叫他去拜访您吧。"两大巨头的谈话到此为止。

小洛克菲勒按父亲指示来到摩根办公室后，从容地开出了7500万美元的高价。一阵思考后，他爽快地同意了这个出价，谁知小洛克菲勒末了又补上一句："价款必须用U·S·钢铁股票支付。""就连洛克菲勒，也想要我摩根U·S·钢铁公司的股票？"摩根很清楚，7500万的股票并不能对他摩根造成什么威胁，那么，洛克菲勒确实是非常看好摩根的事业了，自从合并卡耐基的事业后，摩根在华尔街多了第二个绰号"朱鹿特"，在希腊神话里，朱鹿特是天之主神，众神之主。这个绰号形象地道出了摩根在华尔街中的地位，现在摩根完全陶醉在了胜利之中，当然，这种感情丝毫也不会表露在他的脸上，他伸出右手，默默地却又是坚定地握住了年轻的小洛克菲勒的手。

1871年，经过了普法战争和巴黎公社革命，法国政局一片混乱。成立于法国西部加伦河畔的波尔多临时政府首脑梯也尔给摩根的父亲J·摩很拍发了紧急电报，让他赶到托文城去，越快越好，有要事相商。J·摩根火速赶去了托文城，会见了梯也尔的密使。原来梯也尔想让J·摩很包销国债，金额为2.8亿法郎约合550万美元。500万美元，在当时是个相当大的数字，美国从法国手里买下的大路易斯安娜，整整214万平方公里，不也才1500万美元吗？老摩根决定承购这笔法国国债，他指示在纽约的摩根接受一半的国债在美国消化掉；但鉴于一个人承担如此大的一笔数目可能负担过重，老摩根想到一个新点子——成立辛迪加（联合），也就是把华尔街上大规模的投资金融公司集合起来，成立一个国债承购组织，共同承购国债。摩根觉得父亲这个想法非常高妙，立刻着手去实行。这种方式其实就是各机构分摊风险，来消化掉那5000万美元的国债，这确实是一个大胆而富有创意的想法。

然而，正当摩根拼命努力时，他的努力遭到了舆论界的抨击。《伦敦经济报》这样评论："发迹的美国投资家摩根承购法国政府的国家公债。承购者想出了所谓的'联合募购'的方法来消化这些国债，并声称这种方式能将风险透过参与'联合募购'的多数投资金融家，逐级地分散给一般大众，而不再像以往那样集中在某个大投资者手中。乍一看来，似乎因分散而降低了风险性，但其实假如经济恐慌一旦发生，其引起的不良反应就快速扩张，有如排山倒海一般，反而使投资的危险性增加。"在纽约舆论界，也有类似的评论。不管评论是褒是贬，一个青年投资家引出这么大的话题，对摩根知名度的提高本身就是一件好事。

大众的目光都集中到了他身上，而事实证明，"联合募购"是成功的，摩根成功地消化掉了5000万美元的法国国债，这一来他名声大振，各种赞扬之声不绝于耳。到了后来，对国债实行"联合募购"几乎就成了不成文的规矩，而摩根在这一行中，则早就打响了名头，确立了自己的领袖地位。到1898年美西战争之前，摩根由于在重大的关头决策正确，已经是财源遍地，其事业远非祖父、父亲可比了。这时的摩根，更是把目光投向了整个世界，美国的庙已经有些嫌小，装不了他这么一尊大菩萨了。他要向美洲扩张，向世界扩张，而扩张的最有力、同时也是摩根很早就已运用熟练的工具，便是购买外国政府的国债。

美西战争之前就有消息透露：墨西哥政府由于无力偿还西班牙政府的旧债，已到了破产的边缘。在一只脚已经踏向了深渊的情况下，墨西哥政府当局不得不把死马当作活马医，继续着手发行公债，计划金额将达到1.1亿美元，以利用新债偿旧债，渡过眼下的难关。常人一般都不会去认购墨西哥政府在此情况下发行的公债，而摩根的想法却与众不同。他想：正因此时墨西哥政府处境艰难，我伸出手去帮一把忙，既可以要求较多的实惠，又为以后的继续接触打下了良好的基础。别人不敢做的事，做了才有更加丰厚的利润，况且墨西哥的政局还是稳定的。基于这些想法，摩根立即和德国银行联合组织了辛迪加认购那些墨西哥公债，当然，有实惠的条件是：取得墨西哥油矿及铁路权作为担保。事实证明，摩根的决策是对的，这次行动不管从短期还是长期来说，都为他带来了不小的收益。

事后，不仅是华尔街、庞德街，就连法兰克福及巴黎的商人们都佩服摩根头脑敏捷，判断准确，都不得不承认自己无论是在眼光上还是在魄力上都差摩根老大那么一截。摩根不但在墨西哥有动作，在阿根廷他也以一个救世主的形象出现了。阿根廷经过1864到1870年与巴拉圭的战争后，元气大伤，到了19世纪90年代，陷入了经济危机之中。伦敦的哈林公司以阿根廷的广大土地作为抵押，购买了大量的阿根廷公债，获利不少，然而因其财力限制，无法全部承担阿根廷政府发行的公债。这就使摩根动开了脑筋：阿根廷的铁路非常有潜力，乳酪产品在世界驰名，虽然政府非常腐败，但对于外国资本却是恭敬有加，这样的政府倒台了，对以后往南美发展也没有什么太大的好处，买阿根廷政府的公债，一则可以获利，一则可以维持现政权，有利于自己今后的发展，是合算的买卖。就这样，摩根毅然出资购买了755万美元的阿根廷政府公债。

时光流逝，站在今天的角度，当年摩根对墨西哥与阿根廷放的债究竟起了什么作用？是拉了美洲人民一把，还是更深地将其推入深渊，压迫了各国人民？众说纷纭，难以分辨，但摩根通过这样的手段，扩大了自己的势力与影响，捞取了大量的财富，这一点是确凿无疑的。

做各国的债主自然风光，而摩根最感得意的是连大英帝国都不得不向他摩根求援。作为荷兰东印度公司的殖民地开发的霍屯督族的国家布尔（即现在的南非），在拿破仑战争结束后，成了大英帝国的一块殖民地，不久，该地的钻石与黄金被探险家们开发了出来，而大英帝国为了开发钻石与黄金，制定了残酷而苛刻的殖民地政策，这样就进一步加深了与原先就住在那儿的布尔族人的矛盾。随着矛盾冲突的激烈，爆发了第一次布尔战争（1880～1881）。

英国人胜利地将布尔族人驱逐到了北方，将黄金与钻石的产地统统收归己有，加以管制。这样一来，英国人与布尔族人的对立进一步加深，终于又爆发了第二次布尔战争（1899）。这一次，布尔族人吸取了上次战争失利的教训，采用灵活而顽强的游击战与英军周旋，使英帝国的远征军备受困扰，欲进不能，欲罢不甘，其势已成骑虎，而且第二次战争开始后，英国的战争费用出乎意料的庞大，远远超出了人们开战初的估计。屋漏偏逢连夜雨，历来与英国水火不相容的德意志皇帝，又正野心勃勃地计划建造一支大舰队，英帝国历来是海上的老大，岂能容忍他人取而代之？必然要与德国抗衡，于是展开了激烈的军备竞赛。一边开战一边扩充军备，英国的财政顿时陷入了极端困难的境地，单靠自身的力量已无力回天，必须求助他人了。

这时，英国政府首先就想到了摩根，于是派出罗斯查尔公司组织代表处的贝尔蒙来征询摩根的意见，向他求援。摩根毫不推辞，一口答应了下来。摩根首先从第一次布尔战争的公债下手，负责购买了价值总计1500万美元的公债。后来又反复地追加认购。实际上，总共认购了价值达1.8亿美元的英国政府公债。做了这么多笔战债、公债生意，对摩根来说是利益无穷。

到了20世纪初，可以毫不夸张地说，摩根已经成为了世界的债主。可以说是金融资本产生形成和发展的过程。

铁路大王——詹姆斯·希尔

1873年，由于国际银行家们对美国实施金融紧缩，狂抛美国债券，美国铁路债券也未能幸免。到危机结束的1879年时，罗斯柴尔德家族已成为美国铁路最大的债权人。在这样的时代背景之下，靠汽船运输和煤矿起家的詹姆斯·希尔必须投靠在金融家的旗下，才可能在铁路行业惨烈的竞争中生存和壮大，摩根正是他背后的金融靠山。在摩根的大力扶持下，利用1873年危机后大量铁路公司倒闭的机会，詹姆斯·希尔实现了迅速兼并和扩张的计划。

到1893年，詹姆斯·希尔拥有横贯美国大陆的铁路梦想终于实现了。在争夺中西部铁路控制权时，詹姆斯·希尔遇到了强大的对手，由洛克菲勒财团支持的太平洋联合铁路向他发动了突然袭击。太平洋联合铁路的总裁哈里曼开始秘密收购詹姆斯，希尔控制的北方太平洋铁路公司的股票，当詹姆斯·希尔惊觉即将失去控制权时，哈里曼还差4万股就大功告成了。詹姆斯·希尔立即向正在欧洲度假的后台老板摩根紧急求救，摩根马上指令手下反击洛克菲勒的挑战。一时间华尔街烽烟四起，对北方太平洋铁路公司股票的争夺达到了白热化的程度，每股价格一度达到1000美元的天价。

两虎相争必有一伤，最后国际银行家们不得不出面调停，达成的最终结果是成立一家新的控股公司——北方证券公司，两强共同控制美国北方的铁路运输。在老罗斯福的强力反对下，北方证券公司被美国1890年通过的《谢尔曼反垄断法》强制解体。之后，詹姆斯，希尔的发展方向掉头向南，收购了从科罗拉多直抵得克萨斯的铁路。到1916年去世时，詹姆斯·希尔积累了5300万美元的财产。

石油大王——洛克菲勒

约翰·洛克菲勒在美国历史上是一个颇受争议的大人物，被人们冠以

"最冷酷无情的人"。他的名字自然和大名鼎鼎的标准石油公司密不可分。

1839年7月8日，约翰·洛克菲勒出生于纽约州哈得逊河畔的一个小镇。祖上是法国南部人，为了逃脱政治迫害，才来到新大陆创立自己的事业。到洛克菲勒这一辈，已经是好几代了。

父亲是一个很讲求实际的人，他自信，好冒险，善交际，任性而又以自我为中心。他从小就教育孩子们，只有劳动，才能给予报酬，而家里的任何劳动，都制订了一套标准。母亲是个一言一行都皈依《圣经》的虔诚的基督教徒，她勤快、节俭、朴实，家教严格。洛克菲勒作为长子，他从父亲那里学会了讲求实际的经商之道，又从母亲那里学到了精细、节俭、守信用、一丝不苟的长处，这对他日后的成功产生了莫大的影响。

从小，洛克菲勒就表现出了自己的商业才能，他有个记账本，上面详细的记录着自己在田里干了什么活，以此来向父亲要求报酬。同时，他把这些钱积攒下来，贷给当地的农民，制订一定的利息，从中赚取费用。还有一次，他在树林中发现了火鸡的窝，就把小鸡弄回家中自己饲养，到感恩节的时候，再把鸡卖掉，大赚一笔。而这些都得到了父亲的赞扬，因为父亲认为："人生只有靠自己，做生意要趁早，只有钱才是最牢靠的。"这种教育方式或许有点偏激，但对年幼的洛克菲勒而言，却是影响他一生的，"不要随便相信别人，只有钱才是最牢靠的"对于在逆境中生存的人、在商场上厮杀的人是没错的。

16岁那年，洛克菲勒决定放弃升大学，到商界谋生。为了寻找工作，他在克利夫兰的街上跑了几个星期，拿定主意要找一个前程远大的职业。9月26日，他在一家经营谷物的商行当上了会计办事员。从此，这个日子就成了他个人日历中的喜庆纪念日，他把它作为第二个生日来庆祝。"就在那儿，我开始了学做生意的生涯，每周工资是4美元。"他这样说。

这个年轻的小伙子工作十分认真刻苦，账簿做得清清楚楚，没有差错，这些顿时让老板休威刮目相看。在公司工作的第三年，洛克菲勒无意中听到了英国即将发生饥荒的新闻，自作主张大量收购食品，为此老板极为不满，但没过多久，英国真的发生了饥荒，公司的货物销往外国，获得了巨额利润。一时间，洛克菲勒在当地，成为人们的谈论中心，一个19岁的小商业天才就这样诞生了！

1858年，不满足做个小助理的洛克菲勒辞掉工作，认识了和他有过相同工作经历的英国人克拉克。洛克菲勒向父亲借了1000美元，与克拉克合伙成立了"克拉克·洛克菲勒经纪公司"，把美国西部的谷物肉类出售到欧洲，开始了创业。

洛克菲勒做生意时总是信心十足、雄心勃勃；同时又言而有信，想方设法地使自己取信于人。克拉克对洛克菲勒做事仔细十分欣赏，他描述当年的情况说："他有条不紊到极点，留心细节，不差分毫。如果有一分钱该给我们，他必取来。如果少给客户一分钱，他也要客户拿走。"

这时候在美国宾夕法尼亚州已经发现了石油，成千上万人像当初采金热潮一样拥向采油区。一时间，宾夕法尼亚土地上井架林立，原油产量飞速上升。

洛克菲勒并没有被这一切冲昏头脑，他冷静地来到石油产地进行考察。而在盲目开采的现场，他发现了繁荣后面所隐藏的危机。洛克菲勒十分明白"后发制人"的道理，时机还不成熟，等等再说！

1861年，美国南北战争爆发，与愁眉苦脸的别人相比，洛克菲勒像是上满了发条的钟表，开始运作了。他迅速办理了大额贷款，囤积了许多战时必需的货物，而当这一切完成之后，战争打响了，洛克菲勒赚了大钱。

战争带来的不仅仅是这些，当时铁路建设风起云涌，石油需求量大增，洛克菲勒等待已久的机会来了。1863年，洛克菲勒在克利夫兰开设了一个炼油厂，把西部的石油运到纽约等东部地区。在石油工业中，勘探石油等工作被称为"上游工业"，精制和销售属"下游工业"。随着下游工业的兴盛，克利夫兰出现了50多家炼油厂，洛克菲勒决定垄断"下游"工业，那时他只有28岁。

洛克菲勒热衷于公司间的联合，为了实现自己垄断的理想，他联合了两位资金雄厚、信誉很好的投资合作者。3年之后，也就是1870年1月10日，创建了一家资本额为100万美元的新公司，它的名字就是标准石油公司。身为公司创办人和总裁的约翰·洛克菲勒获得了公司最多的股权，当时他年仅30岁。科学的管理、精细的经营、高质量的产品为标准石油公司赢得了声誉，也具备了坚实的竞争能力。

仅仅在克利夫兰的垄断是无法满足洛克菲勒的。他要的是对整个美国石油的控制，或者说，整个世界的控制。

一次偶然的机会，洛克菲勒在一本公开发行的刊物上发现一篇文章，里面写道："小商人时代结束，大企业时代来临。"他感到这与自己的垄断思想不谋而合，就对文章予以高度评价，并以高达500美元的月薪聘请文章的作者多德为法律顾问。

多德是个年轻的律师，他"走红"后，就千方百计地为洛克菲勒的公司寻找法律上的漏洞。一天，他在仔细研读《英国法》中的信托制度时，突然产生出灵感，提出了"托拉斯"这个垄断组织的概念。

所谓"托拉斯"，就是生产同类产品的多家企业，不再各自为政，而以高度联合的形式组成一个综合性企业集团。这种形式比起最初的"卡特尔"，即那种各自独立的企业为了掌握市场而在生产和销售方面结成联合战线的方式，其垄断性要强得多。

洛克菲勒在1882年5月20日召开"标准石油公司"的股东大会，组成9人的"受托委员会"，掌管所有标准石油公司的股票和附属公司的股票。洛克菲勒理所当然地成为该委员会的委员长。随后，受托委员会发行了70万张信托证书，仅洛克菲勒等4人就拥有46万多张，占总数的2/3。就这样，洛克菲勒如愿以偿地创建了一个史无前例的联合事业——托拉斯。在这个托拉斯结构下，洛克菲勒合并了40多家厂商，垄断了全国80%的炼油工业和90%的油管生意。

托拉斯迅速在全美各地、各行业蔓延开来，在很短时间内，这种垄断组织形式就占了美国经济的90%。很显然，洛克菲勒成功地造就了美国历史上一个独特的时代——垄断时代。

随着洛克菲勒"石油帝国"实力的迅速增长，它的触角也伸展到金融、公用事业和一些工业部门。洛克菲勒依靠庞大的石油帝国和巨大金融的实力做后盾，大大加强了其在美国金融界的地位和影响。

在海外，标准石油公司进一步向西欧和中国扩大海外市场，因为先进的技术，标准公司赢得了欧洲大部分地区的煤油市场。在中国，标准公司为自己开创了一个全新的市场。它分送掉几百万盏廉价的油灯，使中国人购买和点燃标准公司的煤油，被人们称之为"点燃亚洲光明之灯"。就这样，标准公司一步一步地把石油市场从欧洲扩展到亚洲，进而扩展到全世界。

在占领市场的同时，他利用国外廉价的劳动力，"掠夺"国外丰富的石油资源，取得高额垄断利润。在亚非拉地区的石油开采成为了他的财富的主要来源，1935年。洛克菲勒控制了海内外大约200家公司，资产总额达到66亿美元，他的私人财产也超过了15亿美元，成了名噪世界的"石油大王"。标准石油公司几经更名，最后定名为美孚石油公司。

雅各布·希夫：犹太人的金融家

雅各布·希夫是一位出生在德国的美国银行家。1847年1月10日，雅各布·希夫出生在德国法兰克福一个显赫的犹太人家族，该家族在法兰克福的世系可以追溯到 1370 年。希夫家族与另一个犹太人的名门望族——罗斯柴尔德家族都世代居住在法兰克福的犹太人隔都。1865 年 18 岁的雅各布·希夫移居美国纽约，从事银行工作。1875 年，他与库恩·洛布公司总裁所罗门·洛布的女儿结婚，随后进入这家公司工作。1885 年，所罗门·洛布去世后，他得以接手负责库恩·洛布公司，将其发展成为"西半球两个最有实力的私营国际银行之一"。他在 1897 年和其他许多铁路公司改组了破产的联合太平洋铁路，成为美国最主要的铁路银行家之一。他和罗斯柴尔德家族、Warburgrs、奥本海默家族等犹太人一起，被指为用神秘的阴谋控制世界经济和各国政府的几个关键人物。

在 1904 年到 1905 年的日俄战争期间，希夫通过库恩·洛布公司进行了他最著名的一次金融行动，向日本放出一系列风险极大的贷款，总额达到 2 亿美元。日本的实力显然处于劣势，并且此前尚无一个欧洲国家被非欧洲国家击败的先例。因此，这笔贷款引起了全世界的注意，产生了重大的影响。日本赢得了这场战争，此后日本政府深信犹太人由于彼此忠诚，而在全世界拥有巨大的势力，甚至准备控制世界。希夫也获得了明治天皇颁发的旭日勋章，成为第一个获此殊荣的外国人。1904 年，英国国王爱德华七世也私下接见了希夫。

银行家的枪：沃伯格兄弟

1902 年，保罗和费里克斯兄弟从德国法兰克福移民到美国。出身于银行世家的两兄弟对银行业务十分精通，尤其是保罗，堪称当时的金融顶尖高手。罗斯柴尔德非常看重保罗的天分，特意从欧洲战略联盟的沃伯格家族银行将两兄弟抽调到急需人才的美国战线上。

此时，罗斯柴尔德家族在美国推行私有中央银行的计划已近百年，始终起起伏伏没有最终得手。这一次，保罗将承担主攻任务。在抵达美国不久，保罗加盟先头部队雅各布·希夫的库恩雷波公司，并娶了希夫妻妹的女儿，费里克斯则娶了希夫的女儿。

老罗斯福和威尔逊总统两朝的金融顾问加里森指出："在奥尔德里奇计划在全国招致愤恨和反对的情况下，是保罗·沃伯格先生把《美联储法案》重新组合起来的。这两份计划背后的天才智慧都来源于伦敦的阿尔弗雷德·罗斯柴尔德。"

伍德罗·威尔逊当选总统的背后

不出银行家们所料，1907年的银行危机的确极大地震撼了美国朝野。人们对信托投资公司的愤怒，对银行倒闭的恐慌，与对华尔街金融寡头势力的**畏惧掺**和在一起，一股反对一切金融垄断的强大民意潮流席卷整个美国。

当时，时任普林斯顿大学校长的伍德罗·威尔逊就是一位著名的反对金融垄断的活跃分子。有一次，纽约国家城市银行的总裁范德利普曾回忆时说道："我写信邀请威尔逊参加一个晚宴并在宴会上发表演讲。在信中，我提到了参议员奥尔德里奇也要到场也要发表演讲。可是他的回信却让我大吃一惊，他在信中明确地拒绝和奥尔德里奇同台发表演说。"

奥尔德里奇被人们称做是"国家的总经理"。他出生于1841年，起初他只是杂货店的一个伙计，在公共学校和罗得岛的东格林威治学院接受教育。毕业后在普罗维登斯的一家鱼店里干活，然后在杂货店做店员，做图书保管员，合作伙伴并且一直是个批发杂货商。他被选入州立法机关，他接受了真正的教育，工作非常勤奋，以至于很快就赢得了老板，当时是安东尼（Anthony）参议员的信任，被送进了国会，继安东尼之后成了老板和罗得岛财团的主要代理人。1881年，他进入了美国参议院。1901年，他的女儿嫁给了约翰·D·洛克菲勒唯一的儿子、指定继承人。这样，美国人民的主要剥削者通过婚姻和为他们这些剥削者服务的主要阴谋家结成了紧密的联盟。对于这个事实不应有一个美国人忽视。它是一个政治事件，也是一个经济事件。它为奥尔德里奇和财团的联合关系盖上了最后，也是最有力的印章。在进入参议院之前，奥尔德里奇已经就如何通过立法把多数人的劳动装进少数人的腰包接受了15年的训练。他作为地方利益集团的代表进入参议院参与强盗行为，通过无耻的关税政策，把抵御外国人的保护政策变成了对国内人民的掠夺。他那被事实证明的在立法大厅和会议室开展无耻、滑头工作的卓越天赋，和他稳坐参议员的位子抵抗大众的厌恶和激烈情绪的能力，都使他明显成为迅速组织起来接管美国人民财富的那帮强盗的"总代理商"。1908年，奥尔德里奇提议在紧急情况下，银行可以发行货币，并以联邦政府、州政府和地方政府的债券和铁路债券做抵押。该法案被称为《紧急货币法案》，这个法案成为五年以后《美联储法案》的立法基础。奥尔德里奇被社会认为是华尔街的代言人。

伍德罗·威尔逊，1856年出生在弗吉尼亚斯汤城，其童年是在严肃的宗教气氛中度过的，少年时代就醉心于政治，三度出任英国首相的威廉·格莱斯顿是他心目中崇拜的英雄。威尔逊16岁进入戴维森学院，26岁时在亚特兰大开设律师事务所，但长时间无人问津，29岁获得博士学位，30岁开始在大学任教，善于写作，富有辩才。1902年发表的《美国人民史》被认为是其学术上的最高成就，至此他已著书9部，发表文章32篇。同年威尔逊出任普林斯顿大学校长，推行教育改革而声名鹊起。学术上的精深造诣和理想主义的情怀并不能弥补他金融行业知识的极度缺乏，他对华尔街银行家们的赚钱技巧更是一窍不通。

银行家正是看中了威尔逊的单纯而容易被利用的特点，又是社会公认的反金融垄断的著名活动家，是一位正义感很强的人。银行家们准备在他身上下一笔高额的赌注，悉心"雕琢"，以备银行家们利用。

历史的巧合就是这么多的，在银行家们想怎么接近威尔逊时，纽约国家城市银行的董事克里夫兰·道奇闯进了银行家们的视野里，因为他是威尔逊在普林斯顿的大学同学，1902年威尔逊能够顺利当上普林斯顿大学的校长，就是财大气粗的道奇大力相助的结果。有了这一层不浅的关系，道奇在银行家们的策划下，开始在华尔街放风说威尔逊是一个合格的总统候选人。

正当威尔逊声势一天比一天好的时候，银行家们背地里紧锣密鼓地为他筹措竞选总统的费用。道奇在纽约百老汇大道42号设立了为威尔逊筹款的办公室，很快，道奇通过直邮的方式，迅速在银行家的圈子里征集到了大笔经费，其中2/3的经费来源于七个华尔街银行家。

威尔逊在正式获得总统竞选提名后，很难抑制住自己激动的心情，他在给道奇的信中说，"我的喜悦无法言表"。从此，威尔逊就完全地扑进了银行家们的怀抱当中。

结果伍德罗·威尔逊是在美国1912年总统大选中胜出，并且连任两届，曾获霍普金斯大学政治博士学位，是美国"学术地位最高"的一位总统，同时也是银行家们的"好朋友"。1962年美国历史学家把威尔逊排在34位美国总统的第四位——位于林肯、华盛顿、富兰克林·罗斯福之后。

神秘的哲基尔岛上的阴谋

为了响应1907年的恐慌，泰迪·罗斯福签署了一份法案，创造了国家货币委员会。它的作用是研究银行问题，以及给国会提供建议。当然，这个委员会充斥着摩根的朋友和心腹。

委员会主席是参议员纳尔逊·奥尔德里奇，来自罗德岛。奥尔德里奇代表了新港——罗得岛，那里是美洲最富有银行家族的地盘，同时他也是摩根的投资合伙人，手中拥有着大量的银行股票。他的女儿嫁给了约翰·洛克菲勒，并有了五个儿子：约翰、尼尔森（1974年当上了副总统）、劳伦斯、温斯洛普和大卫（对外关系委员会的主席和大通曼哈顿银行的前主席）。

国家货币委员会刚一成立，参议员奥尔德里奇立即展开了一项为期两年的欧洲巡回旅行，并与英国法国和德国的私营中央银行行长进行详细磋商。他这次旅行的总成本是30万美元，在那个时代对于纳税者来说，这是个巨大的数字。

1901年11月22日晚，也就是在他回来不久，美国最富有和权利最大的七个人登上了奥尔德里奇的私人轨道车，去了与乔治亚的海岸相望的哲基尔岛进行严格保密的旅行。

与奥尔德里奇和三个摩根家族代表一起的是保尔·沃伯格，他为库恩·雷波（KuhnLoeb）公司游说投资进入一家美国私人银行，从而获得20万美元的年薪。保尔·沃伯格在这个公司中的合伙人名叫雅各布·斯切夫，他的爷爷和罗斯柴尔德家族分享法兰克福的绿盾房屋。

罗斯柴尔德、沃伯格以及斯切夫这三大欧洲银行业家族正像美国的摩根、洛克菲勒和奥尔德里奇三个家族一样，通过联姻而联系在一起。

这次旅行的保密工作做得如此之好，以至于七位主要参与者小心到只用他们的教名，以防服务生认出他们的身份。多年以后，当时的一位参与者——洛克菲勒的纽约国家城市银行主席同时也是库恩·雷波公司的代表——弗兰克·范德里普，在1935年2月9号的星期六晚邮报上证实了此次哲基里岛的旅游的存在："我那时是很秘密的，事实上可以说是鬼鬼祟祟的，就像谋反者一样。我们知道，一定不能够被发现，否则我们所有的努力都白费了。如果我们秘密集会起草银行业条例草案的事情暴露了，那么这个草案将完全没有可能被国会通过。"

与会者们走到一起，以研究如何解决他们的主要问题——如何重建私有中央银行，但也有其他问题，需要加以解决。强大的国有银行的市场占有率正在快速降低。

在20世纪的前十年里，美国银行的数量增加了一倍以上，达到两万多家。到1913年，只有29%的银行是国有银行，它们只有57%的存款。就像奥尔德里奇之后在一家杂志上所承认的："在这项法案通过前，纽约的银行家只能通知纽约的银行储备，而现在，我们可以通知整个国家的银行储备。"

然而，他们必须做一些事情使得新银行在他们的掌控之下。就像约翰·D·洛克菲勒说过的："竞争是一种罪过。"事实上，道德家们同意滥用垄断是一种罪过，但当金钱被制造出来时，他们的态度就模棱两可了。

其次，国家的经济是如此强大，很多企业都选择扩张投资来获取利润，而不是从大银行贷款。在新世纪的前十年里，70%的企业资金来自利润。或者换句话说，美国工业正从资本兑换家们的模式中独立出来，这种趋势必须加以制止。

所有的与会者都知道，这些问题是可以找到一个可行的解决办法的，但是可能他们遇到的最大问题是一个涉及公共关系的问题——新的中央银行的名称。在那个广阔的酒店，也就是现在被称做"哲基尔岛俱乐部"的地方，关于这个问题的讨论在众多会议室中的一间里进行。

奥尔德里奇认为"银行"这个字眼根本不应该出现在这个新的名称中。而沃伯格则呼吁把这项法规叫做国家储备法案或美国联邦储备委员会条例草案。这个主意是想给大家这样一种印象，建立新的中央银行的目的是制止银行挤兑，但同时也隐藏了它的垄断本质。然而，自负的政治家奥尔德里奇，却坚持它必须被叫做"奥尔德里奇法案"。

在哲基尔岛住了9天之后，这个集团解散了。新的中央银行（最终包括12个支行）与美国的旧银行非常相似。它最终将垄断国内货币，可谓一本万利。

《美联储法案》让银行家实现美梦

当参与者离开哲基尔岛，公共关系的冲突就开始了。大纽约银行汇集了一笔 500 万美元的所谓"教育"资金，来投资给那些名牌大学的教授，从而获得大家对新银行的支持。普林斯顿大学的伍德罗·威尔逊是第一个跳出来跟风的。

但银行家的说辞并不奏效，"奥尔德里奇法案"很快就被确定为一个银行家的法案，即一个只会使所谓"金钱信托"受益的法案。就像众议员林博格在国会辩论中所说的："奥尔德里奇的计划是华尔街的计划，如果需要的话，它意味着用另一种恐慌来恐吓市民。政府养着奥尔德里奇是为了代表人民的立场，而不是提出信托的计划。"

眼看他们不可能在国会中胜出，共和党的领导人根本没把"奥尔德里奇法案"拿来进行表决。总统塔夫特不会支持"奥尔德里奇法案"。银行家们决定将重心悄悄转移到民主党。

他们开始为威尔逊做民主党候选人提供资金支持，他们认为威尔逊远比布莱恩听话，像历史学家詹姆斯·佩罗夫说的，华尔街金融家伯纳德·巴拉奇负责威尔逊的教育。

为了增加威尔逊击败支持率更高的塔夫特的机会，他们还给不知情的泰迪·罗斯福投资，以此来分裂共和党内的选票。从那以后，为了确保支持者入围，这就成了一个常用的招数。参加竞选的罗斯福说道："关于货币的问题应该向政府提出，避免被华尔街所统治。我们反对'奥尔德里奇法案'，因为它的规定会把我们的钱和信贷系统交到私人的手里。"这无疑是正确的，它有助于从塔夫特吸引选票，从而使威尔逊当选。

在总统竞选中，民主党人非常小心地假装反对"奥尔德里奇法案"。正如作为民主党人，同时也是众议会银行和货币委员会主席的路易斯·麦克法登在 20 年后所作出的解释。

"奥尔德里奇法案"在演讲时都广泛批评。伍德罗·威尔逊最后被提名为民主党的领袖。他向人民承诺如果民主党重新执政，他将不会建立中央银行。13 个月后他食言了，在那些险恶的华尔街大人物的干预之下，由他执政的政府在美国建立了腐朽不堪的专制组织——"国王银行"，自上至下地统治人民，束缚美国人民的一生。

威尔逊一当选，沃伯格、巴鲁克等一些人就提出了一个"新"方案。它被沃伯格命名为联邦储备系统。民主党领导人十分欢迎这个看起来似乎和"奥尔德里奇法案"有根本区别的新方案，并将其命名为"格拉斯——欧文法案"。但是实际上，这个法案在一些重要细节上和"奥尔德里奇法案"是没有实质区别的。

事实上，民主党如此强烈地否认新法案与"奥尔德里奇法案"的相似之处，以至于身为两个法案之父的保罗·沃伯格不得不私下插手以打消国会对于两个法案实质上相同的疑虑。

消除了影响"外壳"的外部差别后，两个系统的"构核"竟如此相似。

但是这个准入资格仅限于私人。金融托拉斯们推举出了两个人，参议员奥尔德里奇和弗兰克·范德里普，其中弗兰克·范德里普是由摩根、洛克菲勒集团控制的纽约国家城市银行总裁及哲基尔岛七人中的一个。他们通过这样的行动去象征性地反对新的联邦储备系统。

这个法案批准了以私人代替公众来控制货币，这是那些华尔街巨头25年来一直所追求的。"格拉斯——欧文法案"在这点上与"奥尔德里奇法案"没有什么不同。两个法案都剥夺了政府及人民对货币的控制，并且授予银行专有那些极为危险的挣钱的权利。

准确地说，在这个法案的讨论过程中，参议员们一直在抱怨那些大银行用其金融力量来影响讨论结果。"这个国家对公众财产威胁最大的人是那些银行家"，一位议员断言。这是多么保守的评论啊！

1913年12月份的一个星期一的凌晨1：30~4：30，此时大部分议员都还在睡梦中，在议会精心准备下，联邦法案通过描述、辩论、妥协及投票，每一部分都是在惊人的4.5分钟到9分钟内完成的。这个惊人的速度是之前和之后国会中所没有的。

在凌晨4：30，议会拟好的一份报告已经提交打印。堪萨斯州参议员布里斯托，这位共和党的领导人在国会记录中陈述到，议会并没有通知他们，共和党人也不在现场，而且没有机会来阅读和在议会报告上签字。

会议报告一般在参议会上阅读。共和党人甚至看不到这份报告。一些参议员陈述到，他们对这项法案的内容一无所知。在12月23日下午6：02，当许多议员已经离开国会大厦准备过圣诞节时，同一天，法案在参众两院迅速通过，伍德罗·威尔逊总统签署1913年《美联储法案》使之成为法律。

这个法案使得货币控制权从美国的议会转移到私人银行精英们手中。毫不奇怪,通过这样一种方式,一部赋予几位银行家进行货币垄断的法案生效了!

但是在此之前,众多参议员及众议员们都被议长告知在圣诞休假结束前不会做任何表决,所以大家都离开议会去度圣诞假期了。法案通过的当天,议员林德伯格就对广大人民发出警告:"这个法案建立了世上最大的托拉斯。"当总统签署这个法案时,在幕后被金融力量所控制的政府将合法化。人们可能短时间内无法了解,但是最后的审判日将在几年内到来……最糟糕的立法犯罪将由这个法案引起。

由于上述情况的出现,国会在几个星期之前最终通过了一部使收入税合法化的法案。为什么税收入所得税法案十分重要呢?因为银行家们最终拥有了一个适当的可以无限增加联邦贷款的系统。如何只偿还贷款的利息而不去考虑本金呢?记住,一个私有化的中央银行可以凭空创造出本金,所以联邦政府就显得很渺小了。一直到那时,政府都只能依靠关税及特许权税来维持运转。

正像英格兰银行一样,利息的支付必须以人民的直接税来担保。那些银行家们明白如果他们只能依赖于政府的话,最终每个州的立法机构都可以拒绝支付他们的利息,或者至少施加政治压力以减少其贷款。

非常有趣的是,在1895年最高法院认定一部相似的所得税法案违反了宪法。最高法院甚至在1909年认定一部公司所得税法案违反了宪法。结果是,1913年10月,奥尔德里奇参议员努力地使国会通过了允许征收所得税的宪法修正案。

而后第16次宪法修正案被发往各州的立法机构进行批准,但是一些批评家评论说,这个修正案从来没有获得必要的3/4以上的州的通过。也就是说,第16次宪法修正案可能是不合法的。但是那些银行家们没有心情在这些话题上争论。如果没有绕过政府直接向人民征税的权力,联邦储备法案对那些想以其债务控制美国的人来说用处就小得多了。

在《联邦储备法案》获通过一年后,众议院议员林德伯格解释了美联储如何创造了我们所谓的经济周期及如何利用经济周期来为其牟利。

为了使价格升高,联邦储备金监察小组将会降低再贴现率;扩张信贷规模并且使股票市场大涨;而后,当商人们都习惯了这样的条件后,他们可以通过任意提升利率来控制市场。

第五章　世界上最大的中央银行美联储 | 113

它可以通过贴现率的微小变动来让市场的繁荣与衰落像钟摆一样前后轻微地摆动，或者通过利率的剧烈变化来造成市场的剧烈波动。而且在两种情况下，他们都能占有从金融状况到即将到来的变化的内部消息，无论是上升还是下降。

这是有史以来政府所授予特权阶级的最奇怪、最危险的优势。

这些金融巨头懂得何时制造恐慌以牟利。他们同样知道何时终止恐慌。当他们控制财政的时候，通货膨胀及通货紧缩都会为他们盈利。

美联储赚钱的系统流程

事实上，债券只是一种纯粹的承诺，而人们购买债券，也不过是为了获得较安全的利率回报。在债券到期时，政府偿还本金和利息，此债券就失效了。

操控美联储的金融家究竟是如何凭空"造钱"的呢？下面就是美联储赚钱的具体流程。

第一步：美联储公开市场委员批准购买在公开市场上的美国债券。

第二步：债券是被纽约联邦储备银行从那些在公开市场上愿意出售债券的人手中买来。

第三步：美联储购买这些债券，却付给那些卖家电子信贷，这相当于反过来又从卖家的银行账户里面赊账。这些电子信贷根本就是无形的，只是美联储凭空制造的东西。

第四步：银行用这些存款做储备。他们可以高息贷出原来储备的 10 倍给新的贷款者，以获得利润。

通过这种方法，美联储购买比如说 100 万美元的债券，就会获得变成了超过 10 亿美元的银行存款。美联储在实际上创造了 10%，其他 90% 是新资金和银行创造的。

事实上，10% 的存款准备金率也有一些重要的例外，因而许多贷款根本无需储备金。这样银行完全可以创造超过它们储备 10 倍以上的钱。

为了在经济中减少金钱的数量，这个过程可以被逆转过来。即美联储向公众发售债券，于是金钱从购买者的当地银行流出。贷款就会以 10 倍的出售金额减少。所以当美联储出售 100 万美元债券，就会造成 1000 万美元金钱的减少。

那么1913年的联邦政府改革法案怎么会使代表聚集在哲基里岛的银行家们获益呢？

第一，它完全使银行业改革从适当的道路上发生偏差。

第二，它阻止了一个政府财政合适的无负债制度，如林肯的绿币东山再起。林肯创立绿币后，为了向林肯施压而产生的基于债券的政府财政系统，已经是板上钉钉了。

第三，它下放给银行家创造90%的以分布式存储为基础的货币供应的权利，他们可以把这些钱贷出以获取利润。

第四，它把全国的金钱集中到了少数人手中。

第五，它建立了一个新的私人的美国中央银行，并与有效地政治控制保持高度独立性。在它成立16年以后，美联储在20世纪30年代初期的大收缩，导致了美国的大萧条。之后根据附加的修正案，这种独立性更高了。

为了欺骗公众，使他们相信政府仍然保持着对局面的控制，该计划要求美联储由总统任命、参议员批准的董事会来控制。但这些银行家们所要做的只是确保他们的人进入这个董事会。这其实一点也不难，他们有钱，而钱可以买来超过政治家们的影响力。

华尔街轴心的华盛顿

在美联储建立之后，凡是质疑美联储合法性的议员，总是会在连选时遇到资金无比雄厚的竞争者而败北。一只看不见、甚至想不到的手，左右着国际金融市场。长久以来，人们一直怀疑美联储80年代以来人为和刻意地在扭曲黄金和石油价格。当然。美联储从不直接出手干预市场，而是通过一个神秘的基金——美国交易稳定基金ESF来实施干预。甚至ESF也不直接进入外汇和黄金期货市场，而是找几家大型代理银行来执行美联储纽约银行的干预意图。由于这些银行交易量非常惊人，ESF的单子可以混在其中，这样可以近乎完全地隐形在金融市场上，这只看不见的手被称为"华盛顿——华尔街轴心"。

那美联储干预金价目的是什么？由于市场能够传递一些政府和金融寡

头不希望人们接收的信息：黄金价格的上涨折射出了美元的超量发行。

当美元发行速度超过经济增长速度的时候，增发 1 美元到流通领域，就在事实上稀释了现有美元的购买力，所有存钱的人都遭受了损失，这实际上等同于偷窃。

美联储又是如何干预市场的呢？据估计，对市场最有效地干预发生在星期五下午。那时世界上所有的金融市场都已经关闭，由于时差的关系，纽约的市场在那个时间段是唯一的正在进行交易的市场。市场资金量有限，干预比较容易见效，而且经过一个周末的心理发酵，星期一往往会产生更大的威力。对金价的干预一般要错开伦敦金属交易市场的时间，因为伦敦是实际的黄金交易，而纽约则是黄金的纸上交易。对黄金纸上交易的操纵一般会避开实物交易市场，所以干预多发生在中午 12 点以后，那时伦敦市场正好闭市。

与约翰逊总统鲁莽和笨拙的干预不同的是，这些金融大鳄们会进行精心策划，并严密地协调各方面的动作，他们就像有经验的猎手一般，极为耐心地等待时机。当大大咧咧的毫无防备的广大投资者进入伏击圈后，等三颗红色信号弹一升空，比如美联储主席伯南克和美女财经记者之间，到底是周瑜打了黄盖，还是黄盖利用了周瑜，反正利息可能继续上涨的信号弹升空了，几大媒体纷纷发表专家意见，认为黄金已过度投机，排山倒海般的卖单如黄河决堤一般狂泄而出，多头顷刻之间被杀得尸横遍野。要知道，约翰逊总统在几个星期内实施抛售实物黄金的做法，相当于冷兵器时代用弓箭和大刀与多头搏杀，而在金融期货时代，做空的一方可以轻而易举地聚集万吨以上的黄金期货合同，在一两个小时以内集中抛向市场，多头的黄金期货无论从数量和气势上都远逊于对手。

由于美联储是空头的总后台，发行美元的大权在握，加上各大银行的通力合作，绝无被逼空的可能性。只要击穿多方阵营的 10% 的止损线，更多的卖盘就会自动被激活，多方阵脚势必大乱。当金价血流千里，一败涂地之时，空头可以从容补仓，不显山不露水地痛斩多头，然后悄然退场。

但是，再隐秘的操作也会留下一些蛛丝马迹。在美联储每月公布的黄金储备量报告中包括了 ESF 所控制的黄金，而美国财政部也公布每月的黄金储备量，这两份报告在会计原则上应该完全一致。但有人发现，从 1999 年到 2000 年 12 月期间，有若干次这两个数据有差异。当这个发现被公布之后不到两个月，美联储于 2001 年 2 月匆忙地更改以前的黄金储备量的数据报告，使之与财政部的完全一致，并且删除了所有与 ESF 相关的黄金数据。但是，这一仓促的修改却留下了记录。由于美联储的月报表不用被核查，所以可以被改动，但年度报表却由于经过核查而无法修改。

在2002年12月31日的年度报表上，这两份报告出现了94741盎司的差异。从1913年到2001年，美国在87年里一共积累了6万亿美元的国债，而从2001年到现在，短短的5年多的时间里，美国竟增加了近3万亿美元的国债！美国的国债到现在为止总额已达到8万3千亿美元，平均每个四口之家的美国家庭要负担11万2千美元的债务，而且国债总额正以每秒2万美元的速度增长！

当美联储放松银行时，根据法律规定，它可以发放不超过黄金总储备量和国债总额的钞票。换句话说，从2001年以来，美联储可以增发3万亿美元的基础货币，而每1美元的基础货币投放出来以后，可以通过银行，无中生有的变出10美元的新货币，这就是法定货币的惊人魔法。请注意，银行在发放信贷的过程中，的的确确地是变出了金钱！

美元泡沫的工厂

2006年3月23日，美联储在它的网站上公布了一个很不起眼的通知，美联储在一个非常简短的解释中提到："鉴于M3没有提供比M2更多的经济活动的信息，而且多年以来对货币政策没有影响，所以收集和发布这些信息的费用超过了它所能带来的益处。"而仅仅在此3天以前，伊朗正式启动了完全以欧元结算的石油交易所。这两者看似风马牛不相及，真是这样吗？

M3是美国最广义的货币定义，简单地讲，它包括了美国所发放的所有的美元，尤其重要的是它包含了外国政府和金融机构所持有的大额美元储备。如果伊朗的石油交易所完全以欧元结算，这将直接降低其他国家持有美元的必要性。

当中国、日本和其他国家的中央银行降低美元持有量时，美联储的美元货币供应量的报告中将失去这一关键信息。担心的不只是国际投资者们，美国政界的有识之士也旗帜鲜明地反对美联储的这一政策。其中的代表人物当属德州共和党众议员隆回保罗，他提出HR4892法案，强烈呼吁美联储必须向美国人民每周报告M3的实际数据。令人匪夷所思的是，对人民币微不足道的些许波动都连篇累牍地报道分析的美国各大媒体，对如此重大的财经新闻却保持沉默。原来，操纵着美联储的和控制美国90%信息供应的5大新闻网其实是同一伙人。

当想到如果美联储高兴，市场上有可能会新增30万亿美元的流通货币，而2006年3月以后，关键的M3的信息又没了，人们将无法估计美联储到底新发了多少钞票，在这种情形下，最粗壮的神经也会崩溃。这就是黄金价格会暴涨的根本原因，这也正是美联储最不想让人发现的。地缘政治、恐怖袭击、伊朗危机等，不过是表面现象而已。

由此可见，房地产暴涨，能源价格居高不下，商品价格屡创新高，这些市场信息折射出了问题的本源，泡沫的不是黄金和石油，也不是房价和大宗物资，泡沫的正好是美元货币！

全球化的实质就是美国生产美元，而其他国家生产美元所能购买的东西。1980年以来美国的高度繁荣和低通胀的经济奇迹，实际上是由发展中国家和地区来埋单的，其中主要是亚洲四小龙、中国以及石油输出国组织。由于美国所增发的货币中70%是流通到国际市场中，所以本国的通胀得以被有效控制。而这些被增发的在国际市场上流通的美元，绝大部分被20年来的亚洲中央银行当黄金般的宝贝收藏着。

2001年"9·11"以来，格林斯潘毫无顾忌地把利率从6%迅速降到1%所造成的美元信贷暴涨，使美元在全世界泛滥成灾，人们终于明白，原来美元其实是印着绿色花纹的纸片。全世界的主要美元持有者几乎同时扑向了房地产、石油、黄金、白银、大宗商品等美联储变不出来的东西。一位法国投资者说："纽约人能发行美元纸币，但只有上帝才能发行石油和黄金。"美国海军学院教授托马斯·巴内特在他的一篇文章中写道："我们只用很少的纸币（美元）去交换亚洲地区丰富的产品和服务，我们也足够聪明地知道这一切并不公平，当我们送去这些纸币时，我们必须要提供真正有价值的产品——美国太平洋舰队。"

美国庞大的武装力量的核心任务之一就是确保美元在世界的各个角落里不会被拒收。当伊朗宣布用欧元结算所有石油交易时，全世界仿佛已经听到伊朗轰隆隆的炮声。

美联储的三大方略

已有90年历史的美国联邦储备银行，事实包括12家银行及其分布在全美各地的25家地区分行。虽然它最初设立的目的是为了稳定和保护美国的银行系统，但其目前的主要职责却是控制通货膨胀。

根据美国联邦储备银行的章程，它的目的是"为了帮助消除通货膨胀和通货紧缩的影响，并积极参与创造环境，促进高就业率、稳定物价、国民经济增长和不断提升的消费水平"。

美联储的另一项重要职责是推动资金在银行系统内安全高效地流转。迄今为止，通过鼓励在电子转账等领域进行科技创新，美联储已大大提高了支付系统的效率。最早的资金流转是通过电报进行的，时间可追溯至1918年。最终，美联储将朝着无纸货币或电子货币的未来迈进，一旦实现，它的日常工作职责——更换旧币和没收伪钞，将不复存在。

美联储的7人总裁委员会负责管理，每个委员均由总裁予以委任。每个委员的任期长达14年。总裁委员会下设 名主席和 名副主席，其任期均为四年。由12名委员组成的联邦公开市场委员会（FOMC）则是一个具有重要影响力的组织，该委员会每年召开八次会议，研讨美国的经济和货币政策。

简言之，掌控世界经济的美国经济，尽在美国联邦储备银行的掌控之中。

如何调控美国经济，美联储有三大方略。

第一方略：美联储可通过买卖美国国债来抑制通货膨胀或刺激通货紧缩。当它买进时，货币供应量便增加；当它卖出时，货币供应量则减少。这些交易几乎每天发生。而在另一方面，它能帮助政府确定货币可用量究竟有多少，资金借贷是否容易，借贷成本是否高昂，多少人会有工作，物价是否会稳定，有多少商品和服务将会被生产和销售……都与此紧密相关。

第二方略：美联储可要求商业银行保留一定百分比的资金作为"储备金"，这些储备金或是金库里的现金，或是存在美联储的"储备金结算"特别账户中。由于银行不能动用储备金，因而美联储可通过改变储备金的要求比例，引导银行向市场出借更多或更少的资金。银行需要储备的资金越多，它可出借的资金就越少，贷款的利率就越高，需要贷款的零售、建筑等行业所受到的制约也就越大。

最后方略：是目前最少采用的，美联储会设定一个贴现率，银行可根据这一利率向美联储借款。银行可向美联储的"贴现窗"借款，从而有更多的资金用于出借。不过，运作良好的银行通常都不会向贴现窗借款。在过去的20年中，美联储的影响力在这一领域已日渐衰落。

无论采用何种方式，美联储都通过控制银行来控制消费者的花费。很大程度上，我们究竟有多少钱，取决于美联储近期的货币政策。

既然有钱能使鬼推磨，而花花绿绿的美钞更是凌驾于其他任何货币之上，那美联储可能就是世界上最强势的机构了。虽然它的目标听起来冠冕堂皇，但评论家们可不会买账。

1972年，颇具争议的经济学家汉斯·森豪斯发表了一篇关于美联储银行体系的论文。在论文中，他描绘了美联储阴险的一面。他认为，在未来相对于其他银行而言，美联储并不会成为慈眉善目的母亲，完全相反，它会成为呼风唤雨的恶魔。它会干涉自然经济力量，以通货膨胀等方式稳定政府债券市场。

"它就是这样做的，"森豪斯写道，"它打击美元的购买力，悄悄从大众手中掠夺财富。它就像古代的暴君一样搜刮民脂民膏，但它却比暴君更为阴险，因为人们对此毫不知情。"

在他尖锐的指控中，森豪斯对美联储银行体系的《银行紧急法令1号》进行了详细的研究，而在此之前，很少有人对此提出过异议。这项法令是基于1917年10月6日颁布的《与敌贸易法案》，该法案授权美国政府可对租金、价格和工资自由地实施政府控制，并引进了配给制度。既然我们生活在一个动荡的年代，战争的威胁无处不在，那么我们必须考虑到战争经济的后果是否应取决于美联储决策人一时兴起的念头上，而我们的总统所能做的只是点点头而已。

其他的批评家虽没有如此严厉，但也指出，美联储在对付通货膨胀时屡犯错误，以致损害工人的利益。实际上，美联储的决策者曾犯过太多的错误。经济学家认为，美联储的不当政策是造成20世纪30年代经济大萧条和70年代高度通货膨胀的主要原因。

不过在20世纪的90年代，美联储的政策对于推动美国的经济繁荣是举足轻重的。即使是批评家也不可承认，现任美联储主席格林斯潘在控制通货膨胀上功不可没。

无论喜欢与否，美联储依然推动着美国经济的巨轮不断向前行进。在全球化的今天，谁又能置身事外呢？

美联储主席艾伦·格林斯潘

艾伦·格林斯潘的一生光芒四射。在世人眼中，他不仅是美国联邦储备委员会主席，还是世界著名经济学家、金融家；是美国总统的经济"家庭教师"，也是"世界上有史以来最伟大的中央银行家"；商人们称赞他是经济、金融领域的先知、预言家，整个世界股市都随着他的喜悲而沉浮，同时他还是美国著名国务卿亨利·基辛格的学长。

格林斯潘的大半生是与金融结缘的。他的人生价值和智谋也因金融而大放光彩。美国纽约是一个繁华拥挤的国际大都市。1926年3月6日，艾伦·格林斯潘就降生在纽约市中心地带曼哈顿区这个"美国垄断资本家的大本营"中。父亲赫伯特·格林斯潘是个十分精明的证券经纪人，母亲罗斯·高德史密斯在一家零售店工作，艾伦是父母的独子。他4岁的时候，父母因感情不和而离婚，家庭破裂，格林斯潘由母亲和外祖父母抚养。

少年格林斯潘是个害羞的孩子，平时总是显得很拘谨。而他的母亲却是一位既善良又开朗的坚强女性，她拥有一颗"慈善的灵魂"，能歌善舞，喜欢表演，是格林斯潘生活中遇到的众多优秀的女性中的第一个。她对格林斯潘一生影响深远。母亲的养育之恩转化成格林斯潘对母亲的深深之爱，即使后来他跻身华盛顿最高决策层仍是如此，他几乎每天打电话问候母亲，陪她聊天，还经常利用周末乘火车去探望她，直到1995年母亲去世。

也许是受母亲的影响，格林斯潘深深喜欢上了音乐，那时，也正是流行爵士乐和吉特巴的时代。少年格林斯潘的梦想是成为一名专业音乐家，中学毕业后便进入纽约著名的朱丽娜音乐学院学习音乐，并参加了学院乐队。后来又加入了"职业爵士乐团"——杰罗姆强节奏管乐队，吹萨克斯管和单簧管。

虽然对音乐的喜爱几乎达到了痴迷的程度，但是格林斯潘逐渐发现自己并不具备音乐天赋，真正的兴趣并不是在这里，而是在金融和股票，这也许是继承了父亲的金融基因的缘故。在业余时间，格林斯潘大量阅读有关金融和股票方面的书，而且越读越感到有意思。那时，正值1945年，二战已经接近尾声，借助战争刺激发展起来的军火工业愈来愈发达，带动了美国经济从大萧条中起死回生，股票市场重现生机。格林斯潘感到金融、股票领域比音乐方面更能吸引他，于是毅然从朱丽亚音乐学院退学，到纽约大学商学院学习商业金融。

在那里，他如饥似渴地学习商业金融和经济学知识，用了3年时间主修了宏观经济学、微观经济学、动力经济学、美国经济史、经济思想史、统计学、高等数学等课程。格林斯潘超常的智力开始显露出来，他开始迸发出强烈的求知欲，他不满足课堂上教师的讲解，广泛涉猎各方面的知识，以最优异的成绩毕业于1948年，获得经济学士学位。又经过两年的继续深造之后，格林斯潘的姓氏前面又多了一个"经济学硕士"的桂冠。

凭着浓厚的学习兴趣和扎实的经济学理论基础，格林斯潘在经济学界的拼搏换来了一个又一个光环。

1966年一次偶然的机会，格林斯潘结识了共和党人理查德·M·尼克松，两人一见投缘。格林斯潘对经济、金融发展和社会政策的真知灼见很快赢得尼克松的好感，两人在这方面有许多非常相近的看法。尼克松感到格林斯潘正是自己需要的经济智囊人物。

格林斯潘接受了尼克松的邀请担任了共和党总统候选人尼克松的国内政策研究小组主任。在充满火药味的总统竞选期间，格林斯潘一面精心经营公司，一面辅助尼克松向权力的最高峰冲击。格林斯潘认真研究了美国民众要求变革的社会心态，与尼克松的竞选班子共同制定了结束越战、削减财政赤字、实现预算平衡、抑制通货膨胀等政策，在某种程度上顺应了民意，使尼克松以微弱优势击败了民主党的竞选对手，入主白宫。这是格林斯潘命运中的一个重大转折，从此他登上了施展经济才干的政治舞台。

尼克松总统刚一上台，就碰到了社会保障制度支付危机，由于政府出现巨额财政赤字，入不敷出，美国的社会保障体系接近崩溃。为了挽回面子，尼克松请格林斯潘出山，担任社会保障改革全国委员会主席，负责处理社会保障的财政危机。

经过反复调查研究，1982年，格林斯潘设计了一个微妙的妥协方案，总的策略是增税开源与"细水长流"并举。具体包括分两阶段增收雇主和雇员的工资税；逐步提高退休年龄；对高收入的受益者的津贴收税，并且把按指数化增加的生活费用津贴推迟6个月支付。这个方案节约了大量的开支,被认为足以在进入 21 世纪前使社会保障制度得救。长期的社会保障支付问题被推迟到将来解决,其做法与这个制度最初创立时一脉相承。这个解救方案,受到尼克松政府和国会的高度评价。国会几乎不加改动,全盘采纳。1983 年 4 月 20 日,尼克松自豪地说:"这个方案表明我国无论何时都对社会保障承担铁一般的义务。"众院议长奥尼尔评论说:"今天对美国来说是一个高兴的日子。"

此举,使格林斯潘赢得了更多的政治资本,大大提高了他在华盛顿的地位,促使里根总统在 1987 年美联储主席保罗·霍尔克任期到时,找到了接替他的合适人选。

在历任美联储主席中,能与白宫建立亲密关系的当数格林斯潘,特别是他与克林顿政府的关系最为密切,对克林顿内阁的影响也最大。克林顿在总统位置上历经"风吹雨打"的磨难,却总是能稳坐钓鱼台,很大程度上要归功于格林斯潘治理经济有方。有人说,1998 年克林顿面对性丑闻案能临危不倒,事实上在很大程度上是靠了选民们对繁荣的格林斯潘时代的满意,有人称格林斯潘是美国的影子总统。尽管格林斯潘有时会与克林顿政府在意见上有很大的分歧,两者之间也会有矛盾和冲突,但他还是与克林顿以及财政部长本特森之间建立起了真诚、友好的私人关系,他们常常一起打网球,一边打球一边谈论金融政策及金融理论。

艾伦·格林斯潘是一个金融怪杰。在他的办公室的墙上,挂着一幅布什政府时期的讽刺漫画:作者把格林斯潘画成经济领域中的"卡桑德拉",手中举的一块牌子上面写着"末日来临",比喻格林斯潘经常在经济问题上发出的一些耸人听闻的警告。格林斯潘对这幅"丑化"自己的漫画却"十分欣赏"。格林斯潘对金融有着特殊的情感,在他的办公桌上,摆放着一个奇特的标语牌:"The Buck StartS Here"(钱从这里滚开)。

表面上看来,格林斯潘更像一位老学究:总是戴着一副厚厚的黑边眼镜,穿带丝带的平底鞋,一身非常普通的深色西服,有一个小蝴蝶结和一个纹章,但又总是忘记戴上;他的衬衫常常几乎都看不出颜色,在胸前有一个很小的他名字字母 AG 的标志;头发稀疏,走路迟缓,略微驼背,讲话时有一种迷茫的微笑。有时他会将一双手放在口袋里,手指不停地摆弄着口袋里的几枚硬币,这几枚硬币是他年薪 13.67 万美元中极小的一部分。

要像从格林斯潘的表情或言谈中琢磨出什么东西,那是很困难的。格林斯潘作为美联储主席,负责制定美国的货币政策,是美国的"掌柜",他今天的一两句话,就能决定明天的证券市场是上天堂还是下地狱。华尔街的投资者们特别是金融经理，对格林斯潘的每一句话、每一个字都会反复推敲、研究，试图从他的遣词造句中捕捉到哪怕一点蛛丝马迹，但结果总是很令人失望。这是因为，格林斯潘的讲话总是语意暧昧、模棱两可，让人捉摸不透。

世事洞明、人情练达又深知自己位置重要、不敢稍有造次的格林斯潘，说话比任何人都更加小心谨慎。1987年秋，刚上台不久的格林斯潘在一次聚会上曾说过这样的话："自我从业于中央银行起，我就学会了语无伦次加含糊其辞。如果我令你们觉得过于明白了，你一定已经误解了我的意思了。"此言一出，立即引起一阵哄堂大笑。这一段类似中国绕口令的名言，其内容，其表现形式，都堪称是最典型的"格林斯潘式警句"。

格林斯潘与NBC——TV高级记者安德烈亚·米切尔有着12年的交往。20世纪80年代初的一天，时任美国社会保障委员会主席的格林斯潘，忽然接到一个来自全国广播电台（NBC）的年轻记者的电话，从此格林斯潘与比他小21岁的米切尔相识。格林斯潘是一个步步为营、循序渐进的情场老手。两年后，他成功邀请米切尔到外面幽会。第一次约会，两人都有触电的感觉。1987年10月，已出任美联储主席的格林斯潘携女友米切尔出现在白宫晚宴上。

1997年4月6日，71岁的格林斯潘和50岁的米切尔喜结连理，他们在弗吉尼亚州华盛顿的"小华盛顿旅馆"举行了盛大的婚礼。新娘称赞格林斯潘说："他在知识与感情上对我十分支持，他对我所做的和所想的十分感兴趣。他的想法与我相同。他是我所遇见的最不傲慢和最不带有优越感来关心我的男人。"

婚后，格林斯潘并没有沉浸于两人天地的甜蜜之中，每天工作仍然十分繁忙。他像一位出色的乐队指挥，引导着美联储跟着他的节奏和谐地运转。

格林斯潘对数字极其敏感，甚至可以说到了痴迷的程度，堪称一个经济和金融数据奇才。格林斯潘不断收集来自各方面的信息，他以专业经济分析方法，每天搜集和分析大量的经济运行数据。遇到什么经济难题，他就一头扎进烦琐的统计图表，找出上千个统计数字，并将它们翻个"底朝天"。他往往依赖大量的统计数字来得出自己的结论。比如20世纪90年代初，他预见了美国信用危机导致的"逆风"，这个危机使经济复苏的步伐减慢了。又比如1994年2月，格林斯潘未卜先知，看到了茫然未见的通货膨胀的潜在压力。由于他实施的举措得力，经济平安"软着陆"，从而为美国历史上持续最长时间的经济繁荣奠定了坚实的基础。

第六章　世界大战：金融巨头大发战争财

导读：只要有利益存在的地方，总会有银行家们的身影。对于银行家们来说，没有什么比战争更能令他们兴奋的了。因为战争能为他们带来的是数不清的投资机会，收获的是数不清的财富。透视第一、第二次世界大战，就会清楚地发现，资本是如何与血腥的战争联系在一起的。

美国联邦储备委员会策划了第一次世界大战

第一次世界大战的爆发过程与金融危机的爆发在很大程度上极其相似。尽管在此前的数年里，几个欧洲大国一直在明争暗斗，战争的阴影已经酝酿了很久，但是，战争的直接起因却是一个令人匪夷所思的偶然事件。

1914年6月28日上午9时整，塞尔维亚青年普林西普（当时年仅19岁）在萨拉热窝刺杀了主张吞并塞尔维亚的奥匈帝国皇储斐迪南大公夫妇。这一事件历史上被称为"萨拉热窝事件"此次事件也是第一次世界大战的导火线。普林西普的行动是热爱民族的表现，但是刺杀斐迪南的这一"萨拉热窝事件"被奥匈帝国当做了对塞尔维亚发动战争的借口。1914年7月23日奥国在获得德国无条件支持下向塞尔维亚发出最后通牒，包括拘捕凶手、镇压反奥活动和罢免反奥官员等，塞国除涉及内政项目外悉数同意。不过，奥国依然将行动升级。与此同时，德国获悉俄国的军事动员，德皇要求俄国停止并迅速备战。鉴于各国的强硬外交和对国家军事力量的自傲，战争已无可避免。

1914年7月28日，奥匈帝国向塞尔维亚宣战。7月30日俄国动员，出兵援助塞尔维亚。8月1日，德国向俄国宣战，接着在3日，向法国宣战。8月4日，德国入侵保持中立的比利时；同日，英国考虑到比利时对自己国土安全的重要性，和早前为了确保比利时的中立，而在1839年签署的伦敦条约，于是向德国宣战。8月6日，奥匈帝国向俄国宣战。8月12日，英国向奥匈帝国宣战。此时，第一次世界大战全面爆发。交战的一方为同盟国的德国和奥匈帝国以及支持他们的土耳其、保加利亚；另一方为协约国的英国、法国和俄国以及支持他们的塞尔维亚、比利时和日本等国。日本以1902年缔结的"英日同盟"为借口，于1914年对德宣战，并迅速占领了德国在中国山东的势力范围。原属同盟国的意大利，考虑到利害关系，1915年加入到协约国一方，中国等国也相继投入战争。

第一次世界大战爆发后，欧洲大陆首先点燃战火，然后战火迅速蔓延到近东、远东和非洲一些地区。其中欧洲战场是主要战场，由英、法、比军队同德军对抗的西线，俄国军队同奥匈、德国军队对抗的东线以及巴尔干战场和意大利战场组成。参战国还进行了多次海战，并把空军第一次用于实战。这次大战大体可以分为三个阶段：

1914年为战争的第一阶段，一个接一个欧洲国家开始卷入战争，"灯光正在整个欧洲熄灭"，英国外交大臣格雷伯爵这样评论。战争一开始，德军按照"施里芬计划"，出动主力部队迅速占领了比利时，接着从北部侵入法国，法军节节败退，法国政府不得不匆匆忙忙迁都波尔多。9月，法军组织了反击德军的"马恩河战役"，迫使贸然南进的德军撤退，瓦解了德军的速决战略。至此，西线的交战双方开始修筑战壕，长期对峙，转入阵地战。

战争的第二阶段发生在1915~1916年。1915年，战争重心移至东线，在西线的英法联军基本上转入战略防御，以便养精蓄锐，恢复元气时，俄军则按照协约国协调一致进攻的战略方针，为策应西线英法联军作战，对德军发动了大规模的夏季攻势，但遭惨败。俄国除军事上共伤亡250万人以外，还丢失了15%的领土，损失了10%的铁路，失去了30%的工业，丧失了20%的平民人口。在海上，英德舰队在丹麦日德兰半岛西北海面遭遇，发生"日德兰海战"，双方都遭受严重损失，经此一役，直到大战结束，德国舰队始终都不敢再度冒险出战。事实上，如果英国战舰能够坚持到1915年3月19日，战争的局面可能早就改观，因为"我们以为英国人明天清晨会回来,如果他们回来,我们也许只能坚持几小时",德国主要官员在报告中曾这样说。这年5月,原同盟国成员意大利在协约国许诺的土地面前转而对奥匈帝国宣战,到9~10月,整个东线也从运动战转为阵地战。

1916年,战争重心再次转移到西线。在西线,从2月21日起,德法两国间展开了历时10个月的凡尔登战役,在这场被后来人们称为"绞肉机"、"屠宰场"和"地狱"的战争中,双方参战兵力众多、人员伤亡惨重,其中法军损失54.3万人,德军损失43.3万人。战役中,法军野战工事与永久工事相结合组织防御的经验成了战后各国修建要塞工事的依据。由于兵力不足,德军猛攻凡尔登不克,伤亡惨重,从此逐步走向失败。与此同时,英法联军为了减轻凡尔登所受的压力,对索姆河上德军的坚固防线发动猛烈进攻,史称"索姆河战役"。在这一阶段,战略主动权逐渐转移到协约国一方。

1917~1918年为战争的第三阶段。1917年,德国转入全面防御,俄国爆发"二月革命"和"十月革命",退出了帝国主义战争;利用战争大发横财的美国借口德国潜艇袭击了美国的商船("无限制潜艇战")和德国密电墨西哥企图结成德墨反美联盟,于4月6日对德宣战,成了协约国在财政和军需方面的支柱和直接参战者,同时也使美国得以参与重新瓜分世界。1917年,西线主要有四五月间法军对德军发动的"尼维尔攻势"战役,不过由于德军早有准备,法军无功而返并引发了大规模骚乱。

1918年,德国在俄国退出战争后集结于西线,妄图在美军主力到达法国之前迫使英法屈服;英法则决定在西线固守阵地,待美军主力到达后发动总攻。9月26日,英法美联军发动总攻,9月29日保加利亚投降,10月30日土耳其投降,11月30日奥匈帝国投降。11月初,德国十一月革命爆发,德皇威廉二世退位,社会民主党组成临时政府,宣布成立共和国。11月7日,德国接受协约国提出的停战条件,退出德国在西线占领的全部土地和直到莱茵河为止的德国领土,解除德国全部海军武装,撤到中立国的港口。11日,《贡比涅森林停战协定》签订,德国宣布投降。历时四年3个月的第一次世界大战以协约国的胜利告终。

第一次世界大战历时四年多,有30多个国家、10多亿人口被牵扯到战争中,这场世界大战给各国人民带来了深重的苦难,各交战国共死伤3000多万人,被饥饿、疾病和战争夺走生命的人也超过1000万。这场战争推翻了4个国家,产生了7个新的国家。直接经济损失达1863亿美元,间接经济损失达 1516 亿美元。它一方面大大削弱了众帝国的力量，德国战败，割地赔款；奥匈帝国彻底瓦解；英法虽取得胜利，但在战争中元气大伤，受到削弱。唯有美国在战后大发其财，一举成为经济强国。

大家都知道战争实际上打的是钱粮，恰如俄国枢密院大臣在 1914 年 2 月向沙皇的进言中所指出的那样："作战的花费无疑将超出俄罗斯的有限财力所能负担的。我国势必需要向盟邦及中立国借贷，不过代价不菲。如果战争结果对我国不利，则战败的经济后果将难以估量，全国的经济将陷于全面瘫痪。即使是在战争中我国取得了胜利，对我国的财政也极为不利，德国一败涂地后将无力赔偿我国的军费。和约将受制于英国的利益，不会给德国经济充分复苏来偿还我们的债务的机会，甚至在战争结束很久以后也不可能。"

在这种情况下，如果真的开战，也只能是局部的、短暂的和低程度的，可能更像是持续 10 个月左右的 1870 年的普法战争。但这样的战争结果，只能缓解而无法平复欧洲的对立局面。于是，开战的时间就只有在不稳定和昂贵的和平中拖延着，直至美联储的成立。

银行家们都有一个共性：他们对大规模战争兴趣浓厚，战争能够毫无疑问地为银行家们带来丰厚的利润。

1913 年 12 月 23 日，《美联储法案》通过，爆发世界级别战争的条件相当成熟了。

1914 年 11 月 16 日，美联储正式开始工作。由于战争的损耗，英国已走下了世界经济霸主的宝座。在 1913～1920 年的七年间，英国的制造业产量下降了 23%；英国的国外投资，在 1914～1918 年之间下降了 50%，直到 1929 年，其海外投资才超过 1914 年的水平；1918 年，英国向海外出口的工业产品所占的比例，仅为 1913 年时所占比例的一半。因此，英国首相赫伯特·阿斯奎斯不得不于 1914 年 12 月 16 日同摩根的左右手戴维森商谈美国提供信贷事宜。经过双方的谈判，1915 年 1 月 15 日，摩根银行与英国最终达成信贷协议，数额为 1000 万英镑，当时没有一个人能料到最终的贷款总额会达到令人震惊的 30 亿美元！摩根银行收取了 1% 的手续费，3000 万美元落入腰包，摩根在战争中吃得盆满钵满。同年春天，摩根又与法国政府签订了信贷协议。

当战争打到关键时刻，为了得到更多的金钱，英国政府宣布将对英国国民所持有的美国债券的利息收入征税，英国人立刻贱价出售这些债券。英格兰银行很快堆满了美国债券，英国政府立刻让他们的美国代理摩根公司将这些美国债券在华尔街足额出售，美国投资者对本国的债券接受度自然很高，很快30亿美元的债券变了现，英国又得到一笔巨款来支撑战事。但是，英国对美国积累的一百多年的债权人地位，也随之烟消云散了。从此，英美之间的债权关系发生了根本性的变化。

当时，美国银行家们成为了世界上最大的债主。到1919年，欧洲欠美国银行家们的债务已达100亿美元，其中法国30亿，英国40亿，欧洲有17个国家欠了美国银行家们的债。美国已经成为了世界上最大的债权国。

美国的信贷犹如烈火烹油，战火开始迅速蔓延，战争的惨烈程度也急剧上升。1914年9月5～12日，在第一次世界大战中，英法联军同德军在马恩河地区进行的大规模遭遇战。

英法联军边境交战（1914年）失利后，为摆脱德军，英国军队、法第4和第5集团军于9月4日前撤过马恩河（巴黎以东）。德第五集团军（司令为克卢克将军）和第2集团军（司令为比洛将军）因追击退却之敌而偏离了原定进攻方向，没有前进到巴黎以西，而是进至已集结有法军新建莫努里将军第6集团军的巴黎以东地区。联军中部（圣贡沼泽以北）得到法第9集团军加强。9月4日，法军总司令霞飞将军下达了进攻命令。据此，联军左翼（法第5集团军，英军和法第6集团军）应对德军右翼（德第二和第2集团军）实施主要突击，法第3集团军在凡尔登以西实施辅助突击。法新编第9集团军和第4集团军奉命牵制中部德军。德军统帅部（参谋总长毛奇将军）对巴黎东北出现法国新锐兵力深感不安，遂决定：第1和第2集团军在巴黎之前正面展开后，转入防御，而第3、第4和第5集团军则向南和东南方向继续进攻，以便会同从东面进攻的第6集团军合围凡尔登以南法军。此时的作战形势对联军较为有利，因联军在凡尔登——巴黎地带内的兵力占有优势：联军为56个步兵师和10个骑兵师（108.2万人，轻型火炮2816门，重型火炮184门），敌军为44个步兵师和7个骑兵师（90万人，轻型火炮2928门，重型火炮436门）。英法联军在主要突击方向的有生力量几乎超过德军1倍。加之，法第6集团军直接威胁德军战线右翼的安全，而德第2和第3集团军则因抽调2个军和四个骑兵师（8月26日起）开赴东普鲁士抗击俄军为援助盟国而组织的进攻，兵力相应减弱。9月5日，法第6集团军先遣部队和德第1集团军的右翼在乌尔克河地区触发战斗。法军首次使用汽车（共1200辆）把第6集团军一部由巴黎运往前线。克卢克将军察觉第1集团军右翼和后方受到威胁，遂由马恩河阵地抽调2个军加强乌尔克河防务。9月6日，英法联军全线转入反攻。克卢克未发觉来自正面的威胁，于9月6~8日调仅有的2个军去同法第6集团军作战。因此，在德第1和第2集团军相邻翼侧之间出现了一个宽达50公里的缺口。法第5集团军和英军向缺口运动，这就造成德第2集团军业已暴露的右翼有被包围和德第1集团军有被合围的危险局势。德第二集团军司令面对此种情况，于9月9日将右翼各军由蒙米赖北撤。德第2、第3和第4集团军停止进攻，随后撤过马恩河。毛奇对军队指挥失灵，不得不批准他们撤过埃纳河，退至兰斯以东地区。至此，德国在大战中的败局已定。据统计，此次战役协约国一天就消耗了20万发炮弹。在战争的基础上加上现代化的金融手段，战争将会是何等惨烈，何等旷日持久。

战争使物资消耗达到燃烧般的速度，战争使交战国砸锅卖铁也要坚持，不惜一切代价、不计后果地向银行贷款，难怪战争是银行家们最期待发生的事。

斯特朗操纵下的战时美联储

本杰明·斯特朗开始引起公众瞩目是在1904年当他成为银行家信托（BankersTrust）的董事长的时候。当时，摩根的亲信戴维森对日益崛起的信托公司越来越担心，这些信托公司的业务范围比商业银行更加广泛，所受的政府监管却更少，因此能够以更高的利息吸引资金。为了应付这种新的竞争，戴维森在得到摩根的授意后，于1903年也干起了信托的买卖，斯特朗成为戴维森的具体执行人。在随后的1907年风暴中，银行家信托还加入拯救其他金融机构的行动，斯特朗因此而名声大噪。

1913年美联储成立之后，戴维森和保罗·沃伯格找到斯特朗进行了一次深谈，希望斯特朗出任美联储纽约银行董事长这一关键职务，斯特朗爽快地答应了。从此，斯特朗成为美联储系统实质上的首脑人物，摩根、保罗、希夫等华尔街巨蟹的意图在美联储得到了不折不扣的贯彻执行。

斯特朗迅速适应了新的角色，他成立了非正式的美联储董事论坛的组织，定期聚会商讨战争时期的美联储行动准则。他以非常巧妙的手法操纵了美联储的货币政策，并将分散于12个美联储地区银行的权力集中到美联储纽约银行手中。美联储系统表面上允许各地12家联储银行根据本地区实际需要，制订各自的贴现率和商业票据抵押政策，换句话说，各地联储董事会有权决定何种商业票据可以作为抵押而获得何种贴现率。到1917年，至少13种不同类别的商业票据抵押准则被建立起来。

但是，由于战争，美联储纽约银行事实上只将迅速增加的国债作为抵押票据。由于国债数额远远大于其他商业票据的总和，并且增长迅猛，很快就将美联储其他地区银行的票据抵押政策边缘化。在斯特朗控制下的"公开市场操作"，不久就将国债确定为主要和唯一的抵押票据，从而全面控制了整个美联储系统。

由于资助欧洲战争的大规模的债券发售，使得美国货币流通量巨减，中央银行的威力开始显现出来。美国政府开始海量增加国债，美联储也以惊人的胃口吃进，巨额的美联储券（FederalReserveNote）如江河决堤一般扑向了流通领域，弥补了欧洲战争债券所导致的货币紧缩。代价是美国国债的直线上升，结果仅在美联储开始全速运作的短短四年（1916~1920）中，美国的国债就由10亿美元暴涨25倍达到250亿美元，所有的国债都是用美国人民的未来纳税作为抵押，结果是在战争中，银行家们大赚其钱，而人民却出钱、出力和流血。

国际银行家的密谋

本杰明·斯特朗是在摩根公司和雷波库恩公司的联合扶持下，任命为美联储纽约银行的董事长，他与英格兰银行的董事长诺曼密谋了盎格鲁——萨克逊金融业的许多要务，其中是1929年世界范围的经济大衰退。

诺曼的爷爷和外祖父都曾担任过英格兰银行的董事长，这样显赫的身世在英国历史上空前绝后。

作者约翰逊在《金钱的政治》中，写道："作为亲密朋友的斯特朗和诺曼经常在法国南部一起度假。1925~1928年，斯特朗在纽约的货币宽松政策是他和诺曼的私下协定，目的促使纽约的利率低于伦敦。为了这个国际合作，斯特朗有意压低纽约的利率一直到无法挽回的后果发生。纽约的货币宽松政策鼓励了美国20年代的繁荣，引发了投机狂潮。"

有关这个秘密协定，众议院稳定听证会在1928年由麦克法登议员领导进行了认真解剖，得出的结论是：国际银行家通过操纵黄金的流动来制造美国的股票崩盘。

麦克法登议员曾经请美联储董事米勒简单陈述是什么影响了美联储董事会的最终决定（指1927年夏的降息政策）？

美联储董事米勒：你问了一个我无法回答的问题。

麦克法登：或许我可以说得更明白一些，导致去年夏天改变利息的决定的建议是从何而来的？

米勒：三个最大的欧洲中央银行派他们的代表来到美国。他们是英格兰银行的董事（诺曼）、雅尔玛·沙赫特博士（德国中央银行的总裁）和法兰西银行的李斯特教授。他们和美联储纽约银行人员在开会讨论。大约一两个星期以后，他们出现在华盛顿并待了大半天。一天晚上他们来到华府，次日美联储的董事们接待了他们，他们当天下午就回纽约了。

麦克法登：美联储的董事们午宴时都在现场吗？

米勒：噢，是的。美联储董事会有意安排大家欢聚一堂。

麦克法登：那是一种社交性质的活动呢，还是严肃的讨论？

米勒：我觉得主要是一种社交活动。从我个人来说，在午宴之前，我和雅尔玛·沙赫特博士谈了很久，也和李斯特教授聊了半天。饭后，我和诺曼与纽约的斯特朗（纽约美联储银行董事长）也谈了一会。

麦克法登：那是一种正式的（联储）董事会会议吗？

米勒：不是。

麦克法登：那只是对纽约会谈结果的非正式讨论吗？

米勒：我认为是这样。那只是一个社交活动。他们（欧洲中央银行的董事们）也是这样认为的。

麦克法登：他们想要什么呢？

米勒：他们对各种问题很诚恳。我想和诺曼谈谈，我们饭后都留下来了，其他人也参与进来。大家都非常担心。金本位的运作方式，渴望看到纽约的货币宽松政策和低利率，这将阻止黄金从欧洲流向美国。

比迪先生：外国银行家和纽约美联储银行的董事会达成了谅解吗？

米勒：是的。

比迪先生：谅解怎么没有正式记录？

米勒：没有。后来公开市场政策委员会召开会议，一些措施就这样定下来了。我记得按照这个计划，仅8月份就有大约8000万美元的票据被（纽约美联储银行）买进（发行基础货币）。

麦克法登：政策改变直接导致了美国前所未有的、最为严重的金融系统不正常状态（1927~1929年股票市场投机风潮）。我认为这个重大的决策应该在华盛顿有个正式的记录。

米勒：我同意你的意见。

斯特朗众议员：事实上是他们开了秘密会议，他们大吃大喝，他们高谈阔论，他们让美联储降低了贴现率，最终他们拿走了黄金。

斯特格先生：那么这个政策稳定了欧洲的货币，但颠覆了我们的美元吗？

米勒：是的，这个政策就是为了达到这个目的。

纽约美联储银行实际上完全掌握着整个美联储的运作，美联储在华府的七人董事会只是摆设。欧洲的银行家与纽约美联储银行举行长达一周的实质性的秘密会议，而只在华盛顿待了不到24小时，而纽约秘密会议的决策导致了价值5亿美元的黄金流向欧洲。

第二次世界大战的内幕大揭密

二战是人类历史上规模空前的全球性大战，61个国家和地区，20多亿人口被卷入其中。参战兵力超过1亿人，大约9000万士兵和平民伤亡，3000万人流离失所。其空前的广度、深度和烈度，成为人类战争史上的一次大革命，同时也是世界金融领域的一次历史性大变革。回首二战，那一幅幅残酷而血腥、雄伟而悲壮的历史画面，永远震撼着人们的心灵，令人难以忘怀。为了我们更深刻地记住历史这一惨痛的教训，我们应该直视二战内幕，看看发动二战的银行家们以及银行家们所支持的各国领袖应该负什么样的历史责任。

1941年12月7日，日本联合舰队袭击美国太平洋舰队基地珍珠港。当日清晨7时许，由183架飞机组成的首批攻击机群猛烈攻击港内美国舰队。一小时后，日军出动191架飞机编队，实施第二次攻击。结果共击沉美战列舰5艘，击伤3艘，毁损其他舰艇10艘；击毁飞机188架，击伤291架；美军官兵死亡2408人，伤2000余人，美太平洋舰队遭受重创。日军仅损失微型潜艇5艘、飞机29架，战死者不足百人。偷袭珍珠港标志着太平洋战争爆发。日军暂时取得太平洋区域的军事优势，乘机大举南进，侵略东南亚诸国。

日本军阀已被在中国的得手冲昏了头脑，下一个对手居然选中了美国，但这种疯狂的念头又是以军事经济背景为依托的。日本的工业很早就立足于进行一场全面战争，因此在某些情况下，拥有比当时的美国更优良的军事装备，它的航空母舰以及从舰上起飞的俯冲轰炸机、鱼雷轰炸机、战斗机是当时世界上同类飞机中最先进的。重要的是，日本还有作战顺序的考虑：只要日本进攻菲律宾等地，日美之战便不可避免；与其如此，不如先一举击溃太平洋舰队，再进攻菲律宾等地。为此，日本帝国海军总司令山本五十六制定了奇袭美国太平洋舰队的计划。

日本以北的千岛群岛。一个偏远的，常年笼罩着迷雾的锚地，帝国海军的主力从不同的港口悄悄汇集于此。1941年11月26日，一支庞大的舰队在南云忠一中将的指挥下，从这里启航出海。它拥有6艘大型航空母舰，载有360架飞机，由一支战列舰、巡洋舰，驱逐舰组成的舰队护航。它的目标地域是珍珠港。

夏威夷群岛是太平洋中部的交通要塞，由大小20个火山岛和珊瑚岛组成，其中仅有10个岛上有居民，而日裔约占总人口的1/3。群岛的首府为火鲁奴奴。瓦胡岛距火鲁奴奴10公里，该岛的西端有一处深水良港，是美国在太平洋最大的海军基地，它的名称为珍珠港。

早在日本特遣舰队出发之初，美日关系已经相当紧张了。为此，日本把一个"亲善使团"派到了华盛顿，此时，距日本特遣舰队出发仅有12天。

11月17日，日本特使来栖和日本驻美大使野村，在美国国务卿赫尔的陪同下，谒见罗斯福总统。罗斯福要求日本马上从中国撤军，日本特使拒绝了罗斯福。美日双方实际上已经谈崩了。

11月27日，日本特遣舰队出发的第二天，日本特使在赫尔的陪同下，再次谒见罗斯福。罗斯福通过这位特使向日本发出警告："如果日本奉行希特勒主义，最终会导致失败。"日本特使走后，罗斯福对左右的人说："预计在几天之内，日本就会有所行动。"

罗斯福说的没错，这时日本特遣舰队正全速驶向珍珠港。

12月7日，星期天。静谧的早晨。珍珠港北面25英里处，有一个正在运转着的雷达站。刚刚值完夜班的二等兵约瑟夫·罗卡特和乔治·艾里奥特正在等待交接班。

7时02分，他们在雷达萤光屏上发现了前所未有的大片移动着的亮点，它表明有大批飞机正飞来。方向北，距离137英里。他们对这批神秘的亮点进行了跟踪，并向在情报中心值班的军官作了汇报。

值班军官判断，这批飞机是从一艘航空母舰上起飞的，或者是从加利福尼亚飞来的B型轰炸机。他说："用不着担心，这是自家人。"

但他说错了。它们是从日本航空母舰上起飞的轰炸机，起飞地点为珍珠港北边270英里处。

7时55分，354架日本作战飞机偷袭了珍珠港，重创太平洋舰队。7时58分，珍珠港电台用日语喊话："空袭珍珠港。警报，这不是演习。再重复一遍，警报，这不是演习。"

9时30分，空袭结束。美国的8艘战列舰有4艘被炸沉，4艘长期失去作战能力。另有18艘大型舰艇被炸沉、炸伤，100多架飞机仅剩一堆冒烟的残骸。美军官兵被炸死2403人，炸伤1176人。日方仅损失29架飞机。

下午2时，日本特使来栖和野村大使到美国国务院，向国务卿赫尔递交了备忘录。尽管罗斯福事先对赫尔有所叮嘱：对他们冷淡，不要发作。但赫尔还是抑制不住。他看了一眼备忘录，说："在我50年的公职生活中，从未见过这样厚颜无耻、充满虚伪与狡辩的文件。"

下午3时，消息流传开来，并由反应最敏捷的美国报界传播到美国和世界的每一个角落。

下午4时，忧心忡忡的官员们汇聚到白宫，记者们注意到，马歇尔的愁眉间倒透出几分恬然。白宫的这次会议一直持续到深夜。

12月8日，美国异常安静，人们在等着总统说点什么。这时，他们想起了总统竞选时留下的那句话："除非美国首先遭到进攻。"这种被认为不可能的事居然出现了。这天的中午，罗斯福向国会发表演说："1941年12月7日将成为国耻日。美利坚合众国遭到了日本海军蓄谋的突然袭击，我请求国会宣布，由于日本发动了突然的进攻，美国和日本已处于交战状态。"随即，美国向全世界宣布，美国对日全面战争开始，至此，第二次世界大战全面爆发。

据多年以后公开的原始机密材料显示：对日本的作战早在1933年罗斯福上台之前就已经计划好了。1932年，美国海军就已经证实了从珍珠港海域60英里发动袭击可以重创太平洋舰队。美国情报部门于1940年8月破译了日本军方的密码，并可以解密所有早前截获的日本电报记录。美国制造的破译密码机被送到了世界各地，唯独漏掉了珍珠港这个美国在太平洋最大的海军基地。许多历史学家都相信，罗斯福事先就已经知道日本海军将偷袭珍珠港。

那么，罗斯福为什么这么做呢？为什么置美国的利益于不顾呢？

学者到处搜集历史材料，经过多年的研究，终于找到了其中的奥秘所在。

1935年，参议员奈伊领导的特别委员会发布了厚达1400多页的报告，详细披露了美国参加一战的秘密，历数银行家和军火公司在参战过程中的阴谋和不法行为，再加上不久前摩根听证会对华尔街在1929年股票暴跌中的种种丑闻披露，使得人民的反战情绪极为强烈。就在这时，米里斯的畅销书《迈向战争之路》更激起了民众对参战问题的激辩。在此民意之下，美国1935～1937年先后通过三项中立法案，严禁美国再次被诱骗而卷入战争。

当1939年德国军队入侵波兰，英法两国发誓要援助波兰之后，9月1日欧洲大战爆发了。美国民众纷纷痛斥纳粹德国的卑鄙无耻，然而又一致地认为美国应该远离这场战争。很多报纸从共产主义的《工人日报》到威廉·伦道夫·赫斯特旗下的报纸都是立场鲜明的孤立主义者。孤立主义在几天的时间里就明确地在立法上反映出来。1934年加利福尼亚的参议员海勒姆·强生推动通过了一项法案，禁止财政部向那些无法偿还先前贷款的国家提供新的贷款，当然这个黑名单中包括英法两国。

在国内经济方面，罗斯福新政已经开始五年多了，美国经济始终不见起色，失业率仍然高达17%，到1938年美国再次陷入严重的衰退期。银行家们和罗斯福都认为只有凯恩斯所提倡的超级赤字财政、狂发廉价货币才能挽救经济，而只有大规模的战争才能达到这样的效果。

因此，银行家们和总统罗斯福为了给美国找一个参加这次战争的借口，以珍珠港事件来蒙蔽美国人民的眼睛，在战争中为银行家们谋利益，这简直就是一个巨大的阴谋，当我们知道所有的真相以后，一定会毛骨悚然，对银行家们的行为感到恐惧，在二战中，他们就是杀人的魔鬼，是人民的天敌。

战争让银行家成为巨富

二战是国际银行家们处心积虑的产物，同时也是他们发财的大好时机，二战结束后，正是银行家们庆祝"丰收"的时刻。

摩根财团

1912年，摩根财团控制了金融机构13家，合计资产总额30.4亿美元，其中以摩根公司实力最为雄厚，称雄于美国金融界，华尔街的金融老板称摩根公司为"银行家的银行家"。二战中摩根财团大发横财，战后以其雄厚的金融资本，渗入国民经济各个部门。

由于财团之间的竞争不断加剧，曾一度为洛克菲勒财团所超过。为挽回颓势，它采取了多种措施。在金融方面，利用雄厚的金融基础，扩展实力。在工业方面，积极开拓新兴技术工业，六十年代以来，在电子计算机、高速复印机和微型胶卷等工艺部门中，已跃居首位。财团所属的国际商业机器公司，是全世界生产电子计算机最大的企业。财团原来基础较好的电器设备、电力设备和原子能设备等工业也取得很大发展。在军火工业方面，摩根财团控制的通用电气公司、通用动力公司和格鲁曼飞机公司，名列美国国防部最大军火承包商的前列。至70年代后期，摩根财团的信托资产迅速增长，远远超过了其他财团，加以电子计算机等尖端技术工业的兴起，又使该财团的经济实力成倍增长。摩根财团不论在控制的企业数目和拥有的资产方面，都凌驾于洛克菲勒财团之上。

摩根财团在金融业方面拥有雄厚的基础。其主要支柱是J·摩根公司。摩根公司是世界最大的跨国银行之一，在国内有10个子公司和许多分支行，还有1000多个通信银行。在国外约20个大城市设有支行或代表处，在近40个国家的金融机构中拥有股权。其经营特点是大量买卖股票和经营巨额信托资产。它控制着外国37个商业银行、开发银行、投资公司和其他企业的股权。除此之外，还有制造商汉诺威公司、纽约银行家信托公司以及西北银行公司、谨慎人寿保险公司以及纽约人寿保障公司等。在工矿企业方面主要有国际商业机器公司、通用电气公司、国际电话电报公司、美国钢铁公司以及通用汽车公司等；在公用事业方面则有美国电话电报公司和南方公司。

加利福尼亚财团

加利福尼亚财团是二战后崛起的新兴大财团，包括美洲银行集团、旧金山集团及洛杉矶集团。这三个集团的经济实力在二战期间，随着加利福尼亚州军火工业的迅速发展而获得急剧增长，尤其是金融资本的增长速度最为惊人，形成以美洲银行为金融中心的大财团。它与南部财团组成一股新兴的军火工业集团势力，成为与东北部老财团相抗衡的力量。

加利福尼亚财团的金融资本极为雄厚，拥有的主要商业银行有美洲银行、西方银行公司、安全太平洋公司以及旧金山地区的韦尔斯·法戈公司和克罗克国民公司等。

美洲银行是加利福尼亚财团的金融核心，其前身为意大利移民后裔AI·基安尼尼于20世纪初所创办的意大利银行。由于业务的迅速发展，至20年代就成为美国西部最大的银行；30年代初，与加利福尼亚美洲银行合并，改名为美洲银行（全称美洲国民信托储蓄银行）。二战给它带来了巨额利润，超过了当时纽约的大通国民银行，成为美国最大的商业银行。

加利福尼亚财团所控制的工矿企业，在二战前以农业和采矿业为主；大战期间和战后，由于加利福尼亚州已成为美国最大的军火生产基地，该财团所控制的工业公司以军火生产为主。例如洛克希德飞机公司、利顿工业公司以及诺斯罗普公司。这些公司都是美国前十名的军火商和军火出口商。战后，洛克希德飞机公司在美国国防部的军火订单中，长期居于首位。

克利夫兰财团

美国十大财团之一，以所在地克利夫兰得名。

19世纪后半叶，克利夫兰地区的几家相互密切联系的富豪家族，主要有马瑟、汉纳、汉弗莱、伊顿等家族，利用当地丰富的煤铁资源，创办钢铁工业，获得巨额利润后，又投资于银行业，并向橡胶工业和铁路运输方面发展。一战后具备了财团的条件，1935年拥有资产14亿美元，为当时美国的第八大财团。在二战期间，又获得了进一步的发展，1955年资产增达157亿美元，上升为美国第六大财团。60年代，由于财团所处的地区限制，实力衰退。

克利夫兰财团的经济实力以钢铁、橡胶、铁路运输等部门为主，在美国基本工业中有一定的地位。钢铁工业是该财团的主要利益所在，它控制了美国最大的10家钢铁公司中的4家，即共和钢铁公司、莱克斯——杨斯顿公司、阿姆科钢铁公司（与梅隆财团、洛克菲勒财团共同控制）和国民钢铁公司（与梅隆财团共同控制）。克利夫兰财团在美国橡胶工业中也有重要利益，美国最大的两家橡胶公司——固特异轮胎橡胶公司和费尔斯通轮胎橡胶公司，均为克利夫兰和其他财团共同控制。克利夫兰财团金融资本薄弱，它拥有的克利夫兰信托公司等5家金融机构，实力有限，筹措资金只得仰赖东部财团，特别是摩根财团的金融机构。

波士顿财团

波士顿财团是由19世纪经营奴隶贸易而致富的波士顿地区的洛威尔、

劳伦斯、亚当斯以及洛奇等家族同新兴的肯尼迪家族联合组成的。当时，这几个家族把从海外殖民掠夺中积累起来的巨额资金投资于商业银行、保险事业和投资公司，并依靠这些金融机构提供资金，经营纺织、制革、制鞋、服装、食品以及化工等轻纺工业。由于轻纺工业发展迅速，至20世纪初，波士顿这几家世代互相通婚的家族，便以波士顿第一国民银行为核心，形成了波士顿财团。

波士顿财团它所控制的特克斯特隆公司，二战后兼并了很多中小公司，实力不断壮大，经营方向也由轻纺工业转向宇航工业和电子工业发展，成为拥有70多家子公司的多样化公司。它既制造航空和宇航产品、各种电子部件、飞机部件，又经营钟表发条、家具和家禽等行业。

它的一家子公司贝尔宜升飞机公司，是一家军火出口商，为五角大楼和外国制造直升飞机。波士顿财团在发展新兴技术工业方面具有优越的技术力量，哈佛大学、麻省理工学院等著名大学的科研成果，有力地推动了波士顿地区尖端工业的发展。其所属特克斯特隆公司、雷锡昂公司和波拉罗伊德公司等，因为新兴技术工业的刺激，经济实力增长很快。在政治上，波士顿财团曾联合洛克菲勒财团支持J·肯尼迪担任总统。肯尼迪入主白宫后，为波士顿财团争得了大批军事订货，引起摩根财团的强烈不满。1963年11月肯尼迪遇刺身亡，给波士顿财团沉重打击，使它在同其他财团的竞争中地位不断下降。

得克萨斯财团

得克萨斯财团是二战后在得克萨斯州崛起的一个新财团，主要是依靠石油工业和军火工业发展起来的。以K·W·麦基逊、S·理查逊、H·I·亨特、J·柏朗、J·A`·埃尔金斯等创立的家族为代表。

得克萨斯财团的银行资本比较薄弱，虽拥有四家银行和三家保险公司，但没有形成强大的金融中心。四家银行分别是：达拉斯第一国民银行、休斯敦第一城市国民银行、达拉斯共和国民银行和得克萨斯商业银行。得克萨斯财团所控制的工矿企业以休斯顿的坦尼科公司为最大。它本是美国最大的一家石油天然气管道运输公司，现已发展成多种经营的综合公司，该公司因受到洛克菲勒财团的渗透，已成为两家财团共同控制的公司。在军火工业方面，得克萨斯财团控制了两家著名的公司。一家是LTV公司，创办人上J·林，善于兼并，在1960年兼并特姆科飞机制造公司，后又于1961年兼并沃特公司（制造飞机和导弹）。上世纪80年代以来进行多样化经营，但仍以制造军火为主，获利甚厚，发展迅速。另一家为休斯飞机公司，创办于1933年，经营业务原本只限于设计和实验性制造，1942年才开始商业性生产，制造飞船、侦察摄影机以及各种飞机零件。上世纪80年代上半期，该公司生产的电子控制系统和其他电器部件，在美国飞机制造业中处于领先地位，因此该公司生意兴隆，营业额大增。另外，得克萨斯财团还拥有一些生产尖端技术工业产品的公司，如得克萨斯仪器公司。

杜邦财团

杜邦财团是由杜邦家族组成的依靠化学工业和军火工业起家的财团。创始人为法国移民E·I杜邦·德内穆尔。他在法国大革命期间到达美国，1802年在特拉华州威尔明顿市创办杜邦公司，经营火药生意。经过杜邦家族五代人的经营，终于使杜邦公司变成了典型的家族托拉斯。杜邦公司在一战中资产从战前的7500万美元增加到1918年的3亿美元，成为当时最大的垄断公司之一，杜邦财团也由此形成。1935年，杜邦财团的资产总额增达26.3亿美元，在当时的美国八大财团中居于第六位。在二战中，杜邦财团从五角大楼获得了价值210亿美元的军事订货，战后又参加了原子弹的制造，经济实力大为增强，在十大财团中跃居第五位。

杜邦财团的银行资本较其他财团薄弱，缺少一个资金雄厚的金融机构作为核心，长期以来，其金融业务不得不依附于摩根财团和其他财团提供资金。

第一花旗银行财团

美国十大财团之一，是战后兴起的东部大财团。历史虽短，但其控制的资产总额已超过几家老财团，跃居十大财团的前列。该财团以第一花旗银行为核心，依靠它的巨额资金，向军火工业（如火箭、导弹以及飞机等）和民用工业（如电子、化工、石油以及有色冶金等）扩张势力，控制了一大批著名的大企业和大公司。它也是对外扩张最活跃的财团之一。

第一花旗银行财团之所以发展得如此迅速，主要是因为该财团的经济实力是由第一花旗银行同与军火生产有密切关系的大公司和大企业所构成。它所控制的从事军火生产的波音公司和联合飞机公司，除生产大型民航客机外，历来都是美国主要的军火承包商，主要承包喷气式轰炸机、洲际导弹、阿波罗计划以及制造火箭和宇宙空间发射器等军用产品，每年从军事订货中获得惊人的高额利润。财团所属其他企业还有大西洋里奇菲尔德石油公司（与摩根财团共同控制）、菲利普斯石油公司（与摩根财团共同控制）、施乐公司、明尼苏达采矿与制造公司、履带拖拉机公司（与摩根财团和杜邦财团共同控制）以及生产电子计算机的国民现金出纳机公司。在商业方面则有彭尼公司（与摩根财团共同控制）和珠宝商店（与芝加哥财团共同控制）。上述企业都在国内外居于垄断地位。

芝加哥财团

美国十大财团之一，是美国中西部地区的财团。20世纪初期，由当地的富豪家族麦考密克家族、伍德家族及新兴的克朗家族组成，以芝加哥地区为活动中心而得名。

芝加哥地区气候适宜，雨量充足，土地肥沃，适宜发展农牧业，很早就成为美国重要的粮食区和牲畜区。农业和畜牧业发达，肉类加工和农业机械工业随之发展，很快就使芝加哥地区成为仅次于纽约的工商业中心和金融中心。这些富豪家族结合在一起，形成了垄断财团。1935年拥有资产43亿美元，在当时美国八大财团中居于第四位。

芝加哥财团的金融实力比较雄厚，拥有五家大银行：大陆伊利诺伊公司、第一芝加哥公司、哈里斯银行公司、北方信托公司以及美国银行公司。另外，还有两家保险公司：西纳（CNA）金融公司和各州保险公司。近年来，芝加哥财团受到华尔街大财团的排挤，金融实力大不如前。大陆伊利诺伊公司受到摩根财团的渗透，已成为两家财团共同控制的公司；第一芝加哥公司又为洛克菲勒财团所控制，芝加哥财团事实上已从属于这两个大财团。

芝加哥财团所控制的工业部门，主要是农产品加工工业和传统的农业机械制造业以及以农业地区为对象的商业。在农产品加工工业方面，它控制了十二家肉类加工公司，其中规模较大的有埃斯马克公司和联合食品公司。在农业机械方面，它拥有国际收割机公司、履带拖拉机公司（与洛克菲勒财团两家财团共同控制）以及迪尔公司。这三家农业机械公司生产的拖拉机占全国拖拉机销售市场的3/5。二战后，芝加哥财团在石油工业方面的扩展引人注目，它在属于洛克菲勒财团的印第安纳标准石油公司和德士古公司拥有大量投资，并且有重要的人事结合。

芝加哥财团在商业方面占有重要地位。拥有西尔斯——娄巴克公司、联合百货公司、珠宝商店和马歇尔·菲尔德公司等巨大的商业零售公司。西尔斯——娄巴克公司创立于1866年，20世纪初经营邮购业务获得巨大发展，零售商店和供应点遍及美国各地，1982年公司资产增366亿美元，全年销售额300亿美元，在美国的百货公司中居于首位。

梅隆财团

美国十大财团之一，是以梅隆家族为中心，以金融起家的大垄断资本集团。创始人T·梅隆于1869年创办托马斯·梅隆父子银行，发展迅速。1902年改名梅隆国民银行，是梅隆财团赖以起家的金融支柱。它以此为起点，逐步与工业资本融合，财团逐步形成。梅隆财团所控制的金融机构，除梅隆国民银行外，还有匹兹堡国民银行和通用再保险公司。一直以来，梅隆财团通过这些金融机构控制了匹兹堡地区的银行资本和工业资本。

梅隆财团所控制的工矿企业，资格最老的是美国铝公司。它的前身是匹兹堡冶炼公司，1890年就为梅隆父子银行所控制。1910年以来，美国铝公司长期垄断着美国铝的生产，是梅隆财团的工业支柱之一。另一个重要工业支柱是海湾石油公司。它是美国最大的石油垄断企业之一，主要业务包括石油开采、提炼、运输和销售；上世纪80年代以来扩大了石油化工和乙烯的生产能力，在美国化学公司中占第三位。梅隆财团在钢铁工业生产中也占有一定的地位，拥有阿姆科钢铁公司（与洛克菲勒财团、克利夫兰财团共同控制）、国民钢铁公司（与克利夫兰财团共同控制）及惠灵——匹兹堡钢铁公司、阿勒格尼——勒德卢姆工业公司等四家大钢铁公司。除此之外，财团还拥有威斯汀豪斯电气公司（与洛克菲勒财团共同控制）、固特异轮胎橡胶公司（与洛克菲勒、芝加哥及克利夫兰财团共同控制）及罗克韦尔国际公司。罗克韦尔公司未受任何财团渗透，专门设计和制造飞机、导弹以及火箭，长期以来一直是五角大楼和国家宇航局的主要承包商，盈利丰厚。

第七章 控制整个世界的究竟是谁？

导读：市场经济运行机制为国际银行家们创造了全球性发展的无障碍空间。世界成了银行家们的沃土，资本开始最大程度上展现出其本性，并按利益最大化这个不变的规则构造其发展格局。然而，其本性与发展理念却并非人类文明发展的必然选择，其造成的种种祸端恰如中国历史宫庭中曾经发生过的"太监"为祸！

美国外交关系协会

美国外交关系协会，成立于1921年，是美国非政府性的研究机构，致力于对国际事务和美国外交政策的研究。由该协会主办的《外交事务》杂志曾刊登过乔治·凯南、基辛格和斯坦利·霍夫曼等美国知名外交家、国际政治学者的论文。

美国的外交关系协会致力于建立一个世界性的政府，运作资金主要是美国最大的几家免税基金会提供的。外交关系协会在金融、商业、劳工、军事、教育和大众传媒界拥有巨大的影响力。外交协会是一个由各个领域的精英组成的优秀组织，它不仅在政府的最高决策层面上拥有着权力和影响力来保持自己对政府的压力，还通过资助个人和机构从下面往上施加压力，来左右政府的决策。

外交协会对美国政治有着极大的影响力。自二战以来，除了3人例外，几乎所有的总统候选人都是该协会的会员。几十年来，两党轮流执政，而政府的政策之所以能够保持一致，就是因为外交协会的成员把持了政府中几乎所有重要职位。1921年至今，绝大多数的财政部长都由该协会担任，从艾森豪威尔以后的国家安全顾问基本是由该协会内定，除此之外，外交协会还有14个人担任了美国国务卿（1949年以来包办了所有国务卿人选），11个人担任了国防部长，9个人任美国中央情报局局长。因此不妨说，外交协会就恰似美国的"中央党校"。

美国外交协会会长理查德·哈斯指出，为了适应新的国际形势，美国应该以"一体化"理论来指导外交政策，即要在国际事务中积极地与他国合作，以共同应对全球化带来的挑战，并促使更多的国家融入国际体系。

美国应采取何种政策来应对中国和印度的崛起，日本咄咄逼人的态势，欧洲的离心离德以及俄罗斯的重新崛起？美国怎么样才能遏制恐怖主义，发展贸易，阻止核扩散和促进自由？

遏制政策无法继续行之有效，现在需要的是一个适合于冷战和"9·11"之后的世界的外交政策，需要一项指导原则，一个能让决策者依此规划战略和明确重点的理论。

那么对美国来说什么样的外交政策理论是恰当的？理查德·哈斯认为是"一体化"。它依据的是以共同立场应对共同挑战的观念，这就意味着，美国需要与世界上其他大国合作以作出有效的国际安排，并共同采取行动。将这种与大国的关系扩大到涵盖另外一些国家、组织和民族，这样它们也可以来享受具体的安全保障、经济机遇和政治自由带来的好处。最后，还应该让朝鲜、伊朗等国融入全球经济，使其能享受与全球经济保持一体化所能带来的好处，从而换取它们从根本上改变自己的发展道路。

遏制是适合于冷战的理论。但在这个时代，对于美国来说，必须找到争取他人加入而不是将其拒之门外的途径。一体化符合这一标准以及新理论所需的其他因素。

如果决策者接受"一体化"作为美国的理论，他们就将承认和适应新的现实，即美国的安全与繁荣受到的主要威胁并不是来自于一个敌对大国。相反，最大的威胁是来自于全球化带来的负面影响，其中包括恐怖主义、核扩散、传染性疾病、贸易保护主义和全球气候的变化。

彼尔德伯格的精英俱乐部

1954年，约瑟夫·瑞廷格、荷兰贝恩哈德亲王、迪安·鲁斯克等欧美政治家，以及大卫·洛克菲勒等富商巨贾首次在荷兰彼尔德伯格酒店聚会。他们的目标十分明确：加强美国与欧洲国家间的联系，共同抵御当时的敌人——苏维埃社会主义共和国联盟（USSR），这是个包含15个共和国的社会主义国家，其中包括今天的俄罗斯。之后他们每年举行一次会议。

彼尔德伯格俱乐部是由荷兰的贝恩哈德亲王一手创立，名字取自一家宾馆。可以说这一俱乐部是美国外交协会的"国际版"，俱乐部汇聚了西方政治、经济界以及学术界的精英和顶尖人物，其中欧洲人占2/3。除了俱乐部的3位元老级成员基辛格、美国洛克菲勒家族成员——大卫·洛克菲勒和菲亚特集团老总阿涅利外，每年的会议都会吸引不少西方世界的顶级人物。其中，政界人物包括出席1991年会议的克林顿和参加1993年雅典会议的布莱尔。财经界人物则包括奔驰汽车公司总裁施雷普、诺基亚总裁欧利那、世界银行行长沃尔芬森等。俱乐部内设一个"领导委员会"，其主任一职长期以来由北约前秘书长洛德·彼特担任。此外，俱乐部还有一个由包括洛克菲勒和阿涅利等10来人组成的理事会，以及一个由各个参加国组成的委员会，他们有权邀请另两个国家的代表参加。

随着1991年苏联的解体，彼尔德伯格俱乐部（他们采用了酒店的名称命名）的成员现在只需关注一件事情：确保市场经济的繁荣并将它扩展到全世界。每年聚会时，俱乐部约120名成员在一个对外封闭的豪华酒店里呆4天，讨论世界上的重大问题（伊拉克战争、亚洲经济危机、伊朗核问题等）。这些商人和政治领袖尝试在这些问题上取得共识，并决定是否实施别人向他们提出的建议。

但是这些权贵们也可以在彼尔德伯格俱乐部之外的场合碰面，他们对全球经济的重要影响也不是什么秘密。

彼尔德伯格俱乐部历史上曾传出一些极具轰动性的消息，由于其主办者口风甚紧，这些消息并未得到确认。比如，左派英国报纸《大消息》曾称，俱乐部成员在某次会议中决定让俄罗斯轰炸车臣。据美国记者杰姆·吐克称，俱乐部成员还一度决定向英国前首相撒切尔夫人的政权发难，因为她反对实行欧元。在世界反全球化浪潮此起彼伏的今天，彼尔德伯格俱乐部也面临两难选择：或者向媒体开放，使自己公开化，或者保持现在的神秘感，而让各种小道消息满天飞，包括那些严重损坏俱乐部形象的假消息。

有"西方精英秘密俱乐部"之称的彼尔德伯格会议，曾在巴黎近郊的凡尔赛特里亚侬宫宾馆举行。一时间，众多西方政经界顶级人物的莅临，不仅使特里亚依宫成为法国戒备最森严的地方，而且该俱乐部的神秘形象也再次引起外界的好奇。据到现场采访的法国独立记者文森特称，特里亚依宫宾馆附近随处可见全副武装的警察，通过该宾馆的所有道路均被封锁，方圆300米内便禁止任何车辆进入，唯一的入口设在女王大道上。进入宾馆的来宾车前窗上均贴着红底黑色的B字，在经过两道关卡的检查，即通行证查验和安全检查后方可入内。

同一般的国际会议不同，记者在这里是不受欢迎的人。虽然会议明令禁止新闻媒体的采访，但每年的彼尔德伯格会议都会招来一些颇具好奇心的记者。据文森特称，今年的凡尔赛会议不仅吸引了从1982年便开始跟踪此会的美国记者杰姆·吐克，还有数家来自法国、美国和英国的媒体。记者们刚一露面，就受到警方的严密监视，有的还被录像跟踪。不仅如此，他们的活动也受到警察的干涉和威胁，后者甚至以"照片版权"为由没收他们的相机。鉴此，一位有经验的法新社记者称，采访彼尔德伯格会议的记者一定不能单独行动，否则人身自由难有保障。据报道《金融时报》记者戈登·特日尔1976年曾因发表了一篇相关文章被炒鱿鱼。1998年，一名苏格兰的记者由于在报纸上发表了与会议有关的消息，被当局拘留了几个小时。

媒体在彼尔德伯格俱乐部面前总是温顺得像沉默的羔羊。2005年，《金融时报》以典型的手法抢先报道，对沸沸扬扬的阴谋论淡化处理。事实上，任何质疑这个世界上最强大的俱乐部的人都会被嘲笑成阴谋论者。英国参议员或美国决策者等彼尔德伯格俱乐部成员说它"只不过是一个讨论问题的地方"，一个人人都可以"自由发表意见"的"论坛"。

除了避免受到新闻记者的干扰，会议组织者还对宾馆内部的工作人员作了严格的规定。特里亚依宫宾馆在会议期间停止向公众开放，所有非俱乐部成员的客人必须退房，临时雇员们则被遣送回家。对于留下的工作人员，会议主办方明令规定：不准他们私自看望任何与会者，不能与任何俱乐部成员交谈——除非被叫去问话；透露任何与会议有关情况的工作人员会被立即解雇。

鉴于彼尔德伯格俱乐部的性质，与会者的名单是不能向外公布的。然而，由于担心外界胡乱猜测，主办者每年也公布一个"官方名单"，不过这个单子并不包括所有与会者，尤其是那些顶级人物。2005年的受邀者包括央行负责人、防务专家、媒体大亨、政府部长、首相总理、皇室成员、国际金融专家以及欧美各国的政治领导人，美国国防部长拉姆斯菲尔德、银行家大卫·洛克菲勒、亨利·基辛格、荷兰女王贝娜特丽克丝、西班牙国王卡洛斯及王后索菲亚等均是凡尔赛会议的座上客。

彼尔德伯格俱乐部的成员与外交关系委员会、朝圣者协会、三边委员会和著名的"圆桌会议",1910年英国牛津和剑桥建立的精英组织有密切关系。圆桌会议(否认自己是正式组织)要求建立更有效的全球帝国形式,以便在整个21世纪维持英美霸权。

这当中有些人比其他人的控制权更大。他们是领导委员会的成员,包括德意志银行首席执行长官约瑟夫·阿克曼、诺基亚老板约玛·奥利拉、戴姆勒——克莱斯勒汽车集团的施伦普、前北约主席、现高盛公司主席萨瑟兰、即将卸任的世界银行总裁沃尔芬森和"黑暗王子"理查得·珀尔。伊拉克战争的设计师、即将出任世界银行总裁的沃尔福威茨也是彼尔德伯格俱乐部的永久会员。乔治·布什在波尔德伯格2005年会议期间碰巧在邻国荷兰参加二战胜利周年纪念,他也许顺道参加了该俱乐部的年会。

虽然彼尔德伯格会议自称为"私人俱乐部",同"八国峰会"等官方会议不同,但该俱乐部涉猎的议题比其他国际会议毫不逊色,北约发展、伊斯兰问题、能源问题、世界经济增长等西方世界关注的重要问题都是其谈论的内容。凡尔赛会议的主题包括伊拉克战后的法美关系、中东和平路线图、欧洲独立防务等各种时髦话题。另一方面,彼尔德伯格会议往往被认为是西方重要国际会议召开前的预演。比如,2001年俱乐部会议的会址选在当年的欧盟峰会召开地哥德堡,开会时间也选在欧盟峰会的前几天。2005年的凡尔赛会议与5月19日的西方八国财长会议地点巴黎只有20分钟车程,同在法国埃维昂召开的"八国集团"会议也仅差半个月的时间。

或许是由于这样的"巧合",彼尔德伯格俱乐部在历史上对西方政治经济的发展产生了重大影响。1973年,俱乐部曾成功地使国际石油价格增长了400%。创建成员之一的亨利·基辛格当时迫使以色列在同埃及和叙利亚的磋商中让步,使中东的产油大国获得了大量油田的开采权,并以投资伦敦和纽约的银行作为交换条件。俱乐部此举的目的是稳定当时的美元汇率,因为美元从1971年开始便不再同黄金挂钩,且面临着巨大的贬值压力。俱乐部还在1957年产生的欧洲经济共同体《罗马条约》的制定中发挥了重要作用。

彼尔德伯格俱乐部永久会员大卫·洛克菲勒1991年说:"如果那些年我们就向公众开放,我们就不可能为世界制定发展计划。不过,世界越来越复杂,并准备向世界政府迈进。由知识精英和世界银行家组成的超国家主权实体肯定好过过去数世纪实践的国家自决。"

波尔德伯格俱乐部绝对是个"西方"精英组织，即由美国人和欧洲人组成，该俱乐部拒不接受亚洲人、中东人、拉美人或非洲人。确切地说，彼尔德伯格俱乐部是宇宙的主宰者。即便经过精心挑选的媒体从业人员知道早在数周甚至数月前就提前决定的事，只有当事件发生时，媒体才发表相关报道。《纽约时报》和《金融时报》参加过许多次彼尔德伯格俱乐部的会议，不过，他们只能被迫保持沉默。

当然，彼尔德伯格俱乐部不是执行委员会。英国经济学家威尔·赫顿说，每届彼尔德伯格会议达成的一致意见是"制定世界政策的前奏"，他的这个说法相当接近事实。预计彼尔德伯格会议上做出的决定稍后会成为八国峰会、国际货币基金组织和世界银行的既定方针。

尽管欧洲和美国很多人提出强烈批评，但彼尔德伯格俱乐部仍我行我素：犹太复国运动和要自尊大者的秘密膜拜仪式都出自它之手。塞尔维亚指责彼尔德伯格俱乐部是策划1999年科索沃战争的幕后黑手并非没有道理。毕竟，美国需要控制至关重要的巴尔干管道线路。

2002年会议被认为是入侵和占领伊拉克的准备会议。恩达尔在其《百年战争：英美石油政治和新世界大战》一书中详细讲述了1973年在瑞典召开的彼尔德伯格会议上发生的事情。一名美国人在会上提出使欧佩克石油价格飙升400%的方案。彼尔德伯格没有阻止油价上升，反而计划如何从中牟取巨额利润，基辛格用"源源不断的石油美元流入"来形容油价飙升的结果。相关各方都参加了这次会议：大石油公司和大财团。恩达尔得出的结论是：这些权贵聚集在波尔德伯格俱乐部显然是决定在5月对全球的工业增长发动一次大规模袭击，目的是使权力平衡重新向有利于美国金融利益和美元的方向发展。

为了达到这一目的，他们决定利用他们最珍视的武器——全球石油供应的控制权。彼尔德伯格俱乐部的政策就是引发全球石油禁运，迫使全球油价激增。从1945年起，按照国际惯例，世界石油以美元定价，原因是美国石油公司控制着战后石油市场。因此，全球油价突然上涨意味着世界对美元（用以购买必需的石油）的需求相应激增。

虽然彼尔德伯格俱乐部不允许内部使用的一个词泄漏给公众，但对外界仍有可能猜测到他们在讨论什么。彼尔德伯格2005年会讨论北约的角色和批准欧盟25个成员国制定的欧洲宪法等问题。大量工作普遍外包给乌克兰、中国和印度。可能给宪法敲响丧钟：法国示威者（已唤醒德国和荷兰人）坚持认为对大公司有利的不一定对西欧工人有利。

他们有理由这样担心。布热津斯基在他所著的《大棋局》一书中高呼"西欧……仍然是美国的保护国"。他还坚持说："欧洲必须解决自己的社会分配体制（它"妨碍了欧洲的积极性"）造成的问题。"欧洲宪法之父不是别人，正是彼尔德伯格俱乐部成员德斯坦，此人碰巧与基辛格关系密切。

从地缘政治角度来看，整件事的关键是宪法规定欧洲不可以建立一支独立于北约（也即不受美国控制）的军队。彼尔德伯格俱乐部指定了唯一方向：一个由美国控制、空前扩张的北约，一个向东空前扩大的欧盟，大规模去地方化、整合共同利益和建立不可挑战的美国军事霸权。这成为布鲁塞尔欧盟权力走廊的激烈争论焦点并不奇怪，那里的许多外交官和委员会官员都公开抱怨华盛顿横行霸道，并谴责他们自己的政府出卖国家。负责欧盟扩大的欧洲专员费尔·霍伊根碰巧也是彼尔德伯格俱乐部成员。欧洲委员会成员前往参加彼尔德伯格会议的旅行费用和日常开销都由委员会提供。这显然与彼尔德伯格俱乐部自称的"私人性质"不符。

彼尔德伯格2005年会议举行时间与布什出访（访问波罗的海国家并与俄罗斯总统会晤）一致，这难道是巧合吗？

国际货币基金组织与世界银行

斯蒂格利茨作为世界银行的首席经济学家，在世界银行和国际货币基金组织的2000年年会前一周发表了针对国际货币基金组织和世界银行这两个最大国际金融机构的强烈抨击，他当即被世界银行行长沃尔芬森"强制退休"了。事实上，开掉斯蒂格利茨的不是沃尔芬森，而是美国财政部部长萨默斯，而美国财政部拥有世界银行17%的股份，拥有世界银行行长的任免权和一票否决权，在实际上控制着世界银行的运作。萨默斯对斯蒂格利茨厌倦到了无法忍耐的程度，他甚至不愿强制斯蒂格利茨默默地退休，而一定要动用"赶走"的极端形式来羞辱斯蒂格利茨。

斯蒂格利茨于2001年荣获诺贝尔经济学奖，他还曾担任克林顿总统的首席经济顾问。

但问题不是出在斯蒂格利茨的经济学水平不够，而是斯蒂格利茨的

"政治立场"上，主要是对国际银行家分外热心的"全球化"持消极态度。他对这两家国际金融机构的评价和见解当然是建立在大量第一手资料的基础之上，然而他完全没有想到的是，"制造和利用这些问题"正是这两家金融机构的使命。

斯蒂格利茨根本不相信"阴谋论"的论点，而是世界银行和国际货币基金组织工作的大多数经济学家和工作人员，其中包括来自中国方面的人员，同样不认同他们的工作中存在任何"阴谋"。其实，从操作层面上看，所有的工作完全是科学和严谨的，每一个数据都有出处，每一种算法都有科学分析，每一个方案都有成功的案例，如果说他们的日常工作中存在着"阴谋"，那确实是错误的，换任何人用同样的数学模型和方法都会得出大致相同的结论。

哈佛教授杰弗里·萨克斯、索罗斯与美联储前主席保罗·沃尔克、花旗银行副总裁安诺·鲁丁，一起炮制了"振荡疗法"。索罗斯总统也总结了这个疗法：

我考虑到必须展现出政治体制变化会导致经济改善。波兰就是一个可以尝试的地方。我准备了一系列广泛的经济改革措施，它包括三个组成部分：看紧货币、调整结构和债务重组。我认为三个目标同时完成要好于单独实施。我主张一种宏观经济的债务与股份置换。

结果在波兰"振荡疗法"实施的过程中，美国财政部和国际银行家在金钱上给予了实质性支持，在大笔金钱的"输血"下，波兰的"振荡疗法"效果显著。

但是"北极熊"的经济被国际银行家们透视后，美国的援助和国际银行家们原本答应好的金融"输血"却戛然而止，"北极熊"的经济下跌可想而知。怪不得萨克斯教授大呼"冤枉"，明明被波兰案例验证过的成功却出了意外，"北极熊"经济竟然推到了。

事实上，波兰"振荡疗法"的成功就是一个圈套，这种"政策层面"上的阴谋，就不是萨克斯和斯蒂格利茨教授在"操作层面"上所能透析的。

在布雷顿体系设计当初，这两家金融机构的建立是为了确立美元的世界货币霸权地位。国际银行家废除金本位分为三大步骤，当罗斯福在1933年废除了传统的金本位体系后，黄金与美元的直接兑换关系被黄金间接兑换所取代，完成了废除黄金的第一步。在国际流通市场中，外国的美元持有者仍然可以将美元兑换成黄金。而布雷顿体系更进了一步，用美元兑换取代了黄金间接兑换，即各国货币与美元挂钩，美元与黄金挂钩，只有外国中央银行才能拿美元兑换黄金，黄金进一步被挤出了货币流通领域。从此，废除黄金完成了第二步。

美国实际控制着了国际货币基金组织和世界银行。国际货币基金组织是欧洲人第一次领头，为了防止局面失控，美国财政部设计了许多重大议题，赞成票必须达到85%以上才能实施的条款，相当于赋予了美国财政部（17%投票权）一票否决权。而在世界银行，因为美国财政部挑选行长，在完全掌握人事权的状况下，只有很少的情况下才设置85%赞成票的门槛，以便提高"效率"。这种"政策设计"和仅局限"操作流程"二者之间层次的落差。

布雷顿体系的总设计师凯恩斯还构思出一个更富有色彩的概念——"特别提款权"来构筑未来的世界货币框架，特别提款权就是所谓的"纸黄金"，以弥补美国由于长期的入不敷出所造成的黄金实物短缺。这个概念在1969年美国发生严重的黄金支付危机时被"隆重推出"，不过仍旧没能挽救美元与黄金兑换关系的国际承诺的崩溃。布雷顿体系解体以后，特别提款权又被重新定义与"一揽子"货币汇率挂钩。如今，这一凯恩斯40年代就构想出来的"世界货币"也没能发挥多大作用。

1971年尼克松宣布中止黄金与美元的关系后，国际货币基金组织和世界银行的历史使命已经终结了，不过国际银行家快速地找到了新的定位："帮助"发展中国家进行"全球化"。

在斯蒂格利茨被解雇之前，他拿到了大量世界银行和国际货币基金组织的机密文件。这些文件显示了国际货币基金组织要求接受紧急援助的国家签署多达111项秘密条款，其中包括出售受援国的核心资产：自来水、电力、天然气、铁路、电信、石油、银行等；受援国必须采取具有极端破坏性的经济措施；在瑞士银行里为受援国的政治家开设银行账户，秘密支付数十亿美元作为回报。如果这些受援国的政治家拒绝这些条件，他们在国际金融市场绝对借不到紧急贷款。为什么国际银行家最近对中国向第三世界国家提供无附加条件贷款非常愤怒，原因是中国为哪些走投无路的国家提供了新的去向。

斯蒂格利茨透露，所有的国家都有同一类阴谋等着它们：

第一阴谋：私有化

更确切地说是"贿赂化"。受援国领导人只要同意贱价出让国有资产，他们将得到10%的佣金，全部付到其在瑞士银行的秘密账户上。用斯蒂格利茨的话说："你会看到他们的眼睛瞪大了，那将是数十亿美元的巨款！"当1995年历史上最大的贿赂发生在俄罗斯私有化过程中时，"美国财政部认为这好极了，因为我们需要叶利钦当选。我们不在乎这是否是一场腐败的选举。我们希望钱涌到叶利钦那里。"

斯蒂格利茨不是阴谋论者，只是一位正直的学者，当他看到空前的腐败造成俄罗斯经济产出将近下降一半，全国陷入严重的衰退，作为经济学家，良知和正义感使他对世界银行和美国财政部的卑劣伎俩气愤万分。

第二阴谋：资本市场自由化

资本自由化意味着资本自由地流入和流出。可是亚洲金融风暴和巴西金融危机的实际情况是，资本自由流入来爆炒房地产、股市和汇市。在危机来临时，资本只是自由地流出，再流出，被斯蒂格利茨称为"热钱"的投机资本总是最先逃跑，受灾国的外汇储备在几天甚至几个小时之内就被吸干。国际货币基金组织伸手救援的条件包括紧缩银根，将利率提高到30%、50%、80%的荒谬程度，这样高的利息只会无情摧毁房地产价值，破坏工业生产能力，吸干社会多年积累的财富。

第三阴谋：市场定价

当受灾国被国际货币基金组织拖到半死不活的经济危机时，国际货币基金组织又提出对食品、饮用水和天然气等人民群众日常必需的产品大幅提价，大量的市民示威甚至暴动。1998年印尼由于国际货币基金组织削减了食物和燃料的补贴，爆发了大规模暴动。玻利维亚由于水价上涨导致市民暴动。厄瓜多尔由于天然气价格飞涨引起了社会骚乱。而这一切早被国际银行家们盯上。

当埃塞俄比亚第一位民主选举的总统在危机中接受世界银行和国际货币基金组织的援助时，却被迫将这些援助款项存到他在美国财政部的账户上，只拿到4%微薄的利息，与此同时却不得不向国际银行家以12%的高利借款来救济饥肠辘辘的人民。当新总统向斯蒂格利茨乞求动用世界银行和国际货币基金组织的援助款来救灾时，斯蒂格利茨却只拒绝他的要求。这是对人类良知的残酷考验，斯蒂格利茨不能承受这样的折磨。

第四阴谋：缩减贫困策略——自由贸易

在这种的境况之中，斯蒂格利茨将WTO的自由贸易条款比做"鸦片战争"。斯蒂格利茨尤其对"知识产权"条款感到愤慨，以这样高的"知识产权"和"关税"来支付西方国家制药厂所生产的品牌药品，等于"将当地人民诅咒致死，他们（西方制药公司）压根不关心人民的死活"。

在斯蒂格利茨眼里，国际货币基金组织、世界银行和 WTO 都是一个机构外的不同牌子而已。国际货币基金组织对市场开放的苛刻条件甚至超过了官方的 WTO。

2004 年出版的《经济刺客的自白》的作者约翰·帕金斯以自己的亲身经历，形象而细致地描绘了国际银行家对发展中国家进行的不宣而战的秘密金融战争的策略。作为当事人，作者于 20 世纪 60 年代末被美国最大的间谍机构 NSA（国家安全局）所招募，在经过一系列的测试以后，作者被认为非常合适的"经济刺客"的人选。为了防止暴露身份，作者被一家国际知名的工程公司作为"首席经济学家"派往世界各国，进行"经济刺客"的工作，如果计划败露，因为没有任何官方背景，当事国只能归罪于私人公司的贪婪。

帕金斯的工作就是游说发展中国家向世界银行大量举债，债务要高于实际需要，以确定债务必将出现无法偿还的情况。为了让当政者得到好处，数亿美元的金钱贿赂随时以现金支付。当债务没有办法清偿时，世界银行和国际货币基金组织代表国际银行家就去索要金钱，前提就是出让国家的重要资产，供水系统、天然气、电力、交通、通讯等产业。

若是"经济刺客"的工作无效果，则派出中央情报局的"豺狗"（Jackal）去刺杀国家领导人，若是"豺狗"也失败了，最终就是动用军事机器发动战争。

1971 年，帕金斯被派往印尼，成功地完成了"经济刺客"的任务，引诱印尼严重负债。后来他又前往沙特，亲自操盘了"石油美元回流美国"的国际银行家们的压力，为基辛格成功游说沙特、离间 OPEC 组织立下汗马功劳。后来，帕金斯又前往伊朗、巴拿马、厄瓜多尔、委内瑞拉等国。

2001 年"9·11"事件让帕金斯痛楚地感到美国遭世人痛恨，终于决心解开真相。纽约各大出版社居然无人敢出版他的自传，原因就是书中的内容太具有爆炸性。他写书的事很快在金融圈传开了，一家国际著名公司以高薪聘请他，条件就是不要出版该书，当 2004 年，作者顶着风险和压力出版该书后，几乎一夜之间，该书就成为美国最畅销的小说。之所以选择以小说的形式出版，也是出于不得已，出版社担心若是以纪实体出版的话，难免招来杀身之祸。

国际清算银行就是世界银行的总部

国际清算银行是英、法、德、意、比、日等国的中央银行与代表美国银行界利益的摩根银行、纽约和芝加哥的花旗银行组成的银团,根据《海牙国际协定》于 1930 年 5 月共同组建的。当初只有 7 个成员国,现成员国已发展到 41 个。

中国于 1984 年与国际清算银行建立了业务联系,中国人民银行自 1986 年起就与国际清算银行建立了业务关系,办理外汇与黄金业务。从此,每年都派代表团以客户身份参加该行年会。国际清算银行召开股东大会,中国人民银行被邀请列席,并以观察员身份多次参加该行年会,这为中国广泛获取世界经济和国际金融信息,发展与各国中央银行之间的关系提供了一个新的场所。中国的外汇储备一部分存放在国际清算银行,这对中国人民银行灵活、迅速、安全地调拨外汇、黄金储备起到非常有利的作用。自 1985 年起,国际清算银行已开始向中国提供贷款。

1996 年 9 月 9 日,国际清算银行通过一项协议,接纳中国、巴西、印度、韩国、墨西哥、俄罗斯、沙特阿拉伯、新加坡和香港地区的中央银行或货币当局为该行的新成员。香港金融管理局与中国人民银行同时加入国际清算银行。

国际清算银行的最高级别活动是中央银行行长例会和全球经济会议。各中央银行及货币当局总裁利用这些会议,以及国际清算银行年会和中央银行特别行长会议讨论全球经济及金融发展的最新形势和其他各方关注的议题。

这些会议讨论了国际经济和金融形势,金融体系的标准和准则,金融市场、预期和货币市场的传导机制,国际资本流动,新兴市场债券市场发展等专题。

除了行长级会议以外,国际清算银行并组织中央银行及货币当局的高级官员举行专题研讨会。

目前次贷危机所诱发的一系列问题,国际清算银行总裁马尔科姆·赖特说,尽管目前次贷危机仍在发展,很难得出确切结论,但中央银行可以做得非常好。

过去数月,主要央行们协同往市场注入流动性,美联储还连续大幅减息,这些都值得欣慰,但危机超出了中央银行们的能力范围。美元利率太低,低利率时间持续太长,为市场注入了过多流动性。应当及时吸取教训。

马尔科姆·赖特还认为:无法估计危机还会怎样发展,或是已经到了最危险阶段,当务之急促使市场正确地为资本定价,而这要求提供可靠、全面、透明的信息,要求更系统的披露。另外,风险监管必须要进步,监管者要跟踪风险特别是跟踪创新性产品,不管这些产品是从哪一家金融机构的资产负债表上转移到了另外哪一家。

到底谁持有资产毒垃圾?这是华尔街非常敏感的问题。据估计到2006年底,对冲基金手上持有10%,退休基金持有18%,保险公司持有19%,资产管理公司有22%。当然还有外国投资者。他们也是MBS、CDS和CDO市场的主力军。2003年以来,外资金融机构在中国"隆重推出"的各种"结构性投资产品"中有多少被"资产毒垃圾"污染,无人知晓。

国际清算银行最近警告称:"美国次级抵押贷款市场的问题愈发凸显,但还不清楚这些问题会如何渗透到整个信贷市场。"这个"还不清楚"是否是暗示CDO市场可能崩盘?次级贷款和ALT—A贷款以及建筑在其之上的CDO、CDS与合成CDO的总规模至少在3万亿美元以上。国际清算银行强烈警告世界可能会面临20世纪30年代大萧条。该行还认为,今后几个月全球的信贷领域的景气周期将发生趋势性的转变。

美联储官员的言论,让政策制定者并不认同金融市场对于次级贷款市场的担忧,并不预期其影响将在经济中蔓延。伯南克说表示次级贷款是最关键的问题,但毫无迹象透视向着主要贷款市场蔓延,整体市场似乎依然健康发展。随后不论投资者还是官员们,都对次级贷款危机扩散的潜在风险避而不谈。

回避问题并不能消除解决问题,人民在现实生活中不断地触摸到了即将来临的经济危机。

若是政府托管的各类基金在资产抵押市场中损失惨重,后果就是人民每天都面对3000美元的交通罚单。若是养老基金损失了,最后大家只能延长退休年龄。要是保险公司赔款了,各种保险费用就会飙涨。

总而言之,华尔街的金融创新规律:赢了银行家获利天文数字的奖金,输的是纳税人和外国人埋单。而不管输赢,在"金融创新过程"中被银行系统反复、循环和高倍抵押的债务所创造出的巨额债务货币及通货膨胀,则悄悄地重新瓜分着全世界人民创造出来的财富。

奥巴马面临"美国制造"的争端

"假如我们不能紧紧抱在一起，那就彻底分开。"这是富兰克林的名言。

当美国的申请失业人数增加到654750人，创造了1986年以来的新高的时候，美国开始焦虑不安了。美国终于把"购买美国货"加塞进他们的经济刺激计划中去。它给予世界的信号就是：金融危机之下，美国无法再与世界贸易体系紧紧拥抱在一起了，它要与世界贸易体系决裂，单独行动进行自救。所以美国在敏感时期"勇敢"提出了敏感的话题：重拾贸易保护主义的过期策略。美国人已经读不懂富兰克林的"假如我们不能紧紧抱在一起，那就彻底分开"这句名言了。因为他们自己也还弄不明白重拾"贸易保护主义"对于美国来说究竟是一种21世纪能够挽救工作岗位的爱国主义哲学，还是一种既过时又代价昂贵的愚蠢行为？

奥巴马选择了沉默！

世界银行行长佐利克的话也许能从侧面解释奥巴马沉默的缘由：在目前这一关头，"经济爱国主义"的做法从经济的角度或爱国主义的角度来看都没有意义，因为这种做法可能只是符合政治需要，但从经济角度来看则是错误的。

奥巴马在犹豫。奥巴马也常说他是经济自由主义的信徒，但是针对国会提出的"购买美国货"具有强烈经济爱国主义意识的刺激经济计划他要考虑选民的想法，他必须谨慎。

美国提出的"购买美国货"的经济刺激计划得到了美国经济官员和民众的广泛支持，因为这对他们自身利益是有好处的。

"究竟如何看待贸易保护主义？在什么样的条件之下，"购买美国货是值得推广的？"美国《纽约时报》的天才编者们提出了上述直捣问题根本的发问式讨论议题。

《美国人如何购买美国货》作者RogerSimmermaker在最近的一篇《购买美国货，在我们不能买之前》的文章中这样写道：美国赖以建立的美德和价值是——自足、自靠以及独立。而那些外国工厂的工人们并不向美国纳税。只有美国的工人向美国纳税。我们需要雇用美国的钢铁工人、汽车工人，这样我们才能不仅维持而且创造工作，只有这样才能让我们不断增加的国家债务变得令人绝望地失控。应对美国经济问题的答案是：在美国手里还有钱的时候，购买美国货 RogerSimmermaker 是"购买美国货"的坚定支持者，他那种纯粹的美国思维决定了他思考的局限性。

贸易保护主义传统支持者俄亥俄州民主党参议员 Sherrodbn，他在自己的《帮助美国制造业》一文中说："购买美国货法令的目的就是振兴美国的制造业以及鼓励新产业的诞生。而且购买美国货并不是说一定要如此。在法令中存在着一系列的例外条款。正是这些条款使得购买美国货的法令具备了灵活性。就在欧洲和亚洲国家为了提高自家工业实力经常给予补贴的时候，我们的制造业却在不断地萎缩。我们的政府在制造业企业将工作外包的时候还给予它们税收减免。"

经济政策学会的高级国际经济学家 Roger Simmer marker 的对美国的"购买美国货"经济刺激政策发表了自己的看法，购买美国货的政策足够聪明，它不会违反美国任何的贸易条款。而当国内产业因为不平等的贸易活动受到伤害的时候，保护这些产业就是一个好的政策了。

美国国会之所以能够在奥巴马政府极力游说全世界国家政府携起手来，大力投入刺激经济复苏的时候推出将会成为出众矢之的贸易保护措施，除了这是个不会违背美国任何贸易条款的"聪明政策"外，还有一整套的经济理论作支撑。哥伦比亚大学经济学家、《自由贸易之谜及资本主义的秘密历史》作者 Ha‐JoonChang 是支持"美国制造"的理论提供者。

Ha—JoonChang 的理论依据就是判断贸易保护主义的好与坏要看它的前提是什么。他同时提出了要分别对待两种不同的贸易保护主义：其一是发展中国家施行的保护本国新产业的贸易保护主义。正如人们把孩子送去读书而不是去当童工一样，必要的保护主义能够让这些发展中国家获得发展。这是一种显性的贸易保护主义，这也是新兴经济体发展初期常用的一种手段。

另一种是在所有国家中都存在的隐形贸易保护主义。当一个国家经济体出现裂纹的时候，这些时候国家必须作出迅速的调整。与金融业可以迅速重新安排不同，实体经济想要整修需要花费很多的时间。因此，在面临今天这样的经济危机的时候，美国有必要给制造业提供一些必要的呼吸空间让它们进行调整。

Ha—JoonChang 对他的这套理论进行补充说，解决问题的方案不应该死抱住自由贸易的教条，通过建立一种新的国际贸易秩序，允许一种透明、向前看及有时间限制的保护主义，就如同允许落后国家确保本国新兴工业一样能够使之振兴。也就是说，通过一种有控制的保护主义，我们能够在更长远的时间段内保护国际贸易。

若从狭义的经济观点看，Ha—Joon Chang 的这套理论似乎也能成立。可是世界经济趋于大同的现今，特别是处于祸起美国的全球金融危机的时候，作为世界经济最强大的美国提出如此理论来忽悠全世界，表现出了美国的极不负责任的态度，也将会引起全世界的效尤。如此一来 WTO 体系将会分崩离析，世界贸易将会乱作一团，加剧经济危机的危害。

WTO 的官员们、国际经济观察家以及有远虑的经济学家们，纷纷站出来反对美国的这一不负责任的做法。他们认为即使站在美国的立场上反对贸易保护主义的理由也有两个：其一是贸易保护主义将使美国的企业丧失创新及降低成本的动力。其二是美国的贸易保护主义将使得对方也采取同样的行动，在全世界的政府都在努力使本国经济复苏的背景之下，"购买美国货"的做法很可能会衍生出"购买欧洲货"和"购买韩国货"。美国的出口产业将因此崩溃。彼得森国际经济学会的经济学家 GapHufbauer 和 Jeffreyschott 更是计算出，因为"购买美国货"将创造的工作岗位可能是 700 个，而考虑到别国政府对此的反应，考虑到美国产品将要遇到的限制，它将使美国减少 65000 个工作岗位。

西方七国集团（G7）财政部长和中央银行行长罗马峰会后的一份声明草案中表示，西方七国集团在继续致力于稳定经济和金融形势的同时，强调要反对贸易保护主义。各国财长们都对美国的这一做法进行了批判。

加拿大国际贸易部长斯托克韦尔·戴批评指出，美国采取贸易保护主义举措将引发贸易战，不利于世界经济复苏，没有任何国家会从中受益。

日本财务大臣中川昭一直接批评道，贸易保护主义会对全世界造成负面影响，日本坚决反对这一做法。

德国财长施泰因布吕克则批评说，为了保护本国工业，个别国家不惜采取破坏自由竞争的刺激经济方案。

而实际上，欧洲国家已经开始效尤美国的做法了。法国总统萨科齐宣布救助汽车业的条件，是这些企业必须留在法国本土。法国财政部长拉加德更表示，在经济危机中，保护主义是"必要的缺点"。而意大利和俄罗斯补助本国汽车产业、限制外国汽车进口的政策也一直被人嗤之以鼻。在欧洲，还有不少国家抱怨，英镑大贬使其出口竞争力大增，损及其他国家利益。

美国总统奥巴马是不愿意看到如此结局的，他不想看到是因为美国第一个打破自由贸易协定而引发全世界的效仿，因为奥巴马背不起这个责任。但是奥巴马仍在顾虑美国选民的想法。这对于刚刚上任的奥巴马来说是一次大考验。他必须谨慎又谨慎，在他没有明确的答案，还处在两难境地的他唯一能做的就是沉默。

其实奥巴马政府并不是完全没有反驳的材料——它的确修正了原先参议院更为极端的版本。果真如此的话，它就必须向外国政府解释——为什么它还是允许剩下的这些条款进入了刺激计划？要知道，就在金融危机爆发之后不久，美国就曾经保证过——美国要与其他的 G20 国家一起渡过难关，不依赖保护主义。奥巴马自己含糊地称，这个刺激计划不是完美的，但他没有特别指出的问题是——到底哪里不完美。奥巴马在"购买美国货"贸易问题上的沉默已经引起了国际社会和经济学家们的失望和无奈。哥伦比亚大学经济与法律教授 JagdishBhagwati 在最近的一篇名为《报复的螺旋》的文章中写道：跟其他国家比较起来，例如巴西、印度这样的没有在 1995 年 WTO《政府采购协议》上签字，因此不能够享受我们采购其产品权力的国家，将会进行报复。它们也可以在符合 WTO 规定的前提下提高关税。它们可以很轻易地把原本向美国采购的航天、核反应设施及其他高附加值的订单转交给欧洲及日本。接下来我们又会对此进行报复，接着又引起了其他人的报复。而这些都是按照"符合 WTO 规定"的方式进行的。奥巴马总统将发现，他陷入了一场符合 WTO 规定的贸易战争。

美国对外贸易委员会总裁 WilliamReinsch 说："我仅仅通过观察他们得出的个人感觉是，他们是希望它（保护主义）走开的。"

Reinsch 补充说奥巴马在贸易问题上的真实态度依然模糊令人无比头疼。

但奥巴马终于说话了！在 G20 伦敦峰会上，针对贸易保护主义奥巴马政府提出了自己的意见。这个意见对于奥巴马政府来说它是聪明的，但是它的可信度和实际效果却仍是模糊的。

奥巴马说："关于贸易保护主义，尽管美国国内存在相关的论调，因为金融市场崩溃产生的经济挫败感非常真切，失业率急剧攀升，但是，被写进美国经济刺激计划中的'买美国货'条款的每一条都是符合世贸组织规定的。其中关于墨西哥货车运输业的条款正在协商，我们不想看到升级的贸易战。

"我已经发出了非常明显的信号，即现在不是提倡贸易保护主义的好时机，我会继续反对想关闭美国市场的努力。我认为，在一个民主国家里，总会产生一些尚未收场的细节问题。美国是这样，全世界也是这样。但是总的来说，我并没有看到有巨大力量的、超出论调范畴之外的贸易保护主义，聚集在伦敦的各国领导也没有发出这种声音。"

奥巴马的大考验还在继续。因为奥巴马政府最终必须给出一个明确的态度，不管他是倾向于他的选民从而支持美国国会的关于"美国制造"的刺激经济方案，还是为在国际社会中树立自己的形象而提出相反的意见。这需要奥巴马政府具备超人的智慧、勇气和能力。

美联储"印钞机"加快造钱

美联储开足"印钞机"最大马力印钞票，眼下这不是第一次，更不会是最后一次。这是美元作为美国国家货币和国际货币职能双重身份使然。

人们仍然记得美国第一次开足马力疯狂印钱是在20世纪70年代尼克松时代。那次是因为美元的政治外交以及世界地区战争造成了美国国内美元的吃紧。

20世纪60年代，美国在"反共战争"的思想指导下，花费大量金钱资助国外的各种军事行动。在越南和其他行动上花费的大量军费使美国持续出现巨额贸易赤字，急剧增长的国外美元供应超过了美国国内的黄金储备。1971年，尼克松总统被迫放弃黄金价格与美元挂钩的做法。随着美国国外军事行动的日益频繁，美元相对黄金不断贬值，国际货币体系受到严重干扰，随后不久可调整固定汇率体系就完全崩溃了。美元脱离"金本位"后挣脱了束缚，美国就可以根据自己的意志随意地造钱，来满足国内美元流动的需求。

这就是美元的秉性。美元不是为世界经济服务，美元只为美国创造利益，只维护美国经济的安全运转。一旦美国经济出现危机，美国就会利用美元的国际货币职能的杠杆作用毫不负责任地损害其他国家的利益，为其自身的经济损失买单。

当然美国不会随意地无限制地印刷美元，拿美元开国际玩笑。美国还需要美元继续称霸世界货币的地位，向世界无限供应美元只是美国政府和美联储无奈之下最后的杀手锏。

这次祸起于美国的金融危机对美国的金融和经济打击非常严重，迫使奥巴马政府和美联储主席伯南克不得已早早地拿出了最后的杀手锏。当美联储宣布将购买3000亿美元长期国债，并再次购买8500亿美元两房债券，这对于美国债券和股票市场是利好消息，随之美国国债价格出现激升，道琼斯指数在消息传出几分钟内上涨100点，然而，对于世界金融市场，这却是一次突然的袭击，全球金融市场对这一信息的出台发生了海啸级别的震荡。

从美联储主席伯南克的职业成长里程看作为宏观经济学家的他，最大的理论贡献来自对1929年"大衰退"的研究。伯南克曾经清楚地表示过为了战胜像1929年那样的经济衰退，如果购买短期国债难以降低中长期利率，可以直接购买中长期国债。

2009年3月25日，伯南克接受美国电视台采访时曾含蓄地说，美国经济衰退2009年底将见底，并在2010年复苏。伯南克是在给市场打预防针，言下之意他已经准备好了最后的"杀手锏"。迫使伯南克拿出杀手锏的直接理由是对于负债累累的美国企业来说，只有两条路可走：破产和通货膨胀。美联储只能两害相权取其轻：印刷钞票，制造通胀，让美元贬值，然后全球买单。

面对这次金融危机的后续伤害，伯南克和奥巴马的心理防线已经见底。作为美国国债最大买家的中国，得知这一消息肯定是有所动作。就在全国两会的记者会上，国务院总理温家宝表达了对巨额的外汇资产安全的担心。美国总统奥巴马隔天就立马回应，一定能确保安全。当然中国政府不会完全相信美国那套用过多次的"口是心非"的把戏。

中国的经济学家站在中国利益的立场上对美联储这次的"印钞票"举措给予很多的关注。

经济学家谢国忠就警告美国，美联储要讲信用，毕竟市场还是相信其声誉的。市场只能相信你一两次，可以认同这是挽救美国经济的无奈之举，但是如果次数多了，无限量印钞票，美元必将大崩溃。金融危机爆发前，美联储的资产负债表上负债是9000亿美元，目前是1.8万亿美元。实施购买国债和企业债后，负债将达到3万亿美元。美联储此举是预期内的事，而且是最后一招，救市方向很明确。但如果再肆无忌惮增加基础货币，全球会对其丧失信心。"美联储知道风险还这么做，表明实体经济压力的确很大。"中国社科院世界经济与政治所国际金融研究室副主任张斌分析说。

对于美联储增发美元购买长期国债，市场分析是将导致美元贬值，导致通货膨胀。但是短期看，美联储购买债券，对中国政府和商业银行持有的超万亿美国国债、"两房"债券和其他公司债券来说，倒是相对安全。"尽管利息上或许会受损失，起码本金有保证了。"这也是对包括中国在内的持有美国公司债的债主的最大的安慰。谢国忠认为，如果美联储刺激经济措施奏效，中国也将会有很大实惠。因为中国不仅持有美国国债，美国经济如果在刺激下复苏，必然会拉动中国的出口。美联储救市，购买长期国债和企业债，直接拉低了债券利率，减轻了财政和企业负担，有利于刺激投资和消费。"市场是对的"，谢国忠说的是美国股市和债市的反应，这个消息对于上市企业来说是多重利好，压低债券利率，相当于再次减息。中国股市相信也会跟着美股走好。因此从长远的角度看，美国的这一举措未必全是坏消息，从美国的国际政治利益出发，美联储这次表面上看起来有些仓促的向国际金融市场大量供应美元的举措有其另外的意图。

1. 欧元的"盛装舞步"让美元有些焦虑

近半个世纪以来，美元导致的局部战争和一次次的金融危机，让整个世界对美元在心底产生了不信任。欧元的诞生，欧元区经济的稳健发展，南美联盟经济一体化的进展，东盟的发展壮大，以及新兴市场"金砖四国"空前的团结，中国央行行长周小川的《关于改革国际货币体系的思考》的文章等等，已经或即将触动美元"奶酪"的因素，让美国坐立不安。美国总统奥巴马和美联储主席伯南克的这一举措也许意在把那些正在成长或仍在胎中还不成熟的国际隐患进行一次扼杀。美联储的做法就是增发美元，让美元贬值，让全世界都为这次祸起美国的金融危机买单，美国从中又一次借机掠夺世界财富，消弱其他联盟体系的经济基础。

2. 美国仍然要保卫美元的世界货币霸主地位

美国这一次让美元贬值，剧增美国国债，目的是进一步把全世界国家的经济体系拉到身边，让其一刻不闲地围绕美元打转，彰显美元的势力和地位。另一方面奥巴马一再保证那些购买美国国债的国家利益不受损失，其目的就是表明在危难时刻美国仍在巩固美元的地位。就在G20伦敦峰会上，奥巴马坚持世界各国应继续加大金融投资，刺激世界经济早日恢复，而反对改革国际货币基金组织和国际货币体系，其用意很明显正是为此。

不管美国倡导的加大金融投入为主的经济政策或是开足马力忙着造钱向国际金融市场"无限量"投放美元，它只有一个目的，正如奥巴马与中国国家主席胡锦涛会晤时所表达的观点：美国只能从自身的利益出发来推动世界金融的健康发展。

警惕美国又一次大肆掠夺世界财富

全世界关心这次金融危机的人们心中都会祈祷金融危机尽快结束，祈祷对世界经济的影响越小越好。然而，人类历史上每一次社会和经济危机都会有幕后导演和推手，有敏感的经济学家们猜度这次金融危机的幕后导演是美国，他们列举种种证据试图推断美国导演了这次金融危机，其目的就是又一次大肆掠夺世界财富。

如果仔细勾勒出这次祸起美国的金融危机的路线图，也许能清楚理解这次危机所隐藏的玄机。

首先是2007年底所显现的美国"两房"所暴露的次贷危机，美国政府甚至是迫使华尔街投行破产或并购（雷曼兄弟投行的急速破产是典型的例证），并力保美国混业银行，譬如美国银行，有意造成世界金融市场的恐慌；奥巴马政府开始忽悠世界各国首脑们都应承认这次危机的危害，各国政府应倾巢投入资金刺激经济；惊爆麦道夫的世界级金融诈骗案；美联储突然宣布投放3000亿美元购买美国国债，力推美元贬值。从这个金融危机路线图推理下去，美国政府接下来要做的就是在世界经济开始复苏之初强力推动美元的快速升值。

美国政府在这一系列的金融危机事件爆发之初或之后都是有节奏地控制着局面的。美国为什么让"次贷"金融产品破产，要投行破产？因为"次贷"金融衍生品本身就是垃圾资产，更重要的是这些次贷金融产品的最大买家是世界各国的投资者，而并非美国投资人。美国投行的主要资金来源是国际其他金融投资机构而并非美国。这就不难理解美国政府"逼迫"雷曼兄弟破产而力保美国银行的行为。不管是次贷危机或是投行破产，损失的是世界其他国家的钱，而美国收获的就是债务的消失。美国挑选在关键时候惊爆麦道夫的世界金融诈骗案的意图也是如此，麦道夫的主要资金来源也都是世界上有名气的大富翁。

美国人在玩"金蝉脱壳"的游戏。

根据相关报道显示，在次贷危机爆发和蔓延的2007年，美国反而加快了海外扩张的步伐。据美国经济分析局（BEA）的统计，当年美国增持了3.56万亿美元的海外资产，为历年之最，其海外资产规模达到19.46万亿美元。也就是说，在危机中美联储注入的流动性并没有留在美国国内，而

是通过对外投资全部投向了海外。

在美国人逃离美国的同时，其他国家则在增持美国资产。当年外国投资者持有的美国资产净增加3.43万亿美元，也为历年之最。截至2008年年底，美国对外负债达到21万亿美元。

2007年美国国际收支逆差（经常账户差额＋资本账户差额）为7331亿美元，照常理推算，其对外净债务应同等规模增加。事实却是美国对外净债务不增反减，比2006年减少了1218亿美元。也就是说，2007年美国有8549亿美元对外债务"无缘无故"地消失了。这比6000亿美元规模的次贷本身还要大，美国人亲切地称之为"暗物质"。这种暗物质帮助财富从世界各地转移到美国。美国对外债务不会无缘无故地消失，它的另一面就是其他国家财富的消失。

美国人实现了胜利大逃亡。次贷是美国的，但次贷危机的损失是世界的。

美国的游戏还在继续！G20伦敦峰会上美国总统奥巴马一再呼吁世界各国应齐心协力倾国投入刺激经济，而与此同时奥巴马身后的美国却正在加紧印刷美元投放国际市场，人为制造美元贬值；制定"购买美国货"的贸易保护壁垒。美国要进一步冲销它的巨额债务。

要使美国外债对冲消失的途径有三个：一是美元贬值；二是美国对外存量资产增值；三是美国对外存量负债减值。金融危机和美元贬值共同造就了人类史上最大、最触目惊心的违约事件。自2002年起，美元开始了长达6年多的贬值，使其他国家持有的美国资产严重缩水。2002年～2006年，美国对外债务消失额累计达3.58万亿美元。美联储再一次推高美元贬值的速度其用意仍在于此。

金融危机给美国开辟了一个新的掠夺财富的途径。美元贬值能带来赖账的好处，但会损害美元的国际货币地位，而美元霸权正是美国长期利益之所在，因此美元不可能永远走贬。金融危机使得外国投资者持有的美元资产特别是美国债券严重缩水。可以说，金融危机是美元贬值的延续，使美国得以继续赖账。正是这巨大的国家利益，导致美国政府在危机处理中采取有意疏忽的策略。

造成今天的金融危机局面，前美联储主席格林斯潘不可为不知，可他仍旧放任对美国金融业宽松监管，其用意不得不让人浮想多多。

华尔街的巨头们应声倒下，看起来更像是苦肉计。与华尔街走得很近的其他发达国家同行们也深受煎熬。特别是2008年10月份美国通过7000亿美元救市方案后，欧美和日本的金融市场相继暴跌。究其根源，美国的救市计划实质是拿纳税人的钱解救犯错误的华尔街，纵容了华尔街的道德风险，给其他国家的金融寡头们产生了恶劣的示范效应：把问题弄得更糟糕，等待政府的救助。

奥巴马正在等待各国出手救助的结果。奥巴马的忽悠起到了效果。G20 伦敦峰会之后，作为东道主的英国首相布朗称，G20 将通过各种机制，为世界经济注资 1.1 万亿美元，其中包括 2500 亿元的特别提款权，依次来救助那些发展中国家面临的危机。奥巴马和美国开始微笑了。

广大的发展中国家，由于受经济金融发展水平的限制，在海外资产中直接投资和银行贷款等占比很小，主要是证券投资，而且很大一部分是美国的债券。在次贷危机中，缩水最大的也正是债券。因此，相对而言，发展中国家的损失要比发达国家大得多。

发展中国家承受了输入型通货膨胀之苦。金融危机中美国放出的流动性很大一部分流入新兴市场国家，这些国家成了发达国家资金的避难所和蓄水池。大规模资本的流入致使发展中国家经济过热，出现严重的通货膨胀。2008 年上半年，有 50 个发展中国家通货膨胀超过两位数。同时，发展中国家金融市场投机盛行，价声大起大落。紧接着资本流入浪潮的是资本大规模流出。一旦发达国家市场趋于稳定，资本流向必然逆转，结果就是发展中国家发生经济金融动荡甚至危机。发展中国家的财富将跟随资本流出翻倍地损失，而这些财富自然都流向了美国。

如果说金融危机的产生是华尔街绑架了美国政府，那么金融危机的蔓延则是美国绑架了世界。世界各国在美国的 21 万多亿美元资产成了人质。美国为了自身的国家利益，不惜牺牲更大的他国利益。美国通过危机在全球的蔓延，不仅转嫁了危机的损失，而且从中获益。

这一切源于美国的美元霸权和经济霸权。因此，美国不会无限制的任美元贬值下去，美国仍需要美元的世界货币地位继续维护它的经济霸权。美国的下一步必将采取强有力措施拉动美元的升值，重新树立世界各国对美元的信心，继续其美元世界货币霸主的地位。

奥巴马保护美元霸主地位

在 G20 伦敦峰会上，奥巴马第一次彰显了他的智慧，他机智迂回地维护着美元的霸主地位。

奥巴马到达伦敦之后在接受媒体访问时说："我们已经为起草这次峰会的提案做了很多准备工作，我这次来的目的就是聆听和学习。"奥巴马的态度是谦虚的，然而在他温文尔雅的语境里暗藏着一根"钢钉"。

当然我们知道奥巴马参加 G20 伦敦峰会不是真的只以聆听和学习为最终目的，这也不符合奥巴马所代表的美国身份，他实意想要向世界各国表述的是他们"做了很多准备工作"。

奥巴马在他的 G20 峰会提案开篇就说："G20 峰会对于我们所有人来说，最重要的工作就是在面对危机时传达一种强烈的合作信息。"这是因为"此前，一些 G20 成员国在经济刺激政策和监管问题以及其他问题上爆发了激烈的争吵"，更因为之前的 G7 峰会上美国的"购买国货"的经济刺激方案遭受到其他国家强烈的批评和指责。奥巴马也针对美国国会提出的这一刺激措施处在两难的犹豫境地，一直以来保持沉默。

而这次奥巴马已经做好准备要阐述他的观点了。"关于贸易保护主义，尽管美国国内存在相关的论调，因为金融市场崩溃产生的经济挫败感非常真切，失业率急剧攀升，但是，被写进美国经济刺激计划中的'购买美国货'条款的每一条都是符合世贸组织规定的。其中关于墨西哥货车运输业的条款正在协商，我们不想看到升级的贸易战。我已经发出了非常明显的信号，即现在不是提倡贸易保护主义的好时机，我会继续反对想关闭美国市场的努力。我认为，在一个民主国家里，总会产生一些尚未收场的细节问题。美国是这样，全世界也是这样。但是总的来说，我并没有看到有巨大力量的、超出论调范畴之外的贸易保护主义，将聚集在伦敦的各国领导也没有发出这种声音。"

奥巴马在他的关于贸易保护主义的论述里，连"忽悠"带"将军"阐述了他的三个观点：

其一，现在还不是美国政府提倡贸易保护主义的时候，不想看到升级的贸易战争，他还在为不关闭美国市场的大门而努力。这是奥巴马在忽悠和安慰那些想报复美国贸易保护的国家。

其二，美国的"购买美国货"的经济刺激措施是符合世贸组织的相关规定的，美国此举并没有违反规定而刻意带头挑起贸易保护大战。这只是因为美国国内金融市场崩溃产生的经济挫败，失业率急剧攀升不得已而为之的应急之措。奥巴马意在讨好美国的政治选民。

其三，是对在 G7 峰会上批评美国保护主义抬头最凶的欧洲国家"将军"。因为面对金融危机的恶化，这些曾经严厉批评美国的欧洲国家比如法国、德国和英国在 G7 峰会之后相继都采取了一定的贸易保护措施，因此在这次峰会上他们不会把反对贸易保护主义写进他们的提案中来。

奥巴马是智慧的。他的提案内外兼顾，软硬并使，看似温文尔雅，实则柔中带刚。

在关于面对眼下的金融危机最有争议的是采取经济刺激政策还是加强金融监管的问题，奥巴马向欧洲首脑们玩一套中国的中庸之术，大打太极。

奥巴马在他所论述的四个要点中，就有两个是关于监管问题的，看似把金融监管放在重要的议题来阐述，但又阐明金融监管不只是美国的问题也是全世界的问题，而且改革金融监管制度不可能一蹴而就，是需要一个长期的过程和长远目标的。言下之意就是说金融监管问题并不是眼下紧要事务，而现在必须做的是"所有参与国承认面临严重的全球经济下滑，我们必须采取措施促进经济增长和贸易，那意味着实施强劲的刺激计划"。奥巴马进一步拿美国作例证来阐述实施强劲的刺激计划是多么的成功和必要。

奥巴马说："关于经济刺激计划，将会达成一项协议，G20 成员国会采取必要的行动来拉动经济增长和贸易。美国在这方面起了带头作用，我们已经进行了数额巨大的经济刺激计划。但是每个国家都有自己的约束机制、自己的政治节奏，我们只是想确保每个人都在做事，每个人承认需要在这方面取得进步，如果努力被证明是不充分的，就将继续采取措施。之前，无论是保守派还是自由主义经济学者，对刺激计划都达成了广泛的共识，那就是经济刺激计划是合适的。但是，纳税人会怀疑有一些钱不是花在他们身上，他们认为那或许可能加重危机。我想这在一些领域确实是担忧的根源。当美国民众得知接受政府援助的企业对高管发放巨额奖金时的愤怒（主要指 AIG 事件），美国一些行业的领头者也认为这是正当的。我想，行业的领头者会采取措施缓解这种危险，今天我和一些银行家进行了会谈，这些都是建设性的谈话。当时我指出了一点，当所有人都需要作出牺牲的时候，美国的经济领域都应该有这种共同牺牲的意识，尤其是那些帮助恶化这场危机的行业。鉴于他们表现出的不情愿，有组织发放的高额奖金被返还纳税人还需要一些时间，经济恢复对所有人都是好事。"

奥巴马绕了很大的一个圈子，最终还是回到了他一贯提倡的世界各国必须团结一致，加大投入刺激经济。

但是，为什么奥巴马反对金融监管体制的改革而坚持世界各国都大量投入资金刺激经济来救市?

奥巴马在他的提案里,通篇没有讲述实施强劲的刺激计划的美国理由和目的。因为那是美国和奥巴马的秘密,虽然这是个公开的秘密,但奥巴马和美国不能明讲。然而在这篇不足两千字的提案里,还是暗含了美国和奥巴马的野心。

奥巴马要参与国都承认危机之下全球经济下滑,就是不提这次危机祸起于美国,是美国的金融监管漏洞所引发的。奥巴马更不会深入揭示是"美元"的作祟。奥巴马意在不想承认金融危机是美国和美元惹的祸,美国和奥巴马不愿也不敢承担这一责任。

奥巴马在他的提案中再一次标榜美国之所以是世界上最成功的经济体,正是因为对合法合同和有组织的、透明、开放的市场操作的长期支持,这一点不会改变。奥巴马很明了的意思就是美国仍旧是世界上最强大的经济体,任何国家或经济联盟是撼动不了的,美元仍旧是世界货币的霸主。

可是这次金融危机是历史上最严重的一次,美国和奥巴马对其最终危害也是无法准确预测。在这样的情况之下,奥巴马政府从长远利益考虑,要保持美国世界最强大的经济实力,维护美元的世界货币的霸主地位,就要忽悠世界各国做一个有责任的国家就必须作出牺牲,让各国都倾巢投入大量资金刺激经济复苏。

这样美国和奥巴马就计谋得逞,一箭三雕。其一,各国经济实力同步消弱,金融危机之后经济复苏,美国仍旧是最强大的经济体;其二,美国借机应用美元的国际货币杠杆再一次狂掠世界财富,这是美国常用的惯招。美联储突然向国际货币市场增发 3000 亿美元任美元贬值就是美国相关的配套措施之一。其三,依次来消弱逐渐强势的欧元的竞争,加强美元的国际货币地位不动摇。

G20 伦敦峰会后,英国首相布朗称,G20 将通过各种机制,为世界经济注资 1.1 万亿美元,其中包括 2500 亿元的特别提款权。这一决议的出笼,言称参加峰会是来聆听和学习的奥巴马做梦都会笑出声的。

尽管各种媒体发表文章宣称 G20 伦敦峰会是欧盟的胜利,法国和德国的胜利,甚至是"金砖四国"的胜利等乐观的喧闹声一片,事实上 G20 伦敦峰会最大的赢家是初出茅庐的奥巴马,是美国的经济,是美元。

第八章　向黄金宣战

> 导读：集世界之黄金亦无法衡量世界之财富，所以货币与金本位脱钩只是历史性的时间问题。不过，对于国际金融大鳄来说，挣脱金本位羁绊的并非是货币，而是银行家们的野心。这让货币更轻易地偏离"让世界运转起来"的初衷，单一的逐利动机也很容易让金融业的发展与人类社会文明的发展方向对立起来。

黄金掀起第二次世界大战

随着二战的爆发，黄金成为一种具有战略意义的商品。个人和公司被禁止在世界各地进行黄金贸易。同时，因为其他国家购买军事装备时支付黄金，所以美国财政部的黄金储备不断增加。黄金在黑市的价格也暴涨，在南美、北美和欧洲的人们普遍收藏金币。

在1949年，美国财政部拥有246亿美元的黄金（以每盎司35美元计算），此时美国黄金的影响力处在高峰期，自从那时起，美元不断遭到破坏，预算和国际收支赤字似乎没有尽头，这一切说明政治家，尤其是他们聘用的不称职的货币经理人，不能留住这些黄金和其重要的影响力——黄金可以阻止通货膨胀的美元进一步贬值。

黄金总库瓦解后的极大影响

在美国的请求下,伦敦于1968年3月17日暂时关闭了黄金市场,这一状态持续了两周,当它再次重新启动时,黄金业务已经从基础结构上发生了改变。首先,在华盛顿召开的一次会议上,中央银行和国际货币基金组织提出建立黄金双价制市场,一方面,中央银行和金融机构继续以每盎司35美元的官方价格进行业务往来,也就是说美元没有贬值。另一方面,在自由市场上,黄金浮动到应有的价格层面上。《华盛顿协议》的部分内容要求,中央银行不能与自由市场发生联系,他们不可以在自由市场上进行黄金买卖,这一双价制度在接下来的7年里一直按照货币黄金与非货币黄金进行区分。

后来发生了非常戏剧性的变化。黄金总库关闭后,伦敦黄金交易所也关闭了两周。在此期间,瑞士三大银行接手了被停的业务,并形成了自己的黄金总库。瑞士的银行一直与南非关系密切,在南非政府和企业得不到资助的情况下,瑞士和德国都伸出了援手。南非债券不费力地在瑞士资本市场上发行。而且与伦敦黄金交易所不同的是,瑞士银行具有很大的资金安排权,他们作为负责人进行操作,所以可以购买巨额黄金,而英国黄金交易所没有丝毫的资金安排权。

瑞士的银行不仅把其国际客户10%的资金投到黄金上,而且为当时蒸蒸日上的意大利珠宝行业(世界上最大的珠宝行业)和其他贸易中心供货,包括中东和远东的贸易中心等,这些贸易中心长期以来都是通过瑞士的银行业务开展贸易的,所以说服南非人通过瑞士银行销售他们的实金很容易。

瑞士也负责大多数苏联人实金供货的银行业务,苏联人欣赏瑞士银行的保密性和不连续性。与伦敦不同的是,瑞士人不会公布苏联人通过他们银行销售黄金的数量。所以,苏联人偷偷地将很多黄金贸易业务从伦敦转移到苏黎世。他们甚至在苏黎世建立起自己的银行,后来,它发展成为一家非常重要的黄金贸易银行。

蒂莫西·格林在他1981年出版发行的《黄金的新世界》中说,苏联人从1972~1980年将2000多吨的黄金输送到瑞士。在1968年之前,瑞士人赢得了世界实金市场约 80% 的份额。他们不仅能提供最现代的银行业务，而且每一家大银行还拥有自己的贵金属精炼厂。

根据《华盛顿协议》，中央银行不能从事黄金贸易，所以投机商持有大约 20 亿美元的黄金，市场上突然出现了大量的实金。在这种情况下，瑞士的银行对南非而言发挥了至关重要的作用，这些银行也因为它们优质的服务得到了回报。从那时起，苏黎世成为世界上最大的黄金贸易中心。虽然后来伦敦设立了黄金期货市场，不过它也仅仅收复了一部分失地。在瑞士，黄金潜在的买主和卖主开始了以 100 盎司为单位进行"看涨期权"和"看跌期权"的贸易。

尼克松总统关闭黄金窗口

美国欠外国的短期美元负债不断增加，法国经济学家雅克·吕夫建议把黄金价格增加一倍，重拾民众对美元的信心。他在美国总统肯尼迪访问巴黎时，对总统提出了这一建议，肯尼迪答复说，他不能对美国人民这么做。不过，到 1971 年 8 月前，局势发展到非常危险的时刻，无论是黄金双价制，还是政治家和经济学家施展的各种安抚都不能发挥作用。8 月，美国欠外国的短期美元负债大约是 600 亿美元，其中 2/3 的债务持有方是外国官方机构。按照每盎司 35 美元计算，美国黄金储备缩减到 97 亿美元。

1971 年 8 月 9 日，黄金价格达到新高，即每盎司 43.94 美元。在急速的调整后，黄金开采业股票带来的利润增加。德国马克在 1971 年 5 月 10 日实行浮动汇率后上升了 7%，这就意味着美元事实上的贬值幅度达到了 10%。瑞士银行业暂停了美元的交易，以试图阻止货币恐慌发展下去。

当英格兰银行和瑞士央行要求用黄金兑换美元时，这场货币惨剧落幕的时刻终于到了。萨尔斯曼在《黄金与自由》一书中写道：

1971 年之前，20 世纪 30 年代强制美国民众上交的黄金，其中一半以上最终流入了外国中央银行的金库中。这是历史上发生过的最大的银行抢夺事件。这起事件经历的时间很久，而且出现这种结果可能并不是每位参与其中的官员的本意。

尼克松总统作出的回应是，在 1971 年 8 月 15 日关闭了黄金窗口，禁止财政部用黄金兑换外国持有的美元。萨尔斯曼说："关闭黄金窗口就是不履行黄金支付责任的一种礼貌表达方式，它是对国际货币协议的一种否定。这种不履行责任与'第三世界'在20世纪80年代的不还债没有实质上的不同。美国不履行兑换黄金的责任属中、南美洲小国的行为。从那时起，美元与黄金分开了。"

萨尔斯曼还说：

当黄金于1971年失去货币资格时，很多黄金评论家预测，黄金的价格将会降到每盎司35美元以下。他们认为，纸币美元赋予了黄金价值，而不是黄金给了美元价值，美联储理事会理事亨利·沃利克将黄金市场上出现的活动称为"余兴表演"。

结果就是如此，事实上，在放弃黄金作为货币的过程中，每向前一步，很多官员和经济学家都为之欢呼。

1971年8月15日公布的施政报告摘要透露了很多东西。总统尼克松暂停了美元的兑换，并不少于5次责怪国际货币投机者制造了货币危机，一位总统当然根本不值得去责备想象出来的替罪羊，而且当时的财政部长约翰·康诺利在货币专业知识方面很弱。

无论是美国人还是欧洲人都不清楚正在发生的事情，这对他们来说是很可悲的。而亚洲人（不是指他们的中央银行）一直以来对黄金的好处理解得更深入。永远改变世界的分水岭就这样出现了。如今，政界和金融界的领导人似乎都不记得这些事件了，所以这就更加可悲了。

约翰·埃克斯特给我讲了下面这个完全真实的故事：

1971年8月10日，一组银行家、经济学家和货币专家在泽西岛海岸的Mantoloking举行了一次非正式会议，讨论货币危机。当天下午约3点，保罗·沃尔克乘坐一辆大轿车抵达。他当时是美国财政部负责货币事务的副部长。

我们讨论了各种可能的解决方式。正如你所预料的那样，我支持紧缩银根、提高利率，但是这种观点遭到他人压倒性的反对。其他人认为，美联储将不会放慢信用扩张，担心这种行为会引发经济衰退或者出现更糟的情况。对于我建议的提高黄金价格，沃尔克说，这种观点有道理，但是他认为可能不会在国会获得通过。无论一国的货币贬值现象已经多么明显，政府，尤其是像美国领导人那样的世界级领导人，还是不喜欢向他们的公民承认本国货币已经贬值的事实。这的确是一种难堪的局面，我们当时遭遇的这场危机影响到所有人，但是大部分公众却不知道。这与1933年的情况不同，美国1933年处于紧急状态，罗斯福可以按照自己的意愿做事情。

沃尔克当时转向我，询问我会怎么做，我对他说，既然他不加息，也不提高黄金的价格，那么他只能选择关闭黄金窗口，因为继续以每盎司35美元销售我们的库存黄金没有任何意义。5天之后，尼克松关闭了黄金窗口。

美元和黄金之间最后的联系破裂了，美元只不过是一种法币，美联储（尤其是银行）可以继续随心所欲地进行货币扩张。正如你所知道的，结果是债务扩张过度，我估计，目前世界上的美元债务超过16万亿美元。

伴随巨额债务产生的问题是偿还能力的不足。债务是一件很好笑的事情：一直以来，债务都必须得到偿还，如果债务人还不了，那么就要债权人来还，或者更糟糕的是要纳税人来还。

美国2001年初的债务总额大约是27万亿美元。全世界的债务大约是70多万亿美元，据预测，这笔债务的大部分不能被支付利息，多数本金甚至不能得到偿还。

整个世界都在抢购黄金

除了阿拉伯人外，法国和德国商界的工业家、希腊海运巨头、南美商人和政治家、欧洲富有的贵族以及一些储蓄额度较小的人士等都从瑞士银行抢购黄金，其中，最大的客户是意大利人，意大利珠宝制造商每年进口大量黄金，然后将它制成戒指、手链、奖牌以及小金条，再将这些产品出口到全世界。

20世纪90年代中期之前，意大利每年利用黄金制造约500吨的产品，这一数字相当于所有南非黄金金矿的年产量之和。从土耳其到东南亚的亚洲地区也是购买黄金的大户。当时印度存在一个巨大的黄金走私贸易市场，走私活动猖獗，黄金一般是从迪拜运送过来的。日内瓦、贝鲁特和其他黄金贸易中心也出现了黄金走私贸易，黄金一般被偷运到有进口限制的国家。

金本位的黄金世界

虽然英国在1821年最终决定采取金本位制度，但让其他国家也随之确立金本位，还是靠上述的世界黄金产量的剧增。因为那些采用金银复本位或银本位的国家，可以大胆地抛弃银，而不愁无法兑现黄金。到了1876年，世界上的主要国家，除了中国和印度仍采用银本位制外，像法国、德国、美国等绝大多数国家都采用了金本位制。

尽管黄金自古以来那样迷人，但是直到19世纪中叶，银还是主要的金钱形式。只是以后，银的两个劣势开始变得明显：一是银缺乏金的魅力，银比较快生锈变色，银从没有像金那般引起众人极度强烈的欲望；二是银的体积比金大得多，因此，银的运输费用比金大得多。

金本位制度是以一定量黄金作为本位货币的制度，它有三个特点：一是金币可以自由铸造、自由兑换和自由输入输出。二是在国际金本位制度下，各国的货币储备是黄金，国际间的结算也使用黄金，黄金充分发挥了世界货币的职能。三是在国际金本位时期，不仅在国内市场上，而且在国际市场上，大部分支付也不是通过贵金属进行的，而是要借助于各种货币形式。当代诺贝尔奖获得者蒙代尔的"货币不过是一定量黄金的名称"，很好地概括了金本位制度的特征。

从美国内战结束到一次世界大战爆发的这50年中，金本位制度如日中天，取得了类似宗教的地位。因为它把自古以来人类对这种闪耀金属的原始信赖，和在第一次世界大战之前那段时期黄金充分配合工业和金融发展需求的高度复杂动态，两者巧妙地结合起来。

金本位对当时第一金融帝国英国最为有利，像今天的美元一样，英镑是人们最先选择的货币。由于黄金储备是不产生收益的，英格兰银行以其最佳信誉降低黄金储备标准。1913年，该银行持有黄金有1亿6500万美元，而法兰西银行是6亿7800万美元，美国财政部则需要13亿美元。

在这个金本位最美好的时代，还是出现过几次大的金融危机。1890年，英国最有名望的霸权财团投机阿根廷失败，面临破产，急需400万英镑，而英格兰银行基金储备不到1100万英镑。幸好，当时的俄国、法国央行和金融大财团罗特希尔德家族与英格兰银行通力合作，摆平了危机。以后欧洲的几次危机也是靠各国相互支援共渡难关。

但是，当时的美国就没那么幸运了。在欧洲人的眼里，美国和阿根廷没什么区别，也只是一个新兴市场罢了。所以，当1895年美国黄金储备跌到900万金币时，只有靠美国人自救了。救星是美国的大金融家皮尔庞特·摩根。他闯入总统办公室，对着焦躁不安的克利夫兰总统等一班首脑说："今天将有一张1000万美元的汇票要求承兑，不到下午3：00，一切就完了。"然后，摩根提出自己的银行和伦敦的罗特希尔德家族筹集350万盎司的黄金。作为交换条件，美国财政部发行价值6500万美元的30年期的黄金债券。最后，市场恢复信心。

从19世纪70年代到一次大战爆发，确实是金本位制运作得最美妙的日子，欧洲政治经济风调雨顺，国泰民安。但这多少是拜金本位所赐。

当时很多人都认为金本位功莫大焉，正如100年后将新经济与华尔街的匹配无间归之于格林斯潘的妙手一般。可是从事后来看，国际金本位制的成功可能是结果，而不是原因。当时英国的一位政治家迪斯雷利倒是看出了这一点，他说："把英国的商业优势与繁荣归功于我们英国采行金本位制，世界上再没有比这更虚妄的了。英国的金本位制不是英国商业繁荣的原因，而是结果。"

一次大战后，欧洲满目疮痍，人们认为只有金本位制才能走上复生之路。英国在1925年又恢复了一度停止的金本位制度，可是美国的1929年大崩溃引发的全球经济萧条很快让英国在1931年结束了金本位。1年后，在47个采用金本位制的国家当中，只有美国、法国、瑞士、荷兰以及比利时仍采用金本位制。6年后，已没有一个国家允许人民将货币或存款兑换成黄金。罗斯福1933年上台后，为了缓和黄金大量外流的危机，宣布人民持有金币不再合法，必须全数上交银行，并用行政命令把金价钉牢在1盎司35美元上。这个价格维持了37年。

对金本位一向不以为然的凯恩斯在1930年极富远见地指出："黄金今后再也不会从一个人的手中转到另一个人的手中，人们那渴望触摸黄金的手已经被夺走了触摸它的机会。这很讨人喜爱的家庭守护神以前居住在钱包、长袜、罐盒里，如今在各个国家都被一个大金像给吞并了，它住在地下，人们看不到。黄金现在是看不见了——它又回到地下，但是，当我们再也看不到那穿着金黄华服的神在尘世上行走时，我们便开始将它理性化，就在不久之前，我们对它什么感觉也没有了。"

在1929年开始的10年通缩环境下，每种货币都对黄金贬值了，就像黄金从每盎司 20.67 美元升至 35 美元一样。另一方面，所有国家的商品与劳务价格都大幅下降，30 年代中期，每盎司黄金可以买到的商品与劳务是 1929 年的 2 倍。

与此同时，黄金产量却在大增。1932 年，世界黄金产量达 200 万吨，这个数量几乎是自古到 19 世纪中叶全部累积的货币性黄金的一半。1938 年，世界黄金又比 1932 年高出了 50%。

各国中央银行的黄金储备在 1929 年有 4000 万吨，10 年后激增至 6000 万吨，总值从 100 亿美元升至 250 亿美元。1939 年，世界上的货币储备所保存的黄金已经多到即使所有的货币全都用金币流通也不成问题，这在历史上极为罕见。

主要原因是战争的威胁，世界各地的黄金都运到了纽约。1934～1939 年，输入美国黄金总量高达 96 亿美元，其中 20% 来自法国。到了二战爆发，全世界约有 200 亿美元的黄金或 60% 的货币性黄金放在美国，而在 1913 年是 230，1929 年是 380。这些储备黄金总量达 15000 吨以上，相当于那个时期全世界 12 年的黄金产量。

这个时期，美国的金库也像当年的亚洲，是"黄金的墓地"，并没有往外流出黄金，战争风云几乎使得所有的投资都停止了。而且，美国准备无限量以 35 美元每盎司黄金的固定价格收购，也是世界上独一无二的国家。伯恩斯坦抒情地概括道："美元与黄金的关系就像天空中一颗不动的星，其他所有的星星都不由自主地被它吸引。"

黄金确实很实在，金光闪闪沉甸甸的，与美人一样让人感到生活的美好和真实。但是，千百年来的历史一次次证明，当我们把黄金视为稳固大船的铁锚且不加防范时，终有一天滔天巨浪会掀翻大船的。

1944 年，布雷顿森林体系建立，国际经济体系的核心从黄金变为美元，当时的美元有世界黄金储备的 75% 支持。美国持有黄金 200 亿美元以上，债务却不到 100 亿美元，可谓盛极一时。

但好景不长，美国经济超强的地位到了 1960 年已受侵蚀。当年的外国人持有的美元流动资产已从 1950 年的 80 亿美元增加到 200 亿美元，这也就是说，如果全数兑换成黄金，美国的黄金存底便会立刻见底。

敏感的黄金投机客开始挑战 1 盎司 35 美元的官价，而美、英、法、德、意等国家在 1961 年起成立黄金总汇，联合平抑黄金价格。

富有戏剧性的是，一直对美国很有看法的法国总统戴高乐突然倒戈，在 1965 年呼吁大家恢复金本位制，因为美元失去了 10 多年前汇集巨大黄金的基础，美国的黄金储备占世界总量的比例已从1949年的75%下降到50%以下（到了60年代结束已是30%以下）。1967年，法国退出黄金总汇。

戴高乐站在投机客的一边不无私心。法国是美国以外全世界拥有最多黄金的国家，如果按它宣称的将每盎司黄金提到70美元的水准，法国将大赚一笔。

不过，戴高乐想终结美元的特殊地位，是很多国家所乐见的。"美元本位制"使得只有美国人可以用大量印刷的美钞作为国外支出的资金，而别的国家都必须在国际收支有了盈余后才能"赚取"黄金或外币。

结果是，美国无限制地用美元弥补国际收支赤字，美元泛滥成灾，将国内的通货膨胀输出，并加剧了世界性的通货膨胀。而美国黄金大量流失时，美元作为国际储备物质基础大大削弱，最后它和黄金的固定联系被切断，纸币流通规律遂发生作用。美元相对黄金必然贬值，1盎司黄金35美元的官价已不堪一击。

1967年11月18日，英镑在战后第二次贬值；1968年3月17日，"黄金总汇"解体；1969年8月8日，法郎贬值11.11%。

1971年8月15日，美国总统尼克松发表电视讲话，关闭黄金窗口，停止各国政府或中央银行持有美元前来兑换黄金。美元挣脱黄金的牢狱，自由浮动于外汇市场。在当时，这一招的功效还压迫了西德和日本两国实现货币升值，改善了美国国际收支状况，接下来就是黄金价格像一匹野马般狂奔突进了。

1972年这一年，伦敦市场的金价从1盎司46美元涨到64美元。

1973年，金价冲破100美元。

1974~1977年，金价在130美元到180美元之间波动。

1978年，石油输出国组织的原油再度机涨，达一桶30美元，导致金价涨到244美元。这一年的7月3日，一位著名的女喜剧演员要求60万美元的酬金用南非金币支付，而不是用美元。

1979年，金价涨到500美元。这一年3月12日发行的美国《商业周刊》封面上的自由女神像泪流满面，标题是《美国的衰落》。10月，美国通胀率冲破12%，黄金成为对抗通胀的有力武器。

1980年元月的头两个交易日，金价达到634美元。

也就在这个时候，全世界各大央行行长和财经首脑的市场智商低能暴露无遗。在此之前，各大央行拼命抛售黄金储备，美国财政部总共拍卖了

第八章　向黄金宣战 | 177

6%的黄金储备。而现在，面对如此强大的黄金牛市，他们开始高谈阔论要恢复黄金在货币体系的传统角色了。典型者便是美国财长米勒，他宣布财政部不再出售黄金。

世界黄金价格1999年到达每盎司251.9美元的底部后，终于在2001年走出一波上扬的走势，尤其是2003年底突破每盎司414美元，让"金甲虫"（黄金多头投资者）雀跃不已。然而黄金市场的未来走势仍让人狐疑不定，乐观者认为黄金价格的第一目标位在每盎司450美元，第二目标位在每盎司600美元。至于极端多头者，认为再创黄金历史新高，达到每盎司1000美元也不是没有可能。但也有相当多的人认为别高兴得太早，毕竟自从黄金价格在1980年到达每盎司850美元之后，便一路盘旋而下，中间屡有反弹，却还是进入了长达20年的熊市。

尽管一个好的投资（投机）家在执行操作时要往前看而不是往后看，但投资（投机）最终成功的第一要素是经验。投机经验有两种：一种是直接的，用不断行动来累积，能让你最终成功的无非是要么有惊人的运气，要么就是至少有一次破产经历，然后凭惜生存意志反败为胜；另一种投机经验的形成是间接地吸取历史教训，然后在投机时加以具体应用分析。这种在有风险控制前提下的投机积累的财富比较渐进，但不会一夜间输个精光。想必大多数人决不会去选择前者。

黄金市场的大恐慌

19世纪60年代，当美国内战一爆发，美国政府和银行就立即脱离了金本位。政府发行了几百万不可赎回的绿钞来支付其各种开支。只要绿钞还在流通，美国国内就没有回到金本位上来，它们的价格还在随着黄金的价格波动。19世纪60年代的最后几年，大约135美元的绿钞可以兑换100美元的黄金。

然而国际贸易是按照金本位制进行的，这意味着在海外做买卖的商人需要兑换黄金来支付关税，而且还得在黄金市场进行套期交易来保证绿钞价格的波动不会影响他们的利润。华尔街上最精明的杰·古尔德看到了其中的商机。1869年，他决定要操控黄金市场。

操控只不过是在一定时期里完全控制一种商品的供应，不管这种商品是猪胸肉、铁路公司股份，还是黄金。任何人想在这一操控时期买什么商品，就必须按照操控方制定的价格付账，或者也可以不这样做。当别人要求卖空的商人把货交出来时，他们别无选择只有再买回来。丹尼尔·德鲁有一句很著名的话是这样说的："他把不属于自己的东西卖掉，要么买回来，要么进大狱。"

19世纪60年代华尔街企图操控市场的大有人在，而且每年在不同的股票交易上都会有成功的例子。但是想要操控19世纪货币体系心脏和灵魂的黄金市场，绝对是前无古人后无来者的大胆行为。首先，联邦政府有几百万的黄金，可以轻松地粉碎任何人操控黄金的企图。但是杰·古尔德自信对付得了老实又有些幼稚的格兰特总统。他设法说服总统任命内战英雄丹尼尔·巴特菲尔德少将为联邦国库纽约分库的主管，这样任何卖出黄金的指令都必须由他亲自下达。

后来当有人为杰·古尔德是否已经在政府里安装了窃听电话专门打探其动向时，他的合伙人詹姆斯·菲斯科回答："安窃听电话，胡说八道！只需要窃听巴特菲尔德的电话就可以得到我们想要的消息。"与此同时，古尔德借口美国农民需要出口他们的谷物卖个好价钱，好不容易才说服了格兰特总统在1869年整个夏天没有批准任何一桩黄金买卖。在做格兰特工作的同时，他开始与伙伴们在华尔街上囤积贵金属。

市场上真正的黄金供应量（一段时间内随时可以拿到市场上流通的数量）少得可怜，当时不超过2000万美元。华尔街的黄金交易室当时一天的交易量是700万美元，其中的大部分属于所谓的"影子黄金"，即只需要很少的保证金就可以购买的黄金。正如一位华尔街人士有点夸张地证实，"只要有1000美元，一个人就可以买价值500万美元的黄金合同。"当时担任国内最长铁路之一的公司总裁古尔德集聚了越来越多的卖空力量，所以他有充裕的资金可以多次将市面上的黄金流动库存全部买下。

1869年9月24日操控活动达到高潮，从此就出现了"黑色星期五"这种说法。这是华尔街历史上的第一个但绝不是最后一个黑色星期五。24日这一天或许是华尔街历史上最激动人心的一天，交易商疯了似的拼命保住自己的利益，整个黄金交易室一片混乱。全美各地的商业活动差不多都暂停下来，人们聚集在经纪人的办公室和银行里通过新近发明的证券报价机关注着纽约黄金的价格一点点儿上涨。

在百老汇街上，情况也好不到哪里去。一个亲眼目睹了当时景象的人讲述道："百老汇大街上挤满了几千人……一个小时的时间他们已经变得衣冠不整，有的衣服上没有了领子，有的帽子不知道哪里去了，他们疯狂地冲到大街上，仿佛精神病院失去了控制。人们大喊着、尖叫着，搓着双手无能为力，而黄金价格在稳步上升。"

格兰特总统最终意识到了事态的严重性。财政部下令在上午11：42卖出400万的黄金，巴特菲尔德几分钟后就收到了这个指令。然而黄金市场早已受到重挫。那天晚上11：40，黄金价格（绿钞）已经涨到了160美元，到中午时分，黄金价格降到了140美元并继续下跳。《纽约先驱报》在第二天写道："这一天剩下的时间中，黄金交易室以及其他所有的渠道在高潮过去后就像刚刚经过一场火灾或劫难，突如其来的平静笼罩着整个华尔街。"

古尔德到底是赚是赔，人们永远不会知道，因为这场黄金恐慌引发的金融骚乱可能永远都无法理清，只是在一定程度上被掩盖起来了。就像在黄金交易室里签订的黄金合同，尽管指明要用黄金交割，但在法律上都没有强制力，所以即使拒绝用黄金支付也不见得要承担法律后果，很多交易商就是这样做的。操控黄金带来的是买方的大恐慌，但因为他们拼命做空商品，所以不会影响到整个经济的长期发展。在经济出现大衰退的初期，常常出现卖方恐慌，因为人们不顾及价格争相抛售股票和债券并且取出所有的银行存款，他们觉得银行不可靠。

投资者和存款人都需要流动资金，货币当然本质上就是流动资本，所以恐慌会突然引发市场对货币需求的上涨。由于美国国内还没有中央银行可以处理货币供应并在紧缺时期提供流动资金以保护银行体系，所以卖家的恐慌加剧了商业活动的恶性循环。当大量的储户突然要求兑现时，几百家原先经营状况良好的银行就会因无力偿付而倒闭关门，经常是银行带着普通家庭一辈子的积蓄和企业的流动资金逃之夭夭。

内战结束后的几年经济大扩张，是美国繁荣的典范时期。在短短8年的时间里，铁路津贴翻了一番，小麦产量也增长了一倍。但是1873年，发明债券推动在内战时期融资而一举成名的费城最著名的银行家杰伊·库克9月份出人意料地宣布：他已经破产了。

华尔街顿时一片恐慌，许多银行和经纪行来不及将他们的资产变现，于是纷纷倒闭。证券市场一片混乱，纽约证券交易所被迫停业10天，接下来的6年中，美国一直处在大萧条的阴霾中。

这次经济衰退开始深入美国经济的方方面面，因为这时依赖工资以及全国市场的国内劳动者的数量比以前要多得多。那些靠在当地卖一些自家剩余粮食的自给农民在金融大萧条中的日子还好过一点儿，而那些从银行借钱种庄稼再转卖给大的谷物公司的产业工人以及农民，日子就很艰难了。

罗斯柴尔德退出黄金定价

一切霸权的力量源泉和最终形式都体现于定价权，通过控制价格的过程来实现有利于己而不利于人的财富分配方式。定价权的搏斗恰似帝位争夺一般剧烈，充满权谋和狡诈，价格鲜有在平等自由合理的市场运作过程中自然产生，拥有优势的一方从来就是以无所不用其极的手段来确保自己的利益，这和战争没有任何本质区别。讨论价格问题必须用研究战争和战例的思路才能接近事情的真相。制订价格、推翻价格、扭曲价格、操纵价格都是各路当事人反复激烈较量的结果，没有人的因素作为参照背景，就不可能明白价格形成的轨迹。

人们比较容易理解的是为什么有人坐在老板的位置上发号施令，而多数人只能服从，因为一切都有切肤之感。但老板的老板通过控制老板来间接控制众人，就不是那么明了和直观了，顺着这个权力链条越往上人数越少。定价权的取得也是如此，控制一种商品的价格从来就是自上而下的行为。

就黄金而言，谁控制了世界最大的黄金交易商，谁就控制了黄金的价格。所谓控制，就是交易商们为了利益或迫于威势，主动或被动地接受权力上层的安排。

罗斯柴尔德家族从1815年拿破仑战争中一举夺取黄金定价权至今已有近200年的历史。现代的黄金定价体制建立于1919年9月12日，当五名各大财团的代表聚集在罗斯柴尔德银行时，金价被定在4磅18先令9便士的价位上，约合7.5美元。尽管1968年改为以美元报价，但其运作模式基本未变。参加第一次金价制订的代表除了罗斯柴尔德家族的人，还有MOcatta&Goldsndd，Pixley&Abed，SamuelMontagu&Co，ShmpsWlklns。罗斯柴尔德家族随后成为固定的主席和召集人。从这一天开始，五位代表每天在罗斯柴尔德银行会面两次讨论实物黄金的交割价。由主席建议一个开盘价，这个价格立即通过电话传到交易室，主席然后询问谁想买卖多少400

第八章 向黄金宣战 | 181

盎司的标准金条，数量是多少，根据双方出价和最终达成交易的价格，主席这时宣布金价被"敲定"了。

这个黄金定价制度一直运作到2004年。

2004年4月14日，罗斯柴尔德家族突然宣布退出伦敦黄金定价体系，这一石破天惊的消息立刻震撼了全世界的投资者。戴维·罗斯柴尔德解释道："我们在伦敦商品市场（包括黄金）交易的收入在过去五年中已经下降到不足我们业务总收入的1%，从战略分析的角度看，（黄金交易）已经不是我们的核心业务，所以我们选择退出这个市场。"

英国《金融时报》立刻在4月16日大声附和这一说法："正如凯恩斯所说，（黄金）这一'野蛮的遗迹'正在走进历史的尘封。当我们看到令人尊敬的罗斯柴尔德家族从黄金市场中退出，连号称最铁杆的'黄金虫子'的法兰西银行也不得不斟酌它的黄金储备时，黄金作为投资品已经更加接近它的尽头了。"

无独有偶，白银交易市场的大哥大AIG集团于6月4日宣布退出白银市场定价，自愿降级为普通交易商。

这两件事从里到外透着蹊跷。

莫非罗斯柴尔德家族真的看淡黄金吗？若是如此，为何不在1999年金价跌到历史最低点退出，反而要在黄金白银气势如虹的2004年金盆洗手呢？

另外一种可能就是，黄金和白银的价格最终将会失控，一旦控制金银价格的阴谋败露，操控价格的人将会成为世界公敌。早早地撇清与黄金之间的任何关系，如果10年以后，金银价格果然出了大问题，谁也怪不到罗斯柴尔德家族的身上。

不要忘记，罗斯柴尔德家族不仅过去而且现在仍然拥有着世界上组织最严密、效率最高的战略情报网络，他们掌握着常人无法窥知的信息资源。深谋远虑加上庞大的金融资源，以及对信息高效的收集分析能力，使得他们在过去200年来几乎左右着整个世界的命运。

当他们突然宣布退出苦心经营了200多年的家族核心业务时，这是一件相当不寻常的事。

第九章　从黄金美元到石油美元

导读：摆脱金本位的美元历经了一个时期的虚胖之后，再一次找到了足以令其坚挺的依附物——石油，欧配克决定在全球石油交易过程中以美元为惟一结算货币。于是，美元借助于石油的权重成就了其霸主的地位。而与黄金美元相比，石油美元显然更具有广泛的国际市场发展空间，不过，美元的这一发展历程却伴随着残酷的战争！

从黄金美元到石油美元的战争

对于欧洲人来说，为了实现欧洲的复兴，重返中东的打算始终没放弃过。他们的第一次"反攻"应该是发动于1956年。

当年的7月26日，埃及总统纳赛尔宣布将苏伊士运河公司收归国有，这一行为触动了西方资本主义国家的利益，10月29日，英、法两国以此为借口，联合以色列军事入侵埃及，挑起第二次中东战争。而究其根源，英、法的最终目的恐怕还在于部分恢复其在中东的影响。出于地缘政治的考虑，当时的前苏联也同样强调"将在解决中东问题上起积极作用"。

英、法参与军事入侵之后，前苏联立刻发出最后通牒，表示如果英、法不立即撤军，前苏联将"采取必要的军事行动支援埃及"。有意思的是，当时作为盟友的美国也对英法的军事行动提出抗议，显然，美国人并不欢迎欧洲人回到这里，而要命的是他还掌握着美元，因此，最终在11月6日，入侵者不得不宣布停火。同年的12月份，英、法军队便早早地撤出了埃及——以军撤出西奈半岛是在次年的3月。这标志着英国人已经彻底的失去了中东，在那之后的很长一段时间里，对于中东，英、法所能做的也只有面对着那些躺在伦敦、巴黎博物馆里的法老文物，去聊以自慰了。而精明的英国人在被欧洲国家日益边缘化的情况下，最终也只能选择将自己彻底地和美国绑在了一起——如果没法战胜它，那就加入它。

前两场中东战争，战火烧在中东，而真正心痛的，首先应该是欧洲人，这或许也是后来西欧愿意接纳"巴解"组织的一个深层原因。这之后先后爆发三次中东战争，则同样是发生在美苏全球对抗及美欧局部对抗背景之下，其最终的目的仍然是中东石油的控制权——石油对阿拉伯人究竟算是恩赐还是灾星，真的不好定论。但是，美国在那一次次的战火中牢牢地控制了中东，并以此来影响全世界的资本流动，这一点还是显而易见的。

"布雷顿森林体系"崩溃之后，美元因为失去了黄金的信用支撑，开始急速地贬值，从1971年到1980年，金价从一盎司35美元疯长到850美元，翻了24倍！整个西方世界都陷入了经济动荡。此时的美元，最迫切需要的就是一个新的信用支撑。那是什么呢？答案还是石油。1974年，那位为中国人所熟知的美国国务卿基辛格开始了他对中东国家的访问，其目标就是要迫使欧佩克组织接收以美元作为石油交易结算的唯一货币，而在1973年的10月25日，以色列在美国的插手下刚刚打赢了第四次中东战争。很快，美国从和其关系密切的沙特王室（其绝大部分资产都在美国）身上打开了缺口，沙特政府同意采用美元作为唯一结算货币，并将获得的美元以投资的形式再次回流到美国，之后，还是由沙特政府出面说服了欧佩克其他成员如此行事。

所有国家都不可能离开石油，而这个星球上有2/3的石油如果要购买的话就必须以美元来结算，美元就成了所有国家都必须储备的货币——虽然它没有任何实际价值。直到现在，国际贸易中的70%都在以美元进行结算。中东的石油美元和美国的货币霸权至此绑定在了一起，任何可能动摇"石油美元"的举动，自然都是美国所难以容忍的。

两伊战争中的美式援助阴谋

1979年2月11日，在美国人毫无准备的情况下伊朗爆发了由霍梅尼领导的伊斯兰革命。长达2500年的王权统治宣告结束，4月1日伊朗伊斯兰共和国成立，伊朗与西方国家的关系开始急剧恶化，美国在中东的一个着力点就这样丢掉了，同时它也是中东主要的产油国之一，更严重的是伊朗企图向中东地区"输出革命"。这里有一点常识要说明：所谓的输出伊斯兰革命，是向阿拉伯世界推行"什叶派"教义。从世俗的角度考虑，这也是伊朗要成为中东大国的一种手段。这一行为就直接威胁到了在中东形成不久的石油美元。

就像是一种巧合，1979年7月，在与伊朗相邻且同样拥有丰富石油资源的伊拉克，时任总统的贝克尔"因病"辞职，早已得到美国支持的实力派人物萨达姆（1960年，还在埃及开罗大学读法学时，萨达姆就开始与美国中央情报局接触。当时美国担心伊拉克政府与共产党的关系日益密切，于是向复兴党及其他反政府势力提供援助）顺利登上总统宝座，同时还担任伊拉克革命指挥委员会主席、总理和阿拉伯复兴社会党地区领导机构总书记的职务，集党政军大权于一身。更为"巧合"的是，萨达姆上台执政一年后，两伊战争便爆发了。

1980年9月22日，伊拉克借口伊朗参与对伊拉克外长阿齐兹的刺杀行动，向伊朗发起进攻。战争起因的公开说法是：由于伊拉克试图完全控制位于波斯湾西北部的"Shattal—Arab"水道，该水道是两个国家重要的石油出口通道。而在这背后，美国为萨达姆提供武装并支持其发动战争，是试图以此遏制刚刚通过革命上台并强烈反美的伊朗政权。

两伊战争历时8年，两个中东富国被打成了穷光蛋，战争同时制造了数以百万计的冤魂以及更多的残缺的身躯以及家庭。欧佩克各成员国由于对自身安全的两伊战争中的伊朗士兵忧虑和石油出口受到的影响，不得不进一步向美国靠拢，而伊朗由于战争，其影响最终没有走出国境线。

而在此期间，对中东石油的控制权又帮助美国在全球扩张中走出了一步极为重要的棋——1990年苏联各加盟共和国先后宣布独立，1991年12月25~26日，苏联最高苏维埃确认苏联盟解体的事实，并表决通过停止联盟国家权力机关职权的事宜。

与此同时，帮助美国抓牢了中东石油的伊拉克，由于两伊战争，仅欠科威特的债务就已经高达140亿美元。科威特时间1990年8月2日凌晨1时，在空军、海军、两栖作战部队和特种作战部队的密切支援和配合下，伊拉克共和国卫队的三个师越过伊科边境，占领了科威特全境。一时间，萨达姆几乎把自己放到了全世界的对立面上，昔日美国盟友的反应出乎意料之外，"解放伊朗独裁统治的英雄"一觉醒来发现自己成了人类的"公敌"。美国携多国部队69万（美军45万）陈兵波斯湾，1991年1月15日，"沙漠风暴"正式吹向了伊拉克。

第九章　从黄金美元到石油美元

美元霸权与海湾战争

在8年的消耗战之后，那部久经战阵的战争机器成了萨达姆唯一的本钱，而海湾战争中，这唯一的脊梁也被美国人打断了——伊军崩溃的速度简直叫人匪夷所思，在这种情况下，1991年2月28日晨8时多国部队却在巴格达前停止了前进。

从战争爆发到结束，从战略上看，一个意图整合中东的伊拉克和一个怀有同样想法的伊朗一样，都不符合美国的利益，而萨达姆的军事入侵以及后面被打而不死，使得沙特、科威特等国感到了恐惧，这则帮助美国得以直接在中东驻军——那时前苏联已经行将就木，美国这么做完全可以没有顾忌。同时，美式装备在战争期间得以好好地"秀"了一把，倍感压力的中东国家向美国抛出了大笔的军火订单，除了让美国军火商狠赚了一笔之外，无形中也把自己的战争机器纳入到了美国的军事体系之下。

另一方面，由于压在美欧矛盾之上的冷战阴云正在散去，欧洲人此时已经开始独自谋划他们的未来，或者说，在美国看来，已经可以明显地感到盟友们"离心离德"要离开美元体系，但是，他们还离不开中东的原油。总之，帮助美国打"坏蛋萨达姆"的欧洲人、日本人（海湾战争的费用是由日本政府埋单的）似乎又被什么人给耍了。

任何一场战争都会使得多方产生利益损益，而在美国政府眼中，关于伊拉克战争他们首先看到的，还应该是铸币权。中东半个世纪的战火，恐怕很难和美元脱离关系，而随着20世纪70年代货币经济体系开始占主导，以及石油美元的出现，战争和美元之间的联系在中东已经越来越直接，当然，在其他区域亦是如此。

从1913年12月23日美联储建立，截至2001年，美国的国债总额达6万亿美元（美联储事实上为私有银行，美国的货币发行是由政府向银行借债，银行再根据国债数额来发行美元），正是在这一年，随着"9·11"后美国股市泡沫的崩溃，美联储将利率由6%降至1%，这导致美元信贷额暴涨，大量的美元被投资者投入到了房地产（这也是为什么当年房地产业替代股市成为美国吸纳资金的主要场所）、贵金属、和原油等产品上（这也是世界原材料价格上涨的症结所在，国外某些人将这笔账记到了中国头上，完全是无耻的谎言），美元迅速地被从各国储备中挪到了市场上，流通数量激增。2001年之后，美国国债平均每秒钟增加2万美元，原有的强势美元政策已经没有办法维持美国的偿债能力，国际资本开始流出美国。

按照以往的办法，此时只要宣布美元贬值就可以让那些无法清偿的债务灰飞烟灭，但此时已没这么简单，因为在美元的身旁是正在走向强势的欧元，美元肆无忌惮的贬值将使得在国际市场上的人们不得不拒收美元而代之以欧元。因此，必须用什么办法去保障美国的货币霸权，保证美元不被拒收。

目前欧元区贸易额的2/3来自于欧盟内部贸易，而在科索沃战争之后，欧洲已经不再存在这样的空子给美国钻了，那么只有中东的战火可以使欧洲的投资者感到不安了——争夺铸币权的手段无非两种：一种是"我比你好"，在美欧经济相差不大的情况下这不太容易做到，时间上也不容许；第二种则是"你比我更差"，显然美国人更青睐这一种，原因就在前一句中。而伊拉克，在海湾战争中早已被打断了脊梁，又被连续的制裁、核查折腾地奄奄一息，是一个软的不能再软的"柿子"。"更可恨的是"，自2000年起，由于欧元对美元升值，为了获得更高的受益，伊拉克开始以欧元进行石油贸易的结算，而这又引起了多个产油国的注意，直接触及到了石油美元——战后的伊拉克新政府第一个动作就是在石油贸易中以美元取代欧元。

对萨达姆政权的军事打击和政权颠覆，对其他中东国家必然具有威慑的意味，这会进一步迫使欧佩克继续以美元进行石油贸易结算，虽然这样将意味着替美国承担起日益严重的金融风险。总之，那是在华盛顿政府看来，也许没有比伊拉克更合适的减压阀了。

但事情并没有布什政府所预计的那样简单。传统的阿拉伯社会中，对教派、部族的认同感远要强于对世俗的国家概念，美国对伊拉克的打击因此产生了一连串没有预料到的反应：在没有强势代理人的情况下，这种打击实际是破而不立，过去强有力的统治机器不存在了——这就是为什么巴格达博物馆以及其他设施会被哄抢一空，伊拉克的什叶派和逊尼派穆斯林由于历史的原因存在着严重的对立情绪，失去了一个强力的政权等于让这种对立失去约束，美国在扶植伊拉克新政府的时候让过去遭受不公正待遇的什叶派穆斯林和库尔德人占了便宜，这似乎是想"借鉴"过去英国殖民者"拉一个压一个"的做法，但在没有强势代理人的情况下这反倒把美国大兵拉入到了直接的冲突中。此外，伊拉克人缺少国家概念但不等于缺少

第九章　从黄金美元到石油美元　| 187

仇恨的基因，对大多数伊拉克民众而言，美国人给了他们每人一张选票，然后毁掉了他们生活中的一切。

而与此同时，巴格达被"解放"了，共和国卫队"蒸发"了，萨达姆"落网"了，冲进来的美军也失去目标了，美国大兵倒是成了伊武装分子的目标，原来打共和国卫队如刀切豆腐一般的先进战争机器对此无能为力。对世纪最先进的武器装备所干的活和20世纪60年代越战时期的装备比毫无区别，而除了价格也再没什么高过那时的古董。

在上述对立情况无法消除的情况下这些问题是不可能避免的，美国大兵在挨打，却没有具体的目标，战争也没有终点。很快，这使得这场战争的投入/产出比开始下降，原本保卫货币霸权的战争却反过来开始有可能威胁到美元。正是如此，在最初蛮横的踢开联合国单干之后，美国不得不回过头来要求"盟友"们以及联合国出面，以缓解自己的压力。

而后者的介入，使得原本已经几乎彻底失去中东影响力的法、德、俄等国又有了新的希望。

从根源上说这是美国追求绝对霸权的必然结果，货币经济下，利益早已超越了地缘，各国的利益结构都是"你中有我，我中有你"，靠军事打击解决核心以外的问题，稍有不慎就会打成"七伤拳"，所谓"不可马上治天下"的古训到现在仍然成立。对资本主义而言，对绝对利益的追求是必然的，但这最终会损害到其根本利益。

到了这个地步，要么美国开始逐步地收缩货币圈——美元瞬时崩溃对世界也是一个不小的麻烦，所以欧洲和东亚地区也不会眼看着这种事情发生，必然会采取相应的措施来配合美国的收缩；要么，则再发动新的战争，重新让战争机器开动起来，通过打击外围继续消灭欧元。如今，一方面伊朗、叙利亚甚至沙特都战云密布，一方面美国则还有要求撤军伊拉克的声音，伊朗核问题还在政治、外交层面进行着博弈。这些说到底，都是前面那种矛盾的体现。

"9·11事件"制造了进攻阿富汗的计划

2001年9月11日，对于美国人民来说是一个灾难性的日子，谁都无法想象，就是这样再平凡不过的一天，却发生了震惊世界的一幕：

8：45，波音767-B-223ER在飞离波士顿洛根国际机场不久后就被劫持，撞毁在世贸中心北楼，大楼随后坍塌。

9：03，B.767.222同样地在飞离波士顿洛根国际机场不久后就被劫持，撞毁在世贸中心南楼，大楼随后坍塌。

9：45，757-223飞离杜勒斯国际机场后不久被劫持，随后撞向五角大楼一角。

10：20，B-757-222飞离纽华克国际机场后不久被劫持，直向华盛顿飞去。随后高速坠毁在宾夕法尼亚乡间，据猜测是乘客与劫机者搏斗阻止了这架飞机撞向目标。

整个美国都为之震惊，人们陷入了极度恐慌之中引起了全世界的震惊，这是美国历史上遭遇的最为严重的灾难之一。人们把这次事件称之为"9·11事件"。

"9·11事件"发生后，美国经济一度处于瘫痪状态，对一些产业造成了直接经济损失和影响。地处纽约曼哈顿岛的世界贸易中心是20世纪50年代初建起来的摩天大楼，造价高达11亿美元，是世界商业力量的会聚之地，来自世界各地的企业共计1200家之多，平时有五万人上班，每天来往办事的业务人员和游客约有十五万人。两座直冲云霄的大楼一下子化为乌有，五角大楼的修复工作至少在几亿美元之上，人才损失难以用数字估量。

事件发生后，布什立即采取适当行动，恢复政府、社会正常活动，为了显示他不受恐怖威胁，9月11日晚上，虽然白宫仍有受到攻击的威胁，他仍然决定返回白宫，并在白宫向全国民众发表谈话，借此显示：恐怖分子并不能阻断美国行政中心的运作。

此次事件的发生对美国的影响是非常大的，主要表现在消费领域和金融领域。

"9·11事件"严重地打击了美国人的消费信心，使美国经济陷入衰退期，经济复苏的时间被推迟。自从2001年下半年以来，美国经济一直疲软不振，高科技公司盈利欠佳、大量裁员、投资大幅度下降，贸易继续出现庞大的逆差，经济主要依靠占国民生产总值70%的消费来支撑。美国2001年第二季度的增长率只有0.2%，8月份失业率达到了4.9%，这些因素已给消费者信心投下了阴影，八月份的消费信心指数下降到八年来的最低点。

这次突如其来的袭击，无疑使美国经济雪上加霜，足以令已经脆弱的消费者信心直线下滑，撼动支持美国经济增长的消费支出。消费者信心下滑、股市下跌和企业利润减少，也会进一步限制企业的投融资能力，企业兼并活动也将相应减少，从而影响早已负增长的美国投资。消费和投资的影响会使美国经济陷入衰退，大大推迟美国经济复苏的时间。

对美国金融市场产生冲击。社会氛围的不稳定直接作用于美国金融市场，并对全球金融市场形成影响。美国股市关闭对其金融稳定具有重要的意义，但在9月17日股市重新开盘后，尽管美联储和欧洲央行分别突然降息0.5个百分点以稳定人们的信心，支持股市，道琼斯当天还是下跌了7.1%，其后又连续两天小幅小跌，说明人们的信心还没有稳定。股市下降带来的财富效应又会进一步抑制美国的消费。

美元汇率波动会加大，国际资金流入美国的吸引力将会减小，流入美国的资金会减慢甚至出现中断，如果美国的巨额经常项目赤字得不到外来资金的弥补，美元币值波动会进一步增加，与美国相关的经济、贸易、金融动荡在所难免。对银行家利益损害是最大的。

面对这一紧急情况，银行家们把赌注全压在了总统布什的身上了，希望他能够力挽狂澜，重振美元的雄风。总统布什能完成银行家们的夙愿吗？答案：能。因为布什和华尔街的银行家们有着紧密的联系，他的祖父曾是华尔街一位富有的银行家。可以说，他能坐到总统的位置上和银行家们的出资有很大的关系，要不怎么能安排博尔滕担任白宫办公厅主任呢？博尔滕他毕业于普林斯顿大学和斯坦福大学法学院，先后当过律师、投资银行家。里根总统任期内，他担任过参院金融委员会国际贸易顾问。此人据说就是总统府与华尔街之间的传声筒。即使说，不顾及银行家们的利益，布什也应该考虑一下各大财团的利益，因为布什竞选总统的一半费用都是各大财团出的。例如：从1990年到2004年，仅石油和天然气行业就向共和党提供了1.3亿美元竞选资金。2000年总统大选中，整个能源行业为布什竞选总统提供了5000万美元，是十几年来最高的一次。

所以说，总统布什为了自己的后台不受损失，事件发生后采取了一系列措施进行弥补。美国政府已经计划未来两年增加400亿美元支出用于反恐怖活动以及纽约和华盛顿的重建工作，纽约世贸中心将重新建造。1987年股市风暴发生后建立的总统金融市场应急小组计划迅速启动，美联储专辟"观现窗口"，随时满足银行的融资，袭击事件当天，美欧日等各国中央银行至少向世界货币市场投入1200亿美元，以增加市场流动性。美联储在美国股市重新开盘前宣布降低利率0.5个百分点，这是年内美国第8次降低利率，联邦基金利率已从年初的6.5%降至3%，一向迟疑不决的欧洲中央银行也配合美联储的行动迅速调低利率0.5个百分点，日本银行增加了货币的投放量。因此，从经济发展的另一个角度看，美国宽松的货币和财政政策及重建工作，有可能化腐朽为神奇，加大对美国经济的刺激力度，缓解库存积压的压力，调整国际收支平衡状况，使"9·11事件"成为复苏经济的一个契机。但是短期内，"9·11事件"对美国经济发展不可避免的会带来不利影响，瑞士信贷第一波士顿估计，这一事件会使2001年第三、四季度美国的国内生产总值分别比上季度下降0.8%。

"美国9·11事件"的经济影响不仅局限于事件本身的直接损失。更重要的是影响了人们的投资和消费信心，使美元相对主流货币贬值、股市下跌、石油等战略物资价格一度上涨，并实时从地域上波及欧洲及亚洲等主流金融市场，引起市场的过激反应，从而导致了美国和世界其他国家经济增长减慢。

一系列紧急措施无法改变美国的颓势，同时世界金融也陷入了低迷状态，为了改变这一不利的局面，完成银行家们交给布什的任务，重新树立美元在世界范围内的权威，布什全然不顾美国人民的利益，毅然决然地用"9·11事件"为借口，悍然地发动了阿富汗战争，美其名曰为"反恐战争"。

2007年10月7日，是美国发动对阿富汗塔利班战争6周年，然而无论是从北约阿富汗最高司令英国将军理查德还是美国前国防部长拉姆斯菲尔德的讲话中，都看不到一点乐观情绪。理查德中将8日说，如果今后几个月阿富汗战场形势及其民众生活没有任何好转的话，阿民众可能会转向支持塔利班，而拉姆斯菲尔德则更加忧心忡忡地哀叹，"从阿富汗传来的并不都是鼓舞人心的消息"。

2001年10月7日，美国发动了对阿富汗的战争，在仅仅两个月的时间里，美英联军在阿富汗北方联盟的帮助下，一举打垮了塔利班武装。但五年过去了，阿富汗形势并未向着美国所期待的方向发展。美国在阿富汗的驻军达到创纪录的23000人。除美军外，助战的北约盟军也达两万人，不仅如此，美英两国还培植和训练了七万阿政府军和将近十万阿地方警察。但面对塔利班武装，这么多部队还嫌不够，损失惨重，美军死亡人数已达270人，盟军死亡人数今年也达162人，超过了去年的130人和前年的52人。塔利班还经常发动较大规模的攻城作战行动，使一些阿南部城市失而复得。为此，布什总统两头为难，继续增派军队，美国选民不干；把

第九章　从黄金美元到石油美元 | 191

指挥权交给北约，美国又不放心。于是，美国在寻找第三条道路。有消息说，美国正在暗中静观在阿富汗赫尔曼德省的英军战地指挥官与塔利班的秘密接触，如果能造成哪怕是塔利班求和或被招安的假象，那对于共和党在中期选举中获胜也是求之不得的。

随着塔利班攻势的不断扩大和升级，已经拥有七万人的阿富汗政府军又显得捉襟见肘了。拉姆斯菲尔德甚至说，阿富汗大约需要15万军队。而美国曾一直乐观地估计塔利班只有不足一万武装，但如果把美军、北约联军、阿政府军、阿警察统统加起来，大约有20万军队和警察对付区区一万人无巢穴、缺给养、挨冻受饿的塔利班。

用美国一位军事分析家的说法，美国在阿富汗的驻军至少还要保持五年，而五年后，美国是会像前苏联那样，浩浩荡荡开进阿富汗还是灰溜溜地撤出，人们将拭目以待。

虽然说美国对阿富的这场战争至今都没有分出胜负，可是，银行家们以及金融巨头们却因这场战争挽回了"9·11事件"的损失，使自己的裤兜又装的满满的了。从2001年10月美军开始对阿富汗实施军事打击开始，到2002年军费开支就已高达170亿美元。大约37亿美元用于进行秘密监视、侦察和情报搜集等活动，而军事打击所使用的激光制导炸弹和巡航导弹等精确打击武器仅耗资17.6亿。最大的开支项目则是向海外部署部队和军事装备以及维持舰船和飞机所需费用，耗资约47亿美元。这些军费支出的大部分都会落入银行家以及军工财团的裤兜里。

原布莱尔政府中担任环境大臣长达六年的米彻曾在《卫报》上发表文章说，美国领导的反恐战争只是美国政府为达到预先制定的广泛战略目标而刻意制造的"假面具"，其中包括"美国世界霸权的蓝图"，为的是加强它对世界石油供应的控制。米彻说，布什政府早在"9·11"事件之前就制定了攻打阿富汗的计划，但只有在"9·11"事件发生之后，"战争计划在政治上才能成为可能"。

不管米彻说的是真话还是恶意的炒作，从中我们可以得出这样的信息，就是"9·11事件"的发生确实导致了阿富汗战争，其背后到底发生了什么，只有总统布什和他后面的大老板——华尔街的银行家们说的清楚。

中国处于欧元与美元争夺之中

1988年两伊战争结束之后，萨达姆在全球的瞩目下由盛转败直至身死，而伊朗却毫发无损。基于本国利益的考虑，作为产油大国的伊朗同样建立了以欧元为结算货币的石油交易所。

不同的是，在此同时伊朗与俄罗斯达成了建立某种石油价格协调机构的意向，这相当于第二个"欧佩克"，对于同样是产油国又曾在油价上吃过苦头的俄罗斯，这是求之不得的，而对于曾被踢出中东的欧洲国家，无论是从币缘还是地缘说这同样是一件好事，对亚洲的中国、日本同样如此——所谓的伊朗利益，并不是买点石油、卖些军火那么简单。

在那位经常"语出惊人"的内贾德总统看来：伊朗的政治架构是中东国家中最接近西方模式的。

由此，围绕美元霸权的又一场"货币战争"在伊朗上演了。俄罗斯和欧盟拜伊朗所赐——更确切地说是拜美国自己所赐，得以重返中东，而此时美国已经很难再像从前那样把他们"赶出去"。而这支力量的进入，则也最大限度地维护了伊朗的国家安全。从深层次角度看，现在美欧之间的"货币战争"也使中国首次得到了中东地区的话语权。在一些人眼中，还在为西方生产鞋子、衬衫的中国目前还处于世界产业链的较低层面，人民币还没有作为世界货币的资格，但同时还要看到，中国仍是现有美元体系中除美国外最大的受益者。低廉的成本的确使得制造业在向中国集中，伴随着技术的进步，其级别越来越高，但在升级过程中中国并未像其他国家那样放弃低层次的产业，因此，大量的美元被中国所持有，也许用不了多久，中国就可以看到第二个10000亿美元的外汇储备，美元本身早已不具备价值，但它们可以在下一轮的国际结算中为中国换来所需的矿物资源、技术和设备。

原本，亚太地区国家货币都挂靠在美元上，而现在，巨大的贸易顺差使得其他国家在调整货币汇率时除了盯住美元还要观察人民币的动向，这就相当于又变相地进一步地放大了中国外汇储备的影响力度。这种近乎垄断的"世界工厂"意味着什么，美国自然清楚，于是美国软硬兼施，开始压迫人民币升值，目的则在于控制中国金融体系，遏制产业体系向中国整合的势头，消灭出现区域性人民币经济圈的可能。而现在，这种压力至少短时期内被化解掉了。

美国现在同样是这笔外汇储备的受益者，大量的美元在中国国库中沉淀下来，避免了市面美元流通量的进一步激增，也就保住了美国的国家信用，维持了美国的货币霸权。这样一来，在欧元与美元的币缘战争天平上，中国就成了决定性因素。

再具体地说，中国是现在美元霸权的受益者，但从历史的角度看，国家利益在这样的体系下进一步发展的空间并不大，而且，追逐绝对利益使美国一步一步地将自己推入到了险境，任何国家都不可能在这种状态下把核心利益与其捆绑在一起，中国自然也不例外。

在这一框架之下，过去一段时间以及现在发生中东区域的种种事件都不难找到一个靠近实际的解释，事实上在中国凭借"币缘优势"取得了中东话语权之后，在伊朗外交向中国靠近，巴勒斯坦和以色列领导人纷至北京之后，在战略上中国就已经赢了第一步，而无论是巴以局势还是伊朗今后的命运，对此都产生不了颠覆性的影响，只要美、欧币缘战争还在继续，中国的"币缘优势"可以保持，在中东中国就存有活动空间，同样，在其他方向也就存有活动空间。

普京与美国利益集团石油之战

分析人士认为，自二战以来，能源一直是美国实现全球霸权的战略制高点。布什、切尼入主华盛顿的目的，就在于利用一切可以利用的力量控制全球能源，尤其是石油资源。

进入21世纪，美国的权势集团看到，其他经济集团正在迅速崛起。他们认为只要这些国家获得能源上的支撑，其迅速增强的经济实力就可能会对美国形成威胁。不妨来看看华盛顿战略顾问布热津斯基的预言："世界上人口最多的区域性大国——中国和印度——都在欧亚大陆，在政治或经济上，他们完全可能成为美国优势的挑战者……总的来讲，欧亚大陆的潜在力量甚至要超过美国。"他还说："西欧和东亚是世界上经济最发达的三个地区中的两个，主导欧亚大陆的大国能够对这两个地区施加决定性的影响。看一眼地图就会发现，控制欧亚大陆的国家几乎可以自然而然地控制

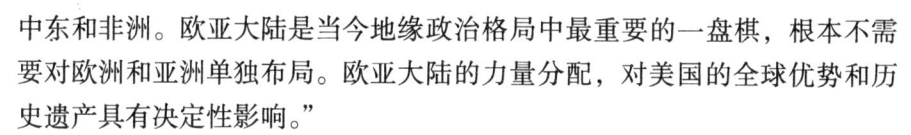

中东和非洲。欧亚大陆是当今地缘政治格局中最重要的一盘棋，根本不需要对欧洲和亚洲单独布局。欧亚大陆的力量分配，对美国的全球优势和历史遗产具有决定性影响。"

克里姆林宫的官员发现，普京的新对手布什总是"说话不算数"。2001年年底，华盛顿决定要控制全球所有的大油田，目的不单单是为了向SUV汽车供应燃料，更是为了防止在欧亚大陆出现对美国形成威胁的国家。

1994年，切尼作为哈利伯顿公司的负责人，促成了哈萨克斯坦与雪佛龙石油公司的交易，雪佛龙公司在哈萨克的油田赚取了惊人的利润。然而，令他们遗憾的是，大多数原油必须经过俄罗斯的石油管道，并经俄罗斯的诺沃罗西斯克港运到海外。美国的想法是，让哈萨克斯坦的原油通过巴库——杰伊汉管道运输，这条管道途经的国家包括阿塞拜疆、格鲁吉亚和土耳其，都是美国的同盟国。

冷战结束之后，华盛顿立即致力于建设庞大的全球性军事网络。根据相关统计，2005年，美国在其他国家的军事基地总数是737座，其中的38座是重要基地。

很明显，华盛顿的战略着眼点不在伊拉克，也不在伊朗，而是要实现对俄罗斯的控制。然而，普京拥有一张战略王牌，即俄罗斯和乌克兰科学家在勘探和开采碳氢化合燃料（石油与天然气）方面，已经掌握了一套独特的方法。这张王牌没有人知道，俄罗斯的石油地球物理学家们，总能够在别人不能发现油田的地方找到石油。而与此相反的是，西方在阿拉斯加与北海等地的大油田正在面临产量的衰减。出于不同目的，美国与俄罗斯政府都对这一实际情况保持沉默。

到2003年为止，俄罗斯成为继沙特阿拉伯之后的全球第二大石油生产国，每天生产的石油达900多万桶。同时，俄罗斯也是全球最大的天然气生产国，拥有世界上最大的天然气储备。

在2003年10月份，俄罗斯政府以诈骗、逃税等罪名，逮捕了俄国首富、石油富豪、尤科斯石油公司和梅纳捷普银行主席霍多尔科夫斯基。美国方面很清楚，这只是普京政府战略行动的开端，其目的就是打击北约的包围和以美国为首的利益集团控制俄罗斯能源的计划。

当年7月份，霍多尔科夫斯基在华盛顿与切尼进行了交谈，议题就是尤科斯石油公司将把40%的股权，卖给美国埃克森美孚公司或雪佛龙德士古公司。在被捕之前的几个星期，霍多尔科夫斯基向老布什发出邀请，邀请他以凯雷集团（华盛顿最具实力的私营股权投资企业）代表的身份到莫斯科访问，商议交易的具体细节。倘若俄罗斯批准这次收购，俄罗斯石油和天然气的控制权就会发生改变，这对美国是十分有利的。

俄罗斯拥有全世界最多的石油和天然气资源，而且靠近中国这个全球增长最快的石油消费国。这些优势，令美国的石油战略家们担心不已。俄罗斯科学家是少数知道如何控制石油与天然气资源秘密的人，假如美国通过收购知道了寻找石油的诀窍，那莫斯科地缘政治王牌的价值无疑会大打折扣。

20世纪50年代初，斯大林要求科学家们想办法，使其在能源上实现自主，摆脱西方的控制。在1951年，科学家库德里亚采夫提出了一种理论——石油是"地下深处原始时代的物质材料经过高压转化生成的，经过一个'冷却'喷发的过程来到地球的浅表地壳"。这与当时西方普遍认为的石油源于生物，是地球表面的恐龙和其他生物的化石的观点完全不同。

5年之后，在莫斯科的一次石油地质会议上，著名的地质学家波尔夫耶夫宣布："压倒性的地质证据充分说明，原油和天然气与地球表面附近的生物没有本质的联系。他们是从地球深处喷发出来的原始物质材料。"

这两种不同的找油方法，使前苏联在西方地质理论认为不可能有油的地区找到了巨大的石油资源。以这两种理论为指导，前苏联的科学家们开始了地球物理和地质化学方面的调查。他们总共钻了61口井，发现有37口井在商业上具有可采性，勘探成功率达到了60%。而以美国的初采钻探状况来看，10%的成功率就已经相当高了。

自冷战时期，寻找油气的地球物理学经验，作为国家重大机密被严格封锁，西方地球物理学家对此一概不知。他们所讲授的化石起源学说，认为石油面临严峻的物理极限，2003年美伊战争之后，美国的一些石油战略家们开始明白，苏联解体后的俄罗斯科学家们也许还掌握着一些具有重大战略价值的东西。

如果俄罗斯掌握着独一无二的石油秘密，那就无异于拿到一张具有战略作用的地缘政治王牌。由此，我们就不难理解美国为什么要围绕俄罗斯建立一个军事基地和反弹道导弹系统的网络，以切断俄罗斯与西欧、中国和其他欧亚国家之间的石油管道和港口的联系了。

由于经济增长的需要，欧亚大国之间已经建立起了互利合作的关系。更为重要的是，由于美国对中东地区石油资源的觊觎，更快地促进了俄罗斯与其他伙伴国家的紧密合作。与此同时，西欧一些国家也慢慢认识到，他们的选择已经越来越少了。

第十章　次贷危机的金融战争

> 导读：对于华尔街那些精明过头的银行家们来说，"次贷"也许只是在华尔街严酷的金融业竞争中诞生的一个小小的创新型金融产品，正是这个产品成了后来点燃世界金融体系的那根小小的火柴。而燃起的熊熊大火，并没有照亮美元的前景，相反，却令美元的霸主地位产生了动摇，也令国家形象损失殆尽。

美国引发全球次贷危机

2007年3月爆发的美国次贷危机引发全球金融市场动荡加剧。花旗、贝尔斯登、美林、摩根、瑞银等一大批著名金融机构，都因次级贷款发生巨额亏损，贝尔斯登被摩根大通以低价收购，成为危机发生以来第一家倒下的大型金融机构。全球股市出现大幅下跌和剧烈动荡，因次贷问题引发的金融市场危机还在加剧。据有关研究机构估计，次贷危机的损失可能超过700亿美元，同时，中国资本市场也受全球次贷危机影响发生动荡。因此，深刻认识美国次贷危机的形成机制，对防范次贷危机的风险，具有重要的战略意义。

自2001年以来，在美联储低利率政策刺激之下，美国房地产业发展迅速，许多美国人投资购房，美国次级抵押贷款市场也因此进入了蓬勃发展期。与此同时，由于资金的充裕和金融创新产品的运用也降低了次级贷款业务的门槛。

为吸引顾客投资房产，次级抵押贷款产品是以最优惠的条件"粉墨登场"的，一些贷款人无需支付购房首付款、无需出示收入证明即可申请贷款。由于没有固定利率，一些次级贷款产品刚推出时以低利率吸引客户，

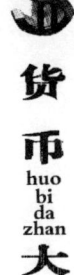

在两年内再逐渐上调利率。这种优惠条件为放贷机构抢占市场份额和赢取暴利创造了有利的条件，同时也为次贷危机的暴发埋下了祸根。

美国在9·11恐怖事件发生之后，为了刺激经济增长，连续13次降低利率，房地产市场受到激励开始迅速膨胀，炒房投资极为火爆，据统计，2003年至2006年，美国平均房价四年涨幅超过50%。这种高额利益驱动一些收入不高、有不良信用记录的人也申请贷款买房。由于房价突飞猛涨，投资炒房者和银行都从中获得了丰厚的利润，这就使次级贷款和次级债规模像滚雪球一样迅速膨胀。

然而，到了2007年，美国房地产市场从抛物线的最高点开始下滑，累计下滑度超过10%。美联储理事莫斯可针对房价问题在3月7日发表声明，说："近期公布的数据显示美国房市仍存在下滑的风险。在2006年12月出现平稳的迹象后，1月份新屋开工数量大幅下滑14%，至近10年来最低水平。同时，待售房屋库存也较2006年同期大幅增长。"

美国商务部也在3月26日发表报告说，2月全美新建房屋销量下降3.9%，截止2月年均销售新房84.8万套，是2000年6月以来最低。并且，2月美国中等价位新房售价上涨2.8%，涨到25万美元每套。但同前一年相比，美国中等价位新房售价仍然降低了0.3%。

房地产市场的降温，使一些收入不太理想的次级抵押贷款客户背上了沉重的贷款利率，沦为"房奴"。25岁的凯西·塞林在房产火爆时期，申请次级抵押贷款买房投资，他申请次级抵押贷款的过程异常轻松。贷款机构没有要求其出示收入证明和任何抵押物。这样，任职网站设计师的塞林在5个月里贷款购买了7套房。他原以为在房价上涨后，就会获得可观的利润，然而在房价下降时却深陷还贷漩涡。他必须偿还220万美元贷款。由于无力按期偿还贷款，塞林购买的7套房中已经有3套被贷款机构收回。即使如此，塞林仍然难以负担房贷，剩下的4套房屋很快也将被收回。在美国像凯西·塞林这样的"房奴"不在少数。

美国经济学家担忧地表示，随着房市降温，更多次级抵押贷款人会成为"房奴"，与塞林一样，既无力偿还贷款也无法靠变卖房产筹措资金。美国抵押银行家协会在发表报告说，截止到3月13日有13%的次级抵押贷款人拖欠还款。因为无法收回贷款，过去3个月里，全美有30家经营次级抵押贷款的企业关门倒闭。

房价下跌，致使炒房者利益链条断裂，贷款不能按期偿还，变卖房产又面临损失，次级贷款风险开始暴发，大部分金融机构惨遭亏损或关闭。

2007年3月13日，全美第二大次级抵押贷款机构——新世纪金融公司宣布濒临破产，纽约股市首次因次级抵押贷款市场危机而遭到重创，道琼斯指数当天下跌了240多点。4月2日，新世纪金融申请破产保护，成为美国地产业低迷时期最大的一宗抵押贷款机构破产案。

6月，美国第五大投资银行贝尔斯登公司旗下两只基金，传出涉足次级抵押贷款债券市场出现亏损的消息。

7月10日，标普和穆迪两家信用评级机构分别下调了612种和399种抵押贷款债券的信用等级，信贷危机使大量企业和基金被迫暂停发债。

8月7日，美国第十大贷款公司AmercianHomeMortgageInvestmemt申请破产保护。

8月9日，法国巴黎银行宣布暂停旗下三只涉足美国房贷业务的基金交易。

8月9～13日，为了防止美国次级抵押贷款市场危机引发严重的金融市场动荡，美联储、欧洲央行、日本央行和澳大利亚央行等向市场注入资金。

9月17日，汇丰银行的首席执行官纪勤表示，受美国次级债风波的影响，出现经营困难的局面，公司决定关闭在美国的次级按揭贷款部门，由此造成的损失大约为9.45亿美元。汇丰银行是全球第四大银行，市值超过2000亿美元，但在2007年上半年，银行的坏账达到了63.5亿美元，比2006年同期的38.9亿美元增长了63%。

纪勤说："美国已有多家从事次级按揭贷款的银行缩减业务、关闭或申请破产保护。次级债危机已经打击了美国住房业，同时也是导致近9万名银行员工失业的主要原因。"

追溯次贷危机爆发的原因，不难发现，过度膨胀的房地产市场是诱发危机产生的主因。购房者不能支付按揭贷款，违约率的增大则缘于美国连续提高利率，增加了购房者的成本。而次级抵押贷款是金融机构贷给那些信用等级较差或偿付能力较弱的购房者，贷款利率较一般抵押贷款至少高出2至3个百分点，在美联储将利率提高了4个百分点（从1.25%连续17次上调到5.25%），次级贷款者在逆向选择的情况下，违约率自然上升。

在美国购房者的按揭贷款中，虽然有一部分为固定利息贷款，但固定利息贷款通常设有一定的时间期限（往往为2年），此后转化为浮动利息贷款。

美国芝加哥商业交易所名誉主席、有"金融期货之父"之称的梅拉梅德说："次级债危机爆发的根本原因有二：首先是次级房贷债券在发行过程中信息不够透明。当次级抵押贷款被打包成债券销售给投资者时，债券投资者无法确切了解次级贷款申请人的真实支付能力。这种债务风险不断积累，为危机的发生埋下隐患。其次是政府监管缺位。政府把对次级房贷债券这种金融衍生品的评估和监督责任完全抛给私人债券评级机构，给这些私人机构留下太多操作空间，然而这些机构采用的评级标准并不十分可靠。"

随着美国次级债危机的影响不断加深，风险也随之不断扩大。一些在金融机构工作的人士说："我们现在还看不到美国次级债危机平息的迹象。相反，这一危机在未来还将更为严重。"

巴克莱大中华区研究主管黄海洲说："次级债危机，是美国自1998年长期资本管理公司危机以来，爆发在美国本土的最大的信用和流动性危机。美国次级债市场的动荡扩散到了普通公司债券市场，导致公司债券价格暴跌。"

美国次贷危机的爆发，为各国房地产投资者及金融机构敲响了警钟。同样，中国炒房者应"盛市思危"，例如，在2005年上海房地产价格大涨两年多后，不少炒房者纷纷将资金投入。但随后调控政策出台，上海房价率先大跌，有的炒房者无奈地说："眼睁睁看着首付跌没了。"

一位深涉次级债危机的美国金融机构香港公司人士预计说，中国银行、建行、工行、交行、招行、中信银行等6家银行在次级债券危机中约损失49亿元人民币，其中，到2007年底，中国银行的投资亏损将达到38.5亿元，这一亏损将占其2007年全年税前利润的4.5%。

另据专家估算，在美国次级债危机的影响下，中行亏损额最大，约为38.5亿元。建行、工行、交行、招行及中信银行，依次亏损为5.76亿元、1.20亿元、2.52亿元、1.03亿元、0.19亿元。

而银行内部的一位高级人士却乐观地认为，由于次级债市场与按揭抵押债券等债券市场的关联性较高，中国银行投资的按揭抵押债券、评级相对较高的公司债券以及其他长期组合，都由于次级债市场的动荡，受到了不同程度的影响，但总体而言，美国次级债危机给中国银行等中资金融机构带来的影响还是比较有限的。不过，据美国财政部统计，中国内地金融机构止于2006年6月的一个年度内，投资美国次级债高达1075亿美元，较2005年同期增长了接近1倍，这个结果意味着中国投资者将在次级债市场损失惨重。

次贷危机中的美联储

在次级抵押贷款市场危机爆发时,美国金融市场一片恐慌,此时美联储和美国财政部的官员马上站出来对美国经济的基本状况作出乐观评价,指出"整体房屋贷款市场依然健康,抵押贷款质量依然上佳,美国经济仍然十分强劲"。

在这次美国次级抵押贷款风波中,最惹人注意的莫过于美联储。美联储一直关注着次级抵押贷款市场。随着次贷问题的扩散和深入,美联储是否减息成为市场关注的一个热点问题。作为美国的中央银行,美联储在这场次级抵押贷款的动荡中,究竟扮演着怎样的角色?

伯南克掌舵美联储以来,第一次真正面对金融市场波动的考验。在次级抵押贷款市场所引发的全球金融漩涡中心,伯南克保持了镇静。

随着金融动荡的蔓延,要求降低利率的呼声越来越高,对此,伯南克的回答是:注入流动性,而不是减息。

有理由相信,伯南克的立场为世界各国央行的政策定下了基调。美联储和欧洲央行、日本央行等世界其他主要央行上演了联手救市的大戏,48小时内向全球银行系统的注资总额已超过3262亿美元。

与此同时,伯南克也正为自己的决策承受不小的压力。

美国近期媒体显示,包括华尔街在内的不少人士对此并不满意,甚至正失去耐心。各国央行的注资行动意味着,全球基准利率将不会很快为此番危机所动,而降低维持了足足一年多时间之久的基准利率,才是次级债券持有者所期望的甘霖。

显然,降低利率最能帮助基金公司和其他货币管理机构走出困境。因为按揭利率的下降将有望重振房地产市场,而按揭市场的复苏将给次级债券持有人创造卖出手中债券的机会。当前风声鹤唳的市场氛围让次级债券如过街之鼠,唯恐避之不及。

但是,伯南克或许认识到,减息可能会遭致更大的风险。降低利率会鼓励那些基金公司重操高风险的抵押信贷业务,并会招致更严重的危机。

这种可能性并不是没有。这一恶性循环可用"道德风险"来解释。大量持有次级按揭债券的人本身就是风险偏好者,美联储降息之后,这拨人看到被政府解救，可能会愈加肆无忌惮地投入到这个高风险领域。这可能会"惯坏"市场，并传递出错误信号：美联储会来收拾残局，为不好的市场结果埋单。

因而，伯南克不支持减息的理由是，当前的危机是对风险偏好经营者的惩戒；如果减息，那么等于人为地减轻了惩罚。实际上，直接持有次级债券的主要是机构投资者，并且他们非常清楚其中的风险。美联储没有必要特别呵护那些金融巨头们。

同时，不减息对普通投资者影响不大，新增的流动性能够保护他们在股票和债券上的投资。这些流动性能够帮助小投资者们继续从事证券买卖，而不必担心经纪费用大幅提高；同样，新的流动性使得银行能够继续以较低的利率向市场提供资金，而不必提升利率。

喜欢借债的美国人终于惹来麻烦。在房地产市场风光一段时间之后，变成了风暴的策源地。这实际上是市场所作出的必要调整。在有进一步的证据表明加息的必要性之前，伯南克需要做的是：顶住压力。

从美国银行监管来看，大致而言，美国的银行根据其各自注册地及性质，主要由联邦货币监理署（OCC）、美联储、联邦存款保险公司（FDIC）、州银行监管机构来分别监管，当然各监管主体存在协调配合，类似的合作也出现在它们与其他金融监管机构之间。

从中央银行的独立性来看，美联储作为与行政机关并列的部门直接向美国国会负责，除个别情况下总统可对其发布指令外，任何机构或个人均无权干预。法律还规定美联储享有资金及财务上的独立，有效地保障了其行使职能的权威性。从中央银行的首要使命来看，对于发达国家，当代中央银行的核心价值取向是维持币值稳定，重点防范通货膨胀。美联储的历任主席对此都非常重视。

21世纪初美国网络泡沫的破灭促使资金从股市流向房地产，而整体偏低的利率环境也有利于次级房贷的繁荣，以往备受冷落的大批信用记录不良者、收入低或不稳定者成为银行等贷款机构的客户。

在本次美国次贷风波中，经济周期的力量和金融风险的传递能量都尽显无遗。经济增长放缓、房价涨势逆转、加息周期延续，使得贷款违约率大增，次级房贷尤其如此。同时，次级房贷的风险通过资产证券化等方式被大范围传播开来，杀伤面积倍增，事实表明即便是老练的金融机构对于这场冲击也准备不足。而且，连锁危机呈现病来如山倒之势，泥沙俱下难免出现过激，著名投行贝尔斯登旗下两只投资于次级房贷优先级债券衍生品的基金就被迫清盘。

此外，美国本次次级房贷危机无疑将引发大量法律纠纷和诉讼，在有关抵押房产的处置，正常商业风险和欺诈的划分，逼迫式贷款销售等不当行为的认定，个人或公司破产的宣告和实施等方面，大量争议会相继出现，这些都将考验美国立法者、司法者的智慧和能力。

自2007年8月9日以来，美联储已连续向金融系统注资共710亿美元以"救市"。除美国外，为缓解此次次贷危机造成的不良影响，欧洲中央银行和日本央行等也纷纷向金融系统注入大笔资金。欧洲中央银行于2007年8月14日宣布，再次向欧元区银行系统注资77亿欧元，从而使欧洲央行向欧元区银行系统的注资已超过2100亿欧元。

欧洲央行行长特里谢当天表示，在欧洲央行向欧元区银行系统进行4次注资以后，欧元区货币市场趋于正常。

一些美国的经济学家认为，如果此次次贷危机继续恶化，不排除美联储随后作出降息的可能性。美联储将提供流动性，促进金融市场运作秩序。

美联储将透过公开市场操作提供必要储金，促进联邦基金市场交易，利率接近美联储公开市场委员会的目标利率5.25%。

尽管次级贷款危机成为了"压倒骆驼的最后一根稻草"，或者"浇灭火焰的最后一滴水"，但是其在各国央行心目中的真正影响，仍然是不值得一提的甚至可以一笔带过的。同时也说明，各国央行之所以不肯降息放松市场的利率环境，固然有次贷危机规模偏小、损失可控的因素，在目前的资产价格普遍处于高位的情况下，如果放松利率环境则可能进一步刺激其他的风险因素扩散，一旦这些"其他的风险因素"爆发出来，就能够从根本上摧毁全球市场的信心。而这才是次贷危机背后真正的危机。

以美联储主席伯南克的估计，次级贷款市场的损失大约在500到1000亿美元之间，但是从各国央行近几天的注资情况来看，其总额则已经大大超出了1000亿美元这个界限，已经在3000亿美元的水平上了。

美国明尼阿波利斯联邦储备银行行长斯特恩表示，美联储为了实现货币政策目标，曾在许多工作日向银行系统注入了大量储备金，其中多数操作都是例行措施。而美联储也表示，这三天以来通过公开市场操作向市场注资而回购的所有抵押均为抵押支持债券。从中可以看出，美联储是支持优级抵押贷款和抵押贷款债券的，受危机的影响，这些优级贷款和债券也出现价格大幅下跌，美联储的注资正是为缓和优级贷款和债券的困境，亦为其日后重新实现合理价格而采取保护措施。

2008年2月14日,伯南克指出,美国经济下行风险主要来自住房、劳动力和信贷市场。住房建筑活动未来将进一步放缓,劳动力市场走软也将抑制支出,因此,预计美国经济将陷入"增长滞缓"。但随着财政激励方案和货币政策的刺激作用日益显现,美国消费将在2008年下半年及2009年得以支撑,美国通货膨胀预期将得到控制。

伯南克说,中央银行将提供"足够保障措施"以应对经济下行风险。"如果有必要,美联储将及时采取行动。"有分析指出,这暗示美联储可能会进一步降息。

次贷危机与中国经济的对策

中国是否会出现美国式的次贷风暴?

无疑,这场次贷危机给中国国内金融业敲响了警钟。在房贷市场发展、金融创新与金融监管等各方面,自美国次贷风暴爆发以来,不管是从全球资本市场的动荡还是美国实体经济的改变来看,次贷之殇在美国乃至全球领域内都应该引起我们足够的重视。

在美国次贷风暴中最先遭受冲击的就是银行业,高度重视住房抵押贷款背后潜在的风险是目前中国商业银行最先关心的问题。在房地产市场比较繁荣时,住房抵押贷款对于商业银行来说就属于优质资产,贷款收益率相对而言比较高、违约情况比较少,如果一旦发生违约,还能通过拍卖抵押的房地产得到赔偿。

当前,房地产抵押贷款在我国商业银行的资产中占据很大比例,同时也是贷款收益来源的主要方面。据新巴塞尔资本协议,商业银行房地产抵押贷款的风险是比较小的。但是,如果房地产市场走向低迷与抵押贷款利率上涨的情况同时出现,那么购房者还贷违约率必然会大幅提高,而拍卖后的房价也往往会低于抵押贷款的本息总额甚至本金,这就造成商业银行的坏账比例明显提高,从而会严重威胁到商业银行的盈利性和资本充足率。

但分析家认为,中国房地产市场短期内不会出现价格普遍大幅下跌的情况,但从长远角度来看,也不能无视银行系统抵押贷款的发放风险,所

以在现阶段必须要完善贷款审核制度并实施严格的贷款条件。

实际上，这次美国次贷风波就源于美国房地产金融机构在市场繁荣时放松了贷款条件，并推出了前松后紧的次贷产品。我国商业银行应该努力汲取美国次贷风波的教训，一方面应该有效执行首付政策，适度提升贷款首付的比率，坚决杜绝零首付现象的出现；另一方面应该实施严谨的贷前信用审核，预防出现虚假按揭的情况。

美国经济在次贷风暴之前，持续 5 年多运行在高增长率、低通胀率和低失业率的经济环境中，关于美国房市持续高温的话题更是延续多年。我国如今和美国房市低迷前的经济景象呈现出明显的相似性。

此次美国次贷风暴最重要的启示表现在，要十分警惕为应对经济周期而制订的宏观调控政策造成的对某个特定市场的冲击。美联储加息导致房地产市场下跌是造成美国次贷危机的导火索。

另外，我们要认识到中国与美国的经济周期以及房市周期所存在的差异性。美国是一个处于全球体系之中、拥有悠久市场经济历史的国家，其经济具有很强的周期性，现在正处于本轮经济周期繁荣后期的阶段。

相对来说，中国从改革开放起到今天也只走过了短短 30 年的历程，从 1992 年、1993 年提出建设社会主义市场经济到如今更是只有短短 15 年时间。在这一阶段，中国经济的突出表现是供需不均衡，固定资产投资需求很大。这是有别于美国经济接近 10 年一个周期的重点所在。另外，中美房市的周期也存在差异。中国实施房改政策后，结束了此前很长时期无商品住房市场的状况，需求大幅度提升。尽管中国房市的繁荣也有投机因素的促使，但是需求很大而供给有限是造成房价上升的最根本原因。

次贷危机会传染中国吗？

从房子到汽车，从信用卡到电话账单，乐观的美国人让贷款无处不在。这场危机本质上是华尔街金融巨头蓄意操纵和贩卖金融风险，借此大肆进行金融掠夺的结果。这场危机沉重打击了美国的资本市场，深入了解其原因，认真汲取其中的经验和教训，对于中国政府今后更好地参与国际金融博弈、捍卫国家金融安全，具有非常重要的意义。

就政府意愿而言，看清楚美国的次贷业务无疑是一件好事。1994 年至 2006 年，有超过 900 万户的美国家庭购置了住房，其中有大概 20% 的家庭求助于次级贷款。可是，在这一过程中，一些负面因素逐步显现，最终造成危机的全面爆发。

一是过度证券化。美国经济的证券化几乎与次级贷款业务并行发展。

例如，机构把一些短时间内还不清的债务，打包成证券再卖给投资者。换言之，但凡有风险的贷款，都可以摇身一变成为可以出售的证券。因此，次级贷款的放贷机构忙碌着，把他们手中超过6000亿美元的次级贷款债权转变为证券，出售给各国的投资者。然而，具有丰富投资经验的银行意识不到这种做法的高风险吗？次级贷款的放贷机构出资供养了大量信用评定机构，因此他们很容易地为自己推销的债券获得了最高为"AAA"的信用评级，多如牛毛的"AAA"证书让银行对风险放松了警惕。

二是通货膨胀。伴随着这张"大饼"越做越大，有钱人因为手里拥有越来越多的纸面资产而肆无忌惮地挥霍，穷人们因为看到自己的房子天天都在升值，也开始购买平常舍不得买的物品。最终，美联储只好提升利率，来抑制通货膨胀。但是，利率升高后，那些原本就没有能力的穷人就更还不起贷款了，这造成次贷市场还贷违约率迅猛提升。因此，美国经济很快陷入货币流动性很差的情形。经济发展进入低迷状态，穷人在那些次级贷款债务面前也只能望洋兴叹。

美国次贷危机究竟给我们什么启示呢？也许有人会说，我们什么都学不到，因为中国压根就不存在次贷市场。然而通过观察发现，在我们国家的经济中也有与美国次级贷款类似的因素，假如我们不能给予足够的重视，中国经济也有可能会陷入尴尬境地。

中国房地产的一些金融创新项目就是一个典型的例子。很多中国人都渴望通过投资房地产来赢取利润，因此一些银行为了吸引人们贷款购房而频出"高招"。比方说，深圳的银行在2006年就打出了"双周供"口号，可以以"双周"而非以"月"为单位进行还贷。于是，借贷者不但能减短还贷期，而且还能少付利息，因此很受"炒房户"青睐。再譬如，"循环贷"业务，同意人们把商品房抵押给银行而获取一定的贷款额度。于是，借贷人购买的房产越多，获取的贷款额度也就越多，因此深受"炒房户"的欢迎。

在这些金融创新业务的带动下，深圳的房地产价格在近几年里以飞快的速度机升。根据国家发改委统计，深圳市新建商品房价格月均涨幅高达13.5%，其中超过60%的借款购房者的目的不是居住需要，而是投资需求。

令人欣慰的是，中国政府一直在关注这件事，并适时果断实施"房贷新政"，其目的就是要打击房地产投机，控制房价继续升高的趋势，保证中国的金融安全。

近几年,中国的房地产贷款规模发展迅猛,并且对银行业盈利水平与资产安全有很大的影响。

2008年2月份,上海银监局在《2007年度上海市房地产信贷运行报告》中称,截至2007年12月底,上海中资银行商业性房地产贷款余额为5137.62亿元,相对年初增加了452.88亿元,同比增加63.28亿元,房地产贷款余额同比增长10.58%。2007年,上海的中资商业银行增量贷款中近27.5%的比例投入到房地产业。截至2007年底,中资商业银行房地产贷款占各项贷款的比例为32.2%。假如加上许多以房产作为抵押的其他贷款,房地产价格的波动已对银行大约一半的信贷资产安全造成影响。在房地产市场波动不断加剧及宏观调控逐渐增强的同时,房地产信贷运行与市场之间的关系日趋紧密,不管是银行、房地产开发商,还是房贷借款者,都要面对由于房价波动而带来的压力和风险。面对这种状况,上海银监局称,将会加大宏观监管力度,密切关注信贷资源向房地产业汇集的势头,适当提醒各大银行重视可能隐藏的系统性信用风险,制订并实行合理、科学的信贷政策,分散、治理、抑制房地产信贷风险。

中国房地产市场与美国次级按揭市场相比较,具有很大的差异。最大的区别在于中国住房抵押贷款人普遍都是直接向银行申请贷款,不存在复杂的衍生品。同时,房产首付比例为20%,政策上不同意发放零首付贷款。可是,我们也要警惕中国住房抵押贷款潜在的风险。

次贷危机敲响了中国楼市警钟

当前,一场愈演愈烈的美国次级房贷危机正一步步向全球金融市场进行蔓延,受经济放缓波及的地区也越来越广,美国各地楼价纷纷下跌,很多城市房屋空置率都升至1956年有纪录以来的新高。美国大部分消费者都"勒紧裤带",商户生意减少,有关经济分析师认为当前与上世纪90年代初的衰退情况相似。由美国次级债危机引发的全球金融市场剧烈动荡给中国带来的警示远非直接投资损失所能涵盖,更是拉响了红色金融警报。

虽然此次风波没有波及中国金融市场,但是足以对日益对外开放的中国金融业敲响警钟。以深圳为例,在此前专家估计深圳楼市投资比例在30%左右的基础上,一位代理公司人士则称,以他近年来经手代理的楼盘来看，这一比例最少达到了50%。投资炒楼的高额利润，已经让越来越多的热钱滚向楼市，这其中就积淀了大量银行贷款。中国社会科学院国际投资研究中心研究员曹建海则认为，中国资产市场即便是在传统的融资渠道下，也已显示了较之美国有过之而无不及的投机狂潮。在政府高价拍卖土地、开发商操纵房价、银行放贷审查松弛、税收调控不力的多种因素合力的作用下，中国城市房地产出现了全球绝无仅有的连续上涨局面。

楼市的一路直线上扬，使得那些贷款投资者们不得不提高警惕，尤其是我国现已进入加息周期。美国次级债危机爆发前也丝毫没有先兆，房地产销售在前几年还是欣欣向荣，突然之间危机就扩散开。市场信心一旦丧失，泡沫顷刻间破裂，房价迅速下跌，进而影响整个金融资本市场。

在本轮来势凶猛的美国次级房贷债券危机中，虽然中国金融市场没有受到太大的影响，2007年8月10日，股市仅回调4.68点，同时，国内银行、基金也大多未涉及美国次级债券买卖，因而逃过一劫。但是，业内专家提醒，尽管美国次级房贷风波未殃及中国，但对日益开放的中国金融业以及资产投机气氛渐浓的股市楼市来说，亦具有借鉴作用。

在美国次级房贷债券危机爆发之后，包括中行、建行、工行、交行、招行及中信在内的6家中国上市银行均在此次危机中遭受亏损的消息不胫而走。随后，这些银行或否认持有相关债券，或澄清并未造成巨亏。谈及此次美国次级债券危机对中国金融与资本市场可能造成的影响，北京大学经济学院教授曹和平认为，就眼下的情况来看，对实际变量的影响基本没有。"因为我国资本市场是在2004年10月以后才成长起来的，现在的金融产品、股市中的基金产品与美国股市上的金融产品并不相通。不管美国投资怎么变化，目前中国连产品都没有，更谈不上影响。"

由住房空置率引发的讨论只是表象。真正的危机是：超越社会必要劳动时间的住房需求，虽然构成现时经济增长的引擎，却对中国的长远发展构成巨大威胁，最终将使所有参与者皆为输家。

如今，中国两难处境的楼市政策并没有什么实质性的改观：调控楼市价格伤了经济，放任价格伤了民情。尴尬政策的背后是尴尬的认知，尴尬认知的背后是难于启齿的利益。各种局部利益的交互作用，终于酿成中国楼市的真正危机。

1. 楼市政策在"任期利益"的冲击下摇摆

曾经有人用"排山倒海"来形容中国2005年房地产调控政策的出台，"国八条"、七部委联合出台稳定房价意见、房贷利率上调、预开征二手房交易所得税、央行建议取消商品房预售制的报告等等，无疑刮起了一股股旋风，可是能够撬动价格走向的也就是少数几个城市。发展还是硬道理。2006年底中央政府又吹起了住房消费年的暖风，建设部的官员也频频表态看好2006年的发展形势。开发商则一如既往的高调，上海绿地甚至宣称年销售额要超过250亿元的销售额，地方政府更是看多楼市。就是那些骂声不断的购房者和持币待购者，也指望市场有个明确的信号，以便财富早日增值。

面对如今尴尬的楼市，人们不禁会联想到20世纪90年代中央政府的银行呆坏账治理。当年治理银行呆坏账，国务院总理曾经亲自担任行长，可谓前所未有的力度。但是所有的努力，最后终于还是被体制的惯性消匿。从1993年到2003年，10年呆坏账从5000亿元，一下子上升到了50000亿元。现在楼市出了乱子，引发了体制性腐败和民愤，还危及中国的长久竞争力。关注民生民意的中央政府高调宣誓调控，政策却在尴尬徘徊。若干迹象表明，巨大惯性的作用和话语权的偏移，城市官员强烈的"任期利益"，很有可能使中央政府的调控半途而废。上海楼市是最好的风向标。因为价格涨得最猛，上海市场格外受到中央政府的关注。与"政治问题经济解决"恰成对照，2005年的上海楼市则是"经济问题政治解决"的范例。当中央政府的问责制开始指向明确的时候，2005年3月份，上海市顺应中央对房地产市场宏观调控的要求，提出了年内新开工配套商品房、中低价普通商品房各1000万平方米的目标。一个持续疯长5年的楼市，终于出现拐点，租赁市场和二手房市场率先下行，跟着带动新楼盘上市价格跟着下滑。

可是，对于这个基本面上海市政府的态度是比较暧昧的。上海市政府所属绿地董事长张玉良就不认为新楼价格会下降。而且市政府对在压力下出台的调控策略，从来就不缺乏怀疑和修正的勇气。上海市副市长杨雄曾明确表示，政府仍对楼市持续健康发展有信心，为此，"两个1000万"的建设应该随着楼市的变化作适当的调整，将适当控制节奏。"'两个1000万'如无特殊要求，将不再提及"，这样的口径通过上海市政府有关部门向市场传递。

楼市已经成为一个城市经济增长的重要引擎，任何不利于这个引擎发生作用的东西，都需更改与重估。如果说上海楼市价格看跌，无疑会挫伤投资偏好，这是上海市经济所不能忍受的。这里包含着中国楼市的真正危机。

2. 中国楼市的危机：住房需求超越国力

其实，我们中国楼市的深层危机，并不是楼市价格的高低，甚至也不是楼市价格的分享机制，而是在众多利益集团追逐短期利益的作用下，住房需求膨胀超越了国力。

住房需求，是人们基本居住的消费需求，属于社会必要劳动时间范畴，是一个与经济发展水平动态高度相关的变量，并不出自政府的恩爱或是民众愿望的强烈程度。经济学和社会学并没有给出一个经验数字或基准，人们于是有了不同的判断标准。有人抓住了住房价格与家庭年收入比，从中国奇高的比例（12~14）与国际上的（3~6）对比中，得出中国楼市严重泡沫化的结论；有人抓住了历史上国民人均收入与房价的对比，突出了中国楼市的泡沫；有人则简单对比上海、东京、首尔、台湾、香港等三小时经济圈中的楼市价格，得出中国楼市极具投资价值的判断；有人则抓住中国人多地少的现实，坚持价格还有更高上升空间的判断。

在现在这个生产要素全球化配置的时代，固定地把中国房价与历史上发达国家（或地区）收入相近似的水平相比是不合适的。要比就比现在的水平，因为由住房资产派生的住房消费价格，直接记入生产要素成本。构成一国和一个地区竞争力主干的只能是在区际和国际间流动的产品和服务。全球化流动的产品和服务，并不因为你是来自发展中国家，消费者就愿意为你的高价格埋单。性价比上不去，你的产品和服务就没市场。从生产要素全球一体化配置的视角来看楼市价格，就有了一种观察中国楼市的大视野。住房总量什么时候都是一个对比的重要层面。香港与日本的人均GDP都超过3.4万美元，而香港和东京的人均住房面积只有7.1平方米和15.8平方米。中国人均GDP刚超过1000美元，而城镇居民住房面积则达到了25平方米，上海也超过了20平方米。2004年，大幅上涨后的上海房价仅为台北的1/4，香港的1/6，东京的1/8。如果这个分析成立，那么结论是显然的：中国楼市价格还不够高！在今天的市场化条件下，能够限制住房需求膨胀的直接手段就是价格。

此外，推进节能型住房设计标准以及借助贷款利率、贷款比例、增值税、所得税等经济杠杆，也不失为有效的选择。关键是政府要有所作为。当然总体面积标准有片面性，因为还只有面积指标没有品质指标。香港与东京的房子使用，冷水热水都能达标，住起来比较适宜，而中国的房子在这方面却很少过关。许多香港与东京的房子，开间都小而且低矮，属于节能型的设计。而中国城市住房却是越建开间越大、楼层越高，属于耗能多的房型。据世界银行2002年报告分析，中国每创造1美元GDP所消耗的能源是西方7个发达国家的5.9倍，是美国的4.3倍、法国的7.7倍和日本的11.5倍。中国的能源利用率仅为美国的26.9%和日本的11.5%。

面对这些令人惊醒的指标，不能不承认危言耸听者的理性。难怪联合国环境奖得主、美国地球政策研究所所长莱斯特·布朗说，中国能源过度消耗的经济增长将是世界性的灾难，"中国正在帮我们认识到旧的经济增长模式气数将尽"。是的，我们该问，中国耗能型的住房建设的气数是否将尽？超越基本住房需求的住房狂热，已经成为中国经济的引擎。当一国居民把财富都凝聚在住房上的时候，这个国家的居民就危险了。因为，靠这种方式积累的财富，只会给世界上其他国家创造重要市场，却不会给自己的长久竞争力增添什么进码！这个畸形的增长引擎终将因为本末倒置而受到惩罚。

我们的惩罚其实已经开始了，城市环境的破坏、劳动力成本优势的丧失，耗能型生活方式的确立，这些都会很快在我们城市和国家的持续竞争力上表现出来。可惜，做庄者是受"任期利益"左右的城市官员，他们无暇顾及长远。一个最为明显的例子是印度FDI的快速增长而且质素明显高于中国。据国际上最近的一项针对跨国公司高管的调查显示，看好印度的投资者占42%，看好中国的仅占17%。进入印度海外投资中的39%可能流向信息科技产业，而中国的这一比例仅为5%。相应地，进入中国海外投资中的48%可能流向制造业，而印度的这一比例仅为3%。从微笑曲线来看，FDI的中国处于价值链的下端，而印度却明显处于价值链的上端。

显然，超越社会必要劳动时间的住房需求，虽然构成现时局部经济增长的引擎，却对中国的长远发展构成巨大威胁，将吞食中国公司的长久竞争力。找错支点的中国楼市，将使所有参与者皆为输家。我们不能等到万劫不复的惩罚来临那一天才幡然醒悟。

中国社会科学院国际投资研究中心研究员曹建海认为，中国的住房信贷和股市监管，可能是全世界管理技术最简单和最粗陋的，其对金融风险的承受和化解能力，要远远低于建立在分层控制体系基础之上的美国金融市场。如果联想到银行部门正在力主推行的按揭资产证券化等金融衍生产品和工具，实际上是把银行的部门风险向整个金融市场进行扩散，这是十分不负责任的危险举动。

毋庸讳言，国内金融机构在贷款的时候存在着信息还不畅通、连环贷款、连环抵押等问题，应该从次级抵押债的问题上汲取教训，必须采取对策，对房地产市场作一些必要的力量平衡。著名经济学家吴敬琏指出，全世界的金融体系都存在流动性过剩的问题，而中国比别的国家更加严重。资产泡沫这个问题存在已久，次级债危机无非是该问题的一种后果。现在最重要的就是要反思自身金融市场存在的风险，尽快弥补中国金融体系漏洞。

次贷危机强烈搏击欧美亚股市

发生在大洋彼岸的美国次贷危机如今已是愈演愈烈，在金融全球化日益深化的今天，欧洲股市及亚洲股市都很难置身事外。美股的大跌，也让欧洲股市和亚太市场等其他海外市场"闻风而动"，出现了整体的下跌之势。

一系列不利的数据消息不仅打压了美国股市，更加大了投资者对美国经济有可能陷入衰退的担心。再进一步，次贷危机的后续影响显现，亚欧各大金融公司担忧次贷危机蔓延将可能影响全球经济增长。2007年8月28日亚欧股市也呈下跌势头，摩根士丹利资本国际全球指数也下跌了19%，至1519.84点。

欧洲股市2007年8月28日结束了连续七个交易日的上涨，收盘出现较大跌幅。英国富时100指数跌1.9%，至6102.20点，结束了连续三个交易日的上涨。巴克莱集团股价当日下跌3.6%，《金融时报》此前报道称，该集团与德国银行SachsenLB的业务关系可能令其面临数亿美元的损失。金融类股受到了次贷问题打压。法国CAC-40指数跌2.1%，至5474.17点；德国DAX30指数跌0.7%，至7430.24点。其他银行类股中，法国巴黎银行跌3.4%，法国兴业银行跌2.9%，德意志银行跌1.7%。

自美国次贷危机浮出水面后，美股暴跌的杀伤力已经没有那么强大。不过，从美国股市2007年8月28日的暴跌中可以隐约感觉到，次贷危机所产生的后续影响正在一步步地清晰明了。当日欧洲各国股市均出现不同程度下挫。亚太股市受美股影响，纷纷如惊弓之鸟，2007年8月29日日经225指数收盘跌274.66点，至16012.83点；香港恒生指数跌343.16点，至23020.60点。全球金融市场想摆脱次贷阴影还有待时日。

当地时间2007年8月28日，美国股市出现三周以来最大跌幅。道琼斯工业股票平均价格指数当日猛跌280.28点，收于1304.85点，跌幅2.1%，30只成份股中有29只下跌；以技术股为主的纳斯达克综合指数跌至2500.64点，跌幅2.4%。目前该指数已不到2000年3月10日创下的历史最高收盘水平5084.62点的一半；标准普尔500指数跌34.43点，至1432.36点，跌幅2.3%；纽约证交所综合指数跌239.01点，至9289.92点，跌幅2.5%。在交易所中，股价下跌公司与股价上涨公司的数量之比为20比1，是自2007年2月27日以来的最大跌势。

但2007年10月22日，对于全球金融市场的投资人来说绝对可算是"黑色"的一天。受一系列负面消息刺激，一直困扰全球的"次贷综合症"再度发威，投资者越来越担心，这一影响广泛的危机可能严重拖累美国乃至世界经济的增长。一时间，股汇市都"空"气弥漫。

继美股2007年10月19日暴跌之后，亚太股市集体跳水，所有区内股市几乎无一幸免。日经指数猛跌2.2%，创2007年8月17日以来最大跌幅。中国香港股市更是狂泻1091点，跌幅高达3.7%。连一向对海外市场免疫的中国内地股市也大跌2%以上。随后开盘的欧洲三大股市都低开1%以上。

在汇市，美元则成了最大的做空对象。美国经济不景气和美联储预期中的进一步降息，均打击了投资人对美元的兴趣，而上周末的C7财长会议则依然漠视美元的持续疲软。

2007年10月19日，在1987年"黑色星期一"股灾20周年的祭日，美股三大指数全线暴跌，道指狂泻367点，跌幅2.2%，纳指和标普500指数也都大跌2.6%。当天，美国大型银行之一的瓦乔维亚银行披露了因次贷危机而蒙受的巨额损失，而制造业巨头卡特彼勒等则对美国经济未来可能陷入衰退表示担忧，这些消息都重新勾起了投资人对于次贷危机可能引发更严重后果的忧虑。

这样的悲观基调也延续到了2007年10月22日的亚太市场，主要股市纷纷大幅跳空低开，继2007年10月19日的大跌后，再度上演"跳水"比赛。个股中，对次贷危机最为敏感的金融股以及以美国为主要市场的亚洲出口股成为"重灾区"。

在较早结束交易的日本股市，日经指数在2007年10月19日大跌1.7%之后继续下行，收盘再跌376点，跌幅2.2%，为两个月来最大跌幅，报16438点。东证指数也大跌1.8%，至1563点的9月21日来最低水平。任天堂带领出口商下跌，因市场担忧美国经济景气下降，同时，对美元升至六周高点的日元也对出口股带来负面打击。任天堂收跌 2.9%，连跌第五天；本田跌 2.1%；丰田跌 2.1%，至 2007 年 8 月 7 日来最低。

韩国股市收盘也大跌 3.4%，报 1904 点，跌幅为 8 月 16 日以来最大。三星电子等出口股领跌，该股收跌 3.3%；浦项钢铁跌 3.3%；现代重工跌 4.5%。

澳大利亚股市 2007 年 10 月 22 日也创下两个月来的最大跌幅，基准的标普/澳证 200 指数收跌 1.9%，至 6577 点。麦格理银行下跌 4.1%，该行旗下一支基金净值 7 月份下跌 27%，主要受到美国次贷危机影响。澳大利亚联邦银行下跌 1%。

中国香港股市 2007 年 10 月 22 日暴跌 1091 点，为 7 年多以来最大绝对跌幅，恒指收跌 3.7%，报 28374 点。恒生国企指数大跌 4.6%，报 18809 点。个股中，汇丰控股出现近 4 年来最大跌幅。

其他地区股市中，中国股市连续第四天走低，中国台湾股市收跌 2.6%，创两个月来最大跌幅，新加坡股市大跌 2.5%，印度股市跳水 3.7%，菲律宾股市跌 3.8%。惟一例外的只有前期已连续大跌的印度股市，股指在尾盘微涨 0.1%。

欧洲股市 2007 年 10 月 22 日早盘继续大跌，主要股指均大幅跳空低开，跌幅超过 1%。英国石油和道达尔等能源股随国际油价回调而下跌。而全球最大矿业公司必和必拓也因为铜价走低而一度下跌 3% 以上。截至北京时间 18 时，巴黎、伦敦及法兰克福三地基准股指分别下跌 1.7%，1.2% 及 1.3%。

以美国标准普尔 500 指数为标的股指期货 2007 年 10 月 22 日伦敦时段也出现下跌，伦敦时间上午 9 时，该期货下跌 0.3% 左右，预示美股当天开盘可能继续走低。

随着投资人对美国经济前景的担忧加剧，美元再度遭到疯狂抛售。2007 年 10 月 22 日亚洲交易时段，美元对欧元再度刷新历史低点，而对日元则跌至 6 周低点。

分析师指出，G7 财长会议在最近一次会议后的声明中没有明显提及美元疲软，令市场感到失望，而近期出台的利空公司消息和经济数据也打击了投资美元的热情。受此影响，欧元对美元 2007 年 10 月 22 日亚洲盘一度升至 1.4349 的历史新高，截至北京时间 2007 年 10 月 22 日 18 时，欧元对美元报 1.4278。美元对日元 2007 年 10 月 22 日也一度跌至 113.26 的 6 周低点，最新报 113.70。

巴克莱资本的分析师认为，G7 声明没有提及美元弱势，这可能给美元贬值"开绿灯"。该行预计，随着全球股市下跌，日元可能进一步升值，预计 2007 年年底前美元对日元会跌至 112 甚至 109。

根据一篮子贸易伙伴货币编制的美元指数，2007 年 10 月 22 日亚洲盘也一度触及对 77.09 的历史新低，最新报 77.47，稍有反弹。

受美元不断暴跌、油价大幅攀升、市场对次贷危机的忧虑加重以及通用公布其严重亏损数据等利空因素影响下，当地时间 2007 年 11 月 7 日，纽约股市三大股指又一次全线大跌，而且跌幅均超过 2%，本次大跌使主要股指降至六个多星期以来的最低水平。

纽约股市道琼斯 30 种工业股票平均价格指数当天比前一交易日下跌 360.92 点，收于 13330.02 点，跌幅为 2.64%；纳斯达克综合指数下跌 76.42 点，收于 2748.76 点，跌幅为 2.70%；标准普尔 500 种股票指数下跌 44.65 点，收于 1475.62 点，跌幅为 2.94%。

其中，道琼斯工业股票平均价格指数 30 只成分股全线下跌，通用汽车和美国运通成为领跌带头股。

由于投资者对美国次级抵押贷款市场乃至整个信贷市场担忧加剧。美国、欧洲及亚太地区主要股市全线暴跌，拉美主要股市也是全线暴跌。

直到 2008 年年初美国最大银行花旗集团公布，受累于近 180 亿美元的次贷相关资产冲减，该行在 2007 年第四季度巨亏 98.3 亿美元，为花旗有史以来最大的季度亏损，也超过了此前市场最悲观的预期。

花旗遭遇史上罕见亏损，加上美国出台的 2008 年 12 月份零售销售降幅大大超出预期，使得投资人对美国金融业和整体经济的前景愈加担忧。受此影响，2008 年 1 月 16 日开盘后，美国三大股指全线大跌。道指开盘即下跌 11 余点。截至北京时间 2008 年 1 月 15 日 23 时 48 分，道指跌 207 点，跌幅 1.6%；标普 500 指数及纳指均下跌超过 2%。

欧洲三大股市盘中不断扩大跌幅，截至北京时间 2008 年 1 月 15 日 23 时 48 分，巴黎股市下挫 2.8%，伦敦股市跌 2.8%，法兰克福股市跌 1.7%。先于美欧股市结束交易的亚太市场 15 日也普遍大挫。日经指数收盘大跌 0.98%，自 2005 年 11 月以来首度跌破 14000 点整数关。中国香港股市也大跌 2.38%，恒指跌破 26000 点，为 2007 年 9 月来最低收盘价。新加坡股市大跌 2%，是 5 个月来最低点。韩国、印度、印尼等股市跌幅也都超过 1%。

接二连三的利空消息，也强化了市场对于美国将持续降息以刺激经济

第十章　次贷危机的金融战争

的预期。因此，美元汇价 2008 年 1 月 15 日继续走低。其中，美元对日元一度大跌 1% 以上，至两年半以来低点。欧元对美元也一举突破 1.4900，直逼 2007 年 11 月创下的历史高点。

为了弥补资金缺口，花旗日前还宣布了第二轮融资方案，计划通过出售可转换优先股的方式，向新加坡政府投资公司、科威特投资局以及沙特王子阿尔瓦立德等海内外投资入融资共计 145 亿美元。即将在 2008 年 1 月 17 日发布季报的美林也在同一天宣布，计划向科威特投资局和日本瑞穗金融集团等机构融资 66 亿美元。

虽然，次贷危机已经过去一年多的时间了，但由于次贷危机的影响还没法估计，所以其阴影依然存在，市场仍然难以得到全面的好转。"现在一切才刚刚开始"。

次贷危机促进全球金融大混战

美国次级抵押贷款风暴正向全球金融业加速蔓延。2007 年 8 月 15 日又有多家大型金融机构宣布因为次级抵押贷款危机而蒙受巨大损失。"百年老店"贝尔斯登的轰然倒塌，令我们对次贷危机之于华尔街金融机构的"杀伤力"有了更深刻的理解。因为次贷危机引发的信贷风暴，花旗、美林以及瑞银等欧美金融巨头近几个季度以来被迫作出了数以千亿美元计的资产冲减，各家机构也不得不一次又一次地向包括主权基金在内的外部投资人伸出求救之手。

自 2007 年底以来，美国抵押贷款市场继续以出乎市场预期的速度恶化。次级抵押贷款的利率要高于普通抵押贷款的利率，以此弥补贷款方所承担的更大违约风险。美国房地产市场的降温和房产价格的下跌，使得大量以次级抵押贷款形式发放的房屋贷款和牵涉次级抵押贷款的证券投资面临巨大风险，相关金融机构也不可避免受到牵连。

2006 年和 2007 年发放的次级抵押贷款和 ALT－A 贷款的违约率继续大幅上升，年发放的次级抵押贷款的违约率已经达到 17%；对美国房价下跌幅度的看法更加悲观，失业率上升，普遍认为美国经济衰退的风险正在加大。在这种形势下，美国保险公司成为危机波及的"重灾区"，多家保险公司均宣布了巨额亏损并遭遇评级下降。

有关资料显示,自 2007 年以来,全球金融机构已披露的次贷相关资产冲减和信用损失已达 2080 亿美元,包括坏账准备。这项统计囊括了全球 45 家主要银行和券商。在这其中,美国和欧洲的金融机构当然是"大头"。比如,美国最大的银行花旗 2007 年 1 月宣布,由于出现了高达 180 亿美元的次贷相关损失,公司在 2007 年第四季度净亏损 98.3 亿美元,为该公司有史以来的最大季度亏损。高盛 2007 年初发布的研究报告则称,全球次贷相关损失预计将高达 1.2 万亿美元,其中华尔街的损失占近四成,达到 400 亿美元,是已经公布数据的近四倍。

1. 欧美金融机构的损失最为严重

(1) 按揭贷款保险商面临损失。2007 年以来,基于对住房市场低迷的预期,由住房按揭保险商承保的可调节利率按揭贷款(ARMs)的风险大幅度提高,其他相关贷款的违约率也快速上升。总体而言,该类公司正面临着盈利能力急剧恶化的潜在风险,宏观经济的任何衰退迹象都可能会使其盈利能力持续下降,资本充足情况不断恶化,市场对这一部门的评级水平也产生了较多的质疑,尤其对该行业现有的高评级与较差的盈利情况间的落差持高度谨慎态度。

首先,按揭保险公司持有的与次贷相关资产在近两年内可能将继续减值。其次,由于该部门目前的资本充足情况尚好,评级机构维持了主要按揭保险公司的 AA 评级。然而一些市场研究人员认为其 2008 年的经营业绩已被高估,随着整体市场环境的恶化,特别是房价的下跌,2008 年的经营竞争更为激烈,相关市场的萎缩将直接导致经营收入上的巨大压力。预期 PMI、MW 和 RDN 等主要按揭保险公司在 2008 年都将产生营业亏损。雷曼公司的模型计算显示,如果相关保险产品的索赔率达到 60% 的保守估计水平,各公司的损失金额分别在 1~3 亿美元之间;当索赔率达到 70%,则损失分别为 2 亿至 9 亿美元。基于长期的盈利疲软预期,该部门资本金将难以支持目前的 AA 评级。

(2) 金融担保公司正在面临巨大的财务和经营压力。由于在 RMBS 和担保债权凭证(ABSCDO)市场上巨额损失,金融担保公司(Financial-Guarantors)目前正在面临次贷危机带来的巨大财务和经营压力。由于在短期内将受到其持有的大量抵押资产相关头寸的不利影响,大部分的大公司正面临评级下降的压力。目前三大评级机构对该部门主要公司的评级展望,显示各评级机构均已改变了原来较乐观的看法。财务评级的变化,以及与 RMBS 和 CDO 相关亏损可能在未来一个较长的时间内逐步显现,再加上面临来自巴菲特的 BerkshireHathawny 公司的有力竞争，使该部门的商业模式很可能发生较为深刻的变化。

近几个月来，市政债券的投资者已经变得对债券保险商的信用质量非常敏感。全球最大的两个金融担保公司——Ambac 和 MBIA，都面临着资本充足的巨大压力，正竭尽全力以维护其 AAA 评级。另外，FGIC 公司资本短缺的规模还难以确定，惠誉估计其距 AAA 评级还短缺 10 亿多美元的资本，而标准普尔算出的数字则超过 18 亿美元。评级机构对 SCA 的看法不一，标准普尔已经将其评级调为负面，其模型显示，该公司可能需要增加 2.35～2.85 亿美元资本金以保持其 AAA 评级，惠誉模型计算的数字则达到 20 亿美元的水平。

（3）金融担保业多方自救。保险行业已经成为 2007 年末以来受到次贷危机冲击的主要对象，金融担保公司更是"重中之重"。因受债券保险机构担保的债券规模多达 2.4 万亿美元，由于被担保的债券通常会获得与承保企业相同的债信评级，一旦金融担保公司的财务评级普遍下调，必然导致大量债券的投资评级被下调，从而促使投资人大量抛售低等级的债券，给处于次贷危机中的债券市场带来更大压力；持有这些债券的相关金融机构将出现更大的资产损失，各金融机构也将再减记数百亿美元的资产，导致金融业出现第二轮资产损失计提，其影响是全局性的。其中，美林、花旗和瑞银的资产减记数额将较大。

2008 年 2 月初，为防止信贷紧缩的影响扩大，包括美国花旗集团、美联银行、英国巴克莱银行、法国兴业银行、法国巴黎银行、瑞士联合银行在内的美国和欧洲的几家人银行准备合作，对陷入困境的美国金融担保公司施以援手，但方案始终难定。目前，该类公司正在考虑采取吸引新的资本、再保险交易和拆分业务等多种措施进行自救。

在吸引新的资本进入方面，惠誉、穆迪和标准普尔已经建议相关公司吸引新的资本以维持其 AAA 评级。例如 WalbmpPincus 投资于 MBIA 的 10 亿美元，是由于 MBIA 要满足惠誉 AAA 评级的资本要求正好短缺 10 亿美元。美国纽约州保险监管厅正试图推动华尔街拯救 AInbac 公司和 MBIA 公司。据称，监管部门呼吁共同向两大债券保险商注资达 150 亿美元之多。2008 年 2 月 24 日，市场传出了 AInbac 公司可能获得 30 亿美元投资的消息。

然而，多种因素造成吸引新的资本较为困难。首先，各评级机构表示该部门面临的压力仍然持续，这使得投资者认为不确定性较大。再保险交易则将对公司收益产生潜在的不利影响。第二，该部门的市场格局可能发生重大变化。2007年12月28日，BerkshireHathaway公司已正式宣布进入金融担保业，将形成一个新的竞争格局。最后，由于抵押资产风险高企，金融担保产品的最终用户可能不再选择该类担保产品，此前高速成长的结构性融资担保业务将明显滑坡。如市政债券的投资者过去很少怀疑具有经过担保而具备AAA评级的市政债券，但2007年11月以来市场巨幅波动使他们意识到市政债券也存在较高的评级下调风险。

在保险交易方面，评级机构对再保险交易作为提高资本充足率的一种手段也持欢迎态度。2008年2月12日，经过一段时间的酝酿，巴菲特抛出了其援救计划。该计划的主要内容是：巴菲特将提供50亿美元的资本为MBIA、Ainbc、FGC所担保的市政债券提供再保险，标的总规模高达8000亿美元。

业务拆分方面，一些金融担保公司正在寻求适当的分拆方式。2008年2月上旬，纽约保险业监管者EricDinallo建议，将市政债券担保业务与次贷有关的债券担保业务分离。这将使市政债券保持在AAA评级，但其他近5800亿美元资产抵押债券的评级则不可避免地被大幅下调，波及的资产减记近350亿美元。Ambac、MBM和FGIC公司都作出了较为积极的回应，其中FGIC公司已通知纽约管理机构，表示愿意将公司一分为二。

必须注意到，上述情况还在不断发展变化中。例如，在保险公司和其他金融机构忙于应付这轮冲击的同时，三大评级机构在2008年初又下调了一些与次贷相关债券或结构性产品的信用评级。如2008年1月30日，标准普尔宣布下调对5340亿美元次贷证券及CDO的评级。穆迪也调高RMBS的平均损失率至21%，反映了这些贷款最终风险的高度不确定性。2008年2月21日，标准普尔又宣布下调108亿美元美国房贷相关CDO的评级。标普警告说，这次降低评级后，这些证券持有者的损失可能超过2650亿美元，对美国保险业在内的金融市场还会产生进一步的"连锁效应"。

2. 对亚太金融机构的影响不容忽视

由于与美国次级住房抵押贷从相关的证券化资产价格进一步下跌，全球第二大经济体日本，该国最大的银行2008年8月15日也宣布了与次级抵押贷款相关的投资损失。日本最大金融集团三菱日联也表示，截至2008年7月底，该集团约有50亿日元未实现的次级房贷投资损失。而日本第三大金融集团三井住友集团则表示，2008年4月到6月间，公司在美国房贷担保证券方面计提了"数十亿日元"损失。日本第二大银行瑞穗 2008 年 8 月初也确认了 6 亿日元次级债相关损失。

根据日本三菱 UFJ、瑞穗等六大银行集团近日相继公布的 2007 财年前三季度（2007 年 4 月至 12 月）的财务报告，截至 2006 年 12 月底，六大银行与美国次级房贷相关的损失合计达 5291 亿日元（1 美元约合 106 日元），远远超过 2006 年 9 月底的 1150 亿日元。其中，瑞穗银行集团的相关损失最为严重，高达 3450 亿日元。日本六大银行集团 2006 财年前三季度的纯利润也全部下降，合计降为 1.3391 万亿日元，比上年同期减少 11.2%。

利润下降影响了日本各大银行的股票价格，并拖累了日本股市。据此间媒体报道，截至 2008 年 1 月底，三菱 UFJ、瑞穗、三井住友三大银行集团的股票市值总额约 23 万亿日元，1 年缩水 10 万亿日元以上。银行股下挫也成为东京股市日经 225 种股票平均价格指数持续低迷的一个重要因素。东京股市日经股指从 2007 年 10 月上旬的 17000 点左右跌到 12 月底的 15300 点左右，跌幅近 10%。因此，日本主要证券公司的业绩也受到不同程度的影响。

日本四大证券公司 2008 年 1 月 31 日分别发表的财务报告显示，从 2007 年 4 月至 12 月三个季度里，日本瑞穗证券公司的亏损额高达 1967 亿日元，野村证券公司、三菱日联证券公司和大和证券公司的纯利润分别减少了 37.7%、33.3% 和 11.3%。

从目前的情况看，尽管日本金融机构与美国次贷危机相关的损失与欧美各大金融机构的损失相比有限，但其对日本经济的影响已引起各界的关注。日本首相福田康夫在政府的经济财政咨询会议上表示，美国次贷危机给全球金融资本市场带来的动荡仍在持续，美国经济已出现减速，因此根据情况迅速采取对策很重要。他强调说，针对今后日本国内的经济动向，政府和中央银行有必要联合采取措施予以应对。福田康夫还说，要以次贷危机引发的问题为契机，冷静检点日本经济存在的风险，全力以赴推进金融资本市场的改革。日本财务和行政改革担当大臣渡边喜美在一次内阁会议结束后的记者会上强调，虽然各大银行与美国次贷危机相关的损失扩大，但完全可以应对。不过，美国债券保险商出现损失等新的问题浮出水面，必须进一步提高警惕。但日本央行行长福井俊彦则表示，日本仍保持着生产、收入和支出的良性循环，没必要匆忙采取措施。

中国台湾第三大金控集团富邦金控表示，该集团关联企业持有次级房贷相关投资约 2750 万美元。该集团旗下的台北富邦银行持有 7.87 亿元新台币担保债权凭证（CDO）投资，其中 325 亿元台币（950 万美元）为次级房贷相关的 CDO。另外，富邦人寿持有的次级房贷相关证券也达到 5.95 亿元台币（180 万美元）。台湾"金管会"表示，台湾 16 家银行持有的美国次级房贷相关投资预计达到 11 亿元新台币。

澳大利亚一家大型基金公司也宣布，旗下一对冲基金可能因为次级债风波损失超过 80%。这只名为 Basis 资本的基金管理公司告知投资人，旗下的 YieldFund 对冲基金资产损失可能超过 80%，因美国次级抵押贷款暴跌使得债权人要求这家公司低价出售资产。

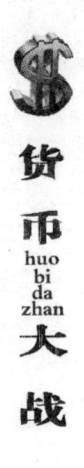

第十一章 开展热钱战争保卫财富

> 导读：由连续运转已变得过热的美元印钞机难免会加工出大量失去投资"标的"的"热钱"。历次金融动荡所产生的"热钱效应"已令许多国家尝尽了苦头。而对于初次历经金融风暴的人民币来说，做一个合格的搏奕者殊为不易，不过，坚实的实体经济及庞大的国家资本亦非轻易可以撼动。面对世界的关注，人民币必须面对的是迎接这场挑战，并无可回避地完美地证明自我！

西方世界转入热钱战争

热钱，又称游资或投机性短期资本，是只为追求最高报酬以最低风险而在国际金融市场上迅速流动的短期投机性资金。

当热钱大量流入一个国家，并在最后迅速撤离时，就会致使一国的金融市场异常动荡，甚至引发金融危机。例如，在1990年，美国通过美元贬值将大量国际"热钱"推入新兴国家，当逼迫这些新兴国家放弃固定汇率后，美元再次升值引发8000亿美元"热钱"外逃，从而制造了亚洲金融危机。

金融危机爆发后，在世界经济增长中处于领先地位的"亚洲四小龙"风光不再，并使得1998年世界GDP增长率下降了1个百分点，全球失业人数增加1000万。危机导致印度尼西亚出现30多年来最严重的政治和经济动乱，通货膨胀一度高达80%以上，70多家银行倒闭。分析家计算出当时从该国抽逃的"热钱"为400亿美元。

热钱危机严重地影响着新兴国家的经济发展。2008年5月8日，《环球财经》在文章中称，美国次贷危机正在酝酿下一波更大的危机，美国为

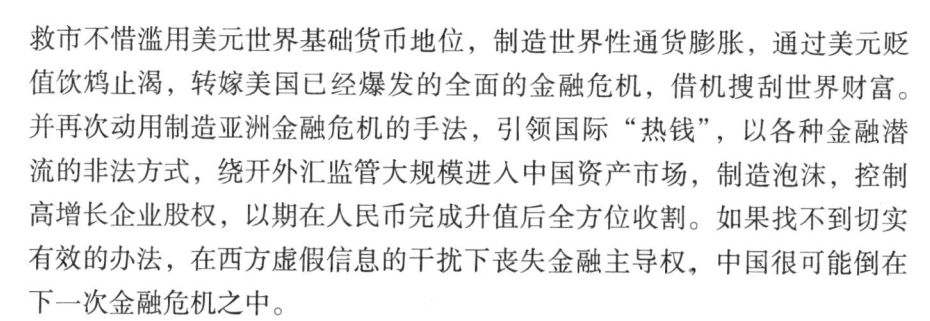

救市不惜滥用美元世界基础货币地位，制造世界性通货膨胀，通过美元贬值饮鸩止渴，转嫁美国已经爆发的全面的金融危机，借机搜刮世界财富。并再次动用制造亚洲金融危机的手法，引领国际"热钱"，以各种金融潜流的非法方式，绕开外汇监管大规模进入中国资产市场，制造泡沫，控制高增长企业股权，以期在人民币完成升值后全方位收割。如果找不到切实有效的办法，在西方虚假信息的干扰下丧失金融主导权，中国很可能倒在下一次金融危机之中。

面对国际热钱大量流入中国，北京师范大学金融研究中心主任钟伟在一篇金融研究报告中发出警告称："目前中国承受的'热钱'流入规模，已超出亚洲金融危机前整个东亚所承受的规模，但中国 GDP（国内生产总值）的规模至多只有亚洲金融危机时日韩加上东盟 GDP 规模的四分之一。"

大量热钱的流入，使中国面临着严峻的"热钱"抽逃风险，钟伟说："在资本流动逆转时，中国能有效地阻挡'热钱'的撤出吗？"他指出，中国不能怀有侥幸心理，认为这种由"热钱"抽逃引发的金融动荡不会出现，而是一旦"热钱"抽逃时该怎么办，是否有切实有效的金融安全防护体系？

针对国际热钱对中国可能引发的金融市场动荡问题，长期关注中国金融安全的国务院发展研究中心国际技术经济研究所王俊峰副所长发表了自己的观点，他认为，有效的预防和给投资者坚定的信心是消除金融不安全因素的最好办法。

王俊峰说，当前在国际金融市场动荡的环境中，中国宏观经济政策的调整需要特别关注外部因素和环境的变化。尤其是在美国滥用世界货币基础地位，通过美元贬值制造世界性通货膨胀，转嫁金融危机，西方金融势力不断在新兴国家金融市场制造动荡的大背景下，中国的财政政策、货币政策和汇率政策如何顺势而为，配合中国的产业结构调整升级和科技创新战略的实施，把握好调控的时机与力度，做好各项政策调整改革的组合配套，在维护国家经济安全的前提下，实现实体经济和虚拟经济的双崛起，是摆在经济决策部门和研究者面前的艰巨的时代命题。

由于形势严峻，王俊峰所在的研究所对"热钱"进行了一系列调研，调研结果显示，除去国际金融市场的原因外，中国国内市场的变化也在逐渐增加"热钱"抽逃的动因。数据显示，"热钱"大规模进入中国始于 2002 年，伴随着"热钱"的涌入，股市、楼市等虚拟资产价格被大幅推高，但时至 2008 年，中国股市早已走熊，楼市在看到"天花板"后价格也开始下跌。

中国股市、楼市的动荡与热钱的抽逃有着很大的关系，2007 年 9 月，央行主管的学术刊物《金融研究》曾刊文指出："如果出现 2000 亿美元以上的外资集体撤离中国，就意味着中国资本市场上突然出现了 1.5 万亿的资本品供给。这会大幅度压低资本品价格，房地产市场和股票市场会出现灾难。"

楼市、股市的动荡让央行行长周小川满脸凝重。在 2008 年 4 月国际货币基金举行的会议上，他一再表态：中国央行正在密切监测资本流动。但是否找到了防止"热钱"抽逃的办法周小川却没有说明。

大量热钱的抽逃使一些金融专家及学者担忧中国可能面临金融危机。北京大学中国经济研究中心教授徐滇庆认为，中国要做好防范金融危机的准备，并要能够识别危机，对金融危机的程度做出比较准确的判断，能够确定 48 小时应急措施的起点。

按照学者的分析，"热钱"抽逃前后，一般会制造金融动荡，从而达到卷钱走人的目的。很多经济学家也均警告，"中国将是下一个被剪羊毛的目标。""剪羊毛"者，是国际金融寡头对一个国家进行财富掠夺的一种办法。大量的"热钱"，以缓慢的、隐藏的方式进入一个国家的股市和房市，吹大泡沫，然后撤出把钱卷走。即利用经济繁荣和衰退的过程所创造出的机会，以低于正常价格的几分之一占有他人的财产。

财经评论员组文新说，一旦发生这种状况，中国三十年的改革成果有可能被"热钱"席卷而去，"一朝回到改革前"。

中国政府究竟在这场战争中将如何渡过难关，目前尚不得而知，但是热钱抽逃可能引发的金融危机已经向中国敲响了警钟。

国际热钱蔓延到中国

自 20 世纪 90 年代以来，国际金融市场就一直不稳定。墨西哥、泰国、马来西亚、菲律宾以及巴西等国先后在热钱的冲击下爆发金融危机，国际热钱的聚集开始吸引世界的眼球。

"热钱"一词源于英文的 HotMoney，又叫游资或者投机性短期资本，是只为追求最高报酬，以最低风险在国际金融市场上快速流动的短期投机性资金，是充斥在世界上没有特定用途的流动资金。它逃避监管，最大的特点就是短期、套利与投机。正是依靠它，国际"金融大鳄"索罗斯在20世纪90年代末一手制造了亚洲金融危机，在短短半年内掀翻了整个东南亚国家的金融体系。

北京师范大学金融研究中心主任钟伟说："之所以我们把它称之为热钱，是因为它肯定不进入生产性领域，而只进入交易投机性的领域。"

有两个定义热钱最关键的要素：一是以资本投机（包括股市、汇市、信贷、大宗商品与房地产）获利，不直接参与物质商品的生产与销售，不以赚取商业利润为目的；二是出入一个国家或者多个国家的边境。

特别需要注意的是，热钱不分国内国际，几年前叱咤风云的温州炒房团，事实上就是国内的热钱，它与国际热钱投机中国房产的行为如出一辙。如果这些热钱到国外投资或是避难，就成为国际热钱。

此外，因为热钱并非一成不变，一些长期资本在特定情况下是可以转化为短期资本的，反过来短期资本也可以转化为热钱，关键在于经济和金融环境是否会导致资金从投资走向投机，从投机走向逃离。

在目前的中国市场，国际热钱的大量涌入潜藏着巨大的威胁。这个问题越来越引起政府部门的高度重视，为此国务院召集了财政部、发改委、央行等主要部委的负责人，就热钱的监管进行了研究讨论。周小川表示，央行正在密切监测流入中国的国际资本。央行副行长、国家外汇管理局局长胡晓炼指出，2008年以来，中国防范国际短期投机资本的冲击、保持国家经济金融安全面临更大挑战，在外汇管理工作中应加强对跨境资本流入与流出的监管。他强调，外汇管理工作将把重点放在严格外汇资金收结汇管理，加大跨境资金流动的外汇检查力度等方面，并将会同相关部委严厉打击地下钱庄、非法买卖外汇等违法犯罪行为，加强跨境资金流动监测预警。

最近几年来，中国的外汇储备的高增长早已偏离了外贸与外商直接投资的基本走势。央行的数据显示，仅2008年前4个月，中国外汇储备就已增长2284亿美元，相当于2006年全年的储备增量；其中仅4月份外汇储备增长便达744.6亿美元，创单月外汇储备增长历史新高。而4月贸易顺差与单月外商直接投资合计增长仅有242.8亿美元，"不可解释性外汇流入"则高达501.8亿美元。据专家估算，2007年境外投机性资金流入约为5600多亿美元，相当于2006年流入量的4倍。2008年，热钱更是加速流入，德意志银行经济学家佩蒂斯测算，2008年前4个月实际流入中国的热钱可能达到3700亿美元。北京师范大学金融研究中心主任钟伟则指出，预计到2008年和2009年底，国内热钱的规模可能突破6500亿美元与8000亿美元。但美元的持续贬值，势必会导致国际市场的不稳定，所以热钱很有可能随时出逃。

20世纪80年代的墨西哥金融危机、90年代的亚洲金融危机，都与热钱脱不了干系。专家表示，热钱流入的巨大规模等问题已经影响中国中短期的金融形势，假如不能及时实行政策调整，危机性的市场强制调整很可能会在3年内发生。专家还强调，在亚洲金融危机爆发前的1996年底，注入东亚的热钱大约是5600亿美元，而到1998年底金融危机爆发后流出东亚的热钱大约是8000亿美元，这给东亚地区带来了巨大的损失。分析人士认为，现在中国承受的热钱流入规模早已超出亚洲金融危机前整个东亚所承受的规模，所以，我们必须意识到资本流动逆转给中国经济带来的危害。

2008年初，人民币兑美元"破7"之后，香港一些居民开始以"蚂蚁搬家"的方式向内地银行转移手里的多种货币。大量的港资企业、外资企业更是利用设在珠三角的分支机构，把人民币资金转入内地银行。深圳发展银行第一季度由于利差增大、人民币存款剧增产生的净利润和上年同期相比，增幅达到了90%。近年来，深圳海关查处的用小型船运外币现金入境的案件越来越多。2007年，深圳海关抽查发现的违法携带人民币的个案近2000例，而2008年仅一季度发现的个案便高达1000例。

为了进一步加强监控流入国内的投机资本，国家外汇管理局要求上海、江苏、广东、浙江、北京、深圳六个地区的银行，按月提供非居民个人与机构的人民币账户数据，其中包括港澳人民币存款、人民币贷款提款账户、QFII人民币账户等8类账户。另外，总部设在北京的全国性中资外汇指定银行，要在每月开始后15个工作日内把汇总数据直接报送国家外汇局；包括外资银行在内的其他银行则应于每月开始后10个工作日内，汇总并报送至当地的外汇管理分局，分局再于每月开始后15个工作日内报送到国家外汇局。

对港澳人民币存款账户，国家外汇管理局予以特别监控，要求港澳人民币存款最集中的深圳与广东两地外汇分局，在每月开始后15个工作日内将港澳人民币账户余额与变动情况报送到国家外汇局。

渣打银行中国区研究主管王志浩，针对中国外汇管理局发布的2007年

《中国国际收支平衡表》中的"经常项目顺差"、"其他投资"与"FDI流入"三项创纪录的数据指出,这些信息都可以得出热钱汹涌流入,而且渠道更加多样化的结论。

2008年10月,中国人民银行发布了2008年度的中国金融稳定报告,认为当前中国金融改革发展正面临新的形势,存在一些影响金融稳定的因素。热钱涌入超出预期,给存款准备金率上调带来了压力。报告指出,需要重点关注九个方面的风险,包括:一是密切关注国际经济金融形势变化,防范国际金融市场动荡引发的传染性风险;二是继续完善宏观调控,防止经济结构不合理产生的风险;三是改善国际收支状况,建立健全跨境资本流动监测预警机制;四是采取有力措施,防止价格总水平过快上涨;五是改进资产市场运行机制,防范资产价格大幅波动的风险;六是大力发展债券市场,切实改善融资结构;七是加快推进金融改革和创新,增强金融机构风险管理能力和竞争力;八是加强投资风险教育,增强投资者自我保护能力;九是加强金融监管协调,建立健全金融安全网。

中国社科院世界经济与政治研究所研究员张明认为:"热钱对中国A股市场的渗透已经远远超过了普通投资者的想像,出入中国A股市场的热钱规模远高于目前批准的QFll总额。和热钱的大量涌入相比,对热钱的流出也需要提高警惕。"

假如大量的热钱逃离中国市场,受影响的不只是国家的外汇储备。热钱操纵中国股市最常见的方式就是通过A、H股的联动来赚取利差。相对那些既在A股又在H股上市的股票,热钱可以一面做多A股同时又在H股市场上大量做空该蓝筹股,然后,热钱在A股市场上大批抛售该股票,这首先会引发该蓝筹A股股价下跌,其次很可能造成该蓝筹H股股价下跌(H股下跌幅度一般低于A股)。最终结果就是热钱可以在H股市场上充分利用财务杠杆,保证热钱的H股盈利远高于A股亏损,从而赚取暴利。

另外,热钱在房地产开发领域也会兴风作浪,是中国房价此番大涨的主要"凶手"。2008年4月初,凯雷投资集团对外宣布,以6.8亿美元收购上海麦迪逊大街650号的一座高级物业,交易规模创下2008年以来地产交易的最高点。此外,凯雷在上海以19.907亿元人民币的价格收购了济南路8号西苑,韩国未来资产集团以9亿元人民币收购了上海翠湖天地御苑18号。这些迹象说明,外资对中国大陆房地产市场的热情并没有减退,反而更倾向于长期收益与稳定布局。

历史经验表明,热钱加速流入会导致宏观经济失衡,形成资产泡沫。

泡沫一旦破裂，热钱将会迅速逃离，大面积的经济震荡就会在瞬间形成，甚至引发严重的货币危机。

尽管当前中国经济仍在持续发展，人民币也会持续升值，但是一旦人民币汇率发生巨变，中国很可能会遭遇严重的经济冲击。专家认为，与大量国际资本流入中国市场相比，巨额资本的流出对中国经济产生的后果将更加严重。所以，面对美元走强预期加强，中国高额的外汇储备必须防范因人民币升值预期减弱，国际资本迅速套现回流的巨大风险。

国际热钱中国攻略

目前，人民币仍然面临较大的升值压力，而热钱的性质决定了其对人民币升值预期的利用。只要人民币利率继续高于外币利率，那么热钱就会继续在中国市场中潜伏，在人民币升值过程中进行套利活动。

1. 国际热钱进入中国境内的途径

如此大规模的国际热钱，是通过哪些途径流入中国内地的呢？这些不光明的手段可以说是无所不用其极，大致可归纳为以下几种。

（1）通过虚假贸易。即国内企业与国外投资者联手，以虚高报价。预收货款、伪造供货合同等方式，把热钱引进来。例如，实际出口了3000件西服，却上报6000件，每件单价为50美元，却谎称300美元。这样就有了超过实际出口额11倍的国际热钱貌似合法地进入；另外就是在时间上做文章，订单一到货款便打进来，完全脱离了正常贸易往来的流程。当然，上述手法需要中外双方事前协商好才行。

（2）通过增资扩股。一些外商投资企业会在原有注册资金基础上，以"扩大生产规模"或是"增加投资项目"等为借口申请增资，热钱一进来就到处套利；等套利以后准备撤资时，只需再找借口撤销原来的项目合同，这样热钱的进出都变得非常容易。

（3）通过货币流转与转换。"港币不可兑换，人民币可兑换，两地一流窜，一样可兑换"，这段顺口溜形象地说明了热钱的一种流入方式。国家外汇管理局在检查中发现，通过这种货币转换和跨地区操作的手段，大量热钱得以来去自由。

（4）通过地下钱庄。该方式的具体操作方式是：假设你在境外某地把钱打到当地一个指定的账户，得到确认之后，国内的地下钱庄自然就有人帮你开户，将外币换成人民币了。在这一过程中，根本就不需要有外币进来，这是外资进出最快捷的方式。

据新华社 2007 年 11 月 11 日报道：深圳警方一举端掉了位于深圳市罗湖区大信大厦内的"杜氏"地下钱庄，当场抓获了以杜玲为首的犯罪嫌疑人 6 名，冻结涉案账户 55 个，约 420 万元。经查明，"杜氏"地下钱庄的老板杜玲系香港一家人民币兑换行的董事长，藏在深圳市的这个地下钱庄是杜玲设在内地的一个办事处，钱庄暗地里进行了长达七八年的外汇买卖交易，自 2006 年至 2007 年 5 月，平均每天的交易数额高达 800 万元，总交易额达 43 亿多元。

（5）通过货柜车夹带现金。在珠三角一带的来料加工企业，这一行为非常猖獗。企业以发放工资为名，通过货柜车夹带港币进出粤港两地。有十部八部货柜车的企业不在少数，一部车跑一两趟也很常见，每趟夹带 50 万港元，就算被海关查上也不难解释。自 2006 年以来，类似这样的企业慢慢地成为变相的"地下钱庄"，分批次帮别人夹带现金。

（6）通过赡家款。所谓赡家款就是海外华侨对国内亲属的汇款，近几年这个数字大幅增加，有相当多的热钱就是通过"赡家款"进来炒股、买房的。

（7）通过私人股权投资与风险投资。原本开放这两种资本项目是为了让他们帮助中国工商企业升级进步，可是许多资金一旦入境，便方向失控。人们时常会惊讶于风险投资的大手笔，对一个小网站都能够一掷 5000 万美元。实际上，双方也许会有为了逃避监管而签订秘密协定，也就是说，2000 万美元用于网站投资，其余 3000 万美元投资可以自由使用，而被投资的合作方不可以干预。

总而言之，国际热钱几乎是无孔不入，一些相关人士就理所当然地觉得，以目前监管部门的力量，无法堵住国际热钱，因此就更加松懈了监管。事实上并非如此，尽管国际热钱无孔不入，可它们有一个致命的软肋：它们大部分都是通过伪装非法入境，因此一旦暴露，监管当局有权处罚甚至没收其全部收入。也就是说，它赚的也许是 20%，可是亏的也许是 100%，让他们血本无归是对这些投机者最大的震慑。

另外，仅仅依靠中国现有外汇管理部门的人力与能力防止热钱进入，的确防不胜防，不过我们完全可以借鉴美国证监部门开展"群众运动"的办法，即美国监管部门为震慑与打击股市中上市公司和庄家的联手操纵或者造假，每个月两次把每家上市公司的报告全都向社会公布，各界人士只要花 100 多美元就可以买一份，社会上的财务专家与律师会研究这些资料，只要发现问题，便可以向上市公司合法索取"封口费"。倘若不给的话，就可以代表投资者去进行"集体诉讼"，不必先交诉讼费，而且是被告方也就是上市公司高管与庄家要提供证据以证明自己没有罪，倘若无法证明，就说明有罪，只要一个人胜诉，则每个股东受害人都可以得到赔偿。这些措施大大地提高了违规者的造假成本，从而让他们不敢轻易以身试法。我们完全可以引进美国这种监管制度的精神，来制定《反热钱法》，对热钱进行有效的管理与打击。

2. 中国国内的国际热钱到底有多少

截止到 2008 年 4 月份，有人估计潜入内地的国际热钱约为 1 万亿美元左右。方法非常简单，在 2003 年之前，上海的房地产价格还没有暴涨，热钱几乎未进入中国内地，在 1995 年到 2002 年期间，外汇储备的年均增长率是 29.55%，以此可推算出 2003 年到 2008 年前 4 个月的热钱水分的正常增长量，按此计算，截止到 2008 年 4 月份，中国外汇储备余额的"正常"总量大约在 1.15 万亿美元左右。而中国 2008 年 4 月底的实际外汇储备量是 2.1144 万亿美元（官方公布统计额 1.76 万亿美元 + 中投公司本金划拨 1409 亿美元 + 国有金融改革转移注资 654 亿美元 + 外汇存款准备金率提高 1481 亿美元）去掉"正常"的 1.15 万亿美元，再相应扣除合法资本项目（比如 QFII），剩余数额大约是 9600 亿美元，这一估算方法还未将热钱的盈利部分计算在内。

2008 年 6 月，中国社会科学院世界经济和政治研究所博士张明与《第一财经日报》评论部主任徐以升一起完成了《全口径测算中国热钱规模》的论文，他们的方法更为细致、更为完整，也颇具说服力，其结论是：从 2003 年到 2008 年第一季度，进入中国内地的热钱合计大约为 1.2 万亿美元，热钱利润合计按大约 0.55 万亿美元计算，二者之和是 1.75 万亿美元，是 2008 年 3 月末官方发布的中国外汇储备存量的 104%。

大家可以想像一下，1 万亿美元是一个什么概念？一艘航空母舰的造价为 100 亿美元。所以，1 万亿美元的热钱涌入，就相当于在中国经济的内海中，已有 100 艘航空母舰驶进来了，只是它们化整为零，是以小舰小艇和无数小舢板的形式进来而已。

中国现行实际上的固定汇率制度和美元持续贬值的外部金融环境造就了热钱进出的套利机会。当汇率升值与利率爬升出现拐点，并向下行时，热钱就会果断地离场，变卖一切以目标国货币计价的资产，比如外资拥有的股票、国债、投机性房产与土地等，兑换成其他国家的货币以后，全部汇出。

不过，未来热钱是否会像过去他们所做的那样倾巢而出，还不能完全确定。因为在美国遭遇愈来愈严重的金融危机的情况下，热钱与其背后金融寡头势力的真正目的也许并不只限于掠夺一番便扬长而去。

股市热钱进出中动荡

在 2006 年，股市火爆是金融市场最受关注的大事。进入 2007 年以来，股市的升势非但没有偃旗息鼓，反而愈演愈烈。股市的繁荣主要得益于中国宏观经济的持续增长、股权分置改革的顺利完成、人民币的升值预期和以基金为代表的机构投资者的不断成长和壮大，等等，除此之外，境内外"热钱"对股市行情的演变也起到了一定作用。

从境外角度来讲，"热钱"可以通过资本项目进入，如虚假投资、提前注资或增资，撤回境外投资或利润汇回，QFII 的非证券投资安排等；也可以通过贸易项目进入，如进口少付汇出口多收汇，进口不付汇以及无真实货物出口的贸易收汇等。此外，还包括非贸易形式下的居民、非居民收入以及非法地下钱庄等。

境内"热钱"流入股市的路径主要有这几种：一是信贷资金直接流入股市。一些企业通过虚拟贷款用途或挪用，将银行发放的用于生产经营的信贷资金投入股市。二是信贷资金间接流入股市。借款企业将信贷资金通过内部关联交易或企业之间的虚假往来，在披上一层合法的外衣之后，通过"第三方"汇入股市。三是银票资金和贴现款项辗转流入股市。通过企业单方造假或银企"串谋"，无真实贸易背景或增值税发票做依托的银行承兑汇票，以及经贴现后的资金余额，由于没有具体用途的约束，或银行业疏于监控，很容易流入股市。四是个人消费信贷径直流入股市。一些金融机构对一部分人群发放"无抵押、无担保、无指定用途"的所谓高端类的"三无"个人信贷。这部分资金十有八九都殊途同归流入股市。五是个人经营贷款变相流入股市。一些金融机构为尽快做大零售贷款，放松对个人经营贷款的审查和贷后的监控，致使这部分资金因失控而进入股市。六是证券公司融资注入股市。证券公司通过同业拆借市场或以存量股票质押等方式，套取银行资金，参与新股申购或二级市场运作。

热钱大量流入中国股市后，操纵着股市的发展动态。2007年5月9日首次突破4000点，到2007年10月中旬攀升至6124点的历史高位，上涨2000多点，涨幅超过50%。在2006、2007年A股牛市中，当时很多著名国际投资家、私募股权基金都在打中国股市的主意，投机资金通过贸易、外商投资、进出口信贷、个人资金汇入、地下钱庄等手段，无孔不入地钻进中国股票市场。

然而，到2008年3月，中国的股市又回落至4000点以下，跌幅达35%。在这10个月里，沪深两市总市值从16万亿元左右上涨至近34万亿元，到2008年3月17日又跌落至25.8万亿元。

西南财经大学教授易敏利说，2007年股市的大起与2008年股市的大落对市场的健康发展极为不利，特别是大落时投资者利益受损严重，打击投资者信心，容易引起恐慌和不满。

2008年7月2日，《中国财富》报称，中国股市自2007年10月走低以来，已经让数以百万计的中国中小股民资产损失大半。与此同时，境外投机热钱正以加速度向中国境内汇集，据称已达到1997年亚洲金融危机前夕东亚国家境内热钱的总量。

专家认为，高通胀、股市下滑，与"热钱"涌入不无关系。报道中说，中国政府因为允许资本自由流入中国，扩大了美元流入的口子，中国中央银行不得不增加货币供应，结果导致了中国通货的持续膨胀。因而，2008年五月中国的通货膨胀率上升到危险的7%，丝毫不值得大惊小怪。对许多中国人来说，大米、玉米、肉类和牛奶的价格已经上涨到无法承受的程度。为了应对通货膨胀压力和给股票及房地产市场降温，中国中央银行2007年间已连续6次提高了银行利率。

中国中央银行为应对通货膨胀而提高银行利率的政策反而鼓励了外国投机者，因为他们投资中国所能获得的回报与从外国借钱必须支付的利息之间的差额不断扩大，可以给他们带来更高的收益。同样不幸的是，因为国内利率的提高和国外投资者对美国次贷危机的担忧，中国的股市一落千丈，中国股票投资者正在经历一个难熬的季节。

受2007年8月中旬开始的美国金融危机的影响，破产银行和对冲基金经理纷纷从亚洲市场抽走资金，导致中国股票市场出现了恐慌性下滑。因为"许多投机者是为了撬动更多的资金而运用它们的海外股权的，所以，当股票价格下降的时候，他们只好清算他们握有的股权，以满足追加保证金的需要。如此一来，又势必引起股票市场的进一步下滑"。另外，因为次贷危机导致的信贷紧缩，许多投资者利用中间商筹钱变得困难起来。又因为许多基金是通过玩弄以小撬大的杠杆游戏来赚取巨额股票投资回报的，所以，资金链的中断对股票市场的影响非常大。

所以，中国股票市场迅速由牛转熊，自2007年10月份以来市值减少了一半，变成了近半个世纪以来最蔚为壮观的熊市之一，账面财产尽损失2.5万亿美元。

数以百万计的中国股民无疑是本轮熊市的最大受害者，他们是股票市场的新手，不少人拿出了全部积蓄投入股市。另外，中国绝大多数国有企业都参与了股票交易，他们15%～20%的收益是来自股票市场。

依靠投资股票市场获益对企业来说是不健康的，专家提醒说，中国企业似乎正在重复美国赌博经济当年走过的老路。因为分出了部分资源投入金融投机部门，中国企业不仅要冒资产损失的风险，而且必然对生产性活动产生负面影响，比如产品研发、追加投资扩大产能和提高技术水平，而对实际工资增长来说，生产性活动才是最重要的。这对中国工业的发展乃至中国的未来显然不是吉兆。

海外热钱决不能抄底中国房地产

2007年以来，中国房地产开发企业利用外资增势强劲，房地产业实际利用外资已经占到中国利用外资比重的1/5以上。伴随外资的进入，大量热钱涌入中国房地产市场业已成为各方面必须面对的事实。

国家统计局数据显示，2007年1至8月份，中国房地产开发企业利用外资37亿元，同比增长65.9%，增幅比2006年同期提高301个百分点。2007年上半年，房地产业实际利用外资规模占同期全国实际利用外资总计的比重达到24.1%，比2006年全年比重提高近11个百分点。

这种情况在部分地区表现更为突出。如四川省2006年19个上千万美元的外资项目中有12个是房地产项目。2007年1至2月，四川省外资实际到位200万美元以上的18家企业中有一半是房地产项目；外资实际到位达16915万美元，占同期该省利用外资总计的79.3%。

伴随外资进入的还有大量热钱，2007年10月下旬，广东省社会科学院产业经济研究所在其完成的《境外热钱在国内非正常流动调查报告》指出："大量境外热钱在国内进行非正常流动和投机已经成为事实，流入量在2500亿至3000亿美元之间，并且还有继续扩大流入量的发展趋势。境外热钱具有明显的投机赌博特征，其主要投资方向是房地产和股市等高利润增长行业。"

由于中国房地产市场发展时间不长，还没有形成有效的市场定价机制，境外热钱趁机通过操纵市场，提高房价。又由于境外热钱在房地产市场具有明显的"标杆效应"，境内外很多民间资金在其影响下，纷纷跟风入市，房价越炒越高，房地产价格与真实价值脱离，出现了明显的"效用失真"问题，而当房地产价格泡沫一旦破裂，房地产行业就会呈现长期低迷的状态。

到了2008年，中国的房地产市场出现了滑坡的局面。据统计，2008年上半年，全国商品房销售面积为负增长7.2%，而2007年上半年同比增长为21.5%，2008年上半年比2007年同期同比增长慢了近30%；全国商品房销售总额2008年上半年负增长为3.0%，而2007年同期同比增长为33.8%，2008年比2007年同比增长慢了近37%。

当国内房地产市场销售量与价格下跌时，外界的猜测声高涨，媒体在报道中称，在2008年初，国内出现了一些外资抄底上海楼市的现象。如2008年1月，英国高富诺基金以12亿元人民币收购高档酒店式公寓"华山夏都"；2月，凯雷集团以19.9亿元人民币收购了服务式公寓项目"济南路8号"；同月，韩国未来资产基金以9.63亿元人民币的价格收购了酒店式公寓"翠湖天地御苑18号"。并且，有媒体在报道中称，海外的热钱有几百亿美元进入中国抄底房地产市场。一时间，关于海外热钱抄底中国房地产市场的议论声四起。

在2008年，"海外热钱能否抄底中国房地产"成为人们关注的焦点，对于这个问题，众多专家认为，海外热钱不可能抄底中国房地产，原因有以下几个方面：

（1）热钱流入难度加大，决策层通过一系列的货币政策，进一步控制投机资本的流入。无论是2006年关于海外资金进入房地产市场的171号文件，及以后相关的几个文件，对海外资金进入国内房地产市场都有严格的规定。海外资金进入国内房地产市场不在商业性原则及居住性原则下是不能够进入的。换句话说，即使海外资金最多，国内房地产市场利润最高，

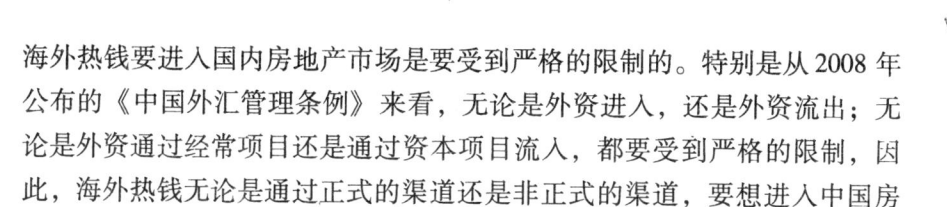

海外热钱要进入国内房地产市场是要受到严格的限制的。特别是从2008年公布的《中国外汇管理条例》来看，无论是外资进入，还是外资流出；无论是外资通过经常项目还是通过资本项目流入，都要受到严格的限制，因此，海外热钱无论是通过正式的渠道还是非正式的渠道，要想进入中国房地产市场并非容易的事情。

（2）热钱进入房地产市场的交易成本在增加，盈利空间很小。面对国内低迷的房地产市场，以及高企的通胀，盈利空间在逐步下降，但风险却在逐步提高，因此楼市无法吸引大量的热钱进入。

（3）全球的经济都处于一个下行的趋势，流动性资金也会出现短缺。经过一年来的美元次贷金融危机，不仅国际金融市场出现了流动性严重缺乏，而且各国政府为弥补这种流动性不足，已经向市场注入巨大的流动性资金，因此，在国际金融市场的流动性缺乏的情况下，海外热钱流入中国房地产市场的几率就会大大下降。

（4）房地产市场还没到底，因而也就谈不上抄底。即使到了房价到了底，热钱也未必会去抄底。

既然海外热钱不能抄底中国房地产，那么媒体及房地产开发商为什么要大力地炒作海外热钱进入国内房地产市场抄低？中国商务部国际贸易经济合作研究院梅新育研究员认为，声称大量海外游资即将进入中国房地产市场，可以引申出以下结论：应该维持、甚至进一步推高房价，以免外资低成本攫取中国资产。

有专家指出，这种对"海外热钱抄底国内房地产市场"的炒作，更清楚地看到国内一些房地产开发商如何否认企业的社会责任、如何见利忘义而丧失了自己为一个中国的企业公民。因为，这些房地产企业为了维持其暴利发展模式，宁可不卖一套房子也不降低房价，而宁可把房地产巨大的暴利让国外投资来获得，也不愿让中国老百姓来分享。也就是说，这种对"海外热钱抄底国内房地产市场"的炒作，其实包含一种深刻理念，即一些一线城市的房地产开发商为了维持暴利模式，宁可把中华民族几千年积累起来的财富、把中国改革开放几十年经济成果让海外的热钱来获得，也不愿让中国广大民众来分享！

社科院金融所研究员易宪容分析，炒作"抄底说"的目的，一则是诱导国内居民重新进入房地产市场，二则借此来推高当地房价，以便维持房地产的暴利模式不改变。易宪容认为，海外热钱无论是通过正式的渠道还是非正式的渠道，想进入国内房地产市场并不容易，要受严格限制。他指出，正由于限制多多，2008年上半年外资进入房地产也仅345亿美元，占整个进入房地产市场的资金比重1.8%左右，这个比重不会对国内房地产造成多少影响与冲击。因此，就目前的情况下，炒作大量的海外热钱流入房地产市场是不符合实际的。

全球热钱豪赌而亚洲货币升值

受美国经济及金融危机的影响，全球贸易放缓，商品市场降温，全球股市经历调整，国际机构投资者的避险倾向上升。在此时期，蠢蠢欲动的国际资本不得不寻求避风港和长期投资机会。于是，全球大量的资金开始投入亚洲市场，对亚洲地区货币全面升值的预期日益高涨，买入亚洲货币和亚洲各国的资产。

而作为亚洲货币升值的核心和焦点的人民币汇率问题更是牵动各方的神经，投资者在将大量资金投入亚洲国家的股票和债券市场并做好了一切准备，等待亚洲地区货币的升值以提升资产的价值，投资者大量买入亚洲货币，他们预期亚洲国家的本币将会出现一定程度的升值。

对于亚洲国家而言，国际热钱比较青睐中国市场，这首先与人民币升值息息相关。在2007年12月，统计数字显示，截至25日，人民币自汇改以来已累计升值已达10.7%，2007年的升幅则达到6.59%，而自17日以来的短短6个交易日中人民币中间价的上升幅度则达到了0.72%。

进入2008年，人民币升值速度更是狐升，在1月份，仅前8个交易日就4次创下汇改以来新高。由此可见，在2007年底2008年初这段时间内，人民币升值趋势日益明显，而恰恰是在这个时候，商务部公布的实际外商直接投资同比出现惊人的增速。

商务部2008年4月份数据显示，2008年一季度FDI金额274.14亿美元，同比增长61.26%。其中，1月FDI金额突破100亿美元，达到112亿美元，较227年同期增长109.78%。一月份FDI同比翻番的增速，当中不乏国际游资的身影。

国家发改委宏观经济研究院副院长陈东棋说："中国市场的热钱增长速度非常快，可见现在国际资本豪赌人民币升值，赌中美利差带来的人民币升值红利，以及对中国资产升值后人民币升值带来的红利。"

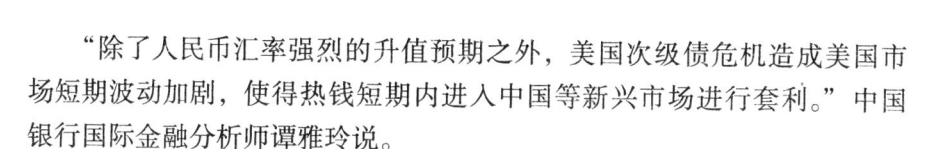

"除了人民币汇率强烈的升值预期之外，美国次级债危机造成美国市场短期波动加剧，使得热钱短期内进入中国等新兴市场进行套利。"中国银行国际金融分析师谭雅玲说。

冲着升值以及进入相对安全的经济体是人民币吸引国际资金的主要动因。就连国际著名的投资家罗杰斯也表示出对人民币的极大兴趣，罗杰斯说："与美元、港元相比，人民币应该是最主要的可投资货币之一。"

人民币升值使外资抄底中国股市和楼市的叫嚣声不绝。荷兰国际投资管理公司（ING）成立了新的房地产信托基金，部分资金将投向于中国内地房地产市场，瑞银集团则与金地集团签订协议成立房地产投资合伙企业。

而在股市方面，人民币汇率升值与资本市场走出了相反的方向。谭雅玲认为，中国股市在经历了将近两年的牛市高涨之后，从2007年10月份开始出现了半年多的低糜状况，超出了市场预料。

"人民币升值应该来说对股市有利好刺激，但是人民币在快速升值，A股指数在往下走，那这就不正常了。中国经济的大环境没有变，企业和上市公司业绩也没有出现大幅度亏损，为什么会出现这种状况？热钱！投机的因素在中国板块运作是其中一个重要因素。"谭雅玲认为。

"在投资者信心稳定的情况下，流入的钱越多，对资产价格会起支持作用。可是要看到，虽然现在国内流动性在增加，但投资者信心跌得更厉害，有钱进来并不见得会推高股市指数。"沈明高持不同看法，但他也承认，"一旦投资者信心稳定下来，反弹就会比较强烈"。

谭雅玲说："亚洲货币的升值正呈现多米诺骨牌效应。"据调查结果显示，2008年相对美元表现最为突出的10种货币中将有9种来自亚洲。例如，美元兑人民币汇率中间价跌破7元，这是1993年以来首次突破7元这一重要的整数关口，新加坡元兑美元创出历史新高、马来西亚林吉特兑美元汇率接近10年来最高水平。此外，追随美元兑亚洲货币汇率跌势，美元兑泰铢、菲律宾比索、印尼盾等亚洲地区货币持续走软。

"很多东南亚国家货币处于上升通道，一些货币比如美元/泰铢汇率与1997年8月以来的最低水平相当。"中行外汇交易员表示。

基于此，买入亚洲货币和亚洲各国的资产受到因美元贬值和次级债危机影响而短期内离开美国市场的国际资本的青睐。

"市场已经普遍接受美国经济陷入衰退的现实，美国经济进入衰退的疑虑继续加速了美元的贬值，美元兑亚洲货币汇价总体来说不断走低。"

渣打银行财富管理部首席投资总监梁大伟谈及2008年第二季度全球经济展望与投资机遇时说，"这个时候亚洲新兴市场的投资机会还是不错，未来12个月内，部分亚洲新兴经济体平均预期市盈率是12倍左右，而这一数据在1999年最高是20倍。从PE水平降低角度看，投资亚洲市场是个机会。"

经济专家提醒说，对于亚洲国家而言，本币大幅升值将使其外汇储备的价值降低，相当于资产缩水，从而导致巨额损失并引发社会动荡等一系列问题。作为亚洲货币升值的核心中国而言，在其外汇资产中，外汇储备总量占国内生产总值30%，人民币升一值肯定会影响到美元资产的质量。

目前亚洲各国已经看到美元贬值的长期性，而且一旦美元暴跌对亚洲各国的冲击将会更大，甚至是毁灭性的打击。为此在本币升值问题上，亚洲各国政府2007年开始采取允许的态度，正是看到这一变化，投资者开始预期亚洲货币全面升值的时机正在来临。

在2007年和2008年，中国政府鉴于严重的通货膨胀问题，开始加快推进人民币汇率改革，提高人民币的升值幅度。而未来人民币需要兑其他货币加速升值，亚洲各国政府必须意识到面对未来全球经济格局所产生的变化，本币升值将规避全球金融动荡的冲击，亚洲货币升值将提升本国的购买力，从而有效地应对目前能源价格的上涨，抵御美国经济衰退的负面影响。

阿根廷：国际热钱撤出，比索兑美元三天贬值2%

2007年12月22日，阿根廷中央银行在公布的报告中称，由于国际金融市场动荡，2007年第三季度有大约44亿美元的外国投资撤离了阿根廷，是最近5年来外资撤离阿根廷最多的一个季度。

据悉，在2007年，全球金融市场因为美国次贷危机出现剧烈动荡，许多外国投资者从新兴市场撤离，给阿根廷金融市场带来巨大压力。据统计，2007年7月至9日，从阿根廷非金融部门撤离的外国投资就超过25亿美元。

阿根廷经济学家埃尔南·法尔蒂说，除了外部市场的动荡外，第三阿根迁总统选举的不确定因素及国家统计局丑闻的困扰，加剧了外国投资者的担心，致使外资投资高大将资金撤出。

阿根廷央行的报告说，随着全球金融市场趋于稳定，阿根廷总统选举结果明朗，外国资金在开始向阿根迁回流，经济项目得到改善。但报告同时警告说，阿政府必须继续执行稳健的货币和财政政策，如果公共财政状况恶化，投资者将再次失去信心，大量资金的长期外流将给阿根延金融市场带来巨大隐患。

在外资大兴撤离的情况下，阿根迁货币比索的汇率出现大幅波动，阿根延政府不得不多次入市干预，确保汇率稳定。

在2007年12月初，为应对比索贬值给市民带来的压力，阿根延政府提高个人资产税起征点。在调整后，中低收入阶层得以减免个人资产税，高收入阶层交纳的个人资产税务则会有不同程度的增加。

阿根延政府官员介绍，阿根延现行的个人资产税缴纳办法开始于上世纪90年代，将免税额定为10.23万比索，个人总资产低于这个数就可以免交个人资产税。按照当时的汇率，1比索是兑换1美元。但2001年，阿根廷遭遇了严重的金融危机，通货膨胀逐渐加剧，比索汇率也大幅贬值，目前，3.14比索才能兑换1美元，因此在阿根延拥有10.23万比索个人资产已经变得比较普遍，不少中低收入阶层也开始要承担税赋的重担。

此次新税制实施，将起征点提高到30.5万比索，税率采取累进制，分别为0.5%、0.7%1%和1.25%等几档，个人资产越多税率也就越高。这样，新税制在减免阿根延中低收入阶层个人资产税的同时，加重了富人的税赋负担，等于是通过税收杠杆缩小社会贫富差距。

尽管阿根延政府采取了积极的措施，但比索贬值的消息仍频频传来。2007年7月26日，阿根延媒体报道称，最近三天，阿根延货币比索对美元的汇率贬值近2%，最后阿根延中央银行采取相应措施才扭转局面。

报道中说，三个交易日内，美元对阿根延比索的价格一路飙升至3.1875，达到2003年以来的最高水平，阿根延中央银行随后采取措施，在市场上出售部分美元回购比索，阿根延比索才开始至跌回升。

佛斯托经济分析员说："这次贬值，是出于国际投资者对世界经济的担心，他们正在撤出高风险市场。"

受比索贬值影响，阿根延股市和债券市场也大幅下跌。据阿根延政府部门公布的数据，2007年6月阿根延的通货膨胀率仅为0.4%。但是经济分析人士指出，在阿根延一些省份，通货膨胀率仅为0.4%。但是经济分析人士指出，在阿根延一些省份，通货膨胀率达到13%。

随着外资金的撤离，阿根延政府为稳定汇率，遏制比索贬值，2008年4月，阿央行开始市场上抛售美元。4月26日是，阿根延中央银行发表公告称，为应对阿根延金融市场出现的美元抢购风潮，阿央行25日在市场上抛售了3亿美元外汇储备，创下该行近6年来单日抛售美元的最高纪录。

第十一章　开展热钱战争保卫财富

阿根廷央行官员称，阿政府经济部长职位易人引起了民众和投资者对经济政策的担忧，他们纷纷抢购美元，造成阿根廷货币比索对美元汇率跌至2003年1月以来最低水平。

由于事先准备不足，阿根廷一些银行出现美元库存不足的情况，更加剧了民众的恐慌情绪。为此，阿根廷央行紧急入市干预，在25日外汇市场开市不到一个小时内就抛出1亿美元外汇，此后又分批抛售美元以稳定汇率。截至当天汇市闭市，阿央行共抛售3亿美元外汇。阿根廷央行制定的目标是，短期内要稳定美元对比索汇率。

热钱何时撤离中国

过去几年里，押注人民币升值，几乎成为境外热钱涌入中国的主要理由。大量热钱的流入引发人们对于中国经济和金融安全的担心，这种担心在中国经济增长势头减弱、人民币升值压力继续、通胀形势严峻、股票市场大跌、房地产市场调整等多重因素交织的复杂局面下，具有一定的现实意义。

2008年以来，越南、泰国等国遭遇了大幅的经济波动，中国的上证综合指数也从2008年初的5500点降至6月份的2800点，跌幅超过40%。不仅如此，作为热钱过去在国内主要下注的房地产市场，不仅一线城市出现房价的下降，整个房地产市场也陷入了整体的观望情绪当中。在这种形势下，热钱是继续在中国押注这场赌博，还是选择撤资离场，存在很大的不确定性。

国际热钱短期的集中抽逃将对相关市场形成巨大的冲击。经济学家谢国忠分析称，热钱的退出将会影响到中国内地的楼市，其中影响最大的将是集中了大量热钱的那些城市。热钱流出之后，这些地区房地产市场的寒意将会进一步加剧。

鉴于热钱的撤离将会重创中国的金融体系，因此，人们不禁担心：在当前的经济形势下，热钱是否会大规模地撤离中国，对于此问题，中国金融专家吴念鲁指出，中国目前的1.7万亿美元储备中，热钱总数约为5000亿美元，热钱流入仍大大高于流出。目前，有些外企基于成本增加、利润减少而出现撤离；有的外企、有些境外战略投资者把利润汇出，但都尚属正常，短期内中国不会出现热钱大规模流出的情况。

与吴念鲁持相同观点的金融专家薛宏立说，从中国的情况来看，当前，不论热钱进入的规模有多少，大举撤离的可能性相对较低：一是人民币升值预期依旧较强，可以继续赚到升值收益；二是中国仍然处于加息通道，中外利差继续保持甚至有加大可能；三是中国股市虽然大跌，但经济基本面未发生根本逆转，反而是抄底良机；四是房地产市场价格虽然有所下降，但暴利依然存在；五是价格管制商品（石油等）国内外价差较大，套利空间较大；六是中国作为"金砖四国"之一，投资收益率高且风险较低，是较为理想的投资避险国，是次债危机发生后国际资本的避风港。

热钱在短时期内不会撤离中国，那就意味着在短期内，人们不用担心资本大规模流出中国的情形。金融专家沈明高认为，人民币实现真正意义上的双向波动可能还需要 3~5 年的时间。他说，尽管中国经济目前面临一些挑战，但只要成功转型越过这个槛，就会有更长时间的持续增长。

与对热钱的担心相比，一些专家和学者指出，如果不能阻止热钱的流入，中国可以采取一些对策，将热钱转变为可以长期利用的资金。

对于将热钱转化为长期利用资金的观点，吴念鲁持相反意见，他认为，与其探讨如何用好热钱，还不如集中精力、下工夫管好。用好当前庞大的国家外汇储备。他说，中投公司作为中国的主权财富基金应为实现中国国际收支平衡、促进外汇储备保值增值、促进中国资本市场健康稳定发展起积极作用。在当今股市低迷的情况下，中投公司应在 H 股、A 股市场选择优质、具有发展前景的公司，以战略投资者的身份进行投资，持股 3 年。这对于抵制热钱抄底、阻止热钱迅速撤离都大有裨益。对于支持中国资本市场的发展也具有战略意义。

沈明高建议说，只要市场预期人民币升值不结束，中国会持续的面临这个热钱的问题，短期之内不会消失。中国可以考虑多做一些中长期的金融产品，大力发展公司债、私募基金，甚至银行存款可以把长期的利率规定的高一点，短期下降一些，从而为投资者提供长期稳定的回报，这样进来的外部资金可能就会比较长期的放在中国。并且，中国可以制定一些有区别的政策，鼓励资金长期留在中国，例如实行税收优惠，资金进出中国的阳光通道等等。

这些专家认为，对于热钱大规模流入的担心，在于人们并不十分清楚其究竟通过什么途径流入中国，又分布在哪些领域，以一及其谋利的机制怎样，又将给中国经济和金融体系带来怎么样的影响。

薛宏立指出，热钱进入渠道包括以下几类：贸易中的价格转移、投资收益汇入、FDI 的"投注差"、出口预付货款（无贸易背景虚假合同基础上境外公司预付货款流入)、进口延期付款。QFll.经常转移、借取外债、地下钱庄或直接走私的非法流入等。

他说，但很多资金能否归结为热钱的确存在疑问。比如因人民币升值预期导致的国内居民外汇存款结汇导致的储备增加部分，是否应该不算作热钱；另一方面，对于套利资本也应该辩证看待。事实上，不管什么样的金融市场上，套利机制始终存在。可以说，没有套利就没有金融市场的有效性。适度的套利资金润滑了金融市场的高效率。

当市场达到平衡时，套利机会消失；当市场从一个均衡向另一个均衡变迁时，套利机会产生；如果一个国家由于历史积累或其发展中的固有缺陷形成了不稳固的经济基础，或者由于执行错误的经济政策形成了脆弱的经济结构时，这时的金融市场处于脆弱的均衡状态，套利资金就会寻找机会，主动做空套利。

对于套利资金来说，不能自然把它全认为是负面作用，实际上有恢复市场间平衡的作用。真正需提防的是那类恶意的规模巨大的以攻击汇率和利率体系来谋利的套利资金。

最后，沈明高指出，在总体上，他认为中国未来的几年内还得继续忍受热钱的问题，但他认为热钱并没有大家相像的那么大。现在很多讨论可能对热钱过度担忧了。

薛宏立说，中国目前对投机资本项目进行了严格的管制，这些监管政策在防止热钱大规模突然流出方面起着一定的作用，因此热钱的撤离并不那么便利：一是合法渠道少；二是撤离成本高；三是管制的合法性导致管制手段很多。

不过为防止中国未来出现货币乃至金融危机的可能，中国确需在宏观经济政策实行和经济结构转型方面，保证不能有大的疏漏；同时要实施金融市场动态开放策略，以动态开放的可控性降低风险冲击的可能性，还要建立预警机制（资金流出监控体系、货币危机预警模型等）。

各国如何应对热钱袭来

"热钱"是诱发市场动荡乃至金融危机的重要因素之一。金融专家认为，各种因素导致的套利机会是吸引"热钱"流入的基本因素。此外，一国货币面临升值或与国外存在正的利率差时，通常会出现"热钱"流入。因此，消除套利预期、完善汇率机制及制定合理的利率政策能有效减少"热钱"流入。

要抵御热钱的冲击，除了做好防范工作外，还需要结合本国的实际情况，总结并吸取历史经验，以此来采取不同的措施。那么，应对"热钱"冲击，国际上都有哪些措施呢？

法国：吸引直接投资避免"热钱"侵袭

近年来，法国一直鼓励外资进入法国市场，仅有一些具有战略意义的行业和龙头性质的企业在吸引外资时受到限制。但是，由于外资主要是直接投资，法国也没有期货交易市场，因此资本的投机机会不多，导致"热钱"在法国难以立足。

有关数据显示，进入法国的外国资本绝大部分为直接投资，且多数为产业资本。目前外资控制的企业或外国企业分公司的营业收入占法国工业企业总收入的40%左右。这从侧面证明了外国资本进入法国的主要目的是为了进行长期产业投资，而不是为了短期投机获利。

法国是资本市场相当开放的市场，法国巴黎股市CAC40股指的成分股中，有超过一半的股权控制在外国资本手中，主要为欧美国家的产业资本。这些外国资本进入巴黎股市通常也具有产业目的，而非靠股市差价或欧元升值来获利。

外资进入法国市场基本不需要行政审批，但当外资投资于军工等敏感部门或具有龙头性质的企业时，则需先获得财政部的审批。

为保护国民经济，确保本国利益，法国对一些具有全球领先地位的企业还实行政府控股策略，外国资本很难对这些企业实施并购。

法国的金融衍生产品市场不太发达，甚至没有期货市场，即便是法国本土的金融资本通常也要到欧美或亚洲的海外金融市场去"淘金"。因此，在法国很少有遭受"热钱"侵袭的说法。

泰国："宽进严出"措施控制"热钱"

在泰国，谈起短期投机性资本，至今常令不少金融人士色变。2007年以来，每每股市出现较大波动或者跨境资本比例突然提升，一些本地金融家就会敦促中央银行或投资促进委员会介入调查，生怕"热钱"搅乱市场。这是1997年金融风暴给泰国金融界带来的后遗症，同时也体现了泰国金融界的危机防范意识大为增强。

泰国加强对"热钱"的控制能力缘于近年来泰国金融制度的改革。

1997年金融危机发生前的10年间，泰国经济增长率一直保持在9%以上，到20世纪90年代中期泰国金融市场繁荣达到高潮，导致追逐高利润的投机性外国资本大量流入。1995年泰国吸收的外国资本一度高达255亿美元，其中75%是外国银行贷款，只有25%是外国直接投资。到了1997年初，外国资本在泰国的投资回报率明显降低，导致国际"热钱"集体撤出，致使金融市场迅速濒临崩溃。

有了1997年金融危机的教训后，泰国政府一直在探索如何完善其金融制度。危机发生当年，政府就调整了汇率政策。同时，将原先受控于财政部的中央银行辟为独立机构，使其能更加自由地对市场进行监控。此外，从长远出发，泰国有多套班子在对金融体制进行规划和不断整改。

如今，泰国外汇储备达到700多亿美元，使投机者利用撤资手法恶性制造泰铢贬值的可能性降低。同时，政府加强对经济过热的关注，特别重视央行通过利率政策调控物价的能力，使货币政策与汇率政策这两种调节金融市场的手段都能够有效运作。

在对金融政策进行10年的调整和摸索后，经历过严重金融危机的泰国经济正逐步走向健康发展的道路。泰国依旧鼓励外国投资，并为此制定了大批优惠政策。批准外资宽进后，再通过严格的审批和监控手续，筛选出不良目的资本。这一方面可以充分发挥外资刺激泰国经济增长的积极作用，另一方面也能够减少投机者轻易撤资带来的不利影响。

韩国：开放不等于放松监管

在2008年，韩国经济正面临股市低迷、韩元汇率下跌、通胀压力加大等考验。韩国金融机构认为更值得警惕的是，韩国已经出现了海外"热钱"大规模加速撤离的现象。面对这种形势，很多韩国学者意识到或许可以从1997年亚洲金融危机给韩国带来的经验教训中寻求应对之方。

韩国在这次金融危机后，总结了3条教训。第一是金融开放不等于放松监管。第二是政府在制订经济政策和企业在经营过程中应实现透明化，引导资本实现最佳配置。第三是改革低效率的经济模式和转换政府职能。

越南：强化紧缩银根一揽子政策

面对经济困局，越南国家银行2007年年底宣布放宽越南盾每日交易浮动幅度，以允许越南盾升值。为了控制高企的通胀，越南中央银行开始大幅度收紧银根，将基本利率从8.75%调高到12%。

2008年越南政府提出把控制通胀、稳定宏观经济形势作为头等重要任务来抓，强化紧缩银根一揽子政策，把2008年经济增长率由原来的8.5%

~9%调低为7%，大幅缩减公共投资和财政开支，大幅调高银行存、贷款利率。

在总体经济形势出现积极转变的情况下，越南政府总理阮晋勇要求继续加大宏观调控力度。

警惕国际热钱掌控中国粮食产业

2007年以来，国际粮价暴涨，而中国因为有充足的库存，并切断了与国际市场的通道，而保持稳定。与国际高企的粮价相比，中国粮食已形成了一个价格洼地。正是这种洼地，让国际投机资本看到了机会。

作为世界上人口最多、粮食生产量最大和消费量最大的国家，中国已经不可避免地成为热钱追逐的对象。多数金融专家担心，被投机资本家不再看好投资前景的楼市与股市退出后，下一个进入领域就是粮食，如果大量的资本进入，粮食价格很快就会失控。

专家认为，热钱对中国农业的投资兴趣高于世界上任何一个国家，还不仅在于中国有世界上最大的消费市场，购买力强；更重要的是，长期以来，中国对农业的保护制度缺乏系统性考虑，热钱最好作局，这也是它们蜂拥而至的重要前提。

事实上，从媒体报道中就不难看出热钱已经觊觎中国粮食。据媒体报道，在2008年上半年固定资产投资中，第一产业同比增长69.5%，加快32个百分点，农业也成为外商投资的新热点；农业股居高不下，泡沫逐渐积累，截至2008年7月底，两市农林牧渔业36家上市企业，静态市盈率平均达到了46倍，相当于两市平均静态市盈率的2.26倍。另外，国内期货交易火爆，农产品交易异军突起。郑州商交所2008年上半年累计成交量和成交额同比分别增长了283.98%和449.67%，大连同比分别增长了179.68%和381.24%。

农产品投资和交易活动的极度活跃，与我国处于世界粮食洼地、粮食价格长期看涨密切相关。2008年5月以来，国际市场上1斤大米的价格超过了6元，而同期国内市场还普遍在每斤1.50元左右徘徊，只有国际市场价格的1/4；除大米外，国内面粉价格大约580元/吨，国际市场价接近770元/吨，相差约20%。虽然2008年国家提高小麦最低收购价标准，但是，小麦平均生产成本比 2007 年上升 220 元。如果考虑到农民的用工成本，农民生产小麦实际上处于亏损状态。可以说，当前我国粮食的绝对价位，不仅明显低于国际麦价，甚至比不上 1996 年的价格水平。

在全球粮食短缺的情况下，中国的低粮价引起了一些国际投资商的青睐，国际热钱趁机流入国内市场，操控国内的粮食市场，然后赚取巨额利润。据调查，国际热钱钻国内外粮食价差空子的途径主要有：到中国低价收购粮食，出口到香港，再转口欧洲，从中牟利；把粮食收购回来，储存到租来的粮仓里，待到价格攀升之后售出，赚钱更容易。

中国社科院工业经济研究所研究员曹建海说："目前中国粮仓存在很大的空置率，为资本对粮食的收购提供了便利。"

而在资深投资人辜勤华看来，收完粮食再卖掉赚取差价是最笨的办法。"牟取暴利的国际资金往往在不经意中进行布局。"他分析说，几年前，国际资本就已经向中国的农业产业大举渗透。如高盛控股了河南双汇这个中国最大的屠宰公司。"直至今天，可能很多人还没有意识到高盛此举的深远用意，由于猪肉与粮食的密切互动关系，高盛等于是加强了对中国粮食领域的控制力。"辜勤华说。

外国资本对中国市场的投入越来越大，就连中国最大的两家制奶业，蒙牛与伊利，同样让外国资本从中获得了最大的利益。而中国在新加坡上市的"大众食品"更是新加坡最受投资者欢迎的上市公司，其青睐度甚至超过了国家航空公司，因为它的控制力也在外资手里。

"在当时政策缺少限制情况下，这些国际资本，或者热钱，它们紧紧盯着中国农业板块的上市公司，一个简单的例子，早在 2004 年，德国的 DEG 就介入了中国农业产业化的重点龙头企业 G 海通（600537）。"辜勤华说。

事实上，国际资本一直在中国的大豆、玉米、棉花等农产品的生产、加工以及相关的种子、畜牧等产业虎视眈眈，对与农业关联度很高的行业如化肥、食品加工、养殖、饲料生产等行业层层围剿，以此争取在中国粮食价格上的控制权。在外资的垄断下，中国的大豆市场已经处于瘫痪的境地，每年需大量的进口来满足国内的供应量。

"国际资本一直在加强对中国农业加工产业的并购步伐。而中国之前对外资投资农业领域的鼓励政策，已经使国际资本在中国农业相关领域获得了足够的控制力。"辜勤华说。

辜勤华认为，目前情况下，大量消耗粮食的啤酒产业已经亟须引起高度重视，之前的哈啤、青啤收购案已经为中国的粮食产业敲响了警钟。

2008年，嘉士伯再度出手，收购了纽卡斯尔在重庆啤酒的股权，成为重庆啤酒的第二大股东。

"在中国粮食市场存在巨大隐性危机的情况下，国际大资本集团有可能收购分散在不同外资手里的啤酒股份，进一步加强对啤酒产业幕后粮食的控制力。"辛勤华提醒说，"最可怕的是国际资本的联合操作，它们一方面会通过集中收购，降低国内粮食供给，另一方面通过掌握的情报，在国际期货市场操作价格。从而对中国粮食进行高额获利。"

辛勤华举例说，2008年上半年，芝加哥期货交易所，糙米期货就一度出现大面积涨停行情。而根据统计显示，大米、小麦、玉米、大豆和植物油也都处于历史高位。2007年世界小麦价格上涨了112%，大豆上涨了75%，玉米上涨了50%，大米2008年第一季度就上涨了42%，势头迅猛。

之所以会出现这样的情形，据悉，中国目前的粮食海外补给一方面通过进口，另一方面就是通过芝加哥的期货交易市场。

"中粮与加拿大小麦局签有长期买卖协议，其他主要进口国家有美国、澳大利亚、法国、巴西、阿根廷等国家。中国在2008年1~2月的农产品进出口贸易总额为150亿美元左右，同比增长了近40%。其中进口额同比增长了近80%。农产品贸易由上年同期的顺差变为逆差。同时，中粮承担了中国在粮食期货市场上的主要买卖任务，虽然多年以来积累了一些经验，但是在大资本作局时，我们赌不起。"辛勤华说，"即使我们有丰富的期货操作经验，当粮食出现告急，期货市场的临时下单是买不到的。而这就可以成为国际资本制约中国这个粮食消耗大国的杀手锏。"

专家提醒说，跨国粮商一旦掌握了中国的大量粮源，掌握了粮食加工流通关键环节，他们就能够掌控粮价，就会打破目前稳定的国内粮价格局。而粮价一旦被他们抬高，他们一方面可以从自己掌握的粮源中获利，同时还可与期货市场相配合，获取更大利益。

这对中国来讲，则意味着粮价防线的失守，会影响到中国的整个宏观调控目标实现，并可能对国内社会稳定带来影响。

因此，中国需要有效地狙击热钱觊觎中国粮食产业，可以采取这几项措施：第一，参照国际市场价格，大幅度提高粮食收购价格，调动农民种粮的积极性；第二，适度放开国内粮食及其加工品的出口；第三，严厉打击国内粮食囤积和恶意投机行为；第四，调整外商投资目录，限制和收紧外资进入农业及其上下游行业投资；第五，在粮食生产的上下游培植国有控股企业，发挥国有经济在稳定农业安全方面的主导作用。

第十一章　开展热钱战争保卫财富 | 247

防止国际热钱在中国套利

国际油价为何持续暴涨？粮价为何急剧翻番？国内股市为何暴涨暴跌？房价为何居高不下？除了美元因素和其他宏观基本面因素外，金融专家认为，很重要一点是"富人经济学"在作怪。

也就是说，一些掌握资金与资本话语权的金融寡头或产业大鳄，利用花样繁多的金融工具与经济理论，采用"长期趋势短期化"手法，在金融市场、资本市场、商品期货市场等场所制造疑云，引起价格动荡，从而在巨大的价格落差中牟取暴利。

这种少数人对多数人的掠夺，不仅加剧了全球利益格局的失衡，也诱发了全球新一轮通货膨胀，使更多地区、更多人的利益受到损害，并打乱了一些发展中国家和地区的发展进程，使世界经济的不确定性日益增加，经济前景变得难以预测。

而在中国，"热钱"这个原本有点生涩的词汇正在变得越来越热。它像是一个链条的开端，联接着人民币升值、房地产调控、股市泡沫、外汇储备迭创新高等等一系列对中国经济影响深远的事件。

中国农业银行高级经济师何志成说："热钱有狭义与广义之分。狭义热钱指短期投机资金，而广义热钱则包含国际机构和个人的避险资金，国际上一般认为这两部分的划分比例为'三七'开，其中七成是前者，也即短期投机热钱。"

从积极的角度讲，何志成认为热钱流入是国际社会对人民币信心增加的体现，并在一定程度上缓冲和支撑了部分领域和行业的资金紧缺。

而从消极的角度讲，何志成认为异常的外汇流入速度和额度则必须引起关注，因为巨量快速的资金若缺乏有效监管，会危及一个发展中大国长久的可持续发展，比如这些钱从何而来，投在了哪些领域，风险程度如何，融入中国经济的深度和广度怎样，以及何时撤出，以何种速度和方式撤出等，对于一个金融安排尚不完善但发展迅速的国家无疑至关重要。

热钱之所以让当今世界共同头疼，首先在其流入渠道的黑白混杂，难以用现成法规有效监管。

德意志银行发布的一项针对200家中国境内外企业和60名高收入个人

所作的相关调查显示，热钱流入在企业方面的主要途径是"高报出口、低报进口和虚假对境内直接投资"；在个人方面则主要通过两个"合法"漏洞进行：即内地每人每年5万美元的换汇额度；香港每天2万元（港币或人民币）兑换额度及每天可向内地汇款8万元人民币的制度安排。

在热钱流入渠道黑白混杂的形势下，做好监管工作尤为重要。对成熟市场经济体来说都难以控制的热钱监管，在银河证券首席经济学家左小蕾看来有两个比较现实的解决办法：

一是必须打破人民币稳定升值的预期，这是防止热钱趋利避险流入的前提，只有让币值有升有降，才能从源头上减少巨量热钱的流入。

二是通过法规调整增加紧急状态下的相关处置条款，也就是把"丑话说在前头"，即如果出现危及国家金融安全的情况，有关部门可以采取控制外资流出的相关举措。

对于后一种情况，左小蕾认为这绝非意味着制度倒退，而恰恰相反，是在目前我国金融体制尚不完善的情况下，给那些游资热钱以必要的风险提示，增加其对政策风险的预见性。

除以上两个措施外，有专家认为，"严防"热钱"兴风作浪就先要采取各种措施，堵住"热钱"流入的渠道，防止"热钱"的大量涌入。但是，从实际效果上来看，这种做法并不令人乐观。据报道，市场调研人员在威海调研时获悉，在当地，"热钱"甚至出现了一种更"生猛"的入境方式——搭乘渔船，现金直接入境。从这个细节上不难看出，"热钱"的涌入已经到了不择手段的地步，仅仅采取堵的措施难免有疏漏。

其实，严防"热钱"的关键在于不给热钱牟利的机会。一般来讲，"热钱"入境后一定会千方百计地寻求投资通道。"热钱"流入中国的动因，在于获得利息、人民币升值收益以及资产价格溢价，据此推算，热钱的投资对象大致包括银行存款、股票、房地产三类。要防止热钱兴风作浪，也应该从这三块着手。

但就目前而言，"热钱"存到银行并不合算。因为市场普遍预期，2008年人民币对美元的年升值幅度将达到10%至15%，再加上中美两国利差倒挂因素，从理论上来看，只要能把手中的美元换成人民币存入中国国内的银行，就可以坐享12%至15%的无风险年利。但是，这种计算没有考虑"热钱"所面对的时间成本等因素，也没有考虑"热钱"承担的风险因素，如果考虑到这两大因素，"热钱"的这种套利行为一个是获利并不丰厚，一个是风险大，撤离难，另外，也容易被查处。

因此，专家认为，热钱到中国，很可能是三个选择：一是大批量收购中国的矿产等资源；二是投资于股票；三是投资于房地产市场。尽管很多人倾向于认为，"热钱"青睐中国的房地产市场，但一些专家认为，由于房价仍然处于高位，热钱向这一领域涌入的可能性不大，最大的可能是在中国收购矿产等优质资源，或投资于股票。

事实也正如此。目前，热钱加快了在中国收购矿产等资源的步伐，从和田玉到金矿，外资身影不断涌现。在美元持续贬值的当下，"热钱"通过收购中国的矿产资源和其他优质资源，不仅能够规避美元贬值风险，还能坐享人民币升值及资产升值之利。面对这种疯狂的收购，政府应该出台更为严厉的措施予以限制。同时，应对股票账户进行严格的监督，对实名制进行更严格的核对，将每一个账户都纳入监管范畴，对资金异动的账户特别"关照"，不给热钱涌向股市的渠道，以避免热钱的进出加剧股市震荡。从多方面着手，不给"热钱"兴风作浪的机会。

中国掀起"热钱反击战"

国际热钱充斥中国金融市场，投机者兴风作浪，无孔不入，如同一把悬在中国经济头顶上的"达摩克利斯"之剑。中国能够应对国际热钱吗？

中国怎样才能打赢这场热钱反击战呢？且看专家如何说。

中国完全可以应对国际热钱

世界经济到了一个关键的时刻，在美元迅速贬值的同时，亚洲各国经济却在经历严重通胀与资产价格泡沫的困扰，在越南的资产泡沫"率先"破灭之后，中国经济也要足够重视并做到有效防范。对此，银河证券首席经济学家左小蕾，在分析了亚洲国家资本流向变化的环境和条件后，表示"中国完全可以应对国际热钱"。

资本流入流出的三大现象

左小蕾分析了资本流入流出的三大现象。首先，她认为"亚洲新兴市场经济的资本流动与美元的汇率密切相关"。有数据显示，20世纪80年代末到90年代中期，美国经济低迷，美元的有效汇率持续下降。在这一段时间里，东南亚国家有一轮长达5年的资本流入时期。90年代中期，美国新经济开始发展，这时美元开始升值，新兴市场的资本开始迅速流出，资价格泡沫随之破灭,亚洲经济危机爆发了。

左小蕾介绍,在 2001 年时,受新经济危机与"9·11事件"的影响,美国经济周期调整,美元开始对主要货币贬值。到了 2003 年,新兴市场的资本开始再一次大量流入,并已超过 20 世纪 90 年代的流入量。在这一阶段,中国于 2004 年也开始了大规模的资本流入。假如此次美元走势再一次反转,新兴市场的资本流向能否改变、何时改变、亚洲会不会再一次爆发金融危机?这些问题都是值得深思的。

其次,资本流入是一个漫长的过程,而资本的流出则表现得快速而规模庞大。1997 年亚洲金融危机,资本流入经历了长达 5 年的时间。危机爆发前后,1996~1997 年,泰国资本流出占 GDP 的 15%;韩国占 GDP 的 9%。亚洲国家在危机爆发之前,资本流入平均占到 GDP 的 3.5%,

但流出的比例却显然高于 3.5%,多年的经济发展瞬间消失。左小蕾强调,"曾经多次发生资本大规模流出危机的墨西哥,在 1981~1983 年资本流出达到其 GDP 的 18%;而在 1993~1994 年其资本的流出也占到了 GDP 的 12%"。

当美元的走势出现变化时,资本的大量流出,很轻易就会摧毁脆弱的经济。现在,亚洲的韩国、泰国、印度、越南、印度尼西亚等许多国家,在连续多年本币升值后,已经累积了 5 年的资本流入,经济正在面临严重的通货膨胀与资产价格泡沫。此次已经出现资产价格泡沫破裂的越南,其本币两个月就贬值 2.6%,资本市场指数 1~5 月下跌了 55%,主要城市房价下跌 50%。有数据显示,亚洲部分货币开始出现对美元贬值的态势:韩元、泰铢、卢比、比索 2008 年以来分别对美元贬值 6.04%、5.58%、1.55%、1.89%。而许多国家的资本已经再次随着美元走势的转变开始流出。

第三,左小蕾介绍,此轮新兴市场资本流入具有新特点。20 世纪 90 年代的资本流入是以债务形式为主,这一轮资本的流入是以证券投资资本为主。证券投资资本的投机性很大,并且与直接投资资本有着本质的区别——变现快、流动性大、具有快进快出的特点。2006 年 9 月,泰国政府曾突然宣布对证券投资资本进行更严厉的管制政策,其原因就是流入的投机性资本规模超过了泰国的承受能力,给泰国经济与市场秩序带来了不稳定的因素。印度政府在 2007 年 11 月也有过一次类似的管制行动。尽管后来因为采取的方式等原因,这两次管制没有达到预期目的,两国也都没有继续执行管制禁令,然而两国政府冒着这么大的风险紧急出台管制政令,足以说明证券投机资本对其经济与社会稳定的恶劣影响。

鉴于金融风险，应完备中国的应对机制

左小蕾认为："亚洲的经济危机重重，美元走势的改变带来资本流向的转变，非常容易像1997年的亚洲危机一样，成为点燃危机的导火索。"

左小蕾介绍，自2004年开始，中国的外资流入大幅增长，在4年多的时间里，外汇储备积累到1.8万亿美元的世界之最。比如，QFll流入的资金规模换算成人民币占到我国GDP的0.3%。然而，2007年其持有的股票市值是2000多亿元人民币，占GDP总量的0.9%。因此，仅QFll一项，资本的流出可能是流入量的三倍。假如加上多年直接投资未汇出的利润，规模有可能会更大。如果发生资本流出的触发因素，资本流出的规模很可能是惊人的。尤其是那些赌人民币升值而大量流入的资金，汇率的差价必定会使这些资金的流出规模远远大于流入规模。

左小蕾提示：目前中国的资本账户的开放程度已经很大，个人换汇可以达到5万。依照当时的汇率1美元兑6.93元，只需不到12.5万亿元人民币，就可以兑换1.8万亿美元的外汇储备，而我国拥有11万亿居民储蓄，有20多万亿元的企业储蓄，所以我们万万不能对大规模资本流出放松警惕。

目前，在中国的经济学家眼里，资本流入是否以证券投资资本流入为主，尚存在争论，对于快速积累的外汇储备也有许多根据政府数字的分类计算。不管是哪种计算，都显示存在几千亿的非贸易、非直接投资的资本流入。这几千亿非贸易资金和非直接投资的资金并没有确切的去向和数据，但我们必须给予高度关注。

在分析了目前中国所面临的经济困境之后，左小蕾表示："中国有四大免受危机影响的屏障，如果妥善应对，危机完全可以化解。"首先，我们吸取了亚洲金融危机与日本泡沫危机的教训，高度重视了资本流入的控制，尤其是对投机性资本流入资产市场的抑制。提前调整了资产价格的膨胀，在泡沫的形成过程中刺破了泡沫。第二，加大力度综合政策组合，把通胀水平控制在可承受的水平上。第三，我国3年前开始了汇率机制的改革，汇率与经济体制的弹性大为提高，经济的调整能力大大增强。第四，在国内外诸多不稳定因素与突发性因素的冲击下，我国保持了经济稳定增长的局面。面对美元走势的改变可能带来的资本流向的变化，只要我们能够控制住资本的大规模流出，就能在比1997年更大的开放环境中，顺利渡过这场危机。

左小蕾认为，在美元贬值态势的转变还没有确定下来之前，中国实际上要"两防"，既要防止热钱继续流入，又要随时预防资本大规模流出。而在美元汇率趋势明朗之后，则要防止热钱以中国高通胀、房地产与其他资产价格泡沫等情况为由，引导人民币贬值预期，促进资本大规模的流出。1997 年，亚洲金融危机时，华尔街以各种方式不断发出信息，强调亚洲经济危机的严重性，调动资本加速流出亚洲流向美国，加重了亚洲经济危机的危害，促进了美国新经济的大发展。

此外，左小蕾强调，绝不能对周边国家的危机掉以轻心。假如周边国家出现了严重危机，我们应该立即制定与宣布外汇管理的应急机制。为防范大规模资本流出，不应该排除在必要时启动资本管制的应急措施，包括征收外汇兑换的"托宾税"，延长资金境内停留的时间等较为严格的资本管制措施，以避免资本大规模流出。

多管齐下，反击热钱

热钱问题研究专家、《第一财经日报》副总编辑张庭宾大声疾呼：对于中国的决策者来说，进行热钱的反击已刻不容缓，热钱极有可能在短期内对我们发动总攻击，局势很可能比我们想象中的还要复杂和凶险。

张庭宾指出，在当前的形势下，我们需要思路清晰，锁定对手，沉着应战，群策群力。全国人民必须紧密团结在党中央和国务院的周围，有效动员国家的各种力量，绝对不给别有用心的力量以分化瓦解的机会，这样才能够有效地发挥各种"反热钱武器"的威力。

张庭宾分析了中国目前热钱大量涌入的紧急经济形势，提出要抓其软肋，全面发力，多管齐下，共反热钱。

1. 坚定不移推进官方与民间增持黄金的战略

就算官方增持黄金会受到国际上的压力，也应该为民间百姓购买黄金创造条件。对此，他建议国家采取以下 8 项措施。

（1）取消中央银行垄断黄金进口，放开黄金的进口资格，并鼓励民间通过各种途径从全球各地购买黄金出售到国内。

（2）大力发展上海黄金交易所与上海期货交易所，予以必要的政策支持，让它们在短时间内成为全球最重要的黄金现货与期货交易所之一。

（3）取消国内保险公司等各种金融机构购买黄金的禁令，在目前国际美元大崩溃的趋势很难改变的情况下，鼓励它们配置一定比例的黄金为自己的资产保值增值。

（4）取消黄金行业的增值税，鼓励民间消费首饰与工艺品黄金。

（5）允许居民到商业银行抵押黄金，并且用抵押黄金进行贷款融资。

（6）鼓励出口企业换得外汇之后，以外汇购买黄金存储在央行，并且可以获得人民币用于国内运营交易。

（7）鼓励民间成立私营黄金银行。

（8）实行国内金矿国有化战略，非中国公民从今以后不得持有国内金矿股权，就如同国际上一些国家回收油田那样回收被外资控股的金矿，保证国家资本控制这些回收金矿的控股权……

2. 马上停止人民币升值，绝不再扩大人民币浮动汇率空间

必要时，可以把人民币一次性贬值1/10甚至更多，来摊薄热钱的投资收益，同时可以用这种最直接的方式来减轻中国本土出口企业的负担，使之增加利润，并重新赢得生机和活力。

张庭宾介绍，与此类似的方法，就如同一位上海市政协委员建议的思路那样，对国内公民与国内纳税人以及企业进行减税，例如对纳税人和纳税企业按一定比例进行税收返还。资金可以来自税收，也可以来自增发一定的货币，这样也可以有效地稀释热钱的收益，使热钱的投机利润吐出一部分，并增加企业与公民的抗通货膨胀的能力。这些政策一定要在热钱大规模撤退之前实施，要是热钱大撤退已成为现实，就不能再使用。

张庭宾特别强调，在当前热钱已准备大规模撤退的情况下，人民币千万不要在6.9∶1甚至是6.5∶1的高价位恢复固定汇率制度或者类固定汇率制度。倘若如此，热钱就会以人民币最高价锁定其投资收益，让中国的外汇储备遭遇十分惨重的损失，甚至有可能完全蒸发。

3. 在资金出入国境的外汇边境线上，开始实施资金集中出入境的浮动税率制度

尤其是对短时间内高度集中离境的资本实行高税收，当前尤其是要针对热钱流出设定浮动税率。适当宣布对集中撤离的热钱征收"外汇集中离境税"，以2007年中国每天平均离境的外汇量作为基本额度。这一税收正式开征实施之后，如果每天申请离境的外汇总额为基准额的几倍，第二天便征收百分之几十的离境税。这一政策在反击热钱集中外逃时可以起到扭转乾坤的"一剑封喉"作用，可是它必定会遭到热钱与其背后势力的强烈反对，所以此政策应该谨慎使用。

4. 建议中国人民银行必须紧急应变，马上改变从紧货币政策为中性甚至宽松的政策

应该果断地向金融机构与国内企业释放出流动性，根据每日热钱流出

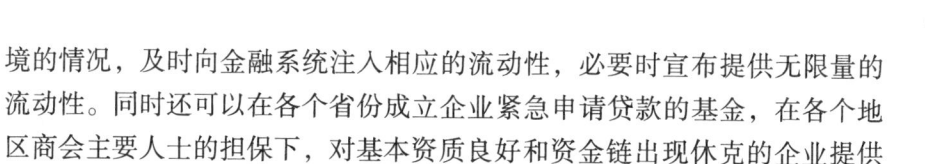

境的情况，及时向金融系统注入相应的流动性，必要时宣布提供无限量的流动性。同时还可以在各个省份成立企业紧急申请贷款的基金，在各个地区商会主要人士的担保下，对基本资质良好和资金链出现休克的企业提供紧急贷款救援，从而避免企业大面积集体倒闭破产。

5. 继续严格控制房地产的价格，增加其交易成本，特别是出售成本

这些措施将大大增加热钱做空中国的成本，可以引发热钱的内部矛盾和分歧，从而瓦解海内外做空中国力量的统一联盟。

6. 建立股市与房地产稳定基金

在股市与房地产大幅度下挫时，就坚决大量买进，筑起市场的坚强底部，从而避免社会大众跌入负资产的恐惧，进而争先恐后抛出房产与股票。这些稳定资金购入的资产在股市与房地产回暖之后可以逐渐出售，从3年以上的中长期来看肯定会盈利。

7. 理直气壮地要求和美国对等开放金融机构股权与业务

纠正中国金融开放政策里的缺陷——这主要表现于开放次序与开放程度两个方面，也就是在开放次序上牺牲了对内开放；而在开放程度上，则表现为非对等开放与一定程度的开放过度。而美国是如何做的呢？美国以各种限制性的措施来表明态度。他们不欢迎外资银行进入自己的市场，就算外资银行获得批准进入美国，也不允许他们插手银行的核心业务，更不允许从当地获得资金供应。他们通过施加各种限制，将进入本土市场的外资银行排斥在本土银行业的主流业务以外，最终失去和本地银行开展公平竞争的条件。由此可以看出，美国的金融开放是以自我保护和维护本国金融安全为前提条件的，对于世界金融市场而言，这种保护性开放是霸权，可是对美国本土金融稳定与安全却是福音。基于此，张庭宾表示："我们必须本着金融机构股权与业务对等开放的原则，来严格限制外资企业参股中国的金融机构，并禁止外资企业控股中国金融机构，当务之急就是废除银监会公布的《银行控股股东监管办法（征求意见稿）》。倘若这一办法正式实施，那么外资金融机构控股中资银行就几乎没有限制，而银监会已经手握独力审批决定权。"

在采取这样一系列有针对性的措施后，相信中国不但会把财富损失降到最小程度，还会给热钱以有力打击，让他们必须吐出相当数量已吞下肚中的中国财富，甚至会驱使他们为己所用，最终赢得这场和热钱军团货币决战的胜利。

第十二章　国际货币的危机

> 导读：金融危机让货币这层附着在实体经济身上的"皮肤"开始松动，美元作为国际货币正陷入前所未有的信任危机，而国际货币体系也面临即将崩溃的危险境地。凯恩斯的金本位主义大有卷土重来之势。而危机留给世界的最有价值的社会学思索也许是：以经济发展为驱动核心的世界会在这次危机中转向以人性发展为驱动核心的发展模式吗？

全球金价飙升而危机更加恶化

2009年注定要在世界上留下伤痛的痕迹。始于美国的这场全球金融危机不但没有好转的迹象，相反正在向全世界各个角落蔓延扩张，其局势越演越烈。

处在漩涡中心的国际货币体系正面临即将崩溃的危险边沿，美元再一次陷入失去全世界信任的危机之中。那些趋"政治化"的国际投资人无心听信和顾及那些远未成为现实的争抢，他们很实际地大量购进黄金储备保值，仍旧信奉经济学家凯恩斯对黄金作用的评价："黄金在我们的制度中具有重要的作用。它作为最后的卫兵和紧急需要时的储备金，还没有任何其他的东西可以取代它。"

就在2009年3月18日美联储日常的货币政策会议上，美联储主席伯南克突然宣布"为维持市场稳定将收购最多高达3000亿美元的长期美国国债"的消息。当天的国际金价每盎司上涨了近40美元，也许这是国际金价暴涨的刚刚开始，引起了人们开始预测国际黄金价格将会攀升到1500美元每盎司，有乐观的人士预测至少也在1200美元每盎司。国际上众多机

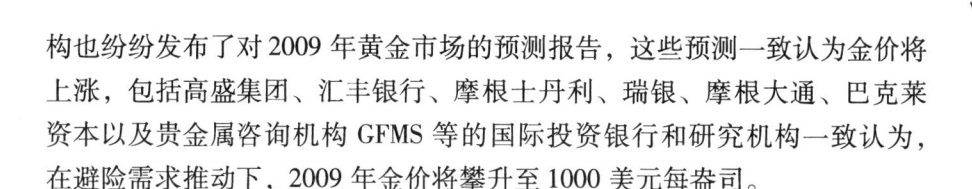

构也纷纷发布了对 2009 年黄金市场的预测报告，这些预测一致认为金价将上涨，包括高盛集团、汇丰银行、摩根士丹利、瑞银、摩根大通、巴克莱资本以及贵金属咨询机构 GFMS 等的国际投资银行和研究机构一致认为，在避险需求推动下，2009 年金价将攀升至 1000 美元每盎司。

美联储这一消息是在告示国际社会，美国要开足他们的美元印钞机的马力，向世界无限量的供应纸质货币了。中央财经大学中国银行研究中心主任郭田勇对此进行评价："这个口子一开，美国国债还有其他国家买吗？美国自己开动印钞机就可以解决问题了，这已经严重触及市场经济的底线。这一政策对世界各国的损害是不可估量的，特别是像中国、日本等购买了大量美国国债的国家，同时也可能带来国际金融危机的快速恶化。"

之前奥巴马政府及美联储一次次大手笔的救市行动都不能力挽狂澜，伯南克最终还是迫于无奈甘于冒世界之大不韪，真的要"坐上飞机撒钞票了"。消息发布的当天，美国股市及美国长期国债的确一路高涨，证实了美国国内投资人对美元进一步大幅度贬值的猜测。美联储这一鸵鸟政策就真的能够对美国经济带出艳阳天来吗？美联储和奥巴马政府也许比谁都清楚这只是一时之策，对在蔓延全世界的金融危机的境况下只是对美国本土的一次治标不治本的应对而已，正像一些批评人士站在政治的角度所讲的这只是为了美国国会连任而走的一步棋。

美元又一次大幅度贬值了！全世界的人们再一轮地疯狂储备黄金保值，再次回归到货币"金本位"的认识中来。这也预示世界金融危机更深一层地陷入了深不可见底的混沌状态。

人们不否认美元现如今仍是国际货币，仍是世界货币的霸主，这也是美联储主席伯南克敢于大量印刷美元的资本。然而人们也早已意识到现在的美元并不是尼克松就任总统之前与黄金挂钩的绝对硬通货币了。

20 世界中叶，世界大国的经济基础在第二次世界大战中遭到摧毁，美国成为战后主要的经济力量。在各国弃用货币的"金本位"制后，世界各国采用美元标准。以美元的价值支持各种货币的价值似乎是明智的做法；美元则与黄金挂钩，每 35 美元兑换 1 盎司黄金。这就是所谓的可调整固定汇率制，设立国际货币基金组织建立布雷顿森林体系的目的就是管理国际金融体系，并在必要时填补漏洞。

然而随着 20 世纪 60 年代，美国在"反共战争"的思想指导下，花费大量金钱资助国外的各种军事行动。在越南和其他行动上花费的大量军费使美国持续出现巨额贸易赤字，急剧增长的国外美元供应超过了美国国内的黄金储备。1971年，尼克松总统被迫放弃黄金价格与美元挂钩的做法。随着美国国外军事行动的日益频繁，美元相对黄金不断贬值，国际货币体系受到严重干扰。随后不久可调整固定汇率体系就完全崩溃，由美国政府操控的美元也就可以肆无忌惮地在世界金融舞台上兴风作浪了。

美元的肆无忌惮造成的直接后果就是人们对美元产生了信任危机，于是就有了欧元的产生，就有了货币"金本位"的回归。黄金仍是人们储备保值的最信任选择。诞生于1999年的欧元货币体系欧洲15国央行的声明中，再次确认黄金仍是公认的金融资产，明确黄金占该体系货币储备的15%。这是黄金货币金融功能的回归。黄金仍是可以被国际接受的继美元、欧元、英镑、日元之后的第五大国际结算货币。

现在黄金可视为一种准货币，尽管目前影响黄金价格高涨的因素很多，譬如黄金供给因素、黄金实际需求量（首饰业、工业等）的变化、国际政局动荡、战争、恐怖事件等等，但在没有新的"超主权储备货币（中国人民银行行长周小川语）"出现前，黄金价格涨落仍是特殊环境下的金融危机的发展恶化的晴雨表。每当金融危机或经济危机来临，美元出现贬值或其他不确定因素的时候，黄金价格自然就上升。反过来，国际黄金价格飙升得越快越高，也就证明着金融危机发展恶化的剧烈。

现在国际黄金价格保持着持续走高的趋势，而且国际各大黄金存储机构也在显著增仓。欧美央行纷纷增加黄金储备，德国、意大利的黄金储备总计均超过了3000吨，增加幅度达20%以上，法国也首次成为黄金净投资国。

种种关于国际黄金价格上升的信息进一步证明了国际金融的不稳定性，显示着国际金融危机不会在近期内有所缓和，相反正在面临着进一步恶化的处境。

"金融铁幕"值得警惕

当普通欧洲民众还沉浸在"柏林墙"推倒20周年的欢庆氛围里，冷战时期横亘东西欧的意识形态铁幕还没有彻底消失的时候，席卷全球的金融危机及其新抬头的贸易保护主义阴影正在形成为分裂欧洲的"新铁幕"。

这一正在形成的"金融新铁幕"势必影响欧洲一体化发展进程。

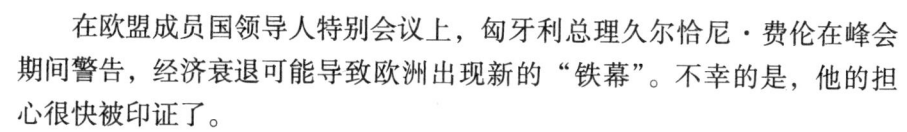

在欧盟成员国领导人特别会议上，匈牙利总理久尔恰尼·费伦在峰会期间警告，经济衰退可能导致欧洲出现新的"铁幕"。不幸的是，他的担心很快被印证了。

在接下来的欧盟特别峰会上，以欧盟最大经济体德国为首的西欧拒绝了匈牙利等中东欧国家提议的2400亿美元"救命"基金。按照德国总理安格拉·默克尔的说法，中东欧国家经济形势各不相同，专项基金无法包治百病。给中东欧国家出台一个统一的救助计划不是明智的做法。匈牙利的糟糕状况无法与欧盟其他成员国相比，应根据具体情况制定具体救助计划。

法国总统尼古拉·萨科齐甚至提出建议，要求法国汽车工业撤出捷克和斯洛伐克。在救助本国汽车业过程中，要求汽车厂商不得关闭位于法国境内的工厂以保护本国就业。萨科齐甚至警告，法国汽车厂商获得政府补贴后不应到捷克等其他国家增资设厂。言外之意，一切应优先保护本国利益，让别国承受关厂裁员的苦果。除法国外，意大利也出台了类似的汽车业救助方案并引发保护主义担忧。因为东欧国家近年来依托欧盟统一大市场和自身成本优势，吸引不少西欧汽车厂商到本国投资设厂，汽车业正成为一些国家的支柱产业，为这些国家增加了大量的就业岗位。因此，法、意等国的做法无异于釜底抽薪，向东欧转嫁危机。此外，在西班牙和英国，一股排斥外来劳工的情绪正在蔓延。这些国家的不少"打工族"来自东欧，他们怀揣"淘金梦"来到西欧，如今在异国他乡难以安身。

更为严重的是在金融危机继续恶化的情况下，西欧各国银行为了自救，大量从东欧国家抽回资金，使得东欧国家的金融体系濒临崩溃。这些国家的经济状况受到了恶性的破坏，甚至可能出现类似冰岛一样的国家破产的厄运。从而刺激了西欧投资人和西欧国家银行的恐慌，更进一步纷纷大规模地撤资及拒绝东欧国家的救助请求。正如德国总理默克尔所担心的对东欧各国的救助将是无底洞。曾几何时，当欧元成为国际货币的亚主力的时候，当欧盟区国家在国际贸易竞争环境下处于上风的时候，这些东欧国家似乎看到了希望，曾经那么急切地积极要求加入欧盟，并把加入欧盟看作一次难得的机遇。然而在国际金融危机愈演愈烈、西欧国家逐渐陷入经济衰退、东欧国家可能沦为第二波金融危机重灾区的背景下，一些欧盟老成员国为了自保，纷纷采取贸易保护主义措施，对陷入金融危机的东欧国家援助不力，东欧国家的失望与失落与日俱增。它们担心西欧成员国为了自身走出危机而不顾损害欧盟统一市场原则，甚至担心西欧国家会将它们弃之不顾。这一局面无疑将对欧洲一体化带来负面影响。

虽然欧盟各国的首脑们在各种经济会议上声称一致同意"严守欧盟单一市场规则、团结应对当前的金融和经济危机",甚至欧盟轮值主席国捷克总理托波拉内克在新闻媒体的发布会上大声说,欧盟领导人一致认为,只有继续以协调的方式,在欧盟单一市场和经济货币联盟的框架下共同行动,欧盟才能战胜危机。欧盟领导人在会后发表的一份声明中说,共同市场是复苏的引擎。成员国应当充分利用欧盟单一市场的优势,推动实体经济重新走上正轨。

然而实际情况却恰恰相反,所有的呼吁和承诺都仅限于口头上。

东欧各国针对目前境遇的失望溢于言表。试想当年,这些国家争先恐后加入欧盟,在享受欧洲单一市场资本、商品、劳动力流动带来的好处同时,各国经济对西欧的依赖性也日益加深。而如今在金融危机的大祸来临之初,就被掌握欧盟命运的西欧强国抛弃在金融海啸中心,甚至成为他们的替罪羔羊。哀叹命运不济的同时,东欧意识到了自己虽与西欧同在"欧洲"号大船上,却同舟未必共济。虽然冷战时期横亘东西欧的混凝土高墙和意识形态"铁幕"已经瓦解,而新的"金融铁幕"再一次将欧洲分割成为两个世界。

站在局外有高屋建瓴意识的世界银行行长佐利克曾呼吁和敦促欧盟团结一致,支持中东欧成员。他警告说:"如果允许欧洲再度分裂,那将是一场巨大的悲剧。"而这一悲剧正在处于金融危机之中心的各国政要们的言行中发生着。

俄罗斯经济将倒退 5 年

莫斯科郊外的晚上繁星不在了,音乐凄凉,寒意正浓。俄罗斯的经济正面临着全球经济危机的肆虐。金融危机已经侵入到俄罗斯经济的每个角落。俄罗斯副总理兼财长库德林在接受采访时承认,俄政府对国内严重的经济困境负有责任,俄罗斯经济恐怕要倒退 5 年。

是的,俄罗斯政府近年来正处在国内经济变革和国际政治的夹缝压力之下,政府的开支过于庞大,支出超出了可以承受的范围,而经济上的所有努力仍未摆脱对石油收入的严重依赖。俄罗斯政府曾预测国际油价会保持在每桶 95 美元的水平，尚能艰难维持本国的正常经济运转。而现如今国际油价已不到他们预期价格，油价大幅下挫再加上突如其来的国际金融危机对俄罗斯经济冷不防当头一棒给予沉重打击。

库德林曾在公开场合承认："政府要对未能尽可能实现经济多样化而负责。政府应当采取更为保守的金融政策，节省下因为高油价而获得的巨额收入。"俄罗斯政府官员承认错误也解决不了当下的实际问题。俄罗斯政府公布 2009 年的预算赤字将达 8%，这也是俄罗斯近 10 年来的首次，而且预计此后两年这一数字将分别为 5% 和 3%。俄罗斯政府也同时表示，即便如此，俄政府还是不会削减财政支出，支出总量会保持不变，甚至还可能有一些增加。他们只会对支出计划进行优化调整，会停止一些新的项目计划；会裁撤政府机构，削减政府工作人员的薪酬；将削减对部分非重点项目的投入。

事实上俄罗斯采取的这一系列消减计划对于这场仍不见底的金融危机来说都无关紧要，不能改变俄罗斯恶化的经济状况。而更严重的是俄罗斯货币——卢布的跳水式的贬值。尽管先前有俄罗斯官员幸灾乐祸地抱怨将全球经济危机的责任归咎于西方国家（特别是美国），宣称严重的经济危机已使俄经济倒退了 5 年，却使美国的股市已倒退了 10 年。

可事实是俄罗斯的货币危机正在发生！据俄罗斯官方统计报告指出，从 2008 年年初到 2009 年 2 月初，卢布贬值了 47.4%。触及俄罗斯央行的支撑位临界点。而最坏的情况是，远期市场交易更显示未来一年卢布可能进一步贬值 20%。现在俄罗斯国内的经济学家们对卢布充满了悲观情绪，他们已经达成了一致，认为照目前的跌速，卢布继续贬值已经无法阻挡。俄罗斯央行前第一副行长阿列克萨申科直接批评说，对于俄罗斯央行在此次的货币危机中的表现，在卢布贬值问题上，央行犯了个大错误：去年该贬的时候不贬。现在市场已经开始疯狂测试卢布贬值的临界点，看央行"是否能撑到只剩最后一滴血"。

虽然俄罗斯中央银行行长伊格纳奇耶夫安慰宣称，央行有许多办法能够保证美元兑换卢布汇率不会突破 41 卢布上限。但市场是残酷的，卢布不给伊格纳奇耶夫一点面子，仍在止不住地往下掉，俄罗斯央行所做的就是，源源不断地拿出外汇储备希望能够让疲软的卢布坚挺起来。从 2008 年的 8 月起，俄罗斯已动用 2000 亿美元来释缓卢布下滑速度，相当于 1/3 的外汇储备。进入 2009 年，俄罗斯的经济状况跟随着国际金融危机进一步蔓延和恶化，无奈之下俄罗斯当局在 2009 年 2 月 4 日，再次宣布投入 400 亿美元给银行以应对卢布贬值。

事与愿违,俄罗斯政府的这一系列救市措施却在俄罗斯国内引来一片反对甚至指责。俄金融业者指出,央行支撑卢布的行动反而加剧了卢布跌势,救市的结果是惨遭失败,目前俄罗斯当局面临的情况就是:国内货币卢布继续贬值,由此引起国内通货膨胀率直线上升,业内预计2009年俄罗斯通胀率不会低于13%。当局重金想挽回局面,却落得外汇储备急速缩水、国家信用评级下调的后果。国际评级机构宣布,将俄罗斯的主权信贷评级下调至BBB,仅比垃圾级高两档。俄罗斯外汇储备的消耗使国际评级机构感到担忧。

俄罗斯政府仍面临着内外交困,疲惫不堪的当局仍然一再表示捍卫本币的态度,誓将美元兑卢布汇率控制在1美元兑换26~41卢布之间。众所周知的是,俄罗斯当局一直执迷于紧紧挂钩美元的汇率政策。俄第一副总理舒瓦洛夫也表示,俄罗斯政府将履行自己的承诺,不会允许卢布大幅贬值。

为了拯救卢布,俄罗斯付出了惨痛的代价。但愿俄罗斯政府救市成功,能够制止俄罗斯经济的深处恶化,也希望俄罗斯经济在这次金融危机海啸过后它的经济只倒退5年而不是更长时间。

危机四伏的英国信贷市场

英美之间的那些事,全世界的人都知道,唇齿之交,鱼水之密。爆发于美国的次贷危机,英国也是推波助澜者,随后爆发的金融危机首先殃及的也是英国。英国金融体系遭受重创的速度之快出乎所有人的意料,英国各大银行的行长们甚至还没有想出对策的时候,他们已经处在了这场金融海啸的漩涡中心。

这次金融危机利害,刚刚上台的奥巴马政府和他的美联储清楚,英国政府清楚。他们应对这次危机的措施和手段是那么的刚猛,但是救市的效果仍出乎他们的意料之外。

面对金融市场上英镑货币的紧缺和停止流动,英国布朗政府俨然冒通货膨胀及损害国际金融邻国的利益而不顾,率先扩大英镑的发行量,以解救英镑的市场流通,盘活英国货币体系的正常运转。

2008年底英国央行在伦敦宣布,货币政策委员会削减银行利率1%～2%。降息之后的利率同英国央行成立以来的最低利率持平。英国上一次利率在2%是丘吉尔大选获胜、连任首相之时。这使一向高昂的英镑不得不低下它的头颅。对于英国央行高达1个百分点的大幅度降息,业内人士认为在意料之中。英国前货币政策委员会委员威勒姆·博易特表示,英国下一步,最迟不过2009年2月可能消减银行利率直到零利率。而政策制定者甚至考虑其他的手段来重启银行借贷和复兴经济,譬如包括扩大货币供给并用它来为政府赤字融资或购买债券和股票等证券。

威勒姆·博易特的预测在2009年的2月份实现了。据英格兰银行货币委员会公布的会议记录显示,委员会在2月初的会议上一致通过实行这一措施。政府直接用现金买入银行手中的债券和商业资产,强制扩大市场上的货币流通。

扩大货币发行量,后果是明显的:通货膨胀、英镑下跌、外资抽离、政府债券信用值下降,等等。这些通常被认为是一种走投无路的举动,但是许多经济学家都认为,英国经济已经到了无路可走的境地,不得不吃下这剂猛药。

"英国的金融货币体系已经到了面临崩溃的边沿。"持悲观主义的人士在公开场合这样讲。尽管英国首相布朗依然坚持英国经济有"足够的准备",甚至可以领导世界经济走向复苏。英格兰银行行长默文·金与布朗口径一致,他一边对英国经济做了任期内最悲观的预测——2009年GDP将缩水4%,但同时又坚持英国经济的复苏将从明年开始,并坚信英国经济将经历一个V形的快跌快起的过程,但人们担心的是本次经济危机变成像日本那样L形的长期衰退。

英国的经济早已在金融危机爆发之初就陷入了怪圈。英国的货币市场已经冻结,银行间几乎没有资金流动,直接后果是没有贷款发放。英国的住房按揭发放数量下降了52%。最大宗的个人消费——住房按揭和汽车贷款都在收缩,市场需求随之下降,结果是经济停滞,公司倒闭,失业上升。于是银行更是捂紧了钱袋,又开始下一轮恶性循环。

英国的金融界及工业界的种种迹象显现这一恶性循环正在发生:劳埃德银行宣布2008年的亏损比预期多得多,高达100亿英镑,原因是在接手了哈里法克斯银行的商业资产后,发现其资产价格不如从前的估算。这造成该银行股价一天内下跌30%。德国汽车制造商宝马公司(BMW)拥有的英国迷你(Mini)因市场需求下降,一天内解雇了850名员工。

这两则不相干的事件，却有着内在的联系——银行不愿意贷款造成消费萎缩，市场的缩水让银行更加谨慎。如果像 BMW 这样的大公司都已经扛不住，中小企业日子就更加艰难，因为它们的日常运作需要银行提供流动资金和信用保险。但目前的情况是，即使是经营良好的中小企业，也难以得到银行的直接贷款或者信用保险，结果是周转困难，面临倒闭威胁。2009 年 1 月有数据表明英国的失业率已上升至 6.3%，失业人数近 200 万。

英国政府已经使出了浑身解数，但手中的武器已越来越少。英国首相布朗率先推出政府注资挽救银行业的计划，受到世界各方的称赞，甚至 2008 年诺贝尔经济奖得主克鲁格曼把他称为全球金融业的"救星"。但是布朗救了银行，却无法启动经济。如果美国经济无法从衰退中走出来，英国和欧洲都不可能独自脱身。可是布朗和他领导的政党必须面临一个不能回避的政治风险，那就是当一个个坏消息传来时，英国选民们是没有耐心等待的。目前工党在民意调查中落后保守党 20% 左右，而布朗最晚必须在 2010 春天宣布举行大选。果到时候英国经济还没有起色，选民就把这笔账记在布朗头上，工党就要为经济危机付出最终的政治代价。

惨淡的日本经济

在全球金融危机的阴云笼罩之下，日本的经济体系正在遭受前所未有的重创，甚至有国际经济观察家们用阴霾密布、愁云惨淡来形容。

日本虽不是金融危机的爆发源，但日本经济却以"赶美超欧"的加速度滑入经济衰退期，正当国际社会还在阻击金融危机不向经济危机转变的时候，日本经济提前出现了经济萧条的迹象。日本内阁公布的数据显示，在 2008 年第四季度，日本经济按年率计算下降 12.7%。这是日本经济连续第三个季度出现下降，也是自 1974 年第二季度以来的最大季度降幅。引用日本经济财政大臣与谢野馨的说法，"日本现在正面临着二战结束后最严重的经济危机"。种种迹象显示着 2009 年日本的 GDP 可能更趋恶化。更糟糕的情况是，日本经济已经不可遏止地进入了不可控的下落状态，一切似乎都在朝着更坏的方向发展。

纵观日本的经济基础和经济支柱，不难发现，在全球金融危机下，日本经济必然要早于国际其他经济体系出现经济萧条。

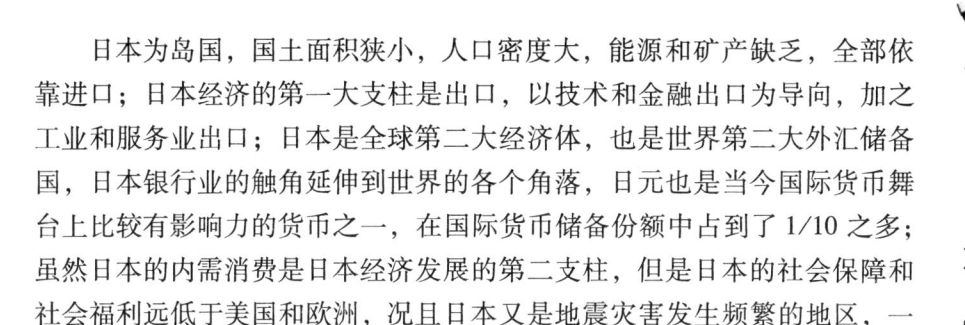

日本为岛国，国土面积狭小，人口密度大，能源和矿产缺乏，全部依靠进口；日本经济的第一大支柱是出口，以技术和金融出口为导向，加之工业和服务业出口；日本是全球第二大经济体，也是世界第二大外汇储备国，日本银行业的触角延伸到世界的各个角落，日元也是当今国际货币舞台上比较有影响力的货币之一，在国际货币储备份额中占到了1/10之多；虽然日本的内需消费是日本经济发展的第二支柱，但是日本的社会保障和社会福利远低于美国和欧洲，况且日本又是地震灾害发生频繁的地区，一定程度上造成了日本民众的不安全感大增，一旦世界经济出现风吹草动的波动，日本民众就会马上捂紧他们的钱袋子，以储备现金来应对各种危机。

日本内阁的一条数据显示，在2008年第四季度，受金融危机的影响，日本的出口季率下降了13.9%，创历史最大降幅。出口减少使日本经济下滑了3%。在日本出口经济中占最大比重的汽车工业在2008年的第四季度遭遇极大冲击。从一系列相关数据上来看，2008年10月，日本汽车出口较上年同期减少4.2%，到了11月汽车工业出口较上年猛然减少18.1%，而到了12月份，这一数字则扩大到了33.6%。日本经济财政大臣与谢野馨对此无奈地表示："日本的这种依赖出口汽车、电子产品和资本产品的经济体出现衰退将影响全球经济的放缓。"

然而情况更糟的是，一向让日本经济自豪的旺盛内需也出现了明显下滑的趋势。日本第一生命经济研究所经过调查给出的数据显示，2008年第四季度，日本个人消费开支环比下降0.4%，企业设备投资环比下降5.3%。日本国民的不安全感再一次大增，人们节衣缩食的程度打破了30年来的纪录。2008年日本一户家庭一年的消费支出平均约350万日元，比前一年减少1.9%，约省下7万日元，这是自1978年以来一般家庭省钱最多的一年。

日本经济出口的受挫和内需的不振导致日本国内的生产企业库存在不断累积，库存调整在未来还将持续。

由于企业的经营状况出现问题，不断升高的失业也成为日本一个严重的社会问题。在金融危机的大背景下，不断升值的日元和越来越疲软的国际需求都让日本企业感觉日子难过，裁员成为企业自保的手段。日本总务省公布的数据表明，在日本，2008年12月的失业率由前一个月的3.9%攀升至4.4%，创下近42年来最大升幅。当月日本失业人口已达270万，比前年同期增加39万人。日本电气公司（NEC）1月30日宣布，为应对半

第十二章 国际货币的危机 | 265

导体及其他一些业务的亏损局面，公司计划在全球范围裁员 2 万人，包括将在国内裁掉的大约 1 万人。日本最大的电子制造商东芝也宣布，受公司 2008 财年亏损达到 78 亿美元的影响，该公司将裁员 7000 人。

尽管日本政府和日本央行采取了"维持利率不变加大国债购买力度"比较保守稳健的救市措施来应对全球金融危机对日本金融体系的冲击，但是不难看到，伴随着世界金融危机的进一步蔓延或恶化，国际市场需求大量萎缩，其他国家的金融体系的崩溃，这些不利的因素仍然威胁着日本以"金融出口"为主的金融体系。

出口经济受阻，国际原材料的供应链条断裂，内需的不振，失业的增加，股市的受挫，这一系列情况证明，日本经济的坏消息都在告示着日本经济正笼罩在阴霾密布、愁云惨淡的萧条期。

韩国面临"双生危机"

韩国经济多劫难。1997 年的那场金融危机使得韩国经济差点崩溃。韩国政府和民众经过十年来努力好不容易使得经济恢复到了健康轨道上，却再一次遭受当头棒喝。

始于美国的金融危机正在蔓延到全球的主要经济体和新兴市场，中东欧、拉美和亚洲地区先后有新兴国家传出金融危机来袭的警报。而韩国是在这轮危机当中第一个遭受冲击的亚洲地区主要经济体。

尽管韩国经历了东南亚金融危机，吸取了经验教训，并经过这十年的复苏，韩国经济体自身产生了应对的抗体。但是基于这次蔓延于全球的金融危机与 1997~1998 年的那场金融危机有着本质的不同，同时也基于韩国的经济基本面和韩国的金融体系，韩国在这次的金融海啸冲击中再一次成为亚洲区的排头兵。

这一次韩国金融危机的特点是由于银行危机逐渐演变成货币危机和银行危机的双生危机，并且这两种危机相互纠缠，越演越烈。

韩国银行业的大量贷款来自于外国，一旦危机来临，韩国的银行和企业的资金链就出现了问题。这种问题反映到外汇储备上就是短期外债的比率过高，当投资者预期到这种局面的时候，就有可能从证券市场外逃，导致股市大跌。资本外逃的情况加剧了外汇储备面临的压力，一旦出现韩国政府无力偿还外债的局面，韩元就可能因为投资者的进一步出逃急剧贬值。同时银行的危机会造成企业贷款的困难和居民消费信贷的紧张。

韩国经济以出口作为经济起飞的最重要的引擎，加以国内旺盛的消费为主要的经济增长点。国际投资机构对韩国出口在未来一年的前景持悲观预期。在这轮危机当中，欧美经济陷入衰退已经是没有争议的问题了，这将在很大程度上影响韩国的出口。而压制韩国出口的另一个原因是韩国出口的产品结构：韩国重要的出口产品钢铁、汽车和造船都是周期性较强的行业，在全球经济下行的今天，这些产品的需求将不可避免地出现萎缩现象。

一度拉动韩国经济增长的主要力量是依靠信贷推动的投资和消费。可是这次成熟市场所带来的危机，可能会使韩国经济的这两个引擎同时熄火。因为韩国的投资和消费都是由信贷的巨额投放推动的，现在这一经济增长模式的核心——银行——正面临无法偿还短期负债的尴尬局面。韩国经济的高增长态势在近期将难以出现。韩国政府应对这次危机吸取了1998年的教训，并没有鲁莽采取拯救韩元的单一措施。因为他们看到即使增加韩元的流通量、使韩元贬值，也不能根本解决经济所面临的困境。由于欧美经济陷入衰退，韩国经济不会像东南亚金融危机后那样迅速复苏。而韩国的宏观经济的灰暗前景会削弱投资者对韩国资本市场的信心。

即使韩国政府对银行业的债务担保，其所带来的隐形负债无疑更是加大了韩国政府所面临的债务负担。而韩国政府的财政状况在维持金融稳定方面占据了至关重要的地位。只有当以韩国政府在未来的财政收入作为抵押或者能从外部获得借款的时候，韩国政府对银行1000亿美元的债务担保才可能奏效。根据现有的情况预测，韩国的外汇储备至少应该超过2700亿美元才能覆盖短期债务和可能的投机资本的冲击带来的储备损失。这意味着，韩国政府的外汇储备不足以保护韩国经济安然度过危机。而事实是在市场面临资金枯竭威胁、债券筹资出现困难的时候，政府仍然扩大赤字的政策将是危险的，这意味着韩国政府履行债务担保承诺的能力将被大大削弱。

但是面临目前的金融危机无限蔓延甚至正在向经济危机转变的当期，韩国政府是不能坐以待毙，让韩国银行业在自我挣扎中轰然倒下的。而韩国的外汇储备的数量远远不够，要补齐外汇的储备，韩国才可能阻断金融危机向其他领域的侵蚀。不过韩国政府可以向IMF借款或者向中国和日本借款及通过发行国债，筹集到足够外汇资金。如果韩国政府在短期内不能就其筹款渠道作出解释的话，韩国的担保计划很可能转变成一个利空消息。韩国政府也正是这样做的，韩国政府已经出面与日本、中国商谈货币互换的事宜。

目前所有的数据显示，韩国的金融危机已经影响到了国家经济的基本面。2009年初，根据相关调查数据显示，韩国企业的营业现金流动急剧恶化，企业的现金收入却在减少，支付能力正在变弱。营业现金流动是负值的企业占全韩国企业的35.1%。同时企业的财务结构也有不同程度的恶化，企业平均负债率达到96.4%。韩国企业现金流动的紧张反映了韩国银行业普遍的借贷现象，如果这一趋势得不到扭转，将对韩国的实体经济造成极大的伤害。

基于目前国际金融危机仍不明朗回暖的环境下，韩国政府拯救银行成为燃眉之急。银行系统的危机是韩国危机的核心。国际金融市场的资金紧张已经将韩国银行系统推到了悬崖的边缘。

在国家经济稳定的年份，大量外资通过韩国银行流向韩国的企业，尽管韩国银行仍握有巨额的外汇资产，但是外汇资产大部分都成了企业贷款，回收比较困难。目前每个银行的外汇有价证券都只有10～20亿美元，再加上市场不景气，以正常价格出售很困难。

而另一方面，韩国银行缺乏短期资金的局面渐渐开始引起韩国人对银行的不信任。由于没有其他填补资金缺口的可行方案，银行只有竭尽全力吸引存款。在韩国央行下调基准利率的时候，韩国商业银行反而推出高利率的特售定期存款。依据韩国央行的数据，活期存款和定期存款等银行传统式存款有所增加。但是韩国的商业银行面临着以现金偿还到期债券的重压。国民、友利、新韩、韩亚等四大银行在3个月内要偿还的银行债券就达8兆韩元。韩国政府拯救韩国银行是目前所有工作的重中之重。韩国政府必须采取一些有效的措施来尽快解冻韩国的货币市场，让银行的信贷功能正常运转，否则的话不仅仅是外国投资者对韩国金融体系失去信心，就连韩国的普通储户也会对韩国的银行系统心存疑虑。

金融海啸搅乱拉美金融自主梦

不管是政治目的或是地域经济的稳健发展，南美洲一体化进程在全球金融危机爆发之前已经形成，正逐步完善。但是，全球金融危机的爆发可能要阻碍南美国家一体化进程的进一步巩固和完善，要搅乱拉美国家所努力推进的拉美金融自主梦想。

2008年5月23日，南美洲国家联盟特别会议在巴西首都巴西利亚举行，12个成员国的领导人签署了《南美洲国家联盟宪章》。宪章指出，南美洲国家将加强成员国之间的政治对话，重点在经济、金融、社会发展和文化交流等领域开展区域一体化建设。宪章规定，南美洲国家联盟的专门机构包括一个由国家元首和政府首脑组成的委员会、外长委员会、代表委员会以及设在厄瓜多尔首都基多的秘书处。

《南美洲国家联盟宪章》的签署，标志着南美洲一体化进程取得了一个里程碑式的胜利，也标志着南美国家从此将以一个共同的身份出现在国际舞台上。

南美洲国家联盟宪章不仅规定了拉美南部12国在经济贸易方面协议结盟，而且这个联盟未来将向外交以及国防方面发展。在现代国际力量的格局中，南美洲正在形成一股新兴的力量。相对于北美和欧洲而言，南美洲也是一个经济发展增长较快的地区。以巴西、阿根廷以及有着丰富石油等自然能源资源的南美国家为代表，凸显了新潜力。过去，南美洲国家大部分是军人强权统治，加上90年代末的经济金融危机，拉美的经济发展受到抑制。

在世界经济一体化的今天，南美洲的经济已经开始得到释放，成为能够同亚洲经济发展大国比如中国、印度还有非洲的南非相媲美的新兴经济亮点，是世界经济一体化进程中崛起的新的力量。但是南美洲的经济结盟，方向还有待进一步的明确。南美洲国家联盟目前要协调经受经济危机的考验。尽管南美联盟已经有它们自己的经济平台——南方银行。

"南方银行"是委内瑞拉总统查韦斯倡议，玻利维亚和阿根廷等国积极响应共同筹划于2007年12月成立的，其目的是替代国际货币基金组织和世界银行等国际多边信贷组织在南美洲的作用，为南美地区的经济建设提供融资服务。该银行总部将设在加拉加斯，分部设在玻利维亚首都拉巴斯和阿根廷首都布宜诺斯艾利斯。根据计划，作为拉美国家金融一体化的重要尝试，巴西、阿根廷、委内瑞拉等拉美七国将共同出资 100 亿美元作为启动资金，随后再逐步增加投入，使南方银行的自有运作资金增至约 200 亿美元，以此协调地区经济发展。

南方银行的组建，也会产生另一个重大影响：它将使成员国进一步拉开与国际货币基金组织和世界银行之间的距离，削弱上述国际金融机构对南美的影响力。近几年来，伴随着阿根廷爆发金融危机和南美许多国家的"向左转"，南美国家与国际货币基金组织等机构之间的分歧越来越大。惨烈的阿根廷金融危机使国际货币基金组织开出的"药方"备受质疑，它的权威性在拉美政治领导人和经济学家中受到很大挑战。另一方面，国际货币基金组织贷款所附加的条件，也令南美一些政府深感掣肘。于是巴西、阿根廷等国纷纷提前还清了国际货币基金组织的贷款，赢得了财政金融政策上更大的自由。

然而就像当初有人提出的怀疑：南美洲的经济联盟还需要经得起金融危机的考验。

这个考验已经来了，而且是那么的猛烈。正向全球蔓延的金融危机正在冲击拉美地区的经济命脉。作为南美经济支柱的石油、矿产品和农产品等初级产品近几个月价格暴跌，巴西、阿根廷、墨西哥、委内瑞拉和厄瓜多尔等拉美国家的出口都受到严重打击，导致这些国家的财政收入增速减缓甚至出现下滑势头。与此同时，受金融危机影响，拉美国家汇率出现剧烈波动，部分国家货币贬值程度明显超过其他国家，打破了原先的汇率平衡和地区贸易平衡。为此，一些拉美国家相继采取贸易保护主义措施，贸易冲突加剧，这多少已经显现出本来就不是很稳定的南美联盟体系。

然而，随着金融危机进一步恶化，随时都将冲击南美国家经济的其他领域。阿根廷、巴西、委内瑞拉、厄瓜多尔和玻利维亚财政收入锐减，同时阿根廷、巴西等国正在遭受着货币贬值、资金撤离和股市震荡的冲击。不断下行的经济走势不仅使启动南方银行的相关谈判陷入困顿，拉美国家还不得不重新叩响国际金融机构的大门以获取贷款渡过难关。

事实是这些国家已经等不及南方银行的救助，它们已重新向国际货币基金组织求援。国际货币基金组织已启动了对阿根廷经济的评估工作，双方就如何降低通货膨胀、减少公共开支等问题进行了磋商。这一次除了国际货币基金组织外，美洲开发银行和世界银行重新成为拉美国家的求援对象。美洲开发银行和世界银行已分别向拉美提供了60亿和27亿美元的紧急贷款。美洲开发银行今年对拉美的贷款额度增至创纪录的180亿美元,世界银行也计划向该地区贷款130亿美元。

其实,对南美经济联盟最为严重的打击是这次金融危机还加剧了拉美国家之间的债务纠纷。如厄瓜多尔最近宣布拖欠巴西的部分债务"非法",巴西担心其他拉美国家也会仿效厄瓜多尔的做法,拒绝偿还巴西金融机构的部分债务。这些不信任的因素在拉美国家之间一旦得不到很好的解决,势必使拉美联盟这几年已取得重大进展的拉美地区金融合作受到致命的伤害。

面对这场国际金融危机的考验,也许让拉美国家更加清楚地看到了推动地区一体化进程的重要性和紧迫性。

由于美国和欧洲的经济都陷于困境,亚太地区的经济增长步伐也有所减缓,拉美地区的出口受到影响,在拉美内部开拓市场成为化解金融危机重要的一步。对于大部分拉美国家来说,国内市场规模较小,即使政府采取措施鼓励国民消费,也很难拉动经济。因此,部分拉美国家提出加快本地区贸易自由化进程的设想,通过增加地区内贸易,带动整个地区经济的增长。

虽然启动南方银行的进程被推迟,可是拉美国家意识到,这一地区性金融机构在危急时刻其实能够扮演非常积极和重要的角色。一旦南方银行的成员国面临金融动荡、资金短缺,南方银行可以提供援助帮其稳定市场,从而起到稳定地区金融市场的作用。另一方面,在这次金融危机过后,世界经济开始复苏,世界经济和金融格局都将发生变化,拉美国家希望在改革后的国际金融秩序中扮演更加重要的角色。

面对眼下的国际金融形势和南美联盟国家之间出现的尴尬矛盾现实,虽然拉美国家不会因为金融危机而放弃地区金融一体化的努力,但是国际金融机构重新介入拉美经济预示着该地区金融一体化进程暂时受阻,南方银行主创国实现获得地区金融主导权的梦想仍需时日。

冰岛本国货币贬值要用欧元

冰岛——冰岛共和国的简称,名字听起来是多么冰清美丽。这个在地理上处于极地边缘的"世外桃源"的小国,有着很多美丽称呼:"火山

岛"、"雾岛"、"冰封的土地"、"冰与火之岛"、"极圈火岛"等之称。冰岛国靠近北极圈，其中1/8被冰覆盖。有100多座火山。几乎整个国家都建立在火山岩石上，是世界温泉最多的国家，所以也被称为"冰火之国"。

就是这样的一个美丽的国家，在全球金融危机的初潮，就被迫发出了将面临"国家破产"的嘶叫声。一时间冰岛国吸引了全世界的眼球。人们开始关注和研究冰岛国家的经济体系和经济富裕的来龙去脉。

根据2006年的数据显示，当年冰岛GDP为11417亿克朗（181亿美元），人均GDP达到60370美元。冰岛是目前世界上最富裕的国家之一，居世界第三位，仅次于卢森堡和挪威。

冰岛传统的经济是海洋渔业。渔业提供冰岛60%的出口收入，雇用了8%的劳工人口。冰岛水力和地热资源得天独厚，能源工业非常发达，电力充沛，价格低廉。地热利用开发技术全球独有。冶金工业方面凭借能源价格低廉的优势以炼铝、炼钢等高耗能产业得到快速发展。冰岛为世界铝生产大国之一，铝年产量将达76万吨，占世界铝产量（1300~1400万吨）的5%。之外冰岛的生物医药、建筑材料工业、计算机软件产业都得到了很好发展。冰岛的金融产业是近几年来发展最快的产业，金融业占有冰岛GDP的重要份额。

在20世纪末，冰岛确立了"快速发展金融业"的方针。在短短的几年时间，冰岛最大的三家银行资产扩大4倍，但多数增长由借贷融资推动，投资也过多集中于高风险领域。金融业正是冰岛从穷困小国翻身跃起的重要产业，占该国GDP的10%，冰岛的三大主要银行扩张的脚步也远征北欧斯堪的纳维亚半岛以及英国，甚至在中国开设了分行。为了追求利润的高增长，冰岛三大银行涉足跨国投机的套利交易：从利率超低的外国（例如日本）或国际投资客手上借出资金，再投入收益丰厚的债市（例如超过9%的冰岛政府债券），如此使得冰岛的蓬勃发展的金融业非常倚赖外资。

金融业这种虚拟经济是市场经济高度发展的产物。随着经济全球化和金融自由化的发展，虚拟经济自身的特征使它成为一种独特的经济运行方式。

但是，当虚拟经济完全脱离实体经济极度膨胀时，就会形成经济泡沫，最终引发金融危机。冰岛银行业发展与实体经济发展有极大的不协调。当美国次级房贷风暴触发的信贷和流动性问题扩散后，全球金融问题爆发，信贷紧缩、信贷保险金提高，流通性降低，这类交易就难以套利。这样，就引爆了冰岛金融业恶性危机，使冰岛深陷"国家破产"之境。

世界性的金融危机爆发后，冰岛金融业在这次全球信贷危机中损失惨重，冰岛克朗兑欧元已贬值20%，兑美元贬值17%。克朗快速贬值让冰岛中央银行感到了危机，为了阻止资金逃离冰岛，缓解银行体系压力，延缓冰岛爆发全面性经济危机的可能性，冰岛中央银行提前把利率往上调了1.25%，达到15.5%这一历史新高。冰岛政府甚至冻结居民的银行账户，防止冰岛金融资产向外国逃离。由于出现严重资不抵债的状况，冰岛最大的三家银行被政府接管，当前冰岛的银行负债相当于该国经济规模的12倍。在被国有化之前，三家银行的市值占到冰岛股市市值的约76%。冰岛股票交易所已经在股指计算中将冰岛最大的三家银行Kaupthing、Glitnir和Landsbanki的股份减为零。

冰岛中央银行公布的最新数据显示，冰岛人的负债金额又有较大幅度的增加，人均负债470万冰岛克朗（约合7.5万美元）。英国金融媒体报道称，在全球性金融危机中，冰岛很有可能成为第一批牺牲品。冰岛长期的经济繁荣恐怕要暂时破产了。冰岛金融业的高负债已经让冰岛陷入无法自救的地步，

但是另一方面，冰岛向曾经的友好盟国美国和西欧国家的求救也遭到了冷酷的拒绝，无奈的危机现实迫使冰岛总统辞职也无济于事。德国政府已经冻结了冰岛银行在该国的资金，德国联邦金融监管局宣布冻结冰岛最大银行Kaupthing在德国的所有业务。这一机构在一份声明中说，德国大约3.08万客户在这家冰岛银行拥有账户，由于银行总部"不能再向分支提供足够流动资金"，金融监管局"有义务采取这一措施，保护德国分支的资产"。英国和荷兰也逼迫冰岛政府谈判。

冰岛政府接管国内三大银行后，银行数十万海外储户的取款服务中止。在受影响最大的英国，首相戈登·布朗批评这一做法"难以接受"，甚至威胁说通过法律行动维护本国储户利益，迫使冰岛同两国政府就英国储户在冰岛银行存款问题进行谈判。与此同时，冰岛与荷兰方面也达成协议，政府同意向"冰储银行"的每名荷兰储户偿还最高2.0887万欧元（2.824万美元）存款。

昔日的盟友在最关键的时候落井下石的做法，已经把冰岛政府逼到绝路上。当俄罗斯第一个伸出了橄榄枝，同意向冰岛中央银行提供40亿欧元的贷款救助的时候，冰岛总统格里姆松妄言邀俄罗斯军队进驻凯夫拉维克空军基地。格里姆松这一"邀俄之辞"表面上看给人以"知恩图报"的感觉，而实际上是内心愤怒情绪的表达，是在警告西方国家的不仁不义。

俄罗斯的 40 亿欧元的援助对于当下的冰岛也只是杯水车薪，国际货币基金组织也许是冰岛的救命稻草。

冰岛可能最后求助于 IMF。但冰岛政府必须接受金融援助的前提条件，即受援国必须接受这一组织就恢复财政货币稳定而提出的严格措施，相关政策施行将受到干预。因此，一旦迈出求援这一步，冰岛将成为第一个被金融危机刮倒的主权国家。

冰岛也许还有第二条路可走，那就是加入欧元区。对于加入欧盟，冰岛国内目前也存在分歧。冰岛的渔业社群担心，欧盟的相关法规会侵犯到他们的利益。但是现在，却有越来越多的人倾向于加入欧盟。冰岛总理在公开场合说，冰岛正准备考虑多项选择，其中包括可能在不加入欧洲联盟的情况下采用欧元。按照正常程序，如果冰岛决定加入欧盟，或许需要 2 年时间才能成为成员国，然后至少再需 3 年才能采用欧元，这显然无助于解决眼下危机。也正基于这个原因，冰岛正考虑在不加入欧盟的前提下采用欧元。

冰岛加入欧盟，尽快融入欧元区经济圈，对冰岛目前面临的困境来说，也许是最好的选择。

第十三章 货币危机之中"贸易保护"的重伤

> 导读：资本泡沫与不对称的商品交易终于催生出"贸易保护"怪胎。发展中国家在以实物商品兑换了大量的美元纸钞之后，即遭遇"贸易保护"这道无情的屏障。事实上，"贸易保护"只是经济民族主义的一个幌子，也是有违世贸精神的一个产物，因此，也必然遭受到发展中国家的强烈反对。而对于许多发展中国家来说，应对货币危机学会在世界金融大潮中冲浪则显得十分重要。

东盟坚决反对贸易保护主义

金融危机在考验着东盟十国各自的经济体系，也考验着东盟十国的一体化进程。东盟十国一方面面临着各国自己的金融体系的稳健发展，另一方面要努力保障东盟经济体不受金融危机的影响而出现倒退或瓦解。东盟十国还必须提防新一轮的国际贸易保护主义抬头的"诱惑"引发东盟内部兴起贸易保护主义。

因此，在泰国华欣召开的东盟第 14 届峰会上，东盟除了宣布《东盟宪章》正式生效的主要议题之外，另一个最重要的议题就是反对贸易保护主义。会议期间，与会的东盟十国领导人发出的最强音就是：反对贸易保护主义。

世界金融危机蔓延之时，世界经济快速下滑的背景下，东盟在峰会期间，依然与澳大利亚和新西兰签订了自由贸易协定，以显示其推动自由贸易的决心。而会议签署的《关于东盟共同体 2009~2015 年路线图的华欣宣言》，最重要的内容之一就是建设东盟经济共同体。东盟十国在以具体行动向新一轮贸易保护主义抬头表达了拒绝态度。

东盟十国在会后发表的共同声明指出，各国同意坚决反对保护主义，避免引入和增加新的障碍。并承诺不采取新的贸易保护措施，支持推进多哈回合谈判。东盟重申其促进商品、服务和投资自由的决心，为商人、专业技术人员和劳动力的自由流动提供便利。东盟会继续推进《东盟经济蓝图》的实施，为东盟地区提供更多的经济机会。声明中说，任何保护主义措施，都会进一步抑制全球贸易，并拖延经济复苏的速度。"我们呼请所有国家避免增加贸易壁垒或者扭曲贸易的措施，这将使本来就很脆弱的全球经济雪上加霜。"

泰国总理阿披实在峰会闭幕后的新闻发布会上说："我们会全力以赴，确保所有的东盟国家都不会因为经济危机而采取贸易保护措施，因为我们清楚，一旦这种情况发生，所有的国家都有可能加入，结果会造成全盘皆输的局面。"阿披实指出，保护主义不只是关税及非关税壁垒，还包括竞相让本国货币贬值以促进出口的政策。

在提到美国提出"购买美国货"的政策时，阿披实用开玩笑的口吻说："如果奥巴马只是选举时这么说一说，问题不大。"新加坡总理李显龙则严肃地指出，发达国家不应在面对经济危机时关闭门户，这将对发达国家本身及其他国家造成伤害，导致国际贸易减少、贸易摩擦增加。李显龙还警告说，希望美国的领导人能顶住国内保护主义的压力。"东盟决不会采取保护主义，因为东盟需要依靠国际市场。"确实，东盟各国以出口导向型经济为主，深受当前经济衰退的影响，经济出现负增长。如果贸易保护主义盛行起来，东盟将是最大的受害者。

泰国副总理戈沙·沙帕瓦苏说，包括泰国在内的东盟国家对美国经济刺激计划中有关购买美国货的条款表示担忧，并强调东盟国家反对贸易保护主义。贸易保护主义对应对当前国际金融危机毫无益处。

亚洲开发银行相关经济学家表示，在目前这场席卷全球的经济金融危机中，没有哪个经济体可以不受影响。在亚洲发展中经济体中，有不少是出口导向型经济，因此受外部市场萎缩的影响较大，贸易保护主义对东盟国家尤其不利。东盟各国应协调一致，推动贸易自由化，这不仅有助于地区的商品流通，形成规模经济，还有助于推动地区各国之间的生产分工，从而实现共赢。

菲律宾亚太大学经济学教授罗兰多·狄在接受记者采访时无不担心地说，经济金融危机导致欧美等全球主要出口市场需求减弱，这对东亚和东南亚地区相关经济体造成了严重冲击。因此，拉动地区内部需求增长就成了应对危机的重要手段。然而，由于多方面原因，不少国家的政府都会受到贸易保护主义的诱惑，如果任其发展，可能会进一步加剧危机的破坏程度。

东盟十国面对金融危机日益加重，他们担心对东盟经济体系的影响加速。东盟十国目前努力的重点就是怎样应对金融危机。

出口在东盟国家经济中所占比重较大。东盟国家人口约5.6亿，GDP总量1.1万亿美元，贸易总额1.4万亿美元，是世界上最重要的市场之一。泰国商会大学国际研究中心主任乃亚说，东盟国家已成为泰国重要的出口市场，2008年对东盟的出口占泰国出口总额的21%，达到400亿美元。就泰国而言，出口占泰经济总量的70%。西方国家消费减少导致东盟各国出口量锐减、GDP萎缩、失业率上升。2008年第四季度，泰国出口下降26.5%，经济增长为负4.3%。

随着贸易保护主义的抬头，东盟经济发展的外部环境并不乐观，据新加坡外长杨荣文透露，东盟与印度的自由贸易协定在最后关头夭折，可能是印度国内选举将近，不宜触碰自由贸易等敏感问题。泰国总理阿披实也指出，在目前的经济低迷时期，东盟坚持反对保护主义，承诺推动贸易与投资自由化。东盟不但将高举自由贸易大旗，还将通过其代表在国际场合表明反对贸易保护的立场。

国际贸易保护主义的抬头，东盟十国更担心东盟内部的贸易自由被破坏。所以东盟十国签署了《东盟第二阶段整合行动计划》等系列重要文件，进一步推进东盟内部贸易的便利化，以此来阻止贸易保护主义在东盟内部抬头。

警惕经济民族主义大回归

"没有永恒的朋友，只有永恒的利益"，这是世界上很多国家对外关系的根本规则。每当危机降临，这些国家往往倾向于固守本国的利益，不顾及其他国家和世界经济大局。也因此，经济民族主义在世界上一直就很有市场。

美国国会"只买美国货"以及"只雇美国人"的条款引起全球一片哗

然时，保护主义的阴霾正在全球扩散。在《经济学人》杂志看来，经济民族主义的幽灵正在卷土重来。正如澳大利亚总理陆克文所说，保护主义政策就像一支"刺入心脏的长矛"。但在对美国进行"道貌岸然"的批判的同时，许多国家却在加紧保护本国国内就业机会和资本。考虑到历史上的经验，这样的趋势显然非常危险，正在将世界带到经济大萧条的威胁之中。美国《华尔街日报》一篇题为《保护主义浪潮膨胀》的文章分析说，一股保护主义浪潮正在全世界膨胀。作为世界最大的经济体，美国无疑是这股浪潮的始作俑者。

在现代历史上最为黑暗时期曾经出现过那种邪恶的现象，现在又再次出现了。这需要我们给予一种与以往不同而且是毫不留情的回应。经济民族主义——要求把工作和资本都留在本国——不仅会将这次经济危机政治化，还会使得全球经济沦落到大衰退的境地。假如这种思潮不能立即在萌芽时分就被铲除掉的话，随之而来的后果将不堪设想。

新一轮贸易保护主义抬头，美国与之身份相符地成为领头羊。随之将蔓延欧洲、亚洲南美洲以及新兴市场经济体。

在西班牙，房地产业泡沫在金融危机爆发后破灭，当地政府急于遣返外籍建筑工人。只要同意3年内不返回西班牙务工，一名合法移民能够一次性领取其应得的所有失业补贴。目前已经有1400名外籍工人领取了这笔费用。

在瑞典，政府出台计划救援绅宝和沃尔沃汽车厂及其供应商，尽管这两个汽车品牌已经分别为美国通用汽车公司和福特汽车公司收购。瑞典政府的救援计划规定，这笔总计35亿美元的贷款和信贷担保只能用于瑞典产品。

在英国，林赛炼油公司的工人在苏格兰、威尔士和英格兰等8个地点自发罢工，抗议公司与意大利企业签订2.8亿美元的建筑合同，后者计划雇用外籍工人。一名英国工人游行时张开标语，上面写着"英国工作给英国工人"。英国首相戈登·布朗说，工人们此举"不正确"，但了解他们的顾虑。

在德国，经济和技术部长米夏埃尔·格洛斯说，希望已经接受政府180亿欧元（约合230亿美元）现金援助的德国商业银行能够支持德国企业，优先考虑它们的贷款需要。

而法国政府推出援助本国汽车业计划，宣布向法国雷诺和标致雪铁龙两大汽车制造集团提供60亿欧元（约合78亿美元）优惠贷款。作为交换

条件，雷诺和标致雪铁龙集团作出2009年不在本土裁员、停止在国外设厂等承诺。

日本前首相中曾根康弘曾说："我的左脸是索尼，我的右脸是松下。"

反观中国，发改委体改所国有资产研究中心主任高梁曾担心："如果对各行业的这种无孔不入的外资并购，如此放任下去，终有一天我们会发现，中国人在自己的土地上，已经没有能力对任何一个行业和市场拥有发言权。国家的经济政策将失去根基，国家的经济主权将丧失殆尽。国家经济安全有硬安全，比如国防、经济命脉，这个容易理解；还有软安全，就是经济的主导权。如果中国绝大部分企业都是外商控股，政府不就被架空了？外国资本掌握了经济之后，接下来第二步就可以收买政客成为代言人。

"经济民族主义是一种价值观，一种追求，并不意味着可以不讲究战略战术，因为那样无助于实现经济民族主义的终极目标；并不能与闭关锁国、不讲经济规则等画上等号，因为这些仅仅是某种手段。在经济民族主义问题上，我们反对过度的国内市场保护，主张开放经济，主张在平等互利的条件下引进外资，并不断改善外资在华商业环境……但所有这一切，不是因为经济民族主义是个坏东西；而是因为我们认为这样更有利于增进我们自己的利益，从而实现经济民族主义的目标。引进外资本身只是手段而不是基本目的，增进我们自己的利益才是基本目的。"好像一夜间，全世界都在提倡和游说贸易保护主义和经济民族主义对自己的国家利益的重要性。然而人们不会忘记，这狭隘的经济利益思维将造成世界整体经济多深的伤害。

1929年纽约股市崩盘触发金融危机，美国国会将其归罪于国际贸易，于次年通过了臭名昭著的《斯穆特——霍利关税法》。根据这项法案，进口商品的平均税率从40%升至48%，3200种外国商品（占总数的60%）的关税上涨。

美国此例一开，就不仅仅是美国为一方、其他国家为另一方的贸易壁垒战，而是一场各国竞相效尤美国、纷纷以邻为壑的混战。

贸易战的后果十分严重。据美国政府统计，1932年，美国从欧洲进口总值仅3.9亿美元，而1929年为13.34亿美元；同期美国向欧洲出口总值为7.84亿美元，而1929年高达23.41亿美元，美国可谓搬起石头砸了自己的脚。

世界经济也因此陷入大萧条长达10年之久。此后国际社会又耗费数十年，才逐步拆除这一时期高筑的各种贸易壁垒。

人们当然不希望这段惨痛的历史重演。毫无疑问，当今全球供应链比当初要复杂得多，也难解决得多。但一旦经济民族主义大行其道，连商业逻辑也将被践踏。美国达拉斯联邦储备银行行长理查德·费希尔直接警告说，保护主义就像在经济上吸食毒品，这可能带来一时兴奋，但会让人上瘾并最终致死经济。

在这个地球上，已经没有哪个国家能够离开整个世界而独自发展。经济民族主义者是逆全球化的历史趋势的，这是十分短视的。

许多国家和地区在崛起的过程中都经历过民族主义的浪潮，因此中国要对这种与民族自豪感、爱国主义、国家利益和自我认同纠缠在一起的民族主义情绪格外的小心。中国需要的不是民族主义，而是包容世界的心胸。如果非要作类比，我们要做敢于向全世界敞开胸怀的唐朝，而不是那个闭关锁国、实行海禁的明朝。

汇源交易被否决不属于贸易保护吗

可口可乐公司预收购汇源的交易计划被中国商务部否决了。这起一经宣布就引起沸沸扬扬的大讨论的跨国并购案件终于有了结果。但争论依然没有停止，反而把争论的焦点转移到了"中国商务部否决汇源交易案是否是贸易保护"上来。

可口可乐公司一直在努力树立中国之友的形象。北京奥运会被视为庆祝中国经济崛起的盛会，可口可乐高调赞助了北京奥运会；可口可乐首席执行长穆泰康前往上海宣传该公司未来3年内向公司的中国业务投资20亿美元的计划。可口可乐公司希望通过它对北京奥运会的高调赞助等一系列大投入动作能使自己在中国这一重要市场获得丰厚回报。2008年9月在北京奥运会闭幕之后不到一个月的时间，可口可乐高调宣布将花费24亿美元对中国果汁饮料巨头汇源的收购。

可口可乐的这一收购汇源的计划是可口可乐公司进一步扩展业务的战略性考虑。可口可乐首席执行长穆泰康目前正以更大力度推动该公司将触角从传统的汽水业务延伸到果汁领域，收购中国汇源果汁正是这一努力的一部分，因为果汁饮料市场的增长速度比碳酸饮料市场快得多。中国现在是仅次于美国、墨西哥和巴西的可口可乐公司全球第四大市场。

可口可乐是中国市场上最大的碳酸饮料供应商,市场占有率达52.5%。其全球最大竞争对手百事公司在中国碳酸饮料市场排名第二,占有32.8%的市场份额。汇源果汁是中国最大的纯果汁生产商,在这一高端市场占有33%的份额。可口可乐试图通过收购汇源,它与汇源果汁在中国果汁和蔬菜汁市场合计占有20.3%的份额。这一方面可以深入开拓自己的市场份额,另一方面又打压了竞争对手。

可口可乐的想法是完美的。但是它的收购一开始就遭到了来自中国民间特别是网民的大肆批判。

就在可口可乐收购汇源这项交易宣布后不久,新浪网一个约有50万人参加的调查显示,近80%的投票者反对将汇源出售给可口可乐。一位网民在某知名门户网站留言说,我们应该保护我们的民族工业。否则中国人的衣食住行都会受到外国人的控制。这太可怕了。中国的企业高管也在批评此项交易。中国另一家饮料公司娃哈哈集团的市场部部长杨秀玲说,如果失去了民族品牌,从长远看,这不利于中国的产业。

这些民间的批判并没有引起可口可乐公司高层的重视,他们并不担心民间的讨论会影响到这一收购案。可口可乐的理由很简单,可口可乐本以为中国会同意可口可乐投入资金以进一步做大汇源这个品牌。从中国政府的层面上看,自2008年秋季全球经济加速下滑以来,中国也加快了海外投资的步伐。中国政府正在进一步放宽政策,公布了降低中国企业海外投资监管限制的规定。中国商务部部长陈德铭呼吁国际社会共同反对贸易保护主义。因此,可口可乐把收购汇源的计划看作单纯的商业活动。

中国商务部最终否决了可口可乐与汇源收购案。商务部的理由是:"商务部依据《反垄断法》的相关规定,从市场份额及市场控制力、市场集中度、集中对市场进入和技术进步的影响、集中对消费者和其他有关经营者的影响及品牌对果汁饮料市场竞争产生的影响等几个方面对此项集中进行了审查。审查工作严格遵循相关法律法规的规定。审查过程中,充分听取了有关方面的意见。"

商务部认定:"此项集中将对竞争产生不利影响。集中完成后可口可乐公司可能利用其在碳酸软饮料市场的支配地位,搭售、捆绑销售果汁饮料,或者设定其他排他性的交易条件,集中限制果汁饮料市场竞争,导致消费者被迫接受更高价格、更少种类的产品;同时,由于既有品牌对市场进入的限制作用,潜在竞争难以消除该等限制竞争效果;此外,集中还挤压了国内中小型果汁企业生存空间，给中国果汁饮料市场竞争格局造成不良影响。"

商务部这一最终结果让可口可乐公司大失所望。可口可乐首席执行长穆泰康无奈地在一份声明中说："我们感到失望，但尊重中国商务部的决定。"

可口可乐公司高层没有意识到中国政府正在生美国的气。一位国际事务分析家说，美国刚刚拒绝了中国两家企业收购美国企业的申请。美国国会在驳回中国海洋石油总公司2005年收购加州联合石油公司的计划时的理由是涉及国家安全（虽然后者70%的能源储备分布在亚洲人BainCapital提出收购网络设备公司3Corn的计划也因同样原因被否决。中国华为技术公司持有3Corn16%的股份）。

中国商务部一再表示否决可口可乐收购汇源案全是从经济原因出发，并非"报复"或其他政治目的。商务部声明表示："该部委否决可口可乐公司对中国汇源果汁集团有限公司的收购提议并非保护主义行为，同时也与中国的外商投资政策无关。"同时商务部一些官员还举例说，可口可乐公司在以往的并购案中也遇到过反垄断问题。可口可乐公司曾被迫缩减了对CadbllrySchweppesPLC旗下饮料品牌的并购规模，当时欧盟的监管机构不同意它在欧盟成员国实施这些并购。而法国也曾以会形成垄断为由否决了可口可乐公司对PemodRicardSA旗下Orangina业务的收购。

不管中国商务部怎样解释，在这样的时刻对可口可乐公司收购汇源一案做出否决的决定都会引起外界的怀疑和猜测。

一些中国经济学家们担心中国政府以"将对竞争产生不利影响"为由，否决了可口可乐公司斥资24亿美元收购中国最大果汁生产商的交易，此举有可能给那些在中国寻求并购机会的外国人浇一盆冷水，并有导致其他国家如法炮制阻挠中国海外投资项目的风险。他们举例说，这一决定的影响正波及远在南半球的澳大利亚。"已经成为澳大利亚反对党领袖人物的乔伊斯认为，中国政府对这桩交易做出的决定应当作为如何对待希望收购澳矿产资源企业股份的中国公司的参照。"澳大利亚政府已经对中国的几家澳铁矿石的钢铁企业收购申请执行延期审批。

美国律师事务所DechertLLP驻北京合伙人HenryWang说，将这个品牌留在中国人手中的愿望非常强烈。他认为此项决定显示，中国政府认为中国本土公司和品牌参与国际竞争的时机已经成熟。中国政府一直在努力提高中国各行业的科技含量，改善企业的品牌塑造和营销水平，同时试图降低中国经济对利润微薄的劳动密集型产业的依赖。因此中国不会把已经非常成熟的"汇源"品牌拱手让出。

国际经济分析家们说，要界定商业品牌从属于哪个国家正变得越来越困难。汇源在香港联交所上市交易，法国达能集团持有其23%的股份，美国私人资本运营公司华平创业投资有限公司持有其6.8%的股份，该公司创始人、目前担任公司主席的朱新礼持有36%的股权，很难否认汇源不是一个国际品牌。

AtlantaCapitalManagement的执行合伙人威廉姆·哈克尼认为，此项交易的破裂短期而言对可口可乐的股东来说是个好消息，因为可口可乐将拥有更多的现金。但他说，从长期来看，这是一个坏消息，因为可口可乐需要花费更多资金构建其在中国的基础设施。AtlantCapital管理着价值约70亿美元的资产，其中包括约92万股可口可乐股票，价值约合3800万美元。这对全球市场而言也是一个坏消息。他说，这是中国采取的令人烦扰的保护主义举措。你无法声称果汁与军工或能源一样同属于战略行业。

中国商务部否决可口可乐公司收购汇源，不管实意是否从贸易保护出发或是真的基于"垄断"原因，其结果是把中国的一个"名牌"产品品牌暂时留在了中国人手中，一定程度上保护了饮料市场上的一大批中国中小企业。可是引起的一系列国际贸易保护主义的警觉和借口对中国经济或世界经济的影响都将是深远的。

境外直接投资避开贸易保护

直接境外投资、从事跨国经营活动是一个国家加入WTO后经济发展的必然趋势和选择，是适应经济全球化发展的必然要求，也是应对和规避国际贸易保护主义制裁的最有效和最简捷的途径。

在金融危机之下，世界经济衰退，世界各国纷纷采取经济收紧政策，同时也是国际贸易保护主义抬头、贸易壁垒高发期，这给中国的企业出口贸易增长带来了新的困难。特别是欧美等发达国家，不断以非市场经济国家、反补贴、知识产权和人民币汇率等为由，采取新型的更加隐蔽性的贸易保护政策，制造贸易麻烦，打压中国产品进入本国市场。

对于新贸易保护主义的限制，中国许多企业缺乏应对措施，一些企业甚至选择了退出国外市场。专家指出，国际贸易保护主义具有长期性和阶段高发性，需要充分认识，重点突破，整合贸易争端解决力量，不断开拓外贸出口新局面。经济专家们给出了一剂良方——境外投资将是最佳出路。

境外直接投资作为跨国公司最典型的特征和一种最重要的国际资本流动方式，已经成为推动经济全球化的主要驱动力。在加入WTO之后，中国已经主动融入到全球经济一体化进程当中，中国经济在全球经济自由贸易的框架下得到了前所未有发展，特别是中国的出口贸易长足发展。中国企业也在全球经济体中得到了锻炼和成长。当中国的国际贸易发展到一定程度之后，中国的一些产业势必将对其他国家形成冲击和威胁，也必将受到它国贸易保护壁垒的制裁。中国企业必须想出新的应对贸易保护主义的对策。另一方面，从参与全球经济一体化的深度出发，中国的企业已经有实力也应该迈开"走出去"的步伐，为企业本身利益或为国家经济的长远发展考虑，参与境外直接投资是必然的趋势。

中国企业参与境外直接投资的起步比较晚。改革开放30年，中国社会主义市场经济体制的框架逐步形成，尤其是外贸体制改革的加快，为对境外直接投资提供了体制基础，中国经济的稳定快速发展为海外投资奠定了经济基础。而金融危机的当下，对于中国企业的海外投资和海外扩张正是有利的契机。中国企业利用机遇，迎接挑战，在对外直接投资中做出科学的战略抉择，在国际上寻求更大的生存和发展空间成为企业家们首先应该思考的方向。

中国企业在境外投资方面还存在很多不足，特别是中国的民营企业，准备仍不充分，中国政府在以往的境外直接投资的政策和营造国际环境方面的支持主要是面对国有企业，而对相对弱小的民营企业境外直接投资的支持力度仍显不足。然而当中国经济发展到今天，民营企业本身的实力已经具备海外直接投资的资本，这就更紧迫需要政府在政治层面上营造良好的国际投资环境和政策支持，来弥补目前中国企业对外直接投资所面临的缺陷和不足。

中国企业在海外直接投资的状况虽然比改革开放之初有了长足的发展，但仍存在着产业结构不系统、投资区域分布不合理、投资规模小不成体系、投资产业技术含量低下以及投资收益不高等不足缺点。

据有关数据统计，中国的海外直接投资企业中赢利的占55%，多为非生产性企业。收支平衡的占28%，亏损企业占17%，其中以生产性企业居多。这与国际上工业类企业在跨国公司中所处的主体地位和巨大规模形成鲜明对比。中国的海外直接投资多集中在发达国家和港澳地区，规模偏小，难以获得规模优势，难以进行有效研究和开发，无力支持销售和售后服务，从而导致了恶性循环。另一方面，尽管近几年中国海外投资质量和档次有所提高，出现了一批技术含量较高的生产项目，还有一些高科技企业积极在美国和欧洲发达国家建立独资或合资的研究机构和技术中心，但总体来说对外直接投资过分偏重初级产品产业的投资，对高新技术产业的投资仍然偏小。如在非贸易性海外投资项目中，近40%属于低附加值、低技术含量的资源开发及初级加工等劳动密集项目。

面对这样的现实环境，中国政府和中国企业应共同协力一道为中国企业境外直接投资创造良好的国际政治和经济环境。事实上，中国具备更多的是向与我国经济发展水平相近或落后的国家和地区实行"梯度转移"的条件，这种投资在于利用各国贸易政策，更能发挥现有比较优势；而在发达国家尤其是技术资源和智力资源密集地区，则应建立研发机构或资本和技术密集型合资企业以达到跟踪和开发高新技术、促进国内产业结构升级的积极效果。在世界经济全球化过程中主动进行对外直接投资战略的调整，尽可能利用经济全球化带来的机遇，提升中国企业在全球战略中的地位，减少全球化给我们带来的消极影响，同时可以大大避免新兴起的国际贸易保护主义对中国出口贸易的敌意制裁和封锁。

在新的国际经济形势下，中国出口为主的外向型企业如何避免贸易保护主义对企业的发展影响成为企业家及当地政府们努力思考和解决的首要问题。山东省在政府和企业携手抓住契机进一步扩展海外直接投资方面做得比较成功。

山东省对外贸易经济合作厅境外投资管理处处长臧耀刚说，金融危机对企业而言既是严峻考验，又带来了巨大机遇。随着国际能源材料价格的大幅回落，以及一些国外企业遭遇经营困难，急需资金支持，中国企业进入海外市场的门槛正在不断降低。山东省紧紧抓住周边国家和地区货币贬值等有利条件，鼓励企业加快推进多种方式的境外投资，巩固并扩大了山东省在国际生产要素配置中的话语权，取得了显著的成果。

臧耀刚介绍，山东省产业结构决定短期内其对外资源高度依存的状况不会改变。近年来，为减少对海外资源的依存度，打破壁垒助推企业直接参与国际市场竞争，山东省一直稳步推进企业"走出去"。金融危机爆发以来，国际原材料价格下跌，正是对外收取矿权的有利时机。如克矿集团用 2200 万美元收购澳大利亚的一个煤矿在 2007 年下半年投产后，到 2008 年底累计产煤 350 万吨，价值 25 亿澳元（约为 11 亿元人民币）煤矿负责人表示，现年即使有人出价 10 倍也不卖。

作为高档包装纸龙头企业的山东太阳纸业股份有限公司准备借机将生产车间搬到海外，在老挝建立一个林纸浆一体化的工厂，建立育苗基地，3 年到 5 年收购一次木材，并建小水电，计划纸浆年产量将达到 100 万吨，以此绕开国际贸易壁垒，并通过利用海外廉价劳动力和原材料降低生产成本。

臧耀刚在总结山东省的企业在新一轮的境外直接投资取得成功的经验时说，山东省政府在这个过程中主要通过四种模式来推进企业海外投资，取得了良好的效果。

其一，山东省力促企业加快国际资源能源合作。自 2007 年山东开始实施境外能源开发"1163"工程，以铁矿、铜矿、金矿、铝土矿等 10 类资源为重点，逐步在境外建立 10 个资源生产供应基地，推动钢铁、电力、煤炭、有色金属、化工等行业 60 家大企业参与开发大项目，计划用 5 年时间力争全省投资参股的境外资源生产基地所提供的资源占全省资源进口总量的 30% 以上。山东省已累计核准资源开发项目 80 个，初步在境外形成了年产 300 万吨煤炭、500 万立方米木材、10 万吨天然橡胶、50 万吨锰矿、600 万吨铝土矿的权益资源。

其二，不失良机以低成本开展跨国并购。在金融危机的影响下，不少国外企业经营难以为继，这对山东省的一些有实力的民营企业提供了难得的机会。山东省威海市的进出口贸易龙头企业迪尚集团有限公司 2008 年在美国、英国并购了服装研发中心；山东润兴投资集团以 75 万美元的低价并购了美国一家资产约 275 万美元的品牌家具公司，直接获得其拥有的 5 家名牌家具公司及多个中高档家具公司的销售权和供给渠道。统计显示，去年山东企业抓住境外优质资产、优质企业价格缩水的有利时机，瞄准 10 多家拥有国际知名品牌、全球营销网络、具有较强研发能力的企业，实现了低成本快速扩张。

其三，山东省积极推进境外经贸合作区建设。以海尔集团为依托的鲁巴经济区 11 个项目已投产运营，年产值超过 1.5 亿美元；烟台西北林业承建的中俄托木斯克木材工贸合作区投资完成 5100 万美元，首个项目已经开工；浪潮集团承建的委内瑞拉科技工贸区已进入土地平整和先期建设。据浪潮集团拉美区域总经理王军强介绍，最近几年电脑制造业在国内市场竞争比较激烈，在这种情况下，浪潮在委内瑞拉建生产线，一方面迎合了中国政府发展民族工业的意图，获得了当地的支持，另一方面避开了激烈的国内竞争，其产品在委内瑞拉当地电脑市场基本上处于供不应求的状态。

其四，山东省政府牵头引导企业富余产能向海外转移。山东将受国家限制并淘汰的高污染、高耗能产业，如小炼油、小水电等作为富余产能向海外转移，一方面能够推动本省产业升级换代，同时这些产能在欠发达国家仍算是优势产能。此外，山东还鼓励将国内产能相对过剩产业向外转移。如临沂新光毛毯有限公司通过在南非投资建设临沂（南非）工业园，变产地销为销地产，辐射整个非洲南部，产品已占到南非市场的30%。

臧耀刚在介绍山东省政府做出的四种模式的同时无不谨慎地提出了他的担忧。金融危机下，山东省企业海外扩张的积极性较高，也取得了一定的成果，但危机客观上也使企业境外投资面临着更多不确定因素。

金融危机导致国际贸易保护主义有可能加剧。许多国家和地区随着经济增长放缓、失业率上升，可能采取更为保守的贸易政策和措施，全球范围内的贸易保护主义威胁增大，不可控因素增多。同时，世界各国对资源的争夺会更加激烈，当前对我国境外资源合作有些西方国家已经冒出一些杂音，并开始施加压力。另一方面，山东的这些企业在这个时候进行扩张，但等到危机过后全球经济复苏的时候，由于中国金融银行业不能够为这些企业的海外资产进行担保，可能给海外直接投资的企业在融资的渠道上埋下隐患。因此臧耀刚从更深入的层次和长远的角度提出自己的建议。从国家的角度思考把中国外汇变成资源储备，可成立境外资源投资基金，扶持境外资源开发企业，建立国家级资源战略储备。政府应鼓励企业利用多、双边经贸合作机制参加各种形式的框架协议，更多使用国家各类援外优惠贷款、援外合资合作基金和国外政府设立的专项基金开展合作。

政府积极开展以基础建设换资源、以勘探合作换矿权开发权、用国内优势产能换资源等新型资源合作开发模式，鼓励企业按照国际惯例，采用签订长期供货合同、租让、权益分成、投资入股等多种形式，合作开发境外资源。与此同时扩大银企合作，联合到境外洽谈和收购矿权。加强境外投资风险评估，规范各类企业境外投资行为，成立咨询委员会，做好项目前期评估和科学论证，尽可能完善项目监管和风险防范机制。

在金融危机之下，山东省推出的政府与企业携手"走出去"的模式也许可以推广到中国沿海区域的企业。在危机与机遇共存时期，政府积极主动地为企业创造更广阔的国际经济投资环境，使企业扩展海外直接投资能够顺利进行。这对企业和政府来说是应对新贸易保护主义的最好措施。

贸易保护侵蚀世界经济

20世纪下半叶以来，伴随着全球经济一体化进程的发展，全球经济高速发展，世界财富成量级式增加，主要归功于世界自由贸易体制的建立和完善。然而人们不会忘记，世界自由贸易体制在建立和完善过程中的艰辛，多哈谈判的磨难。世界经济也因贸易保护主义的兴风作浪经受着一次次灾难。

贸易保护主义不会消失。只要"国家"还存在，贸易保护主义仍时刻侵蚀着世界经济的健康。这是贸易保护主义存在的根本和目的。贸易保护主义和自由贸易体制是两个孪生天敌。

所谓贸易保护主义，就是一个国家在对外贸易中实行限制进口以保护本国商品在国内市场免受外国商品竞争，并向本国商品提供各种优惠以增强其国际竞争力的主张和政策。在限制进口方面，主要是采取关税壁垒和非关税壁垒两种措施。前者主要是通过征收高额进口关税阻止外国商品的大量进口；后者则包括采取进口许可证制、进口配额制等一系列非关税措施来限制外国商品自由进口。这些措施也是经济不发达国家保护民族工业、发展国民经济的一项重要手段。对发达国家来说则是调整国际收支、纠正贸易逆差的一个重要工具。

在自由竞争资本主义时期，较晚发展的资本主义国家，常常推行贸易保护主义政策。发达国家则多提倡自由贸易，贸易保护主义只是用来作对付危机的临时措施。到了垄断阶段，垄断资本主义国家推行的贸易保护主义，已不只是抵制外国商品进口的手段，更成为对外扩张、争夺世界市场的手段。

显而易见，贸易保护主义是单个国家从狭隘的利益思维出发保护本国利益而损害其他国家利益和世界整体经济利益的一种不负责任的手段。

当世界经济一体化进程发展到一定的成熟阶段，国际经济合作错综复杂的时候，贸易保护主义成为一把双刃剑，贸易保护对一国经济的发展和稳定的有效性成为不能预测的不定数，相反对使用贸易保护措施的国家经济在深层次或长远利益方面将可能是一种不可挽回的伤害，而对世界经济的伤害更是不可估量。

20世纪30年代，美国通过了《斯穆特——哈里斯法案》。对于美国来讲，它帮助全世界建立起了一个一起抵制美国的统一阵线；对于世界来讲，1929~1934年，该法令的施行使全球贸易总额下降了2/3。因为所有的国家都要控制进口，全球经济陷入了万劫不复的悲惨境地。这对全球经济的发展是一次刻骨铭心的教训。十年前亚洲经济危机的时候，全球经济中也曾经掀起过一阵贸易保护主义的浪潮。经济学家罗克鲁格曼曾对当时的贸易保护浪潮进行分析说："贸易保护主义的行为并不是什么稀奇的事情，在全球经济危机的大背景之前，贸易保护主义的抬头就变得更加正常了。传统的宏观经济学分析依靠的基础是这样的一个假定：政府可以在或多或少的程度上让人们实现充分就业。如果政府做不到这一点，而且经济学家找不到能够解决全球新问题的方式的话，所有的原先是异端邪说的东西都可能变成是十分合理的东西了。到了最后，这不仅仅会成为经济学界的重大损失，全球经济也难以幸免于难。"

而如今，金融危机已经蔓延全球，贸易保护主义已经抬头。之前，世界各国特别是发达国家已经开始注意到了这个问题，并作出了很多口头上的承诺。譬如说西方七国集团（G7）财政部长和中央银行行长在罗马举行峰会后在一份声明草案中承诺，西方七国集团在继续致力于稳定经济和金融形势的同时，强调要反对贸易保护主义。世界银行行长佐利克对这一承诺给予特别的关注和期待。他说，在金融危机这一关头上，目前各国面临的问题是跨国界的，因此不应当局限于从一国国内来解决问题。以"经济爱国主义"为旗号的贸易保护主义的做法，无论从经济的角度或是爱国主义的角度来看都是没有意义，因为这种做法可能符合政治需要，但从经济角度来看则是错误的。

这一承诺首先被美国打破。正如《经济学人》的一篇文章所说的，当经济局势日益恶化时，让人们能够继续对自由贸易保持信仰是一件十分奢侈的事情。美国在维护本国利益方面从来不会奢侈。美国国会已经把"购买美国货"写进它们的一系列刺激经济方案中了。美国总统奥巴马在G20伦敦峰会上为其解释说：关于贸易保护主义，尽管美国国内存在相关的论调，因为金融市场崩溃产生的经济挫败感非常真切，失业率急剧攀升，但写进美国经济，刺激计划中的"买美国货"条款的每一条都是符合世贸组织规定的。其中关于墨西哥货车运输业的条款正在协商，我们不想看到升级的贸易战。

奥巴马进一步解释说：比如说在美国，已经看到了房贷市场的一些稳定迹象。我们的救房计划已经将利率、抵押率降至很长时间内的最低点，银行也重新开始大规模融资。在一些特定行业，比如汽车贷款和学生贷款市场，财政部长盖特纳在创造资产抵押证券市场领域的努力也起到了作用。因此，虽然我们还有很长的路要走，但是我相信，如果我们摒弃灵丹妙药的想法，而是愿意通过一系列措施兑现在经济增长、工作岗位上的承诺，我们就能走出这场危机。

奥巴马不想看到因为美国带头提出的贸易保护条款引起贸易战争。他说现在"不是提倡贸易保护主义的好时机，我会继续反对想关闭美国市场的努力。我认为，在一个民主国家里，总会产生一些尚未收场的细节问题。美国是这样，全世界也是这样"。奥巴马以嘲讽的口气批评西欧国家在贸易保护方面所做的一切。事实上，西欧国家在这次峰会上绝口不提仅对贸易保护主义，因为他们正在这样做。

G7开罗峰会上，英国、法国、德国的财长们极力批判了美国带有明显贸易保护性质的刺激经济措施。可是在这之后甚至之前，西欧国家提出的贸易保护措施有过之而无不及。正如一本《经济民族主义回潮》的书中所言："贸易鼓励各方能够发挥各自的比较优势，而正是这给大家带来了繁荣。虽然有着无数的问题，但是全球资本市场仍然能够比本国资本市场更有效地配置资本。经济合作鼓励信心，而且提高安全。虽然有着这种种好处，但是今天全球化的经济依然遭到了攻击。"提出"购买美国货"的经济刺激方案，幕后站着的是美国的钢铁制造业。美国国内的钢铁企业想在美国建设中获得优先权。这对美国的钢铁企业老板们来说是一件好事情，可是对于美国纳税人来说未必是好事情。美国历史上的例子早就告诉人们这样的行为将带来昂贵的代价。20世纪90年代，在重建旧金山——奥克兰大桥的时候，加州交通运输部门通过了一项决议。根据该决议，只有在国内生产的钢铁价格高于进口价格25%的时候，才可以使用进口钢铁进行建设。最终竞标成功的钢铁价格比进口价格高出了23%，纳税人不得不掏出高得多的价钱，额外的造价高达4亿美元。因为钢铁制造企业属于资本密集型行业，所以这多付出的资金并没有让工人们多得到多少好处。

"购买美国货"的方案即使美国的制造业有能力满足新的激增的订单，但对于像GE这样的全球性企业，他们不希望"购买美国货"真的变成现实，因为这将伤害到它们在其他国家进行公平贸易的能力。他们担心假如印度和中国也学习了美国的经验，美国人在获得这些地方的合同时，也将遭遇不利的局面。

密歇根大学的经济学教授 Mark J. Peny 曾对美国在制造业方面提高关税可以增加就业岗位的说法提出质疑："关税一般是用来保护那些本国产业免遭国外那些效率更高的竞争者的攻击的。但是别忘了，本国的企业同时也需要从外国进口原材料、部件等物品，进口的来源就是外国的制造者。实际上，美国进口货物总数中，有50%以上的部分是由工业部件及生活消费品半成品构成的。情况的确如此的话，关税征收的对象就是本国的制造业企业，这会使它们根本不可能获得显著的竞争优势。"

与整个欧盟那种更加美国式的对自由市场的热衷不同，英国人的信仰消失得可能是整个欧洲里最快也最多的。尽管英国首相布朗达沃斯峰会上曾表示，现在不是撤离全球化转向保护主义的时候，诉诸保护主义手段并不能解决目前的金融危机，各国应团结一致加强合作。他还呼吁重建国际金融机构，并说"如果我们不行动，保护主义倾向就会变得极其严重"，但是"把英国的工作岗位还给英国人"这句布朗上台时候的口号，早就已经被工人们拿来当成是要求他增加贸易保护主义的尚方宝剑。

欧洲各国对本国的工作岗位实施保护将给欧盟领导人制造一个很大的麻烦，因为这是与欧盟对资本、服务以及工人可以自由流动的规定是格格不入的。

英国商业大臣曼德尔森批评说："如此做法还可能会产生保护主义的连锁式反应。这将变成是一个很大的错误，英国的公司不能够在别处经营，别处的公司也不能够在英国经营。保护主义一定会使衰退变成崩溃。"

世界银行主席罗伯特·佐利克再次对贸易保护主义的抬头表示了担心："我的确很关心目前正在日渐加深的贸易保护主义危险，现在的金融和经济危机以及失业率问题已经十分严重了。如果我们又一次兴起了新一轮的贸易保护主义，正如20世纪30年代那样，全球危机的程度将进一步加深。"

在金融危机侵蚀着每一个国家的经济实体的时候，所有国家都会从本国的利益出发，采取任何一种能够让其经济复苏的政策。从传统的经济学理论来解释，这听起来都合乎情理。但是在全球经济一体化进程高度发展的今天，一个国家采取的每一项措施都不再是单纯的结果。不管什么样的贸易保护主义对整个全球经济的发展都是伤害，从长期效果或深层次的利益角度分析，它都是一种损人不利己的生意。

中印贸易战争一触即发

中国龙和印度象这对彼此近邻的两个有着太多相同点的国家,面对金融危机和新一轮的贸易保护主义抬头的当下,本应该团结起来共同应对目前严重国际经济形势。遗憾的是,因为印度近来一系列针对中国商品采取的无厘头的反倾销等明显带有贸易保护主义色彩的制裁手段,使得中印贸易严重受阻,中印贸易战争一触即发。

根据资料显示,2008年10月以来,印度密集对中国出口产品发起17起贸易救济调查(反倾销调查10起、反补贴1起、特殊保障措施2起、一般保障措施4起),涉及青霉素、工业盐、热轧钢、汽车转向轴、炭黑、瓷砖、亚麻织物、轮胎等产品,涉案金额约15亿美元。此外,印度还于近期对中国钢铁、化工、纺织等产品实施进口限制措施。

印度近来对中国商品进行带有明显贸易保护主义色彩的例证如下:

2009年2月6日,印度商工部向印度全境所有海关部门通告,将全面切断中国玩具进口管道,包括经由第三国进口的途径。

2009年2月6日,印度对华尼龙帘子布进行特别保障措施调查。

2009年1月27日,印度对自中国进口的铝板及铝箔进行特别保障措施立案调查。

2009年1月23日,印度从中国进口玩具禁令或升级为永久性。

2009年1月16日,印度对华纯碱发起特保调查。

2009年1月14日,印度对华亚硝酸钠进行反补贴调查。

2008年12月19日,印度对线性烷基苯进行保障措施立案调查,2009年1月30日做出初裁,对涉案产品征收20%的从价税。

印度对中国产品进行一系列的无厘头措施,其结果直接导致2009年1月中印贸易为30亿美元,比2008年1月下降了近1/3,2008年同期的贸易额超过40亿美元。

面对这样的一个结局,中国驻印度大使张炎仍然强调,尽管中印两国的贸易额有所下降,但两国的经济基础很强,在全球金融危机的背景下,中印经济的下滑速度将比其他国家缓慢。中印应联合反对贸易保护主义。

张炎大使的观点反映出,在金融危机和以美国、西欧国家为代表的新

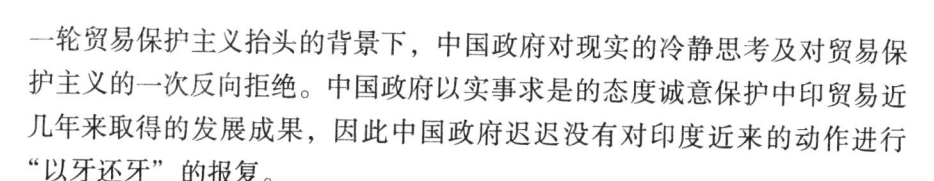

一轮贸易保护主义抬头的背景下，中国政府对现实的冷静思考及对贸易保护主义的一次反向拒绝。中国政府以实事求是的态度诚意保护中印贸易近几年来取得的发展成果，因此中国政府迟迟没有对印度近来的动作进行"以牙还牙"的报复。

尽管印度和中国在经济结构和经济发展模式上存在很大的不同，但两国都有众多人口为基础潜存庞大的潜在消费市场，都是近年来的世界上经济增长最快的国家，是新兴市场的发展中国家，被称为"金砖四国"中的两个席位，因此中国和印度在经济合作方面存在着良好的基础和广阔的前景。中国一直认为中印两国如果做好有效的沟通，在全球经济一体化格局之下，两国共同努力，以成熟、理性、务实的态度把握机遇，排除障碍，建立互信，加强往来，在两国贸易方面必将产生双赢的结果。

中国方面的愿望是美好的。这一愿望的实现首先要排除两国之间的障碍。

一是中印两国之间的贸易还存在着沟通的非对称性障碍。由于中印两国没有自由贸易协议等促进贸易发展的工具，两国企业之间的信息交流无法对称。二是印度高贸易保护政策和对华商品滥用贸易保护措施带来的障碍。在全球的贸易伙伴中，印度是使用贸易保护措施最频繁的国家，也是对华发起反倾销最多的国家。三是印度以赶超中国为目标的大国意识带来的障碍。印度是一个具有强烈大国意识的国家，成为区域性和世界性大国的雄心决定了中国始终是印度心中的竞争对手。印度尚缺乏一个大国所应具有的自信和风范，在具体的发展战略与措施中对中国持谨慎态度。围绕赶超中国和成为世界大国的战略目标，印度一面继续加大改革开放力度，学习和借鉴中国引进外资、促进出口的经验，另一方面，印度又过度保护本国企业和市场，在增进进口方面鲜有作为，在对外贸易和引进外资中对中国商品和中国企业戒心重重。

如果中印之间对存在的这些障碍没有一个清醒的认识和沟通解决，中印贸易就不有会发展前景，贸易摩擦就像阴魂一样始终缠绕在两国经济合作的方方面面。

造成印度近来对中国产品进行封锁还有另一个重要原因，那就是严重的金融危机造成了世界各国的经济衰退，印度经济也不例外地出现了衰退迹象。印度为了保全本国的经济体系不受损害不得已而为之。

中国社科院亚太所刘小雪博士指出，印度近来向中国发起的贸易保护，与印度自身遭遇的经济困境有很大的关系，也与印度出口下降、外贸形势不利正好相符。实际上，也正是从 2008 年 10 月开始，印度的对外出口开始下降，为过去 5 年来首次出现负增长。印度自身的经济困境反映在：一方面是出口减少、贸易赤字上升，同时印度出口产业失业人数不断上升，其纺织出口、手工艺产品、汽车配件等行业都是这一轮出口下降的最直接受害者，所以中国的汽车配件出口也是印度针对中国产品反倾销的主要领域。

中国现代国际关系研究院印度问题专家马加力表示，在金融危机的大背景下，各个国家的经济形势都不太好，出口受挫，容易打起贸易保护战。事实上，中印之间一直存在着贸易摩擦。近年来，印度对中国的反倾销诉讼有增无减。印度对中国的反倾销不能完全排除政治上的因素。中印之间的政治关系缺乏安全互信。印度对中国的疑虑比较多，另外印度本身国内的民族工业对政府亦施加了很大的压力。

但不管什么原因，事实是印度密集对中国出口产品发起 17 起贸易救济调查和进口限制，占到印度近期贸易制裁总数的 80%，很明显的是印度已经向中国挑起了贸易战争。自 2009 年 1 月 23 日印度政府宣布今后 6 个月禁止进口中国玩具后，印度现在已经向同为世界新兴经济体的中国发起了贸易战。

就印度无理由禁止进口中国玩具事件，美国《时代》周刊发文说：在达沃斯世界经济论坛上，与会人士普遍呼吁应在金融危机之下共同抵抗贸易保护主义。当时，印度商业和工业部长卡迈勒·纳特也对达沃斯的呼声表示赞同，警告某些政府不要不顾一切地保护本国工业，并通过限制进口降低国内企业的竞争压力。但在纳特发出这样的呼声仅仅几天后，印度就因对中国玩具进口发出禁令，引发世界两大新兴经济体的贸易紧张而备受指责。而在该禁令发出两周之后，纳特终于开口解释称，印度的做法是符合 WTO 规定的，也是为了维护"公共安全"。纳特称："这是一个'一次性'的问题，而中印贸易仍在继续发展。公共健康和安全应在商业考虑之上。"与此同时，印度产业部门的官员也否认印度违反了国际自由贸易规定。

《时代》援引印度工商联和商会秘书长 Rawat 的分析称，安全因素并不是印度出台禁令的重要原因，印度方面的真正目的是"提防"中国玩具生产商们涌入印度市场。印度玩具业共有 200 万从业人员，长期以来都对中国廉价玩具涌入表示不满。据报道，目前中国玩具占据了印度 60% 的玩具市场。因此很多业内人士更倾向于这是一种贸易保护。

《时代》的文章最后说,在过去,中印两国经常在 WTO 中为共同利益而合作,但此次贸易争端可能会造成中印合作的分裂。

韩国媒体也报道:全球经济大环境走弱,印度片面宣布禁止中国玩具进口后,最近一个月内对中国发动七起特殊保障调查措施,双方贸易摩擦加剧,中国对印度也启动外交斡旋,贸易大战一触即发。

美国《商业周刊》报道,玩具贸易战只是一个开端,近一个月内,印度向中国发起八起有关"特殊保障调查",包括车用钢铁、亚麻布、纯碱和铝产品的贸易保护措施。所谓"特殊保障调查",有别于一般的反倾销、反补贴措施。反倾销措施采取"先调查、后保护",调查时间较长;但特殊保障调查采取"先保护、后调查"的做法,调查时间较短。

中国政府对此问题高度重视,商务部急晤印度驻华大使进行交涉。商务部新闻发言人姚坚公开表示,中方希望印方在世界经济面临严峻挑战的特殊时期,审慎克制使用贸易救济措施,否则将对双边经贸关系造成影响。

印度独立后曾一直奉行严格的保护主义政策,因此经济发展缓慢。20世纪 90 年代以来印度逐渐对外开放,经济开始快速增长,2002~2007 年,印度经济平均年增长率为 7.8%,2008 年印度 GDP 为 9280 亿美元,为世界第 13 大经济体。对外开放给印度经济带来的好处可见一斑。

因此,在金融危机特殊情况下,印度政府应该做的是考虑长远利益,重新认识"自由市场下的自由贸易"是全球贸易发展趋势,只有流动性才可以增加产出、增加就业,贸易保护主义本身的保守倾向和全球化相背离,在各国经济都不景气的情况下,如果各国贸易因之缩水,全球经济将雪上加霜。如果贸易保护主义全球风行,出口导向型国家居多的亚洲会首当其冲,印度也不可能独善其身。

澳矿业拖延了投资计划

曾几何时,澳大利亚的力拓和必拓以及巴西淡水河谷等少数几家矿石巨头控制着海运铁矿石 75% 的市场。他们抓住中国兴建基础设施急需钢材之机,频繁大幅度提高铁矿石价格,迫使中国钢铁企业接受 2008 年的年度铁矿石合约谈判中上涨 65%,就是这些中国生产商被迫吞下的一个苦果。

澳洲铁矿石生产商还强迫中国买家接受一项运费均等协议，即向较近的澳大利亚生产商支付与遥远的巴西生产商相同的运费，这多少让中国的钢铁企业有些无奈和难堪。

金融危机的爆发，全球经济直线萎缩。世界钢材产量明显过剩，库存量堆积过多。经济前景不明朗，未来国际钢材需求看不到增量。澳大利亚的矿石巨头力拓和必拓没有了以前的那种张狂。许多澳大利亚矿业企业由于在市场繁荣期积累了过多债务，现在处境非常艰难。他们不再高价叫卖铁矿石，反而正在争取和期待着国际买家的资金的直接注入。中国近来的一系列密集型刺激经济计划，特别是中国政府的4万亿元的国内基础投资建设的诱惑，使得澳大利亚的铁矿石巨头们看到了希望，纷纷向中国的钢铁企业投来橄榄枝，希望进行一些资本合作。

对于中国的钢铁企业而言，直接参与到钢材产业的上游——铁矿石的投资控股，对于长远的发展来说非常关键。

在金融危机之下，海外需求的下降和国内经济明显放缓预示了中国钢铁业会面临困难时期。在2008年8、9月全球危机渐露头角时，中国大陆的工厂已经因举办奥运会而采取的限制措施减少了生产。但是，当危机第四季度恶化时，生产商仍有库存需要消化，价格也直线下跌。

前几年，中国经济高速发展和快速的城市化带来的无尽需求吸引国内钢铁公司对产能进行过度投资，一度造成国内钢材市场的剧烈竞争，再加上居高不下的铁矿石价格使得中国的钢材产业危机潜伏。

麦肯锡公司中国钢铁咨询业务领导人艾家瑞（arelEloot）分析说，金融危机的到来虽说给单个的钢铁厂带来了困难，但对整个行业来说未必就是个坏消息。对中国政府希望优化经济结构而言，衰退恰恰是一个一直在寻找的机会，让中国企业能有机会收购海外资产和整合国内钢铁业。

中国政府早在2005年就制定了一个钢铁业发展和改革的计划，开始准备钢铁企业进行整合。国家发改委希望到2010年时，国内前10大生产商能够占到产量的50%，2020年时将这个比例提高到70%。但是，地方政府不愿失去对宝贵的生产资产的控制，行业整合举步维艰。截至2007年，前10大生产商所占钢铁总产量的比例刚刚超过了36%。

随着国际和国内市场需求疲软和信贷紧缩，沿海地区的小型钢铁厂普遍感到了压力。在2008年底，一些小厂在市场上的出售价格只是繁荣时期要价的一半，有些则几乎分毫不值。对拥有现代技术并身处东部沿海战略地理位置的小厂来说，他们意识到进行整合也许是唯一出路。但对一些效率低下的小厂而言，其结果是很大可能地被淘汰和破产。

中国政府希望那些生存下来的企业，通过市场份额的扩大，将推动投资效率提高，产品质量改善，并进军海外市场。

机会来的有些突然，澳洲铁矿石那些曾经的大佬们自动找上门来。随着铁矿石价格从高点明显回落和信贷市场冻结，澳大利亚的小型矿业公司都在寻找投资者，而中国企业也乐于满足他们的要求。鞍钢、首钢国际与武钢都与澳大利亚矿业公司进行了或准备进行铁矿石现金交易。

吸引澳洲铁矿石企业看好与中国钢铁企业的资本合作的基础是中国钢铁企业近来的一系列海外矿产资源的购买案例。2008年，中国钢铁公司至少收购了总计180亿美元的矿业资产，显示着中国钢铁企业的资金实力和合作的积极性，以及中国未来的市场。

除了鞍钢、武钢之外，中铝和湖南华菱钢铁集团都积极地与澳大利亚的铁矿石企业进行接触和洽商有关注资事项。

然而看似机会良好，但事情远不美妙。澳大利亚外国投资审核委员会对中国铝业的195亿美元参股力拓计划审查期延长了90天；澳大利亚第三大铁矿石生产商FMG表示，已经收到澳大利亚投资审查委员会（下称"FIRB"）的通告，湖南华菱钢铁集团与其交易的审批将进一步延长30天。澳大利亚政府也正在考虑中国的一系列矿业投资计划是否还将延期审批，其中包括中国五矿有色金属公司提出的以26亿澳元收购OZMineralsLtd.的计划。

澳大利亚外国投资审核委员会对中国钢铁企业收购或注资澳洲铁矿企业的延期审批行为显然不是因为纯粹的市场原因。

虽然很多看好澳洲铁矿产业这一轮融资动作的国际观察家及澳大利亚的相关官员一再肯定表示，澳大利亚政府最终会通过这些审批。澳大利亚执政党工党地区常务主席StevenMoon表示，"我所接触的澳大利亚企业认为，和中国建立（股权）合作关系强过任何合同保证"；"由于澳中双方在政治体制、文化习惯和发展历史等方面都存在巨大差异，出现一些反对声音不足为奇。面对这些反对声音，如何摆平各方利益，求同存异，是澳中双方政治家和商业领袖所面临的挑战。Steven Moon还表示他主张自由贸易，而澳大利亚需要中国的市场和资金，如何推进双方贸易，需要两国政治家和企业领导的智慧。

Steven Moon针对中澳在矿业方面的合作，不能仅仅因为经济危机的临时措施而后退，而要从长远利益来考虑，只有双方利益都得到保障，双方在矿产资源方面的合作才能更深入。澳大利亚人都是看市场的，不会将不符合市场情况的事情强加于任何人，铁矿石价格低了，谁都不好过。到目前为止，澳大利亚的铁矿石没有一吨滞销的情况，每挖出一吨，都提前有人要了。澳大利亚在地理位置上靠近中国，经济上与中国存在较高的互补性，尤其是在矿产资源方面。澳大利亚需要中国庞大的市场及雄厚资金，中国需要澳大利亚充足和稳定的资源，因此，中澳两国具有良好的合作前景。Steven Moon最看好中国的中小钢铁企业与澳大利亚的中小铁矿企业之间的合作。他说中国中小钢铁企业逐渐成为市场不可或缺的一部分，为打破垄断关系，自由贸易和平等协调是最好的方法。他将提出议案，建议澳政府应制订新政策，给终端弱势群体平等进货的机会和权力。

其实，尽管Steven Moon是自由贸易的拥护者，但作为澳大利亚的政治人物，他同样担心一些事情。这就是他看好中小企业的合作的理由。

正如Steven Moon所说的，现在是市场低谷，大批量的中国资金进入，别人不可避免会有想法，会审视中国在资源最便宜的时候进入有哪些目的。

导致中国钢铁企业和澳大利亚铁矿企业的合作项目延期审批的最大理由就是政治因素，而非市场。

由于金融危机带来的矿业市场的不景气，目前澳大利亚许多矿业企业由于债务增多而寻求通过出售部分或全部股权来融资，很多公司也把目光投向了中国。

不过，一位国际矿业巨头的中国区高层也不无担心地认为，中国企业尤其是国有企业如此密集地投资澳大利亚矿业，很容易引起澳大利亚方面的敏感。

澳大利亚的政治派别人士认为矿石资源是不可再生的，而中国作为澳大利亚最大的客户，如果在商品市场低潮时大量取得对澳大利亚资源的控制，有损澳大利亚长期经济利益以及国家利益。

就在中铝和力拓宣布了195亿美元的注资方案后，澳大利亚方面就一直有反对的声音。近来澳大利亚政界人士甚至现身两则私人出资的澳大利亚电视广告，试图鼓动公众反对中铝投资力拓的交易。在广告中，澳大利亚参议院反对党——国家党领袖巴纳比·乔伊斯表示，他担心澳大利亚的"财富来源"正被一家外国政府买走。

澳大利亚绿党领袖鲍勃·布朗提出，要求重新评估2008年由澳大利亚财政部发布的针对外国政府机构在澳大利亚投资的指引准则，还要求对决定外国机构在澳大利亚收购（以中国铝业公司对力拓注资为例）的法规中政府的责任进行评估，看其是否与澳大利亚国家利益一致。

澳大利亚参议院也批准了一项由反对党及独立议员联合提出的申请，由经济委员会展开对外国国有企业及主权财富基金在澳大利亚投资的调查，评估他们在国际并购中起到的作用，以及由此带来的对公司成长和竞争环境的影响。

政治永远是经济事件的幕后推手。作为主权国家，在国际间重大经济事件发生时都会保持高度的谨慎态度，这无可厚非。但是，不能让个别势力团体借助政治借口高抬民族经济主义或贸易保护主义，损害世界自由贸易体系，阻碍国家经济和世界经济的发展。

中国钢铁企业与澳大利亚矿石企业的合作必将推动澳大利亚铁矿石企业的健康发展，有助于他们度过目前面临的困境，也将使澳大利亚资本市场将重返多元化的投资，对中国的钢铁企业未来发展也是契机。但愿这两个息息相关的两国产业能够穿透政治障碍，最终走向合作。

新贸易保护主义损害中国经济

随着全球经济一体化进程发展到一定阶段后，国际贸易体系逐步完善，世界各国或经济体间的经济合作趋于多样化和复杂化，原旨贸易保护主义一定程度上成了一把双刃剑，世界各国也不再轻易抬出原旨贸易保护的政策。但是因为"国家"的存在，每一个国家在维护本国利益的时候必定会采取一些有利于本国的新贸易保护经济政策。特别是在出现金融或经济危机的时候，贸易保护主义就一定会卷土重来。

新贸易保护主义又被称为"超贸易保护主义"或"新重商主义"，它在理论依据、政策手段、目标对象及实施效果等方面都与原旨保护主义有着明显的区别，它更具隐蔽性、更有定向性，对其他国家或经济体更具伤害性。

在新的国际经济形势下，新贸易保护主义表现出以下特点：

1. 新贸易保护主义打着公平贸易的旗号利用 WTO 规则，实行贸易保护

总体来看，在 WTO 规则的约束下，大多数国家都在向自由贸易的方向迈进,但由于现行多边贸易体制并非无懈可击,因而保护主义总是想方设法从中寻找"合法"的生存土壤。WTO 允许成员国利用其有关协议保护本国的利益,反击遭到的不公平待遇。在就为各国以"公平贸易"为口实实行贸易保护留下了空间。WTO 规则并不排斥各成员国的经济自主性,目前,保留本国经济自主性的要求不仅来自发达国家,而且还来自发展中国家。因此,采取与 WTO 不直接冲突的各种保护措施,已成为经济全球化过程中贸易保护主义的普遍形态。

美国国会,把"购买美国货"写进他们的刺激经济方案内,就是这一特点的体现。正如奥巴马解释所说:"关于贸易保护主义,尽管美国国内存在相关的论调,因为金融市场崩溃产生的经济挫败感非常真切,失业率急剧攀升,但是,被写进美国经济刺激计划中的'买美国货'条款的每一条都是符合世贸组织规定的。"

2. 新贸易保护主义往往是依据国内法履行国际条约

国际条约高于国内法,这在 WTO 组织内早已明确。但由于各国对如何处理国际法与国内法的关系缺乏统一标准,如何对待已承诺的国际条约及其在国内的适用程度,各国仍存在一定差异。一些国家只执行符合自己国家利益的国际条约,很多时候将国内法凌驾于国际条约之上。

譬如美国贸易法案中就明确美国可以对来自国外的"不公平和不合理"的贸易活动采取单边贸易制裁。美国近年来为维护本国的贸易利益多次启动或威胁启动该条款处理贸易纠纷,公开向 WTO 的有关规则挑战,严重损害了 WTO 的权威性,并对其他国家处理国内法与国际法的关系产生了负面影响。

3. 新贸易保护主义利用区域贸易组织保护成员国利益

近几年由于美国和欧盟等发达经济体对其他国家经济实施不公平的贸易政策,迫使一些国家意识到建立区域联盟,聚合力量增加谈判的筹码,来与美国或欧盟经济体进行抗衡。于是,东盟、南美国家联盟等区域性经济团体出现。

区域一体化组织具有的排他性特征被视为对成员国的一种贸易保护。通过"内外有别"的政策和集体谈判的方式,区域一体化协定在为成员国创造更有利贸易条件的同时,却往往对非成员构成了歧视。区域一体化组织具有的这种排他性特征,实际上起到了对成员国进行贸易保护的作用。

4. 新贸易保护主义采取的保护手段更趋多样化

反倾销、反补贴、保障措施等传统保护手段仍被频繁应用。技术壁

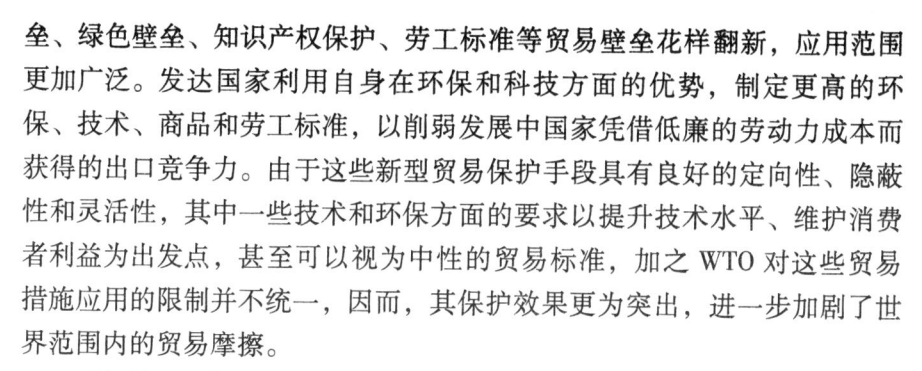

垒、绿色壁垒、知识产权保护、劳工标准等贸易壁垒花样翻新，应用范围更加广泛。发达国家利用自身在环保和科技方面的优势，制定更高的环保、技术、商品和劳工标准，以削弱发展中国家凭借低廉的劳动力成本而获得的出口竞争力。由于这些新型贸易保护手段具有良好的定向性、隐蔽性和灵活性，其中一些技术和环保方面的要求以提升技术水平、维护消费者利益为出发点，甚至可以视为中性的贸易标准，加之WTO对这些贸易措施应用的限制并不统一，因而，其保护效果更为突出，进一步加剧了世界范围内的贸易摩擦。

反倾销、反补贴、保障措施等传统保护手段依然存在，主要发生在发展中国家及新兴市场国家。而技术壁垒、绿色壁垒、知识产权保护、劳工标准等贸易壁垒的保护，则是那些经济、技术发达国家的惯用手段。

5. 新贸易保护主义以"战略性贸易政策"为核心政策

克鲁格曼等学者提出的战略贸易理论认为，不论在促进本国具有竞争优势的企业开拓国际市场方面，还是在维护本国企业免受国外竞争对手的冲击方面，都需要国家的贸易政策发挥作用，从而为国家通过干预贸易、提高和维护本国产业的战略地位提供了强有力的理论支持，并由此形成了战略性贸易政策体系。这一政策体系强调了国际贸易中的国家利益，政府通过确立战略性产业（主要是高技术产业），并对这些产业实行适当的保护和促进，致使其在较短时间内形成国际竞争力。随着国际竞争的加剧，特别是发达国家在高技术领域的较量不断升级，战略性贸易政策被越来越多的发达国家和新兴工业化国家的政府所接受，成为新贸易保护主义的核心政策。

贸易保护主义的形式变了，贸易保护主义依然存在，贸易保护对世界经济的伤害依然存在，而且更加严重。针对时下国际金融危机蔓延的局势，新贸易保护主义更加猖狂，正在伤害着世界金融体系，正在阻挠着国际经济的健康复苏。

对于中国来说，正处在经济发展的关键时刻，新贸易保护主义对中国的伤害尤其严重。

新贸易保护主义的盛行加大了中国企业拓展国际市场的难度，一定程度上导致了中国外贸发展外部环境的恶化。

随着中国产品占国际市场份额的不断扩大，中国企业频繁遭遇反倾销、反补贴、各种保障措施以及技术、环境、劳工等贸易壁垒的限制，涉案金额猛增，中国国内企业蒙受了巨额损失，贸易摩擦进入了高发期。中国已连续10年成为遭受反倾销调查最多的国家，涉案损失每年高达300亿~400亿美元。发达国家更倾向于使用技术壁垒。就美国对中国出口产品频频进行知识产权调查（即337调查）总共有36起，占美国"337"调查总数的23%。

发展中国家则主要采用反倾销等传统手段。只是印度、阿根廷、南非、土耳其等四国对中国的反倾销调查数增长较快。这4个国家共对中国发起反倾销调查178起，占中国遭受反倾销调查总数的41%。

美国和欧盟对中国纺织品实施的特保措施使中国与发达国家的贸易摩擦达到了高峰。尽管通过反复磋商谈判，最终中国采取主动配额暂时平息了这场争端。

贸易摩擦频发不仅使中国企业蒙受了巨额损失，而且损害了"中国制造"的国际形象，不利于中国出口的可持续增长。

伴随着新贸易保护主义对中国进出口贸易的一次次伤害，中国的外部经济风险开始向宏观层面渗透。中美贸易的巨额顺差已成为影响中美政治经济关系的重要因素。美国开始由对中国产品实施贸易制裁开始向人民币汇率、对华投资、技术出口等领域全面施压；在欧盟对中国产品频繁设限的同时，当地企业与中国厂商的矛盾出现了激化的趋势，"砸店"、"烧货"的事件时有发生，不仅危及中国厂商的正常经营和中国公民的人身安全，而且开始形成针对中国产品的"民间壁垒"；中日"政冷"的常态化对两国经贸关系产生了负面影响，两国对东亚区域合作主导权的竞争一定程度上加大了东亚经济一体化的难度。随着宏观层面利益冲突的凸现，国际上"中国威胁论"泛滥，并开始由发达国家向发展中国家扩散，由贸易领域向经济、政治、军事领域扩散。特别是在2009年3月的伦敦G20峰会之后，国际媒体无厘头地指责"中国民族经济主义"抬头，严然是一幅新贸易保护主义的论调中伤中国常规地参与国际经济活动。

未来5~10年，将是中国由贸易大国转向贸易强国的关键时期。面对不断变化的国际环境，中国应加快外贸发展战略的调整。

而眼下针对新一轮的贸易保护主义的抬头，中国要做的首先就是告诉世界中国反对任何形式的贸易保护。中国要评估新的贸易保护对中国的金融市场和经济发展带来的伤害，及时找到应急的对应措施。

中国反对贸易保护主义

美国永远都是那么的张扬。不管做任何事情都高傲自居时刻都要彰显它的"老大"威严，目中无人。然而美国这次在不恰当的时间、不恰当的环境下，做出了不恰当的"事情"，招致国际舆论嘘声一片，受到普遍的批评。美国挑起了新一轮贸易保护战，在世界经济危难关头再一次成为国际社会的众矢之的。尴尬的是新任美国总统奥巴马，他一贯高唱自己是自由贸易的忠实信徒，面对美国国会提出的"购买美国货"的经济刺激方案，他沉默了，犹豫了。这一明显带有贸易保护主义色彩的经济刺激方案与他的执政方针存在矛盾，更因为他面临的国际社会的批评指责和国内政治选民的双重压力一时间无所适从。

所谓的"购买美国货"事件，缘起美国国会批准生效的新经济刺激方案中包含的"购买美国货"条款。该条款规定，任何美国基础设施项目要获得新经济刺激方案的资金支持，所使用的钢铁产品或其他制成品必须是美国生产的。在国际金融危机的冲击下，美国经济持续下滑、失业率不断攀升，不少美国人认为是外国商品的涌入加剧了美国就业机会的减少。而"购买美国货"条款也是为了确保刺激计划所创造或保留的工作岗位留在美国。

欧盟委员会主席巴罗佐针对美国的这一刺激经济方案表示自己的看法，他希望20国集团能推动世界贸易组织多哈会合谈判进程，并遏制金融危机之下日渐抬头的贸易保护主义倾向。

中国是坚决反对贸易保护主义的。中国常驻世界贸易组织代表团代办张向晨在日内瓦世贸组织总部举行的农业委员会例会上发言，对美国参议院通过《2009年综合拨款法案》，727条款对中国的禽肉进口继续采取歧视性做法——该条款规定"根据本法所提供的任何拨款，不得用于制订或执行任何允许美国进口中国禽肉产品的规则"，中国政府和人民表示强烈不满。

张向晨说，美国的这一做法违反了世贸成员间的最惠国待遇原则。对于美国辩称其措施符合世贸组织《实施卫生与植物卫生措施协定》的说法，中方也表示强烈反对，因为相关问题与该协定没有关系。

张向晨强烈要求美方改变这种损害多边贸易体制的歧视性做法，避免在全球危机的关键时候向外界发出错误的信号，兑现其多次在世贸组织和20国集团峰会上做出的抵制贸易保护主义的承诺。

金融危机让贸易保护主义再次卷土重来。各国领导人在不同场合反复呼吁反对贸易保护，但情况并不乐观，西方国家的言行不一，明修栈道暗渡陈仓的做法让自由贸易面临着挑战。美国经济刺激计划包含"购买美国货"条款，印度封杀中国玩具，英国要将工作机会留给本国工人，法国要把汽车工业班师国内等，这些现象正让处于低谷的世界经济大幅衰退。

中国驻WTO特命全权大使孙振宇就中国如何应对贸易保护主义等问题接受记者采访时从多个方位阐述了他个人的看法和观点。

孙振宇说，在金融危机的影响下，贸易保护主义抬头使他感到无比的压力。金融危机从西方开始，很多发展中国家包括中国都是这场危机的受害者。从股市来看，发展中国家受影响的严重程度比发达国家更大。而对中国影响最大的是出口市场的萎缩。

出口占中国GDP的比重很大，这是非常严峻的挑战。

孙振宇一方面对出现的种种贸易保护主义提出了冷静的看法。他说很难评判现在的贸易保护比过去更严重。就现实看来，受国内利益集团的压力，各国某些贸易保护主义措施是难免的。严格来讲，不少贸易保护措施并没有完全违反WTO规则，比如美国的"购买美国货"，在很大程度上受到政府采购协议的限制，我们也很难去WTO告他们。印度、巴西把关税提高也没有违反WTO的规定，因为他们的实施关税和他们所承诺的约束关税之间还有一定空间，只是在约束关税以内把实施关税提高。所以，只能说从道德层面来讲，这些措施是贸易保护主义的。最后很可能导致在WTO规则的框架内打一场贸易战。

另一方面，面对世界各国出台的贸易保护政策，孙振宇不希望中国在这个时候也出台相对应的涉嫌贸易保护政策进行"以牙还牙"的报复，他说，温总理在达沃斯论坛上已经明确了中国反对贸易保护主义的立场。相反中国这个时候应该以具体行动来拒绝和反对贸易保护主义。中国也正在这样做。商务部陈德铭部长率领庞大的采购团赴欧，就释放了很重要的信息。在美国大力提倡购买美国货时，中国去买欧洲货，说明了中国市场是开放的，中国改革开放的政策不会改变。这是中国采购团和投资团第一次赴欧，因为中欧贸易顺差很大，这对于改善贸易平衡有帮助。同时也是着眼于长远考虑，比如跟瑞士签的4亿美元，其中有一项是从瑞士引进技术改善太湖水污染，这个合作一旦启动，就不是一两笔生意，而要延续很多年。

孙振宇在谈到中国如何正面应对贸易保护主义对中国的伤害时，他对于中国出口企业的未来发展给出建议，他说我国的出口贸易重心应该逐渐转向新兴市场，大力开拓新兴市场的出口份额。对于出口型企业本身来说最重要的是改变"薄利多销"的观念，不能总是靠低价来占领市场，要靠品质、技术含量来占领市场。企业要勇于并善于通过技术创新赚大头。过去我国企业之间的低价竞争已经让我们蒙受了很大的损失。政府鼓励贸易多元化，但也要清醒认识到，对外贸易受进出口商品结构的限制。中国和欧美日的贸易占中国贸易总额一半以上，就是因为双方的商品有很强的互补性。我们跟发展中国家贸易潜力也很大，中国的一些技术、设备很适合发展中国家现在的经济发展水平，他们也有很多我们需要的原材料、能源等。中国将鼓励企业因地制宜、因时制宜地灵活转换进出口渠道。

孙振宇说，通过保护主义政策，以高昂的代价扶持不具备国际竞争力的产业，可能在短期内有利于某些产业的发展，但从长远看并不具备实用性，因为这会损害更大部分人的福利水平。应该把财力和物力放在发展具有国际比较优势的产业上，逐步淘汰不具备比较优势的产业，这历来是国际贸易中必须要遵循的客观规律。

经济全球化发展需要一个共同的公正的开放市场，需要各经济体发挥彼此的比较优势。世界各国应该继续采取积极稳定的经济政策，扩大内需，增加就业。

在全球经济一体化的今天，贸易保护主义本身就是一把双刃剑，片面的贸易保护主义完全是损人不利己的行为。所以中国坚决不要贸易保护主义，中国坚决抵制和反对任何形式的贸易保护主义。

第十四章　经济全球化的货币大战

　　导读： 对于金融危机引发的通货膨胀，凯恩思说："通过连续的通货膨胀，政府可以秘密地、不为人知地剥夺人民的财富。"泛而言之，以美元为国际货币的通膨无疑于美元在劫掠世界。而美国历史上著名政治家、思想家、《美国独立宣言》的起草人托马斯·杰斐逊则说："我坚信银行机构对我们自由的威胁比敌人的军队更严重。"以此而言，人们不难理解为什么金融危机会暴发，以及金融集团间会发生令人龃龉的货币大战！

全球的经济状况

　　近年来，受国内需求推动的美国经济持续稳定的增长。美国经济这一强劲的势头，就像"龙卷风"一样将越来越多的国际资本吸到美国本土。现在，美国相比于中国、亚洲和拉丁美洲是更受投资者们青睐的国家。投资者们都认为美国是当今世界上真正的"新兴市场"。

　　美国的这种使世人惊讶得目瞪口呆的国内需求，主要是受其国内一波又一波持续不停的高科技革新浪潮带动的。有数据表明，1999年的美国其他消费品的消费总额是3000亿美元，而信息技术产品或者是与信息技术有关的产品的消费总额是3120亿美元，相比之下，非信息技术产品的消费足足少了120亿美元。

　　在美国，无论是公司组织或者是个人都一直投入大量的金钱，来追求着这一浪又一浪的科技革新浪潮的步伐。首先开始的是个人电脑的大量普及；然后是不计其数多种多样的旨在提高和扩展电脑工作能力的电脑应用软件倾闸而出；再则是企业局域网的发展；再次是1996年互联网和网络经济、电子商务等突然出现；再后来是现在的光纤和宽频设施的大量基建式的铺设和应用。

今天，无论是公司组织或者是个人都疯狂地涌向宽频通讯及其在网络上的应用等领域。据调查，2001年2月，速度快到无与伦比的网络二代原型在大约180家著名院校的研究中心、高科技公司和政府部门之间开始运作，另一个"猛削成本"的时代在这一刻开启。然后跟着又出现了脱毫微技术、量子计算学和生物工程学。因为随着人类基因图描述的完成，生物工程学将会开始大量地应用。总之，再往后的20年，科技革新的步伐将会不断加快，其"日程表已经排得满满的"。

这些科技变革的步伐是难以遏制的，因为其不断前进的步伐是由一些非常有吸引力的商业动机来促使的：不可抗拒的"成本削减"需要和生产力提高的商业欲望。美联储曾经想用他们百试百灵的利息率政策来控制这种"有目共睹的"由科技革新引起的国内经济的"过度需求"，但是从事实来看，这次他们是估计错误了。虽然利息率的提高使公司的财务成本激增，但是美国公司并不惧于此，他们对此的反映是更坚定的运用更新的技术来更快地降低成本。

但是，这种如此美好的景象却没有在欧洲和日本出现。每年，欧洲和日本高科技公司的60%~70%的销售收入投资到了美国市场。在欧洲和日本，公司组织和个人在认同和接受信息科技产品和网络服务方面的能力明显比美国弱、慢许多。在欧洲和日本，人们虽然认为这些产品和服务确实新奇，但只是将它们当成"玩具"和娱乐，没有将它们与赚钱联系在一起。而在美国，这些信息技术产品和网络服务已经被普遍的接受为一种能降低成本、提高生产力的工具，而新奇和好玩，只是第二位而已。

在美国，富于竞争精神的企业家人数与蓝领工作者比例是1.3∶1，这个企业家阶级一直是那些"削减成本"的科技变革的最积极的倡导者和支持者。而在欧洲和日本，那种企业家阶级却少得可怜，而且那些所谓的企业家并不是科技变革的积极拥护者，他们只是一群依赖政府保护才能生存的"关于规避风险的店主"。

由此可以得出以下的结论：美国的经济将会在持续的国内需求推动下继续前进；而欧洲和日本要么通过依赖美国的出口推动经济的增长，要么经济停滞。只要像美国的那种富于冒险和竞争精神的企业家阶级，还没有在欧洲和日本出现，欧洲和日本的社会或企业中的技术革新率还是会落后于美国。这样的话，美国公司的收入或者盈利能力的增长将会是欧洲和日本相应公司的二倍。

一旦这样，将会促使一波又一波的资本争相涌入美国，而造成其他国家——即使是有很高的储蓄倾向的国家的投资资源流得"一滴不剩"。

于是就出现了这两种现象：美国经济持续自我增长；各个中央银行围绕"资本流动目标"转动，而不是传统的"通货膨胀目标"和"货币供应目标"。

欧盟的经济状况

总体来说，欧盟经济的基本面是不错的。内需仍然是经济增长的主要动力。就业保持强劲的增长势头，失业率已下降到 25 年来的最低水平。2007 年 12 月 6 日发布的欧元区宏观经济预测报告指出，2007 年欧元区全年实际 GDP 增长率为 2.40%～2.80%，2008 年为 1.50%～2.50%，2009 年为 1.6%～2.6%。其他国际组织的相关报告对欧元区经济的预期也基本一致。

尽管如此，考虑到目前金融市场动荡的潜在影响和实体经济面临重新定价的风险，欧元区总体良好的经济前景也面临着较大的不确定性。欧洲中央银行行长及 10 国集团央行会议主席让—克洛德·特里谢说，未来欧元区经济增长面临的风险主要是下行风险。这些风险的相关因素主要包括：金融市场风险重估对融资条件、市场信心以及对世界和欧元区经济增长产生的潜在深远影响；石油和商品价格可能出现进一步的上涨；由于全球经济失衡导致的贸易保护主义抬头和经济无序发展。

由于欧元区使用单一货币，欧洲央行在区内实行统一的货币政策。因此，在决策时不会特别考虑某个成员国具体的经济状况，而是把拥有 3 亿 2 千万人口的欧元区的整体利益作为制定货币政策的基本出发点。与存在地区差异的中国、美国等大型经济体一样，欧元区也是一个巨大的经济体。对欧元区而言，存在地区经济差异是正常的。由于条约已经把各成员国团结在使用单一货币的经济体内，对欧洲央行来说，重要的是在制定货币政策时要维护整个经济体的共同利益。

尽管如此，随着欧元区经济一体化地不断深入，欧洲央行实行统一货币政策的基础更为坚实。

首先，在欧元区内部成员之间的货物和服务贸易方面，经济一体化表现得日益突出。1998～2006 年，欧元区区内货物进出口占 GDP 的比重上升了 6%，大约占到 GDP 的 32%；服务进出口上升了 2%，大致占到 GDP 的 7%。在地区贸易一体化不断加强的同时，欧元区也以更加开放的姿态面向世界。1998～2006 年，欧元区对外的货物进出口比例增加了 9%，大约占到GDP的33%；对外的服务进出口比重大约提高了2%，接近GDP的10%。

经济一体化的第二个表现是欧元区成员国商业周期发展的同步化程度迅速提高。这种同步化程度自从20世纪90年代初就开始逐步加强。如今，大部分欧元区经济体都处在相似的商业发展周期。

经济一体化的第三个特征是欧元区国家近年来在通货膨胀方面的差异明显缩小，该差异甚至比目前美国14个大城市统计区的通货膨胀差异还小。同样值得关注的是，欧元区国家之间的实际GDP增长率差异变化情况几乎与美国各地区的产出增长率差异水平相似。

人民币 VS 美元

近几年来中国经济高速发展，中国制造席卷全球，出口贸易热浪滚滚，中国从低端到高端琳琅满目的产品正走向世界的每一个角落。属于西方传统市场的领地不断被中国侵蚀，俄罗斯《生意人报》发出了这样的惊叹："用不了多久，中国军机也会像中国生产的服装一样横扫国际军机市场。"看着经济实力迅猛腾飞的中国，被漫长的伊拉克战争困扰着的美国人又坐不住了，想到该是转嫁战争损失的时候了，该是分享中国经济成果的时候了，美国强权外交政策，迈开了介入中国金融领域和资本市场的脚步。

当下最大的汇率操纵国实际上是美国。你外汇储备少时，它攻击你货币，使你贬值造成货币危机；你外汇储备多时，它力推弱势美元，拉动全球资源价格暴涨，直接打击你外储的购买力，使你数十年经济增长的成果顷刻化为乌有。在这一过程中，对冲基金无疑是美国谋取利益的最为重要的一支"雇佣军"。美国在全球范围内推行经济一体化和金融一体化，让以对冲基金为代表的资金去冲击其他国家，导致暴涨暴跌，最终达成让美国金融机构盈利的目的。而新兴市场国家无不置身于这一国际金融秩序的巨大风险之中。当美国进入金融衍生经济阶段之后，就越来越像一个能够看透对方底牌的"千王之王"，抛出一枚硬币，正面他能赢5000元，反面他也能赚5000元。

目前中国经济面临通胀的巨大危机，飞涨的房价之后是粮价。粮价之后，猪肉的价格成为新的问题，通胀似乎变得不可避免甚至有加快的趋势，这和美国美元政策有千丝万缕的联系，也是美国惯用的伎俩。

第十四章 经济全球化的货币大战

当一个国家的经济发展和外汇储备达到让美国感到不安的时候，美国的一贯措施是，以强权施压这个国家货币升值、升值、再升值，同时让本国金融投机机构以伺机进入彼国的股市、按市等硬通货领域，疯狂地制造泡沫，同时以抬高粮油期货价格，造成民众粮油等基本生活品通货膨胀，让股价、房价、粮油价格冲破民众的心理承受能力，继而引发民众对政府的不满，造成高层官员意见分歧，引发政局动荡。一直让这些金融杀手赚到的钱足以把这个国家的本币和外汇储备全部架空之时，他们就会突然反手做空，一边欣赏掠夺来的胜利果实，一边看着彼国经济顷刻沦陷和政局动乱，继而插手这个国家的政治领域。

过去10年，美元货币印刷总量超过过去40年印刷总量，全球官方储备增长更是达到了惊人的2倍之多，中国的官方储备由2000年1656亿美元上升到目前的1.3万亿美元。美国以疯狂的速度印制美元，制造美元洪流，不惜制造全球通货膨胀，转嫁经济困境。

请问当我们拥有全球头号美元储备国身份时，我们的环境、资源、教育、医疗与房价如何？今后美国还会印刷出更巨量的美元送到我们手中，那么我们的未来将是什么？我们的生活好了吗？我们疲惫的身躯得到放松了吗？我们的未来在哪里？

目前阻击人民币的战争，在中国资本市场悄然展开！更残酷的还在后头。

2005年10月，索罗斯等华尔街所有实力人物不断请求美政府以最快的速度打开中国金融之门，白宫心领神会，利用恩威并施的惯用伎俩，要求中国开放金融市场，同时引诱和迫使人民币升值，并在极短的时间内如愿以偿。100亿美元的QFII顺利获得准入，如饥似渴地捡起那些价格低廉得不可思议的石油、矿产能源等筹码。在100亿正规军的掩护下，上千亿美元投机资金通过虚假贸易、地下钱庄、香港财团、外资银行等渠道，以个人账户的形式疯狂建仓A股，尤其是期货市场等所能操纵价格波动的板块。

2006年2月末至5月，有色金属板块随着期货价格一路攀升，平均涨幅超过5倍，其中黄金和铜接近10倍，巨大的赚钱效应吸引了刚刚从熊市中睡醒的中资机构和散户，在4月末至5月初疯狂抢进，有的上市公司大批高位买进本色期货。QFll带着他们净赚的160亿美元顺利退出，开始了他们的夏季假期。接着，期货价格一路下滑，机构、私募、散户、企业如数被套，在长达3个月的中期调整中，这轮牛市的第一批股民心灰意冷，割肉出逃，有色板块历经长达6个月的沉闷，筹码又被悄悄收集。在2007年伊始，随着期货价格的回升，又开始了新一轮的高速套利。

10年前中国由于资本管制，以及国内金融市场相对封闭，躲过了亚洲金融危机。但目前人们在担心，如果此次次级债问题最终演变为一场危机，中国还能否独善其身，危机又会循着怎样的途径渗入？

次级债作为一种金融产品，内地金融机构和投资者介入还不多，加上资本项目尚未全部开放，内地股市、债市、汇市等与全球市场还未能完全同步。这场风波能否酿成一场具规模的危机，还有待观察。全球几大股市的指数回调，从幅度和时间来看，尚属正常范围，还未到剧烈动荡甚至坍塌的地步。

如果美联储果真开始降息，将增大资本流入中国的压力。2007年下半年以来，随着人民币升值幅度加大，央行连续加息，国际资本流入我国速度明显加快，上半年贸易顺差达1125亿美元，同比多增511亿美元，国家外汇储备增加2663亿美元，同比多增1440亿美元。

从数据来看，2008年以来央行每月新增外汇占款均超过3000亿元，远大于2007年平均2000亿的规模。美国经济出现放缓迹象，美元即将降息，一方面将加大人民币升值的压力，另一方面将增大投机资本的流入压力。

从无风险收益率的角度来看，当前美国10年期国债收益率约4.75%，中国10年期国债收益率约4.25%，相差仅50个基点。如果人民币年升值幅度达到5%，那么国际资金特别是以日元为基础的"携带交易"资金将更大规模地流入中国，增大央行回收流动性的难度。

中国石油战略的金融策略

20世纪70年代，美国与欧佩克达成协议，将美元作为石油的唯一结算货币，从此，美元的动向和石油市场的波动密不可分。可以说，在油价的起落中，各类突发事件不过是导火索，美联储的一举一动才是最终决定油价走势的"总按钮"。

自美国次债危机以来，美联储于2007年9月18日、10月31日和12月11日连续三次降息，国际油价应声上涨，降息当日纽约轻质原油期价比上一交易日分别上涨94美分、4.15美元和2.16美元，其中前两次降息使当日原油期价分别收于每桶81.51美元和94.53美元的历史新高。

美元的持续贬值不断推高油价。2007年，美元对14种世界主要货币都出现了贬值，其中对欧元贬值约10.5%，对日元贬值约6%。研究证明，美元每贬值1%，能源和原材料价格将同等幅度上升。目前100美元左右的油价按欧元计价，相当于60美元。

美元贬值同时提升了石油、黄金等商品市场对投机资金的吸引力。专家估计，因基金炒作至少推高油价25美元。西得克萨斯中质石油期货交易量本世纪以来年均增长18%，2007年预计达130多万手/日，合13亿桶/日，为全球日消费量的15倍。到2007年底，进入石油市场交易的对冲基金资产规模已达2000亿美元，比年初扩大6倍。

面对美元贬值和油价高涨，美国增加的出口能力即可抵消其对经济的冲击；欧盟、日本、英国等因其货币可自由兑换，通过本币升值也能对冲油价上涨；而本币尚不能自由兑换的中国，则只能承受石油成本加大和人民币升值的双重压力。对于一个石油消费大国来讲，这无疑是很难接受的现实。

目前，中东销往欧洲的石油价格与伦敦的布伦特石油期价联动，销往美国的石油价格与纽约的西得克萨斯中质石油期价联动，销往亚洲的石油参照普氏价格指数。而普氏价格指数基于现货市场交易情况评估，较易被操纵。据统计，沙特轻质石油销往东北亚的价格，比销往欧洲平均高1美元/桶，比销往美国高3美元/桶，仅此一项就使中国每年增加石油进口成本5~15亿美元。一个国家石油战略安全的核心问题，在于其能否以合理的价格保障石油供应稳定。为改变上述不利情况，2007年底，中国的能源法草案首次提出："国家将建立……以市场调节为主导的能源价格形成机制。"

那么，如何形成中国石油的"市场价格"？答案是：确立我们自己合理的石油金融战略，鼓励更多企业进入国际石油金融市场，积极尝试石油交易人民币结算，逐步建立石油期货市场等措施，以有效应对高油价。其中，石油期货市场将是最终选择。要改变原油进口价格高于欧美的现况，需要发达的原油期货市场以争取原油定价发言权；国内成品油价格放开之后，还需要成品油期货市场有效形成价格。此外，由交易所石油交割库所形成的巨大社会储备，也将弥补国家战略石油储备的不足。

不过，中国在建立原油期货市场的过程中需要应对的问题不少。国际上，日本、印度等亚洲各国加快上市石油期货，力图抢占亚太石油定价中心地位；欧美国家加快向亚太扩张，力图遏制亚太地区独立石油定价体系的形成。国内，绝大多数石油企业尚不能参与原油进口贸易，缺少参与期市的动力。另外，原油期货是以美元定价尽快形成国际影响力，还是以人民币定价立足长远稳健发展，这一问题还尚无定论。

在当前金融全球化及国际货币体系不断变化整合的进程中，一些产油国政府已开始要求其石油买家用美元以外的货币与其结算，"石油欧元"、"石油日元"等纷纷登场，国际石油定价和交易货币多样化趋势开始形成，不少国家都表示愿意接受人民币结算方式。面对油价攀升带来的人民币升值压力，逐步尝试"石油人民币"是中国的一个好选择。

目前，中国金融资金尚未真正进入国际石油市场。少数大石油企业经过批准可以到国外进行套期保值，但由于目标大，相关制度配套不完善，往往处于被动地位。此外，中国目前尚无对冲基金，投机资金暂时还不能进入国际石油期货市场，这对中国经济明显不利。随着国内期货市场的发展，基金业的壮大以及金融业的开放，中国的流动资金应尽快进入国际石油市场，在油价的剧烈波动中获取收益。

人民币在金融危机中的国际化机遇

2008年爆发的全球金融危机令世界各国清醒地认识到，全球化已推动各国经济、金融相互的依存度越来越高，以单一美元为国际货币结算及当作储备的缺陷越来越大。在反思危机产生根源的同时，各国都提出了加强国际间监管及扩大国际货币种类的各种意见，可谓危中见机。

在这场金融危机中，中国无可避免地受到一定程度上的影响，然而，有金融专家指出，这场金融危机对中国而言也潜在着一定的机遇。"对中国来说，看到危机，更要看到机会。"中国国务院金融研究所副所长巴曙松称，美国通过大量的货币发行进行次贷危机的救援，为未来美元泛滥留下了隐患，也增大了中国推进人民币国际化的迫切性。

众多金融专家认为，中国要实现大国向强国的转变，必须解决贸易大国与金融小国的矛盾，这需要依托于金融的崛起，而金融崛起则要求拥有国际化的货币环境。目前在全球金融危机下各国综合实力此消彼长的较量中，从整体上看，人民币国际化机遇大于挑战。并且，这次危机也不同程度地创造了人民币成为完全可流通和国际储备货币所需要的基础性条件。

金融危机爆发后，各国对以美元为核心的金融体系多种弊端进行了深刻的反思，鉴于这种单极国际货币体系的利己性、缺乏约束制衡机制、权利义务不对称等内在缺陷，各国在不断比较与衡量打破美元惯性的收益和成本，当打破现有货币体系的收益大于成本成为一种持续预期，美元将无法再维持最主要国际货币地位。世界贸易呈现出的多元化开放格局，以及世界金融储备体系和世界贸易结算体系的变化趋势，促使全球货币体系必将作根本性调整。

当然，世界经济格局短期内很难因一次危机而彻底改变，短期内美元仍将在国际货币体系中处于主导地位，国际货币体系在未来一段时期有可能出现欧元和美元争夺主导权，日元和人民币伺机出击的局面。但最终能否出现多强鼎立的局面，仍将取决于博弈各方的力量消长，但从单极到多元国际货币体系改革是必然发展趋势。

从单极向多极的国际货币体系改革，核心要义在于全面提升欧元、英镑、人民币和日元等货币地位。人民币虽然不是国际储备货币，但中国拥有日益增强的综合国力和美国最大的债权，具有不容忽视的力量。在重建国际货币体系中，中国一方面要积极参与国际货币体系改革进程，整合新兴经济体和广大发展中国家的力量，争取更多的话语权；另一方面，应该积极创造有利条件，加快推动人民币的国际化步伐，成为多元国际货币体系之重要一员。

强国决定强币，支撑一国货币地位的是一国强大的经济实力和综合国力。改革开放以来，中国逐步发展成为国际贸易大国。2007年，中国对外贸易占世界贸易的比重提升到7.7%，并保持世界第三位的排名。贸易发展既对人民币国际化提出迫切需求，也成为推进人民币国际化的重要现实力量。金融危机对中国对外贸易不可避免形成负面影响，但就贸易结构来看，中国出口主要集中在劳动密集型产品及中低价产品，收入弹性相对较小，在经济不景气和居民收入下降时对这些商品的需求可能不降反升。同时，中国通过采取上调部分行业产品出口退税率、改善对外贸易环境等系列措施，部分缓解了国际经济形势变化对中国进出口影响。因此，金融危机之下的中国对外贸易，面临严峻挑战的同时也不乏有利因素。此外，危机倒逼中国贸易结构升级，提高产品竞争力和科技含量，这将增强贸易支付的选择权和货币影响力，有利于人民币国际化进程的推进。

并且，在实现人民币国际化的进程中，中国政府一直在不懈地努力着。2009年4月8日，国务院常务会议决定，将在上海市和广东省广州、深圳、珠海、东莞等5城市开展跨境贸易人民币结算试点。分析人士认为，此举将成为人民币国际化征程的关键一步，并为今后人民币国际化的推进奠定重要基础。

国际金融危机爆发以来，国际贸易中最主要结算货币——美元和欧元汇率都经历了剧烈波动，我国企业和贸易伙伴国企业普遍希望使用币值相对稳定的人民币进行计价和结算，从而规避使用美元和欧元结算的汇率风险。事实上，随着跨境贸易人民币结算试点的启动，人民币国际化征程的关键一步正在迈出。

长期研究人民币国际化问题的中国社科院金融所研究员曹红辉说："一般来说，一国货币的国际化要经历从结算货币到投资货币、再到储备

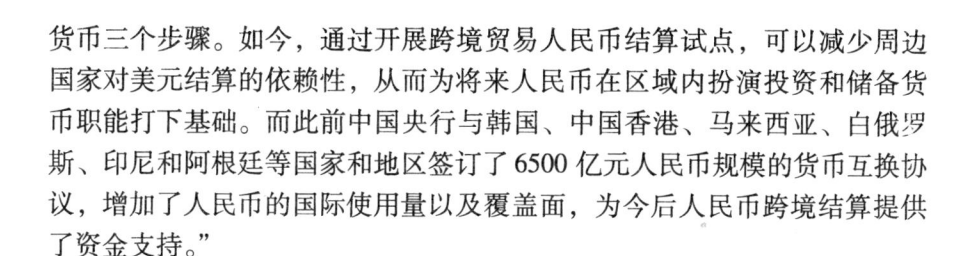

货币三个步骤。如今，通过开展跨境贸易人民币结算试点，可以减少周边国家对美元结算的依赖性，从而为将来人民币在区域内扮演投资和储备货币职能打下基础。而此前中国央行与韩国、中国香港、马来西亚、白俄罗斯、印尼和阿根廷等国家和地区签订了6500亿元人民币规模的货币互换协议，增加了人民币的国际使用量以及覆盖面，为今后人民币跨境结算提供了资金支持。"

对于跨境结算，有媒体评论说，此举是人民币国际化的第一步。路透社援引中国政府网的消息称，在当前应对国际金融危机的形势下，开展跨境贸易人民币结算，对于推动中国与周边国家和地区经贸关系发展、规避汇率风险、改善贸易条件、保持对外贸易稳定增长，具有十分重要的意义。

2009年4月9日，美国彭博社报道说，在中国与阿根廷、印尼、韩国和马来西亚等签订货币互换协议之后，中国就一直在寻求人民币的国际化。报道援引荷兰国际集团驻新加坡经济学家蒂姆·康登的话说："这是向中国资本结算自由化以及人民币国际化迈出的第一步。"

不过，专家也指出，人民币国际化虽然已提上日程，但前路漫漫，至少有几个门槛要迈过。首先是要实现人民币自由兑换。其次，人民币要成为国际货币体系中的重要一员，需要一个具有足够广度和深度的金融市场尤其是资本市场作支撑。最后，最重要的是不断增强国力。中金公司首席经济学家哈继铭说，一个强大的货币背后必须要有强大的和高效率的经济做后盾，经济的大起大落一定会使得币值随之大起大落，因此经济的稳定增长也是人民币国际化的一个重要先决条件。

而就中国现实情况来看，金融专家认为，目前人民币成为国际货币的条件还不成熟，但成为区域性货币还是比较现实的。人民币应首先成为区域性货币，然后再成为国际货币。

"中国国内现在问题也不少，有许多人主张人民币走出去，去美国抄底，成为国际货币，我不太赞同这种观点。我们要在先处理好国内问题的基础上，借这次金融危机之机，使得人民币成为区域性货币，我想这是比较现实的，也是中国的经济能够承受的。"社科院财政与经济贸易研究所研究员温桂芳在接受记者采访时说。

温桂芳指出，健全的金融体系和发达的金融市场是一国货币国际化的必备条件。就中国金融体系和金融市场的发展情况来看，中国离建成高度开放和发达的金融市场和金融中心尚有很大距离。

增加黄金储备应对美元贬值

伴随着美元的持续贬值，中国外汇储备的"含金量"不断下降，为了让储备资产保值增值，一些专家建议，中国应择机增加一定数量的黄金储备。

大多数金融专家认为，当美国为了拯救本国经济而孤注一掷地"滥印美元"导致美元加速贬值的时候，黄金储备的资产安全性价值再一次鲜明地体现了出来。

黄金，历来是财富的象征，在美元成为主导国际货币体系的超强货币之前的数百年内，世界上大多数国家都以黄金储备作为国家经济实力的体现，甚至可以直接用于贸易，使它有了相当于货币的功能。黄金储备在稳定国民经济、抑制通货膨胀、提高国际资信等方面有着特殊作用。

然而，长期以来，中国对美元储备十分重视，并积极投身于购买美国债券，而忽视了必要的黄金储备，以至在此次以美元贬值为主要特征的金融危机中措手不及。中国的黄金储备长期徘徊在低水平状态，在2001年和2003年，只有394吨和600吨，后来虽然通过调整突破了1000吨，但在外汇储备中的比例仍然只有不到2%的水平。

而与之形成鲜明对照的是，在我们忽视黄金储备的这些年中，美国的黄金储备却一直在增加。截至2008年3月，美国的黄金储备达到8133吨，在当时全球29872.7吨黄金储备中，占比高达27.2%，占其外汇储备的比例更是高达80%。而中国即使经过调整，在国际上的黄金储备国中虽然号称排名第五，但与其2万亿美元的外汇储备相比，比例仍然过低。这种外汇储备上过度地倚重单一货币的局面，使中国面对危机缺少回旋余地，甚至明知美元正处于下降通道，仍不得不增持美国国债，期望以此来减缓外汇资产进一步缩水的威胁。但面对金融危机深不见底的前景，这种路径选择的危险性是不言而喻的。很显然，中国的黄金储备要加快速度。

据统计，黄金在我国外汇储备中仅占1.3%，西方发达国家的平均水平则高达50~60%。基于此，一些金融专家纷纷呼吁增加黄金储备，以实现外汇储备的多样化，同时减缓外汇储备增加的压力。北京黄金经济发展研究中心刘山思建议，中国应提高黄金储备数量，将黄金占外汇储备的比重由1.3%提高到3%~5%，并实现黄金储备管理的法制化。

金融专家指出，由于市场对美国经济前景以及美元贬值的担忧，美元充当基础货币的地位受到严重挑战，而欧元等其他货币尚无法担此重任，这导致了国际货币体系中基础货币的不确定性增强。在这种情况下，黄金的价值重新凸现出来，中国适当增加黄金储备不失为明智之举。

随着黄金的价值重新凸现，黄金的价格大幅上升。2008年一开始，黄金价格持续上涨。现货金价曾在1月份突破900美元水平，创下每盎司913美元历史新高。在2月份，更是一路规升，突破每盎司1000美元大关。

黄金价格大幅上涨的最主要原因是美元贬值。由于国际市场上黄金交易以美元计价，美元大幅贬值直接推动了黄金价格走高；另外，美元贬值加重了投资者对通货膨胀压力加大的担忧，从而增强了黄金作为避险保值工具的吸引力。

2008年12月4日至5日，在第三届中国黄金与贵金属峰会上，来自英国黄金矿业服务公司执行主席菲利浦先生表示，经济衰退致使全球纷纷出手救市。三大主流货币的利率还会继续下调至最低点甚至接近零，相信低利率会持续到2009年年底。在2009年美元的贬值将会重新开始，如果美国持续采取过度宽松的货币政策并发行货币，美元的贬值时间还将更长。

菲利浦指出，黄金未来的中国因素正变得越来越重要。中国2008年的黄金产量已经达到300吨，超过南非成为全球第一大产金国。菲利浦认为，作为最大的产金国，截止到2008年，中国黄金储备占外汇储备的比例不到2%，中国应进行大幅度调整，提高黄金储备的数量。

当越来越多的金融专家呼吁中国提高黄金储备时，中国做出了相应的回应。2009年3月22日，香港大公报报道，中国工信部副部长苗圩在福建省厦门市召开的全国黄金工作会议上表示，2009年黄金行业的主要工作目标是黄金产量达到290吨；新增黄金储量800吨。此外，政府还将鼓励黄金企业并购，黄金行业前10名企业的产量和效益占到全行业的50%以上。

苗圩表示，近年来黄金工业发展取得了"量"的增长和"质"的提高。2003～2008年，黄金产量年均增长7.6%，利润年均增长41%。2008年产量亦达到282吨，利润124亿元，均创下历史最好水平。同时，金矿地质勘探取得较大进展，年均新增黄金资源储量700吨左右，黄金行业连续多年实现勘探新增储量大于生产消耗储量。

不过，虽然中国已成为产金大国，但还不是黄金强国。从综合实力来看，无论与内地其他行业还是国外的大型矿业公司相比，中国黄金企业还存在很大差距。苗圩指出，为了对冲美元贬值，2009年我国对黄金行业的工作重点是会同有关部门尽快出台《黄金工业发展专项规划》（2009～2015年）和《黄金工业产业发展政策》，研究鼓励企业兼并重组的政策措施，加强产业发展的规划和引导，提高行业整体竞争力。

货币战争之中国未来战略

1997~2007年底，在这个漫长的10年中，美元指数用了5年时间从1997年的80多点涨到了2002年初的120点的高位，之后又连续下跌了5年，从2002年120点的高位最低跌到了2007年底的70余点。

在这个大背景下，美元先升后贬，世界经济先抑后扬，以"金砖四国"为代表的新兴经济体，经济飞速发展。资源价格大涨，全球进入高通胀时期。伴随着这10年来的运筹帷幄，这场旨在维护美国霸主地位，捍卫美元金本位制度的军事金融战争逐步进入了尾声，虽然终场的哨声还没吹起，但是从场面上看，游戏的主动权逐步掌握在了美国人手里，并且相对其他选手其拥有的巨大优势更是不能小看。现有的看点和悬念显然已经不多，其中最值得关注的就是伊朗问题，内贾德搞出的第一个拿欧元进行石油结算国家的最终结果。如果美国顺利解决了伊朗问题，使得欧元遭遇一次巨大的打击，就会直接导致欧元的前景看淡。反之，则会对美元本位产生巨大的冲击，甚至直接导致美元本位的崩溃。

面对美元的弱势格局，各国的央行大佬们迟迟不肯大规模减持美元的原因相信也是如此，包括欧佩克组织等，大家都在等待看美国如何处理伊朗问题。在这波金融乱局中，美国最大的战略目标是欧元。

而对于发展中国家来说，高币值会让它们的经济陷入崩溃，可是不实行高币值，如果处理不当的话，又会因通货膨胀而导致经济崩溃。事实上，欧洲货币——欧元，在2002年1月到6月之间就已完成对欧洲各国货币的转换；而日本银行亦需要用这段时间在通货紧缩的环境中提高利息率。

这样就形成全球资本市场的大混战。一方面硬进攻，想登陆夺取阵地；另一方面拼命抵抗防守，企图保住阵地。欧洲中央银行和日本银行尽力想使资本流回本地区；美国则是尽力保持资本的继续流入。

不需要什么特别的经济结构上的改革，利息率的运用和外汇储备的投入将会是这场资本战争的最有力的武器。

如果美联储将利息率升高1.5%，这不但会对美国国内生产总值5%的增长速度毫无影响，还可能会引发新一轮的资本流入狂潮；而如果欧洲升高0.5%，虽然会给欧元汇率一个上升的动力，但随后将会遏制欧洲本来就十分脆弱的出口导向经济的复苏，并可能会引起资本的大量流出，从而反过来使欧元更脆弱；如果日本突破零利率水平，这虽然会提高已经欠下12万亿美元债务的退休人士和领取抚恤金者的收入水平，并在一开始时至少会加强日元，但是利息率的升高将会迫使财政部门提高税收，将日本现时已经难以支撑的经济复苏变成"自作自受"的经济萧条，从而葬送日元和整个日本经济。

或者，欧洲可以投入3000亿美元的外汇储备来保护欧元。如果这样做的话，那么其处境将与滑铁卢战役中的拿破仑相似。而同时欧洲的高科技公司一直向美国进行"对外直接投资"，为的是购买那些必不可少的只有在美国才能买到的发展已经成熟的高科技产品和服务。欧洲的这项"对外直接投资"是每年1500亿美金，换句话说，为了继续将这个高科技游戏玩下去，欧洲每年必须花费过半的外汇储备来购买那些贴着美金标签的资产。

因此，在今后的两年中，唯一能够真正理解市场和经济行为的新分析模式应是"战基模式"，亦即试图阐明战斗者的策略运筹及其领导的"军队"的强势和弱势的模式。那种曾经在教科书和专业知识手册中叙述的传统分析模式将会把那些不相信外面的世界正进行着"货币战争"的投资者们置于"危险地带"。

美、欧货币霸权争夺，最终目标是世界净储蓄，而世界净储蓄的主要产生地只有一个，就是东亚——世界产业布局经过一系列变化之后，制造业主要都集中于东亚地区，而且这一地区具有深厚的储蓄传统，目前世界2/3的净储蓄额来自这里。

原本在20世纪90年代，东亚各国对美国的贸易顺差还呈现比较均匀的分布，1993~1994年之后，中国凭借其先天固有的优势、强大的工业能力（重工业规模中国比巴西、墨西哥、俄罗斯高5~6倍，比印度高10倍），以及庞大的国内市场，开始对东亚经济形成整合，而亚洲金融风暴又在客观上加速了这个过程，近十几年来，日、韩、东南亚诸国及港、台地区的贸易顺差从主要来自欧美变成主要来自中国，东亚内部贸易率从90年代初不到30%提高到了60%。中国"入世"之后，东亚经济格局从先前的均匀分布演变到现在成为中国对欧美统一进行贸易。

正是这个"出人意料"的变化最终彻底打乱了西方国家最初设想的理想世界：原本无论货币霸权如何分配，贸易顺差都分散在各个发展中国家和地区，这些国家和地区中无论任何一个对此都不具备发言权，而彼此之间对欧美贸易顺差份额的争夺也使这些国家和地区很难结成严密的同盟，只能被动地接收欧美争霸的最终结果，而其他发展更加滞后的国家将无可避免地被排除出"食物链"。而现在，由于中国的加入，以上的这种可能性已经不复存在了。

最初，东亚经济出现整合的征兆时美国也许就有所察觉——20 世纪末激化朝鲜半岛局势，激化中日矛盾，激化南海主权矛盾，支持"台独"势力，也都可以理解为美国对东亚经济出现整合趋势后的最初的对策，就是要设法重新打散东亚经济布局，打断东亚经济的整合过程。显然，现在的事实证明这些手段都不怎么奏效，这一方面是由于中国制造业强大的竞争力，另一方面也得益于中国政府在面对周边潜在冲突时超乎寻常的定力。

世界上未必所有的付出都有回报，但中国这 20 多年来的付出的确是有回报的。2001 年以来中国经济的崛起已经将东亚地区的贸易顺差高度地集中了起来，美国贸易逆差 2/3 来自东亚，其中中国一家所占份额超过了一半，一个延伸出来的效果是：由于中国制造业产品出口对其他国家保持着优势，使得这些国家不敢随意地调整本币的汇率，必须紧盯人民币汇率，这就使得中国逐渐可以间接主导东亚各货币的汇率变动，从而建立了一套新的区域货币关系。就这样，原先西方国家想定的国际新格局因为突然间硬生生地加进中国这个新棋手而被彻底颠覆了——整合了东亚经济的中国主导着世界 2/3 净储蓄额的流向，而无论美国还是欧洲，对净储蓄的来源地则没有选择。

至此，对比 1971 年，虽然环境和主题都已改变，但当时的那种感觉却又回来了。对美国而言，所谓的双赤字政策到现在已经积累了数万亿美元的债务，而且其双赤字现在正在以平均每秒 2 万美元的速度增长，而双赤字的扩大使得大笔的美元无法回流到美国，于是便造成了国际范围的美元过剩，在这之后，则非常可能是一场世界范围的大通涨——现在从石油到食品一连串的价格上涨便是先兆，一旦发生则意味着美元以及美国的国家信用都将迎来末日；欧元崛起之后已经成为了欧盟内部贸易的主要流通货币，一部分铸币权已经从美国手中滑落到欧元区国家，而且欧元的强势已经在此之前抵消了美联储数次加息的努力。

而对中国而言，如前所说——以中国为核心的新东亚产业布局已在成型之中，而围绕人民币的新的货币关系则使得我们拥有了"有中国特色"的"币缘"优势，离开中国，无论美国还是欧盟都根本不可能完成与东亚的经济对话；与之相对的是，如果美元本位制国际货币体系最终崩溃，那么世界范围的经济衰退肯定不可避免，但这并不代表中国就过不下去，中国 13 亿人的国内市场消费能力还远没开发出来——有人说中国经济上会步日本后尘，恰恰是没有看到中国的这一潜在优势，美国在对日谈判上能压制日方其根本在于日本国内消费早已饱和，日本在出口问题上没有退路，而中国并不存在这个问题。

上一轮中美接近，中国所解决的是地缘安全问题，而这一次，中国的利益首先着眼于"币缘"：从产业布局上说，目前中国所整合的制造业主要还只是居民消费类产品，在发达国家产业体系中，这块所占比重仅仅是33%~25%，真正的"大头"在于重化工业，以机床的数控化来说，目前中国刚过30%，而发达国家平均水平是60%，美、日为70%，也就是说中国的工业化道路还远没走完，同样，发达国家的重化工业重新布局也才刚刚开始，中国未来一段时间的出口经济，其核心任务已经不是再去赚更多的外汇，而是在于靠"外需"与内需一同拉动工业化进程；同时，目前人民币的地位与中国经济规模是很不相称的，未来需要使人民币成为东亚地区区域储备货币之一。从满足这两点诉求上说，中国可以有三套方案供选择。

一是与美国协调美元政策，保持现有的国际金融体制不被打破，以现有的经济秩序完成中国的工业化。

二是主动与欧盟协调，增加持有欧元的数量，使得外汇储备多元化，而其后果是美元大幅贬值，全球经济"硬着陆"，中国则在危机中利用储备积累获得利益。

三是保持对欧美的中立政策，在后续经济波动中左右逢源，实现利益的最大化。

而相对于欧盟，美国的优势或者说是第一选项的优势在于：美国早已进入"虚拟经济"阶段，拥有"先发"的优势；中国对外贸易80%靠美元结算，和美元完全割裂，在一夜之间仅仅去依赖剩下的20%的贸易额是不现实的，而且世界性的经济危机客观上会推后中国的工业化进程；美国建立在货币霸权上的军事霸权反过来是美元最有力的支撑，而从这点上看，美元的稳定性会高于欧元。当然，这些并不能抵消前面所说的中国在这场博弈中的"非对称优势"，这一优势是根本性的，而且随着时间的推移，会愈发明显地显现出来，中国对美国而言是唯一的选项，而对中国而言，前述的另两个选项则并非是不能接收的。

历史告诉我们，当我们处于国际架构重新"洗牌"的时期，在国家关系中任何对"长久"、"稳定"的追求都是不切实际的，甚至可能适得其反；美国与美元的前景至今仍不明朗，同时美国近期在国际事务中的表现使得它的国际形象变得非常糟糕，这些使得任何国家都难以找到把自己和美国完全捆绑在一起的理由，中国当然也不例外。"中美战略性接近"这个总的"纲领"对中国与欧盟国家、与俄罗斯等国的关系而言，所意味的是改变，但并不是疏远。而从历史来看，我们不能忘记：在二战最终战局尚未敲定的1943年，美英两国基于未来货币体系主导权的政治斗争就已经展开；而在冷战中的60年代和70年代，为分得部分铸币权，西欧国家同样曾刻意增加美元在金融市场的流通次数，以加大同一时间内美元的流通量，并以此引爆美元危机。同样，"中美战略性靠近"不等于说中美棋局中对抗的成分从此就烟消云散了，合作与对抗必然将同时存在，中国在国家基本利益问题上，哪怕是一分一毫也仍然需要通过主动进取才能得以解决。

伴随着最新一轮的全球化发展，现在的大多数国家实际上都已是"虚拟经济"的参与者。中国的崛起是世界"币缘"战略格局中棋手的变化，中国之所以能够有资格做"棋手"，一个重要原因就在于其可以做出超越一般的金融规则的选择：中国政府具有足够的行动力，无论是亚洲金融风暴，还是非典时期，政府的表现都可以证明这一点；中国在"币缘"问题上对欧美具有"不对称"的优势，我们有13亿人的国内消费市场，在国际"币缘"问题上具有多种选择，而对手则恰恰不具备这样的条件。除去消费市场之外，另一个问题在于能源。近些时候中国政府连续宣布发现大型油气资源、可燃冰，同时开始建立战略石油储备，这一切的背后，恐怕都有深远的考虑。